石田三成伝

中野等

吉川弘文館

目　次

貶められた人物像とその実像——プロローグ

豊臣政権を「五奉行」の一人として支えた石田三成は秀吉亡き後、徳川家康と争い、「関ヶ原」合戦に敗れてその責めを負う。江戸時代に入ると、「神君」家康に刃向かった人物として、ことさらに謗られ、意図的に貶められた。近代歴史学のもと、石田三成を論じる多くの研究・著作は、この歪曲から三成を解き放ち、真の人物像に迫ることを目指した。こうした試みが積み重ねられた結果、石田三成の「汚名」は随分とそそがれたように思える。人それぞれに好悪はあろうが、今日における三成像は大きく変容し、従前とは格段に様変わりしたといってよい。最近では、好意的な文脈で語られるケースも多く、ゲームやアニメの世界では圧倒的な支持を得ているらしい。

ゲームやアニメの世界でキャラクター化されて、躍動する三成についてはしばらく措くとして、今日の三成像を形容する表現として用いられるのは「秀吉の側近」「政権の能吏」、あるいは「智将」「知の参謀」といったところであろう。合理的かつ着実に必要な政務をこなしていくイメージである。没後四〇〇年を記念して滋賀県の長浜市立長浜城歴史博物館で一九九九年（平成十一）に開催された『石田三成』展では、「秀吉を支えた知の参謀」、翌年の『石田三成 第二章』展では「戦国を疾走した秀吉奉行」というサブタイトルがつけられている。いずれもきわめて妥当なもので、三成のある部分を正確に言い当てている。

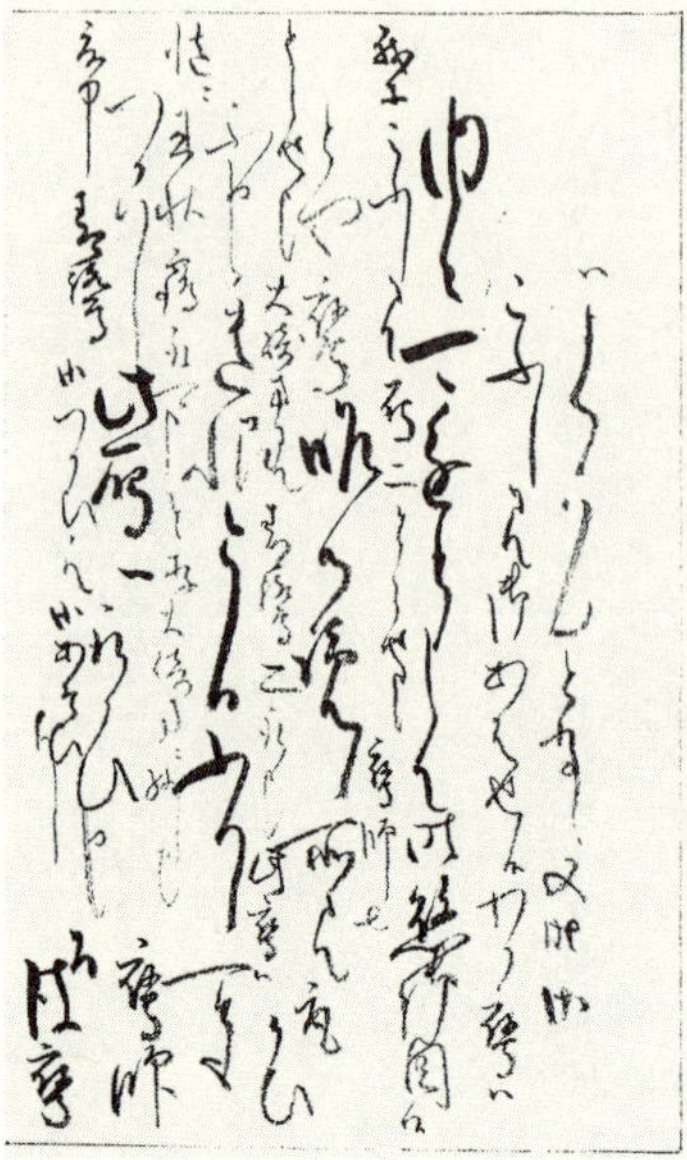

本書も、基本的な目論見としてはこれまでの評伝と同様、できるだけ三成の「実像」なるものに近づこうとするものである。具体的な方法としては、発給・受給を問わず、できうるかぎりの三成関係文書を渉猟し、それを読み解くことである。今日「石田三成」を巡る史料環境は、激変と言っても良いくらいに改善されており、三成に関係する一次史料を細かに検索することも、決して困難なことではない。三成発給文書といっても、課せられた職責から、もとより秀吉文書の副状（そえじょう）が大半である。副状は添状とも書くが、これは秀吉文書の内容を反復するにとどまらず、さらに詳細な説明を加えて秀吉の意図を相手に徹底させようとするものである。

また、秀吉発給の文書が、その体面を保たざるをえないような場合には、三成ら奉行人の副状に秀吉の真の意図が反映することもある。その意味で、副状は決して副次的なものばかりではないし、さらに三成が発給する書状には、個人的な趣味や嗜好にふれるものも確認されている。たとえば、三成が鷹狩りに執心であったことは、あま

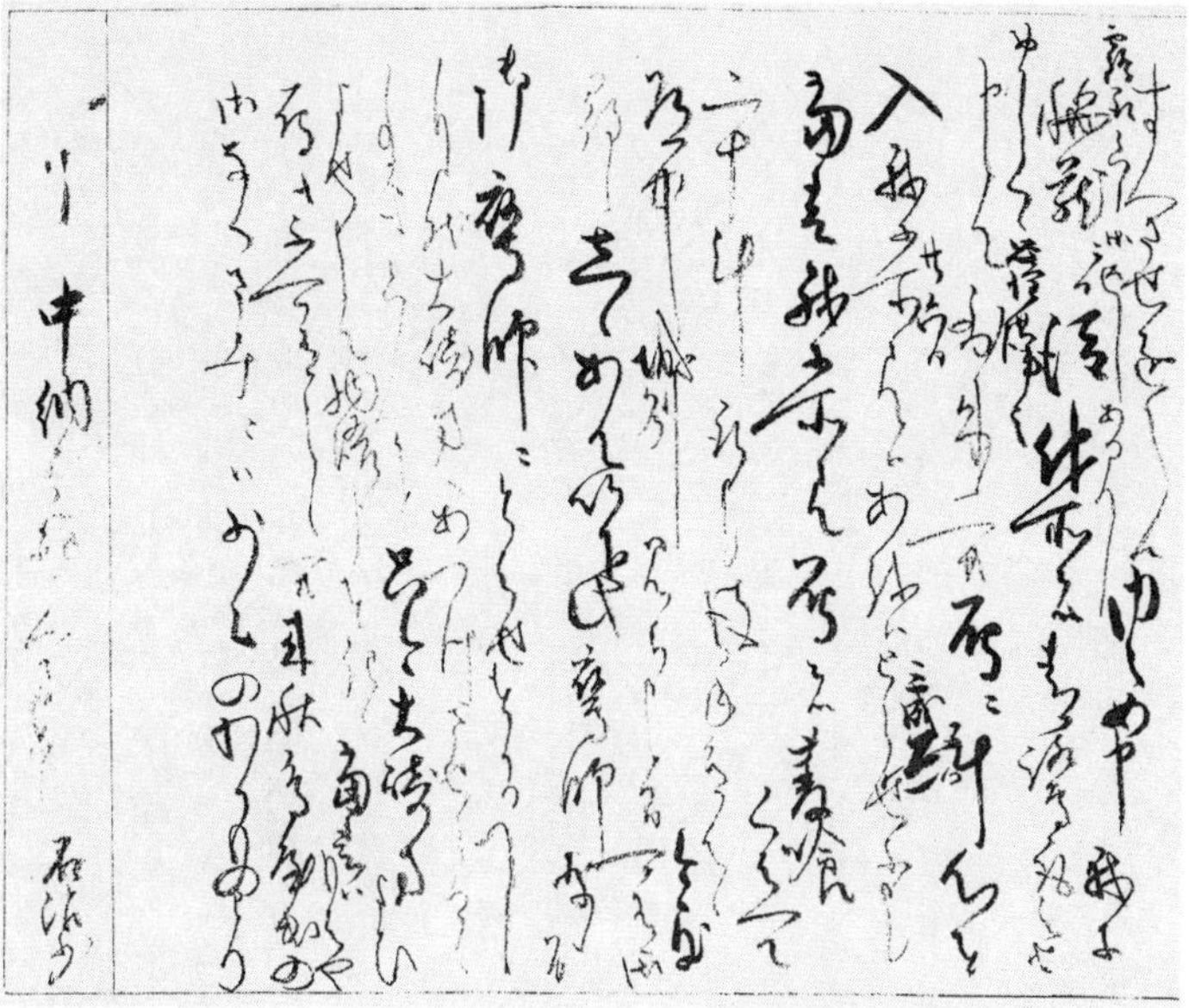

図１　某年某月26日中納言某充石田三成書状（影写本）

り知られてはいない。文筆の人・机上の人という印象があまりに先行しているためであろう。

　上に紹介する文書は、三成が「中納言様」なる人物に充てた書状である。料紙は竪紙（たてがみ）で、封式も結び封であり、いわゆる私信とみなされる。おそらくは三成本人が自ら筆をとったものであろう。

内々、可進上申候て昨懸御目候とや鷹、昨御覧候所尓て取かひ不申候、遺恨今日ふかく候へとも、鷹師つかハし、此雁一取かひ申候間、彼鷹すへさせ進之候、内々如申、我等秘蔵ニ而、従他所者青鷺取之由申候て到来候へ共、雁ニ計心を入、我等所尓てハあ越ハとらせ不申候、当春我等所尓て雁者菱喰く者へて二十計取申候、彼手き者ゝ今度道中城州見被申候間、可有御尋候、ししあて以下此鷹師存候間、御鷹師ニと者せをかるへく候、自然大崎方へあつけさせらるゝ事も候ハんかと、只今大崎方よひよせ申候て、物語申を起候、当春ハも者や雁も不可有之候へ共、来秋鳥家出の御なくさみニハ、少々の若ものよりハよく候ハんと存候、又昨御こふし尓て御あ者せ候わか鷹ハ、我等こふし尓て雁二とらせ申候、鷹師七とらせ申候、大崎方尓て青鷺二取申候、此鷹ハ慥ニ来秋靍取可申と存、大崎方ニ残し申候、夏中青鷺御つかひ候て御あそひ候へく候、靍取候ハヽ、御返しあるへく候、おかしく候、恐惶謹言、

（年月不詳）廿六日　　三成（花押）

（加藤秀幸「石田三成書状―その趣好―」・『古文書研究』第一〇号、一九七六年）

◇内々進上しようと存じ、昨日御目に懸けた塒鷹（とや）ですが、（残念ながら）昨日御覧に入れたところでは何の獲物もありませんでした。心残りは今日になっても深くありますが、鷹師を使って狩らせたところ、この雁一羽をとることができましたので、塒鷹にこの雁を添えて進上致します。内々申しましたように、私の秘蔵の鷹でございます。青鷺を捕獲する鷹ということで他所からいただいたものですが、雁にばかり興味を持ち、私の手許で青鷺をとることはありませんでした。当春、私のところでは菱喰を加えて雁を二十羽ほどとりました。この鷹の技量については、今度の道中で山城守殿（城州）が御覧になっているので、（詳しくは山城守殿に）御尋ねください。肉色当て（ししあて）以下細かなことは此の鷹師が承知しておりますので、そちらの御鷹師から御尋ね頂ければ結構かと存じます。もしかすると大崎の所へお預けになるかもしれないと存じ、さきほど大崎の所から人を呼んで経緯を説明しております。当春は最早、雁も居ないと思いますが、来秋鳥家出し時の御楽しみには、少々の

若鷹よりは期待が持てると存じます。又昨日、お自ら羽合わせになった若鷹は、私が行って雁を二羽、鷹師は雁を七羽とらえておりますし、大崎方では青鷺を二羽とっております。この鷹は確実に来秋鶴をとるものと存じます。大崎のところにこの鷹を残してきておりますので、夏の間青鷺狩りを御楽しみください。（秋になって）鶴を捕獲した後にお返しいただければと存じます。誠に興味がつきません。

二十六日　　　三成（花押）

充所の「中納言様」を織田秀信とする向きもあるが、ここでは上杉景勝とし、「城州」をその老臣直江山城守兼続に措定しておく。三成は景勝に秘蔵の鷹を進上している。「肉色」とは、鷹の胸の中央にある骨（竜骨）の両側に沿ってついている肉の状態をいい、「肉色当て」は、その「肉色」の具合を指で触れて調べることをいう。これによって鷹の飛行能力などが把握される。こうしたことを含め、件の鷹に関するかなり細かな情報を三成は書き綴っている。さらに、これとはまた別の鷹を、景勝に貸し渡そうとしている。自慢げに鷹のすばらしさを語る三成の何と嬉々としていることか。書状全体から、三成のとても楽しそうな様子が伝わってくる。公務を離れてお気に入りの鷹を愛で、愛好する鷹狩りに興じる三成の姿が想像される。三成の「実像」とは、意外とこうしたところにあるのかもしれない。

鷹狩りは、行く先々を視察することにもなり、また、軍事訓練という側面もある。そうした実利的な意味合いも考慮する必要はあろうが、三成の鷹好きはそのような域をはるかに超えている。いずれにせよ、三成の実像は「青白きインテリ」といったものではなく、むしろ果断に事をすすめる剛胆な人物であったように思われる。そうした意味からも本書では「文治派・石田三成」といったステレオタイプな理解はとらない。詳細は本編に譲るが、私は「武断派」「文治派」といった整理自体が歴史的な制約をもつものと考えている。具体としての人物を描出する上で、予定されるべき概念ではない。

　とはいえ、こうした私信は数にも限りがある。さらに言えば、史料に拠って復元しうる人物像には、おのずと限界があるということである。石田三成という人物の場合、奉行として秀吉を支えたことが、辿りうる限りでの真骨頂と確信するにいたった。その意味で、石田三成の実像はいまだ遠いものに感じられるが、後世の聞書や覚書に依拠することなく、極力一次史料によって評伝にまとめたのが本書である。

　一般読者の便を考慮し、引用史料には◇の印をつけて「現代語訳」を付している。著者の未熟な読解力を白日の下にさらすようであり、こうした措置はできれば避けたかったが、三成という人物を身近かに感じてもらうに他の手立ても思い浮かばなかった。拙いながら「現代語訳」だけでも意味は通るように配慮はしたつもりである。矛盾するようだが、引用史料を難解に感じられる向きについては、「現代語訳」のみで読み進んでいただくこともおすすめする。なお、煩瑣になるので、「現代語訳」については日付、発給者および充所については割愛している。また、袖書き（追而書、尚々書）については三字下げのかたちで、文書本文に続けている。

第一章　三成の台頭

一　「佐吉三也」と称した頃

三成の出自

石田三成は永禄三年（一五六〇）、近江国坂田郡石田村（滋賀県長浜市石田町）に生まれたとされる。幼名あるいは若年時の名を「佐吉」と称した。名の表記については「左吉」とするものもある。また、「三成」の読み方についても、「カヅシゲ」とするなどの諸説があるものの、ここでは通例に従って「ミツナリ」としておく。

父は石田郷の土豪藤右衛門正継（まさつぐ）とされ、北近江の戦国大名浅井氏に仕えていたようである。母は近江浅井氏の家臣土田氏の女（むすめ）と伝える。石田家と縁故のある京都妙心寺の塔頭寿聖（たっちゅうじゅしょう）院にのこる過去帳『霊牌日鑑』では、三成の父の実名を「為成」とし、三成自身についても「宗成」とする。この他にも父の名を「為成」とする史料は多いが、ここでは「正継」として叙述をすすめていく。

元亀元年（一五七〇）六月の、織田信長・徳川家康の連合軍と浅井長政・朝倉義景の連合軍とが戦った姉川合戦ののち、のちの豊臣秀吉（このときの苗字は「木下」）は近江国横山城に城将として入る。横

図２　石田三成

山城の城将としての秀吉のつとめは、浅井氏の動きを封じることにあった。この間に多くの在地勢力が、浅井氏から転じて秀吉の麾下となっている。たとえば元亀二年（一五七一）十月頃に、宮部継潤が秀吉に降ったとされており、石田正継もこの頃に秀吉に臣従したと考えられる。さらに天正元年（一五七三）九月に浅井氏が滅亡すると、論功行賞として浅井の旧領湖北三郡が与えられた秀吉は今浜（のち長浜）に入る。

渡辺世祐『稿本　石田三成』は、三成の確実な兄弟として、実兄弥三正澄をあげる。正継・正澄父子についで、佐吉三成も秀吉に仕えたと考えられるが、当時の様子を知ることはできない。ちなみに、既述した『霊牌日鑑』は、秀吉を慕った三成（史料上の表記は「左京宗成」）が、播磨姫路に在陣中に仕官したと伝えているが、確かなことはわからない。三成の活動が史料的に確実となるのは、天正十一年以降のこととなる。これ以前の三成は、秀吉の近習（御広間御詰衆）として活動していたと考えるのが自然であろうが、一次史料でその動向を追うことはできない。

筑州家中出頭面々

とはいえ、三成はかなり早くから、他家にも知られる存在であった。『宇野主水日記（顕如上人貝塚御座所日記)』の天正十一年(一五八三)七月四日条には「浅野弥兵・石左吉・羽柴久太郎・羽柴美濃守イズレヘモ御書、御音信ハ無之(これなし)」とみえており、「石田左吉」の名はこの年後半の「宇野主水日記」に散見される(上松寅三編・校訂『石山本願寺日記　下』所収、以下本書からの引用は『宇野主水日記』と略記)。永禄三年(一五六〇)が生年であったとすると、この年数えで二十四歳ということになる(以下、年齢は永禄三年を生年とする数え年による)。

この年七月に筆を起こす『宇野主水日記』の表紙見返しは「筑州家中(かちゅう)出頭面々」として、杉原七郎左衛門(家次)・浅野弥兵衛尉(長吉、のち長政)・増田(ました)仁右衛門(長盛)・石田左吉・羽柴小一郎(秀長)・堀久太郎(秀政)・蜂屋兵庫助(頼隆)・織田左兵衛佐(津田信張)といった名があがっている。ここでいう「出頭」とは、主君の側にあって政務や要務に参与する者をいう。この記録自体は後のものである可能性もあるが、人名の表記から推して当該年からさほど遠くない時期のものと判断される。いずれにしろ、この段階の本願寺が彼らを筑前守秀吉麾下の要路として認識していたことに間違いはない。

三成の位置を探る上から、共に名のあがった面々について簡単にみておこう。彼らのうちでも、その中心となるのは羽柴小一郎(秀長)・杉原七郎左衛門(家次)・浅野弥兵衛尉(長吉)ら、秀吉自身の身内ともいうべき面々である。羽柴秀長(初名は「長秀」)は、いうまでもなく秀吉の実弟であり、生涯にわたってその輔佐を務めることになる。信長のもとで、すでに但馬支配の実権を委ねられていたとも目されており、明智光秀と争った山崎の合戦でも一軍の将であった。杉原家次は、秀吉正室杉原氏(寧)の叔父(ないし伯父)にあたる人物であり、信長の時代から姻戚たる秀吉に付され、その老臣として仕えた。本能寺の変ののち、次にあげる浅野長吉とともに京都奉行に任じられている。浅野長吉は、織田家中安井重継（弥兵衛尉）の長子で、のち浅野長勝（又右衛門尉）の婿養子となって、浅野家を継ぐ。秀吉正室杉原氏（寧）が浅野長勝の養女であったことから、秀吉と長吉は相婿という関係になる。親類の少なかった秀吉はこの義弟を重用し、天正九年（一五八一）には播磨国内で五〇〇〇余石の知行を与えている。

ついで、織田家旧臣、すなわち元来秀吉の同輩であった面々として、堀久太郎（秀政）・蜂屋兵庫助（頼隆）・織田左兵衛佐（津田信張）らがいる。堀秀政は、若年の信長に側近として仕え、長じて馬廻衆の筆頭にのぼる。堀秀政は、いわゆる「清須会議」の後には（清須は「清洲」とも表記されるが、本書では「清須」として表記を統一する。なお、信長亡き後の織田家の家督と知行割りを決定する会議について、実は確かなことはわかっていない。織田信雄・信孝と秀吉・柴田勝家・丹羽長秀・池田恒興ら織田家重臣が公式・非公式に寄り合いを重ね、事が決していったものと推察される）、織田家当主となった三法師（織田信忠の嫡子、のちの秀信）の傅役となり、羽柴秀吉と柴田勝家とが戦った賤ヶ岳合戦ののちには、近江国佐和山城に入っている。

蜂屋頼隆も美濃国の生まれで、早くから信長に仕えていた。天正初年までに近江国愛智（えち）郡の肥田城を与えられ、本願寺が石山から退いた後には、岸和田に移って和泉国の統治にあたっている。信長の三男信孝を支えて四国討伐の副将に任じられたのち、本能寺の変をむかえた。織田（津田）信張は、信長の一門であり、天正五年（一五七七）ころから紀伊方面の軍政を担当し、のちに蜂屋頼隆とともに岸和田にあって和泉国の統治にもあった。

彼らに伍して増田仁右衛門尉（長盛）と石田左吉の名がここに見えている。年齢構成をみると、最も年嵩とみられるのが大永七年（一五二七）生まれの織田（津田）信張、比較的若いのが天文十六年（一五四七）生まれの浅野長吉や同二十二年（一五五三）生まれの堀秀政らとなる。残念ながら増田長盛の生年は不詳だが、天文十四年（一五四五）の生まれとも言われている。はじめに述べたように、三成は永禄三年（一五六〇）の生まれと言われており、浅野長吉より十三歳、堀秀政と比べても七歳年下となる。また、増田の生年が上記の通りとすると、三成は長盛より十五歳も年少となる。

こうみてくると、三成は年齢的にも若輩であり、前歴からいっても他の面々に及ぶべくもない。しかしながら、そうした三成が「筑州家中出頭面々」に名を連ねているということは、特筆に値する。いまだ二十代前半でありながら、その持てる才気のゆえからか、すでに秀吉家中のなかで卓出した存在だったのであろう。

三成文書の初見

『宇野主水日記』に登場するのと前後して、文書の充所・発給者としても三成（石田左吉）の名が確認されることとなる。十二月八日付で中左近なる人物が「増田仁右衛門尉」「石左吉（石田）」「大紀介（大谷）」「脇甚内（脇坂）」「片加兵衛（片桐）」の五名に充てて書状を発している（大阪歴史博物館所蔵文書）。内容は「秀吉様御船」の引き渡しに関するものであり、年未詳ではあるが充所各人の呼称から、天正十二年（一五八四）以前の史料とみなされる。

一方、発給者として確認されるのは天正十年に秀吉が平定した淡路の洲本城に関するものである。これらも年未詳ではあるが、八月某日付の「千権兵衛様（千石）」充て、正月二十三日付の「広田蔵丞殿」充ての書状である。ここでは、比較的年紀比定の容易な後者について詳細を紹介しておこう。

尚以、連々申承候儀、我等少も如在有間敷候、尚近々可得御意候、以上、

一昨日廿一日之書状、昨日廿二日ニ拝見、畏入存候、仍関を被出、菅平右家来を被討捕、其上生捕、誠御手柄共可申様無之候、即権兵衛より増田仁右衛門尉方迄被上候間、被致披露候、我等同時ニ貴所事御取成可申候処、秀吉少々御気相悪候て、面へ無御出候間、重而御手柄之通可申上候、於時宜者可御心安候、随而内々被仰聞候　御知行被下候事、先度権兵へも次兵へも申入候へハ、少も如在有間敷由、於此方被申候へ共、如此之儀、不及是非候、何も秀吉へ重而可申上候、恐々謹言、

（天正十一年カ）
正月廿三日　　石田左吉　三也（花押）

広田蔵丞殿　御報

（兵庫県洲本市・「広田文書」）

◇一昨二十一日の書状を昨二十二日に拝見しました。畏れ入ります。菅達長（平右衛門尉）の家来を討ち捕り、また生け捕りにされたこと、誠に御手柄です。仙石秀久（権兵衛尉）を通じて増田長盛（仁右衛門尉）に報告しましたので、（秀吉にも）御披露されると思います。私も同様に、貴殿のことを取り成しますが、現在秀吉は体調を崩しており、表向きの政務には関わってはおりません。重ねて御手柄のことは申し上げますので、時宜については（秀吉の意向は間違いないございませんので）ご安心ください。すでに内々約束されている知行充行（あてがい）については、先般仙石（せんごく）秀久（権兵衛尉）などにも話しており、少しも問題なく進むでしょう。（そういうことですので）こちらに申し越されても、どうしようもございません。いずれにしろ、重ねて秀吉にも報告いたします。

なお、これまでの間にうかがった話について、私としては少しも手抜かりはありません。また近々連絡します。

このころの三成は実名を「三也」と称していたことが分かる。一方、充所の広田蔵丞は淡路の土豪だが、明智光秀に属していた菅達長（平右衛門尉）の軍勢を破り、その軍功を三成に報じた模様である。当時、仙石秀久（権兵衛尉、苗字は「千石」とも表記）は淡路の洲本城に拠っており、広田はその管下にあったのであろう。袖書きの記述から、両者のやりとりはこれが最初というわけではなさそうだし、この文書についても充所の脇付（わきづけ）に「御報」とあることから、広田が三成に充てた書状の返信であることがわかる。広田側から恩賞の請求があったのだろうか。いずれにしろ、すでに三成が秀吉の側近として一定の発言権を持ち、他にも認められる存在であったことは確認できよう。

天正十年（一五八二）六月、山崎の合戦で明智光秀を破り、その後の「清須会議」を主導的に進めた秀吉であったが、その台頭は織田家の秩序を揺るがし、次第に家臣団のバランスを崩していく。とりわけ大きな不満を募らせていた信孝（信長三男）は、信長家臣の筆頭と目されていた柴田勝家とむすんで、秀吉を抑え込もうとした。一方の秀吉は信長の次男信雄をいただいて、これに対抗する。

対上杉交渉の実務担当

こうしたなか、秀吉と上杉景勝とが連携にむけて動きだす。越中の拠点魚津城を奪われるなど信長に対して劣勢を続けていた上杉景勝は、本能寺の変後魚津城を奪回し攻勢に転じた。しかし、その後も柴田勝家らとの対立が続いており、景勝が勝家や佐々成政（さっさなりまさ）、前田利家らを牽制する上でも、秀吉との連携

図3　上杉景勝

はきわめて有効であった。

天正十一年（一五八三）になると早々に、景勝は秀吉充ての書状と誓紙を、蔵田左京助（伊勢御師で越後糸魚川の伊勢神宮領で代官的な勤めを果たしていた）と西雲寺（越中瑞泉寺の塔頭僧）に託して上洛させた。一連の動きは、秀吉が上杉家重臣須田満親（相模守）に充てた二月七日付の書状から、読み取ることができる。

正月十二日之御状令披見候、従景勝（上杉）芳札
幷御誓詞、一昨々四日到来、何茂披見、
則信雄（織田）江致披露候処ニ、御入魂之儀、別而満足被申候、然者、我等誓紙之儀被仰越候、即血判を以
申入候、自今以後少茂相違有之間舗候、可被御心安候、委細西雲寺・蔵田左京助江申渡候、恐々謹
言、

（天正十一年）二月七日　秀吉

須田相模守殿

御返報

（「歴代古案」・『上越市史　別編2』上杉氏文書集二―二六五五号文書）

◇正月十二日の書状を拝見しました。（上杉）景勝の御手紙ならびに御誓詞も、四日に到来したので拝見し、（織田）信雄へも披露しました。親密な交わり（がはじまる）事、格別に満足しています。私の誓紙（をお求め）ということですので、さっそく血判のかたちでお送りします。これからも（双方の）くい違いはないと思いますので、ご安心ください。細かなことは、西雲寺や蔵田左京助に申し渡します。

こうして秀吉は、織田信雄の同意を得て、上杉景勝との連携を進めることになる。この秀吉のもとで細かな実務をまかされたのが、石田三成・増田長盛（仁右衛門尉）・木村吉清（弥一右衛門尉、実名ははじめ「清久」と称した）らであった。なお、右の秀吉書状と同じ日付をもつ、三名が連署して西雲寺に充てた「覚」が、写しのかたちで残っている（「片山光一氏所蔵文書」・『上越市史』上杉氏文書集二―二六五六号文書）。ここで三成らは、上杉家と徳川・北条両家との問題に触れ、秀吉には上杉家と徳川家の仲介を行なう用意があることを述べるが、まずは景勝の越中出馬が肝心と佐々成政への牽制を要求している。さらに、秀吉が発する誓紙（起請文《きしょうもん》）の様式などについても、細かな伝達を行なっている。

ちなみに、この前日二月六日付で、増田長盛が直江兼続（与六）に充てた書状の書き出しには「如仰《おおせのごとく》、未申通《いまだもうしかよわず》候処」とあり、羽柴家と上杉家の交渉はいまだ緒に就いたばかりであったとみなされる。別の言い方をすれば、対上杉交渉の実務を当初から担ったのは、三成と増田長盛・木村吉清であったといえよう。

賤ヶ岳合戦

越前北之庄の柴田勝家が、雪で兵を動かすことができない隙に、秀吉は美濃国と近江国を制圧し、天正十一年（一五八三）春には、北伊勢の滝川一益と対峙する。三月になると、勝家が北近江に入って、秀吉に圧力をかける。こうして両陣営の間が緊迫するなか、三成が近江国浅井郡尊勝寺の子院称名寺に充てて発した文書が残されている。先の広田蔵丞充て文書とならんで、最初期の三成（三也）単独発給書状のひとつである。

尚以、筑州より御直礼にて被仰候之間、為我等不□□候、已上

柳瀬ニ被付置候もの罷帰候とて、御状御使者口上趣、具申上候処、一段御満足之儀候、重而も彼地人を被付置、切々被仰上尤存候、尚追而可申承候、恐々謹言

石田左吉

（天正十一年）三月十三日　三也（花押）

称名寺　貴報

（滋賀県浅井町「称名寺文書」）

◇（探情のため）柳瀬に派遣していた者が戻ったとのことで、御状ならびに御使者の口上を細かに申し上げました。（秀吉も）大いに満足しております。重ねて、かの地に人を置かれ、頻繁に報告されることが、いかにもよろしいかと存じます。

なお、筑州（筑前守秀吉）が直接御礼を述べると思いますので、私からは控えます。

それまで伊勢方面にいた秀吉は、柴田勝家の南下をうけて近江国に戻り、長浜から木之本へ移動する。この文書はその間のもので、冒頭にみえる「柳瀬」なる地名は、勝家が本陣を置いたところである。三

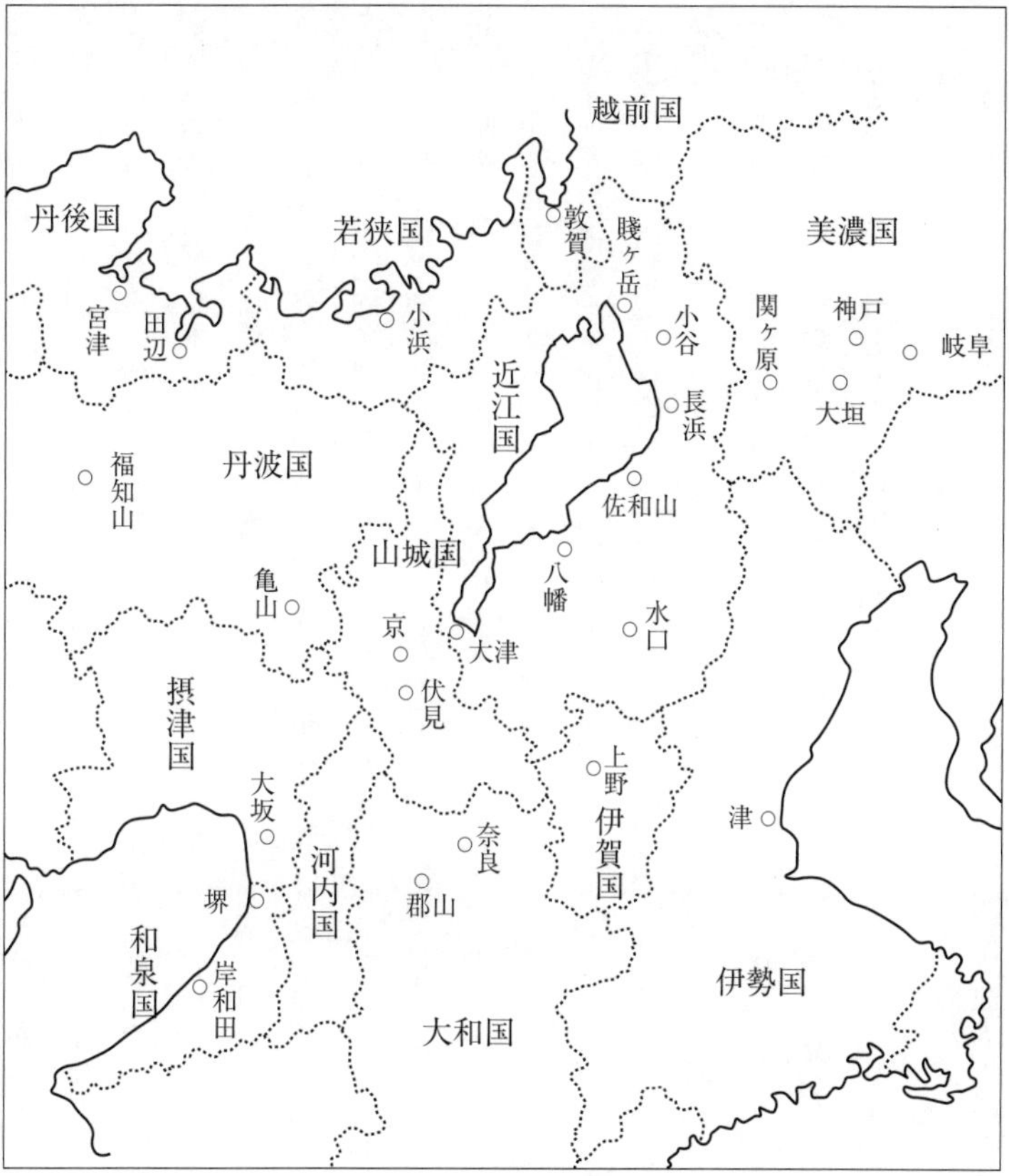
越前国
丹後国
若狭国
敦賀
賤ヶ岳
美濃国
宮津
田辺
小浜
小谷
関ヶ原
神戸
岐阜
近江国
長浜
大垣
福知山
丹波国
佐和山
山城国
八幡
亀山
京
大津
水口
摂津国
伏見
上野
伊賀国
大坂
津
河内国
奈良
堺
郡山
和泉国
岸和田
伊勢国
大和国

図４　畿内周辺要図

成は、称名寺とその配下をつかって柴田勢の動向を探ったわけである。秀吉自身の長浜から木之本への移動も、こうした情報を基にした作戦であった。ここで秀吉は、柴田勢を牽制する多くの城柵をつくることになる。それらの城柵配置も、このような探情の成果に拠ったのであろう。断片的な史料ではあるが、秀吉の側近くにあった三成が、敵情視察の集積にあたっていたことはあきらかである。

ひと月を越える対峙のあと両軍は激突し、四月二十一日秀吉は近江国賤ヶ岳で柴田勝家を破る。秀吉は一気呵成に勝家の本拠越前北之庄を攻めて落城させ、勝家を自害に追い込んだ。六月に大坂城に入った秀吉は、同五日付で賤ヶ岳合戦の論功行賞を行ない、さらに八月朔日付で家人たちへ知行を充行(あてが)った。いくつか具体的にあげると、福島正則(市松)に近江国栗太郡内・河内国八上郡内で五〇〇〇石、加藤清正(虎介)に近江国栗太郡内・上山城・河内国讃良郡内で三〇〇〇石、加藤茂勝(孫六、実名は「房次」「嘉明」とも)に播磨国明石・上山城・近江国栗太郡内・河内国八上郡内で三〇〇〇石、加須屋真雄(助右衛門)に播磨国加古郡内・河内国河内郡内で三〇〇〇石、船越景直(左衛門尉)には本知の淡路国ほか河内国丹南郡内・天野郡内で二四〇〇石、片桐貞隆(加兵衛)に播磨揖東郡内・上山城・河内交野郡内で一〇三三石余という具合である。残念ながら、この段階の三成に対する処遇については確証も得られておらず、具体的な状況は判然としない。なお、かつて中村質氏がリスボン市郊外のポルトガル国立図書館で発見された日本屏風文書のなかにも安威五左衛門充ての「石田左吉」文書がある。破損がひどく意味も充分にはとれないので、紹介のみにとどめる(中村質「豊臣政権とキリシタン―リスボンの日本屏風文書を中心に―」『近世長崎貿易史の研究』、一九八八年)。

そうした一方で、天正十一年(一五八三)八月朔日付の萱生左大夫充て知行充行状などに「石田弥三代官内、三千石を以て令扶助」と見えており（「守屋文書」）、この段階で実兄弥三正澄も秀吉直轄地の代官をつとめていたことがわかる。さらに、天正十二年（推定）八月十二日付「なかはま（長浜）町人中」充ての秀吉朱印状にも「鋤鍬取寄候為、奉行石田弥三遣候」とみえており、三成と相前後して秀吉に仕えた正澄も、相応の用務を担っていたようである。

三成の婚姻

三成の婚姻がいつ頃なされたのか、確定的な史料は残っていない。ここで略述しておくと、三成の正室は、宇多頼忠（下野守）の娘と伝えられる。頼忠の本来の苗字は「尾藤（びとう）」であった。尾藤家は信州中野郷を本貫とするが、頼忠の兄と目される尾藤知宣（とものぶ）（甚左衛門尉、左衛門尉、実名は「知定」なども）が藤吉郎時代の秀吉に家人として仕えていた。尾藤知宣は秀吉の初期の重臣の一人であり、織田信長存命中にも播磨国内で五〇〇〇石の知行を得、小牧の陣で討ち死にする森長可（ながよし）（武蔵守）の遺言を託された人物としても知られている。天正十三年（一五八五）八月には、秀吉から播磨国多可郡に一万一一〇〇石の知行を与えられ（「尾藤家伝来御書写」）、四国平定後には讃岐国を与えられることとなる。頼忠の秀吉への臣従も、こうした縁故に拠るものであろう。

婚姻の詳細は定かではないが、一次史料で三成の活動が確認される時期には年齢も二十代前半に達しており、この頃にはすでに妻帯していた可能性も高い。逆に、三成が秀吉のもとで台頭していく前提として、有力な姻戚たる尾藤知宣の後ろ盾を得たことの意味は大きかろう。ちなみに、尾藤家は信州が出自と述べたが、頼忠の女子の一人が真田昌幸室ともいわれる。とすると、昌幸が十歳以上の年嵩だが、三成とは相婿の関係となる。さらに、下野守頼忠の子河内守頼重（実名は「頼次」とも）は、昌幸の娘を正室として迎えており、この時期の尾藤家・宇多家と真田家とは二重三重の姻戚関係で結ばれていた。

ところで、真田昌幸の正室、通称「山手殿」（法号は「寒松院」）については菊亭（今出川）晴季の娘ともされるが、武田氏の麾下にあった真田氏が堂上公家（禁裏御所清涼殿への昇殿を累代許される家柄）との間に婚姻を結んだとは考えられない。近世に入ったのち、真田家が石田三成との姻戚にあったという事実を隠蔽し、後世における格付けを意識して、こうした説が唱えられることになったのであろう。

賤ヶ岳合戦後の対上杉交渉

三成は賤ヶ岳合戦の直前から、木村吉清・増田長盛らとともに上杉家との交渉にあたっていた。天正十一年（一五八三）四月に柴田勝家が滅び、それに相前後して能登の前田利家、越中の佐々成政も秀吉に属することとなった。秀吉は幕下に降って間もない佐々成政に対し、次のように書き送った。

越後儀、弥遂相談、国切ニ於相澄者、執次之儀、貴所へ可相定候、越後存分相滞儀も在之者、秀吉出人数、急度申付、彼国之事者、其方可被任覚悟候、其為如此候、恐々謹言、

（天正十一年）卯月廿八日　　羽柴筑前守
　　　　　　　　　　　　　秀吉（花押）

佐々内蔵助殿
御□□□□

（「五尊文庫所蔵文書」・『新潟県史』資料編5中世三所収二四二四号）

◇越後（上杉家）とはいよいよ交渉を進め、（上杉・佐々両領国の境界が越後と越中との）国境に決定しましたら、（上杉家の）「執次」を貴所とします。越後（上杉家）の対応に差し支えが生じるような場合には、秀吉としては軍勢を派遣し、すみやかに（越後上杉家）を追討し、越後をその方の覚悟に任せることとします。

北陸の旧織田領国を傘下におさめることで、直接上杉家と領域が接することとなり、秀吉と上杉家との関係は一転して緊張したものとなる。これまでは一種の遠交近攻策として、秀吉と上杉家とは同盟関係にあったが、越後国内に新発田重家の謀反を抱える上杉景勝は、関東・信濃の不安定要素もあって、必ずしも秀吉の要請に応えてきてはいなかった。こうした状況下、秀吉は越後上杉家からの「執り次ぎ」を佐々成政に委ね、境界確定などの困難な交渉を進めさせることとした。ちなみに、この時期佐々成政が新発田重家（因幡守）に書状を発して秀吉に誼を通じるように促しているが、ここに「猶以、飛騨国之儀、弥令入魂、上方へ之儀、拙者御取次申候」とあり、成政は飛騨国の「御取り次ぎ」をつとめていることも述べている（「石坂孫四郎氏所蔵文書」・『新潟県史』資料編5中世三所収三三三五号）。

こうして北国の情勢は大きく変容するが、引き続き三成は木村吉清・増田長盛らとともに秀吉の側近にあって、対上杉交渉の実務を担っていく。六月には、対勝家戦の戦勝を祝う上杉景勝の使者として、大石元綱（播磨守）が秀吉の下に派遣される。景勝は秀吉に太刀一腰と馬一疋を贈っているが、木村吉清・増田長盛らとともに大石元綱の対応にあたった三成にも景勝から馬・白布を贈与されている。もとより、これまでの好誼を踏まえたものである（『上越市史　別編2』上杉氏文書集二一二八〇二号文書。以下本書からの引用にあたって、書名は『上越市史』と略記する）。

さらに八月十六日には、三成と長盛の連署で、直江兼続（山城守）・狩野秀治（讃岐守）に充てて「覚」を発している（『上越市史』二―二九六六号文書）。ここでは上杉家から差し出すべき証人（人質、史料上の表現は「質物」とある）のこと及び「御縁辺之儀」（すなわち婚姻関係）を整えることが議せられ、さらに信州における徳川家との「郡割」や越中の佐々成政のことなどが問題となっている。また、「出羽・奥州・佐州之儀、景勝様御取次之段、先度如被申談候たるへき事」と、既定であったとはいえ、奥羽や佐渡の「取り次ぎ」を景勝に委ねる、と改めて言明している。翌十二年三月にも景勝は、秀吉への使者として舟岡源左衛門尉を上洛させて修好を深めているが、この際にも三成が木村吉清・増田長盛らとともに応接している（『上越市史』二―二九〇一号文書）。

小牧の陣

こうしたなか、天正十二年（一五八四）三月、濃尾を領する織田信雄が、謀反を理由に老臣三名を誅殺、秀吉との断交を表明する。かつて秀吉は、主筋にあたる信雄を擁して、織田信孝・柴田勝家と戦ったが、その後は一転して軽んじる傾向にあった。信雄が徳川家康と結んだため、秀吉はにわかに出勢を決意して軍勢を動員する。

この戦における秀吉軍の構成を、「浅野家文書」（大日本古文書『浅野家文書』一二号）の陣立書から見てみると、東備二万五〇〇〇、西備二万六五〇〇、および秀吉直轄軍の一万から成っている。東備・西備は、織田家家臣団の面々を主力とする。しかしながら、西備に、秀吉実弟の羽柴秀長が七〇〇〇という最大級の軍団を率いて加わっていたことには注目される。一万余からなる秀吉直属軍のうち、最大の部隊は、一五〇〇〇を率いて後備を任された浅野長吉（弥兵衛尉）の部隊であった。同じく後備で三〇〇を従える福島正信（市兵衛尉）の部隊がこれに次ぐ。このほか、松下之綱（賀兵衛尉）・山内一豊（伊右衛門尉）といった古参の家人に混じって、加藤清正（虎介）や加藤茂勝（孫六、実名は「嘉明」とも）らがそれぞれ一五〇の手勢をもって加わっている。

『宇野主水日記』天正十二年四月二十日条から確認されるように、三成や増田長盛らも秀吉の陣所（尾張国犬山）にあったが、先の陣立書には名前を確認することができない。三成や長盛のつとめは秀吉に近侍することであり、軍勢を率いて戦闘にあたる立場にはなかったからであろう。

図5　浅野長吉（長政）

秀吉方は四月九日に「長久手」の局地戦で敗れるが（当時の史料に拠ると「長久手」より南に位置する「岩崎」で戦闘があったとされる）、その後、戦線は膠着して、両陣営は尾張国北部で対峙する。この間、織田信雄・徳川家康と結んだ紀州の雑賀（さいか）一揆がしばしば和泉・河内を襲い、秀吉の背後を脅かしている。北国越中では、佐々成政が信雄・家康に呼応する動きを開始し、五月には上杉景勝との連携を模索する。秀吉方の前田利家（柴田勝家の滅亡後、能登七尾から加賀金沢へ本拠を移す）と上杉景勝にはさまれたままでは、思うままに動くことができないと、成政は判断したのであろう。

上杉景勝は成政の誘いに応じなかったが、こうした事態をうけて、秀吉は景勝に対し、証人（人質）の上洛を要求する。成政の動きを警戒せざるをえず、秀吉は景勝の去就を確かめる必要があった。六月に景勝は、一門の上条政繁（上杉謙信の養子。当時は入道して「宜順」と号していた）の子義真をみずからの養子に迎え、秀吉の許に証人として送った。尾張国よりいったん帰陣していた秀吉は、七月十一日付で景勝に証人の上洛を告げる直書を発する。同日付で三成・木村吉清・増田長盛の三名も直江兼続（山城守）に充てた連署状を送り、秀吉が証人の上着をことのほか喜んでいることを告げている（『上越市史』二―二九五二号・二九五三号文書）。

九月になると、佐々成政は前田方の末森城を攻めるが、上杉・前田の軍勢に挟撃されて、結局は苦戦を強いられることになる。

秀吉の大納言・内大臣任官

さて、この戦いのさなかの天正十二年（一五八四）十月、上洛した秀吉を、正親町天皇は従五位下からいきなり従三位・権大納言に叙任する。秀吉に与えられた口宣案には、これに先だって従五位下・左近衛権少将（天正十年十月三日）、従四位下・参議（天正十一年五月二十二日）があるが、これらは後に時日をさかのぼって作成されたものと言われている（藤井讓治『天皇と天下人』講談社、二〇一一年）。従五位下に叙位されていた秀吉を、従三位・権大納言へ一足飛びに昇任させるにあたって、少将任官や従四位下・参議への叙任が、遡及的に実施されたのである。

十一月に入ると、織田信雄が独断で秀吉と和睦する。徳川家康はこの講和に反対であったが、結果的に秀吉と対峙する名目は失われてしまい、十二月には秀吉との和睦に踏み切る。こうして、長久手の局地戦以外に目立った戦闘もないままに、小牧の陣は終結する。

三成も、小牧の陣の前半は、秀吉の陣中に近侍していたようだ。しかし十月の後半以降は、秀吉自身が北伊勢の各地を移動しており、三成は必ずしも行動を共にしていたわけではなさそうである。実際、天正十二年（一五八四）十一月二十七日の日付をもつ「江州蒲生郡今在家村検地帳」には、尼子六郎左衛門・石田左吉・宮木長次・豊田竜介・森兵吉・中村掃部助と署名が残っており、三成の関与が確認される（「引接寺文書」）。この段階の三成としては、みずから検地の場で指揮をとった可能性が高いので、三成自身が小牧陣の途中から近江国内の検地に関わっていたとみてよかろう。

年が明けて天正十三年（一五八五）二月になると、上洛した織田信雄は、秀吉の執奏によって正三位・権大納言に叙任する。秀吉は、これに先だって権大納言を辞官しており、位階も信雄が上席についた。しかし、わずか半月ののち、秀吉は正二位・内大臣に叙任される。朝廷の官位体系を利用することで、秀吉は主家をしのぎ、ついに従前の主従関係を清算したのである。戦国期の下剋上的な主家簒奪に拠ることなく、伝統的な官位制の原理に依拠しつつ、秀吉は織田家家臣という地位の払拭に成功した。秀吉は「天下人」としての地歩をかため、中央政界に新たな「羽柴政権」が誕生したのである。

紀州・四国・越中の攻略

秀吉は天正十三年（一五八五）三月下旬、雑賀一揆討伐のため、紀州へ兵を進めた。以後、秀吉は織田信雄・徳川家康に与（くみ）した反羽柴陣営の切り崩しを開始する。一連の戦いは「羽柴政権」による国内統一戦の端緒となっていく。

『宇野主水日記』の三月二十五日条の記事から、三成もこの陣中にも従っていたことがわかる。四月十日、秀吉は高野山に対して帰順を促し、これに応じて高野山側も同十六日には秀吉に従う旨の請書を出している。これに先だって、高野山の木食応其は、根来寺や金剛峰寺（高野山）と秀吉との間の和睦斡旋につとめており、高野山も応其を通じて秀吉に降伏を申し出る。木食応其は近江国の出身とされており、こののち三成とも親しく交わっていくこととなる。四月二十五日、紀州太田城開城の折も、三成は太田の秀吉陣所にあった（『宇野主水日記』）。

ついで、秀吉は四国の長宗我部元親の討伐を決する。元親は、先には柴田勝家と与同し、このたびもまた織田信雄・徳川家康に呼応する動きを見せている。四国討伐軍は、阿波（羽柴秀長・秀次ら）、讃岐（宇喜多秀家・蜂須賀正勝・黒田孝高〈如水〉ら）、伊予（小早川隆景ら中国勢）の三方面から上陸し、攻撃を開始した。この戦では、結果的に秀吉自身が四国渡海をしなかったことから、側近の三成らも四国に渡らなかったものと考えられる。伊予・讃岐・阿波の各所で長宗我部方の城が陥落し、八月上旬までに元親は降伏。土佐一国の安堵をうける。こののちは、阿波一国を与えられた蜂須賀家が、政権と長宗我部氏との仲介を行なうこととなる。

長宗我部元親の降伏をうけて、秀吉は佐々成政を降すため、越中へ軍を進める。『宇野主水日記』に、「八月上旬、秀吉北国へ御進発」とあるように、越中攻めは秀吉みずから兵を率いた。秀吉は降伏を申し出た成政を許し、改めて越中のうち新川一郡の領知を許した。この間の三成についてはその動静をうかがう史料は残っていない。したがって詳細は後考に委ねるべきであろうが、これまでの三成の動きから推すと、秀吉に近侍して越中攻めの陣中にあったものと考えたい。

二　秀吉側近としての台頭

秀吉の関白任官と三成の「諸大夫成り」

四国討伐戦と越中攻めの間のことになるが、天正十三年（一五八五）七月十一日、秀吉は従一位関白に叙任される。近衛前久（さきひさ）の猶子（ゆうし）となった秀吉は、五摂家（近衛家・九条家・鷹司家・一条家・二条家の五家）の内紛に乗じて関白に任官した。藤原姓の五摂家以外から関白が出た前例は皆無であったが、秀吉は武家として臣下第一の関白にのぼったのである。以後、秀吉は政務の総覧者として朝野に臨む。いうまでもなく秀吉の関白任官は、それ自体、豊臣政権の推移をみる上での一大画期である。同時に、三成ら秀吉の家人（けにん）たちにも、少なからぬ意味をもつことになる。

しばしば論及する『宇野主水日記』だが、秀吉の関白叙任後の天正十三年（一五八五）九月十日条には、「脇坂甚内・宮木藤左衛門両人同道シテ御礼ニ被参ナリ、御三所御対面、後刻、石田治部少輔御礼ニ被参」とあり、三成の名がそれまでの「佐吉」から「治部少輔（じぶのしょう）」へと変わっている。三成が秀吉の許しを得て、「治部少輔」という官途名を私称したという可能性も考えられるが、ここでは三成が正式に朝廷から従五位下に叙位され、治部少輔の官途を与えられたと考えたい。参考までに、四位や五位に叙位された者の記録である「歴名土代」には「石田治部少輔　藤三成　同（天正）十三・七・十三」とあって、三成が藤原姓のもと「治部少輔」に任じられたことを伝えている。三成二十六歳の年である。

さらに『宇野主水日記』の同年七月十日条には、「関白ニナリ給フニツキテ、殿上人・諸大夫ナリニナリタル衆十人モアリ」という記事がある。秀吉の関白就任に伴って、一門や家人から殿上人・諸大夫にのぼったものが一〇人もあったというのである。殿上人とは、四位・五位の廷臣のうち、内裏清涼殿への昇殿が許された者をいい、諸大夫とは摂政・関白・大臣など上流の公家に仕えて朝廷に出仕する者をいう。諸大夫にも本来は四位と五位とがあったが、武家の諸大夫は五位を通例とした。ゆえに、従五位下への叙位を「諸大夫成り」とも称する。

いずれにせよ、『宇野主水日記』の記事からではあるが、秀吉の一門・家人から一〇人程度が正式に従五位下以上の官位に叙されたことがわかる。家人のうちで「諸大夫成り」の確実な事績を認めうるのは、天正十三年（一五八五）七月十三日付で従五位下・左衛門大夫に叙任された福島正則や、同日付の従五位下・大炊頭津田重長などだが、このほか従五位下・弾正少弼の浅野長吉（のちの長政）、同じく式部少輔の中村一氏、伊豆守の一柳直末らもここに含まれる可能性が高い。

三成の場合は、「治部少輔」使用の確認が九月までずれ込んでしまうが、おそらく他の面々と同様、天正十三年（一五八五）七月十三日付で従五位下・治部少輔に叙任されて、「諸大夫成り」を果たしたのではなかろうか。ちなみに、天正十三年（推定）七月二十八日付の中川秀政（藤兵衛）充て秀吉朱印状に「石田治部少輔」の名が登場し、さらに『宇野主水日記』の天正十三年九月十四日条には、秀吉の有馬湯治に従った面々として「石田治部少輔、増田仁右衛門、大谷紀介ナド御供ナリ」と見えている。

ところで、加藤清正も天正十三年（一五八五）九月朔日付秀吉朱印状は「加藤虎介」充てで発給されており、やはりこの時点での「諸大夫成り」ではない。天正十四年正月六日付で出された領知加増の朱印状では「加藤主計頭」充てとなっており、この間に従五位下・主計頭に叙任されたことがわかる。増田長盛も、清正とほぼ同時期に「諸大夫成り」を果たしたと考えられ、天正十四年の前半までには従五位下・右衛門尉に叙任される。天正十四年（推定）正月十八日付の上杉景勝充ての連署状（『上杉家文書』八〇九号）で、「増田右衛門佐（ママ）」との署名がある。天正十四年六月十七日付の小笠原貞慶発給の文書では、まだ「仁右衛門尉」と称されているのだが、これは貞慶が上方にいた段階は、いまだ長盛の叙任前だったためであろう。

秀吉家臣団の序列を計るものが官位体系のみでないことは言うまでもないが、秀吉の関白任官に伴って三成の「諸大夫成り」がなされたことの意味は大きい。家臣団の中でも、とりわけ有為な人物として評価されたのであろう。

秀吉の東国政策と三成

この天正十三年（一五八五）の末、上杉景勝は歳暮の使者として、富永備中守を上洛（あるいは上坂）させる。これに対し、十二月二十八日付で秀吉が返礼の直書をしたためているが、三成も次のようなその副状を発している。この書状で三成は、「三也」ではなく「三成」と署名しており、ここまでの間に実名を改めたことがわかる。

為歳暮之御祝儀、富永備中守殿被差上候、遠路御苦労之段、殿下御祝着被思召候、随而私御太刀一腰・千疋被懸御意候、毎事御懇之至難申謝候、就中、東国之儀御使者申渡候条、可為御演説候、其表所々境目堅固被仰付候段、是又尤存候、猶重畳可得御意候、恐惶謹言、

（天正十三年）
極月廿八日　　　三成（花押）

景勝様　貴報

（大日本古文書『上杉家文書』八〇八号）

◇歳暮の使者として富永備中守殿を遣わされました。遠路ご苦労をかけ、殿下（秀吉）も満足に思われています。また、私にまで御太刀一腰と銭一〇〇〇疋を御用意頂き、いつもながらのご懇情に感謝を表す言葉もありません。特に、東国のことについては御使者に申し渡しておりますので、（御前にて）ご説明があると思います。御領国の境界を厳重にされることも当然かと存じます。さらにまた、重ねてご連絡を差し上げます。

ここで三成は上杉景勝に対し、東国のことについては御使者（富永備中守）に申し渡しているので説明をお受けくださるように、と述べている。この天正十三年末の段階では、越後国内における新発田重家の抵抗は継続しており、また関東では、徳川家康と結んだ北条氏直が周囲への圧力を強めていた。さらに、家康が北条氏直に対して真田領の上州沼田割譲を約したため、真田昌幸がこれに反発して家康の傘下を離れて、上杉景勝に救援を求めていた。このように楽観を許さない東国の情勢を前に、三成は景勝に対して細かな対応策を講じた模様である。もとより秀吉の大局的な指示のもとではあるが、三成としても上杉氏の対東国経略に対して応分に関与しているとみてよい。

すこし時間的にさかのぼるが、天正十三年（推定）十月十七日付の真田昌幸（安房守）に充てた秀吉の直状（じきじょう）には書き出しに「未申遣候之処（いまだもうしつかわさず）」とあって、これまで通信のやりとりがなかったことをことわっている。武家の身分の高い者が文書を発給する際、「奉書（ほうしょ）」が奉行人などの名義で出すのに対し、「直状」あるいは「直書（じきしょ）」は主人が本人の名義で発する文書のことである。この直状によって、秀吉と真田氏との直接交渉がここから開始されたことがわかる（『真田家文書』）。その翌日付で三成は、真田家の重臣で上野沼田に在城する矢沢綱頼に充て、次のような書状を発する。

雖未申通候、去比就阿波守（安房守）殿儀、自景勝千坂対馬守・村山安芸守以両使、巨細被仰上候条、関白殿へ達上聞、阿波守（安房守）殿御存（分脱カ）之通、彼両人申渡候、拙者事景勝御儀馳走申事候間、向後別而御用可承候、就中此使僧関東へ被差遣候条、被入御精可被送届旨御語（ママ）候、軈而又自関東使者衆可被罷上候間、路次無異儀様被仰付尤候、右（左）候ハヽ、間御貴所之儀も、疎略在之間敷候、御用等可被仰越候、将又去九月十四日天徳へ之御状、其文令披見、則披露仕候、猶委細之段、此使僧可為演説候而令火略（省略）候、

恐々謹言、

（天正十三年カ）十月十八日　　三成判

矢沢殿　御宿所

（「真武内伝附録」『大日本史料』第十一編之二十二所収）

◇これまで親しくやりとりをしたこともありませんでしたが、先般真田昌幸（安房守）殿のことは上杉家の使者から細かにうかがいました。関白殿（秀吉）の御耳にも達していますが、真田昌幸の思い通りで（構わない）と上杉家の使者に伝えています。私は上杉家のお世話を担当しているので、今後は特に御用などうかがっていきます。この（書状を携えてきた）使僧は、これから関東へ差し遣わされますので、念入りに送り届けて頂ければと存じます。さらに、やがて関東から（秀吉のもとへ）のぼってくるであろう使者たちが、（ご領内を）問題なく通過出来るようご配慮いただければと存じます。そうした対応をとっていただければ、あなたのことを疎略にあつかうようなことはございませんので、御用などあれば仰っしゃってください。ところで、九月十九日付の天徳寺充ての

書状を拝見しました。(秀吉にも内容を) 披露しています。詳しいことはこの使僧がお伝えすると思いますので、省略します。

武田氏滅亡後の真田氏の去就には、変転著しいものがある。既述のように、この時期は家康に抗して、越後上杉家に属していた。ちなみに充所の矢沢綱頼は、十一月三日付で景勝から上野国内に知行を与えられている。真田昌幸 (安房守) の身上については、越中攻めの戦勝を祝って景勝が派遣した上杉家中の千坂(ちさか)景親 (対馬守) と村山慶綱 (安芸守) から秀吉に言上が行なわれており、三成の対応はこれを受けたものであった。両者の間には天徳寺宝衍(ほうえん) (本姓佐野氏、佐野房綱) の介在も確認されるが、むしろ三成は越後上杉氏の存在を前提に真田氏との関わりを開始しているようである。加えて、三成は正室宇多氏を通じて真田昌幸と相婿という関係をもっており、この段階の秀吉の信濃・関東政策にあって、中核を担うに恰好の存在であった。この文書にも示されているように、三成は関東への使僧派遣などを行なっており、東国政策にも関わっていくことになる。

徳川家との和睦

天正十四年 (一五八六) 正月十八日付で三成は、木村吉清・増田長盛とともに、上杉氏に充てた連署状を発している (『上越市史』二—三〇七七号文書)。この連署状は秀吉直書の副状であり、天正十四年に至っても、従前どおり三名が上杉家との交渉を支えるという体制に変わりはない。ところが、秀吉が織田家一門を圧倒し、信長の旧臣たちを服従させていく過程で、上杉家との関係も変容を余儀なくされていく。

秀吉は越中平定戦後、佐々成政に新川郡の一郡のみを許し、ほかは前田領とした。こうして越中国の支配領域は確定するが、結果として越中の上杉領も消滅してしまう。秀吉と上杉景勝の連携は、次第に主従制的な色彩を帯びていき、景勝はついに上洛を決意する。これは秀吉への服従を意味する。

景勝の上洛決定という事態をうけて、三成は北関東の諸将に対して書状を発する。下野の宇都宮国綱（弥三郎）充てのものを次に見ておこう。

大関弥七郎方、態飛脚被差下候条、令啓達候、先日景勝天徳寺使者ニ御返事之通、近々可有　御上洛候由、相聞候、於我等満足此事候、併御為可然候、若御上候儀、北条方承候而、可差止為計策至足利号、出勢其元へ可相働旨、内々令沙汰、御上を可相支調略可有之候哉、其内北条骨肉之仁を差上、公儀可相勤事治定候、縦其表へ之動必定にて、一旦御分領雖被及御遅著候、有御上洛公儀相済候者、結句御仕合可然存候、彼方之調儀風説ニ被驚、御上延引之間ニ、北条陸奥守被罷上、種々被申掠候者、既御為不可然候哉、菟角一刻茂被急、御上国奉待候、御進上物等何之御造作御無用、被抛万事、先上専一存候、於此方御用等、為我等可申付候、可御心安候、恐惶謹言、

（天正十四年）三月十一日　　三成　花押影

宇都宮弥三郎殿　参人々御中

（「小田部庄右衛門氏所蔵文書」一五三号文書・『栃木県史』史料編・中世二所収）

◇大関晴増（弥七郎）方へ、飛脚を指し下す用がありましたので、ご挨拶いたします。先日、上杉景勝の使者の天徳寺宝衍を通じて、近々（宇都宮国綱が）御上洛されるという連絡がありました。私の満足というのは此の事ですし、（宇都宮家の）為にもなると思います。もし、北条が（宇都宮国綱

の）上洛を聞いて、それを妨害するためにと、足利を攻略するなどと称してそちらに軍勢を差し向けるといった噂を流して、（宇都宮国綱の）上洛を妨害しようとするような企てがあるかもしれません。（とはいえ）そのうちに北条も、一門の誰かを上洛させ、公儀のつとめを果たすようになることは必定です。たとえ（今回、北条が）出勢し、いったん領国を失うことになろうと、上洛されて（秀吉への拝謁・臣従）を済ますことが、つまるところはよい結果につながると思います。北条の策略による噂に怯え、上洛を先延ばしにする間に、北条氏照（陸奥守）が先に上洛して、（宇都宮氏に）不利な申し立てをすれば、すでに時を逸することとなります。とにかく一刻も早い上洛をお待ちしています。進上品などの配慮は無用ですので、万事を後回しにして、まず上洛を優先してください。こちらでの所用は私が行ないますので、ご安心ください。

三成は、宇都宮国綱に上杉景勝の上洛を告げ、国綱に対しても同じく上洛するように促している。国綱不在の虚を突いて北条勢が宇都宮領を侵す懸念もあろうが、いずれ北条氏も秀吉の意に伏するであろうから、その折には領国も回復されるであろうとし、むしろ北条氏照（陸奥守）が先に上洛して、宇都宮氏に不利な申し立てをし国綱が窮地に陥ることこそが問題であるとする。宇都宮氏側からすると、随分と楽観的な申し入れのように映るが、天下統一を進める政権の要路にある三成の自信がうかがわれる史料である。

さらに五月に入ると、天正十二年（一五八四）の小牧の陣後から膠着化していた対徳川交渉が動き始める。秀吉の実妹朝日が、天正十四年五月十四日に、家康のもと遠州浜松に輿入れし、秀吉と徳川家との和平が現実の問題となる。朝日輿入れの直後、五月十六日付で三成は、木村吉清（当時の実名は「清久」）・増田長盛らと、上杉家の直江兼続充ての連署状を発した。

御状拝見本望候、家康事、先書ニ如申入候、種々御侘言被申上、御赦免被成候、殊更御縁者ニ被成候て、既に御輿を被入候、然者深重　殿下様之儀、不被相背仕合候、人質・誓紙重々被相越候、如此之上、追日東国之儀被任御覚悟候、関東境目等不相究候以前、景勝御上洛被成候ハヽ、御為可然候ハんと存候て、申入事候、西雲寺如口上之者、頻ニ可成御上洛由候、其方御立被成候、定日相究候者、越中迄も御迎ニ可被出候間、慥ニ可被仰越候、委曲口上ニ申渡候間、不能巨細候、恐々謹言、

（天正十四年）五月十六日　長盛

三成

清久

直江山城守殿　御返報

（「景勝公諸士来書」・『上越市史』上杉氏文書集二―三〇九八号文書）

◇お手紙を拝見し、満足しています。先般の手紙でも申しましたように、家康が謝罪をしてきましたので、（秀吉が）お許しになられ、さらに婚姻を結ばれることとなり、（朝日の）輿入れとなりました。殿下様（秀吉）は、こうした機会を無駄にされないので、（家康からの）人質や誓紙もあるでしょう。このような次第ですので、ほどなく東国も秀吉思い通りになると存じます。関東における（諸勢力の）境界が決定する以前に、景勝が上洛されるのがよろしいと思い、意見を申し入れます。西雲寺の話では、（景勝が）熱心に上洛のことを口にされているようです。上洛の具体的な日程が決まれば、越中まででも御迎えにうかがいますので、確実に連絡をしてください。詳しいことは（使者の）口

上に委ねますので、細かなことは控えます。

このように、三成らは秀吉と家康が縁者となったことを踏まえ、上杉景勝に対して早急な上洛を促している。家康との和議がなった今、東国もほどなく秀吉の支配下に入るであろうから、諸勢力の領域が確定する以前に上洛するのが得策だというのである。

実際、家康との和議成立をうけて早々に、秀吉は積極的な東国政策の展開に踏み出していく。五月二十五日付で秀吉は東国の諸勢力に朱印状を発給し、その書き留めに従って石田三成と増田長盛とが連署の副状を発する（ともに秋田県立図書館所蔵『秋田藩家蔵文書』〈佐竹左衛門義命幷組下角館給人及家臣塩谷民部方綱幷組下角館給人家蔵文書〉）。同様の文書は、白川義親充てのものなどが知られるが、ここでは宇都宮家重臣塩谷（しおのや）義綱（受領名はのちに「伯耆守」）に充てられたものを紹介する。

佐野事、無異儀之段尤候、自然之儀入魂専一候、家康事種々縁辺等儀迄令懇望候条、誓紙・人質以下堅相卜、令赦免候、然而関東之儀、近日差越使者、相立堺目、可属静謐候、若相滞族於有之者、急度可申付候条、其間之儀、聊尓之動不可有之候、委細相含山上道牛候、猶増田右衛門尉・石田治部少輔可申候也、

（天正十四年）五月廿五日　（秀吉朱印影）

塩谷弥六とのへ

（家蔵文書三「塩谷民部方綱幷組下角館給人文書」七一号・『茨城県史料　中世編Ⅳ』）

◇佐野家については、異儀もなしとのことを尤もに思う。万一の場合にも、親しく話し合うことが大事であろう。家康はいろいろと縁組みのことまで望んできたので、誓紙・人質などを占い選び、

（差し出してきたので）赦免することとした。そういうことなので、関東へは近日中に使者を派遣し、（諸勢力の）境界を確定し、穏やかに治まるようにしたい。もし妨害するような族がいるようなら、厳しく処罰する。それまでは、軽々しく軍事行動を起こしてはならない。委しいことは、山上道牛に言いきかせている。なお、増田長盛・石田三成が申すだろう。

就佐野之儀、被成下　御書候、彼家中無別儀候段、尤被思召候、弥御入魂専用由被仰出候、惣別東国之儀、不日被差下御上使、静謐可被仰付候条、其間之儀、聊尓之動不可有之旨、委細山上道牛被仰含候、恐々謹言、

（天正十四年）五月廿五日　長盛（花押影）
三成（花押影）

塩谷弥六殿
御宿所

（家蔵文書三「塩谷民部方綱幷組下角館給人文書」七三号・『茨城県史料　中世編Ⅳ』）

◇佐野家のことについて、（秀吉からの）御書がくだされましたが、佐野家家中では混乱もないとのことで、尤もに思います。今後はいっそう親密にすることが大事であると仰せです。概して、関東へはすぐに御使者を派遣され、穏やかに治まるようにされるでしょう。それまでは軽々しい軍事行動を起こさぬように。委しいことは山上道牛に言い含めます。

下野国の佐野家では、前当主宗綱が討ち死にしたため、その家督継承が大きな問題となっていた。と

はいえ、佐野家中として特に紛糾もないことを、秀吉は諒としている。秀吉は家康の臣従をうけて、境界確定の使者を東国にくだすので、それまで勝手な軍事行動を慎むように命じている。「入魂専一」「入魂専用」はある種のキィワードであり、東国の諸勢力は佐野家中に範をとって従順にまつべし、との指示であろう。これらの文書を携行し、実際に関東へ下向したのが、文書に見える山上道牛である。ただし、道牛はあくまで先遣の使者にすぎず、諸勢力間の境界を定める正式の使節は、いまだ派遣されてはいない。

いずれにしろ、こうした動きは、小田原北条氏を牽制するかたちで、常陸の佐竹氏や南奥州地域にまで広がりを見せることになる。これまでの経緯から、北関東での具体的な交渉は、三成と増田長盛に委ねられたのであろう。副状の発給はその証左と考えたい。ちなみに、三成はこの頃在京しておらず、上杉景勝一行の上洛を迎えるため北陸道にあった。連署状自体は正文とみられるが、実際には「判紙」を利用して増田長盛が単独で発給したものであろう。

上杉景勝の初上洛

天正十四年（一五八六）五月十六日付の上杉家の直江兼続充ての三成・木村吉清・増田長盛の連署状にあったように（三五頁）、三成は上杉景勝の上洛を迎えるため北陸道を北上し、五月二十八日には加賀森本で景勝主従を出迎えている。以下、景勝一行上洛の記述は、上杉博物館所蔵の「御上洛日帳」（『上越市史』二一―三二〇六号文書）によって進める。

翌二十九日、景勝は前田利家の金沢城に招かれ、歓待をうける。このの ち三成は景勝と同道し、六月七日に近江国大溝を経て、夜五つ過ぎ（午後八時頃）に入京する。この日は、いったん坂本に一泊する案もあったが、三成の意見に従ってそのまま入京した。三成は六月十日に、秀吉の使者として改めて京都百万遍に出向き、景勝に拝謁する。景勝は十二日に大坂へ下向し、十四日に大坂城で秀吉に拝謁する。三成は十五日に大坂の石田屋敷に景勝一行を招き、饗宴をはる。上杉景勝は六月二十四日に離洛し、七月六日には越後春日山に戻った。

景勝から無事帰国の使者（吉田肥前守）を迎えた三成は、その返信として、八月三日付で増田長盛との連署状を発する。秀吉の意向に従って、当面する東国政策の詳細について連絡するためである。具体的には、秀吉の意向に背いて上洛しなかった真田昌幸への対処と、佐渡仕置などについての指示である。真田昌幸は、北条氏と上野方面で交戦する一方で、徳川家康と緊張関係が継続していたため、上洛するに至らなかった。このことが秀吉の怒りを買うこととなり、秀吉をして「表裏比興者」と言わしめている。いずれ家康が討伐の軍勢を差し向けるであろうから、越後から真田に対して助勢などのないように、と厳命している。その一方で、佐渡の仕置については景勝の意向に任せる、とした。さらに今後関東・奥羽へ秀吉の朱印状を送達する場合、上杉家の手寄りによって進めていきたいと告げている（『上越市史』二―三二二四号文書）。

秀吉に臣従することで、上杉景勝は東国での存在感を高めることになるが、景勝における当面の関心事は、やはり越後・佐渡における支配の拡大と強化であろう。九月に入ると秀吉は、景勝に敵対する新発田重家へ対応するため、木村吉清（弥一右衛門尉）を越後に下す。この決定は九月六日付の秀吉直書で景勝に告げられるが、三成も翌々日の八日付で直江兼続に充てた書状を発している（『上越市史』二―

三一三五号・三一三六号文書）。ここで秀吉は、越後国内に敵対勢力を抱えることは、天下のためにも東国のためにもならない、と景勝を諭している。その真意は、景勝と新発田重家を和解させ、上杉勢の力を真田追討に向けることにあった。

三成・木村吉清・増田長盛らは、新発田重家（因幡守）およびその重臣らに充てても連署状を発しているが（『上越市史』二―三一三八号・三一三九号文書）、そこでの論理も、景勝との対立は単なる越後国内の地域紛争ではないとする。秀吉に従属した上杉景勝への不服従は、天下静謐を目指す関白秀吉に対する不法にほかならないので、すみやかに景勝の麾下に入るよう説諭したのである。しかしながら、新発田重家はこうした論理に屈することもなく、景勝への服従を嫌って、抵抗をつづけた。さきに景勝と新発田重家との間を調停しようとした秀吉も態度を変え、九月二十五日付の直書（『上杉家文書』八一五号）では、景勝の新発田攻めを諒解した。

とはいえ、秀吉はすみやかな決着を望んでおり、引き続き木村吉清と談合して事にあたるように景勝に述べている。この直書には、新発田一件のほかに真田への指示、さらには関東方面への対応についても言及があるが、例によってこの直書は三成と増田長盛の連署副状を伴っているので、そちらも見ておこう。

尊書之趣、具遂披露候、則以　御書被仰出候、

一、新発田事、被責詰、近々可有一途之由、尤被思召候、様子木村弥一右衛門尉ニ被仰含、被差遣候キ、何之道ニも急度被明隙候様ニ被仰付、尤候事、

一、真田事、是又最前如被仰出候表裏者候ニ付而、御成敗之儀、雖被仰付候、先今度之儀被加御遠

慮候事、

一、関左幷伊達・会津辺、御取次之儀ニ付て、御朱印相調、進之候、御才覚専一存候事、

猶、条々追々可得御意候、恐惶謹言

（天正十四年）九月廿五日　　長盛

三成

謹上　上杉少将殿

（大日本古文書『上杉家文書』八一六号）

◇御手紙の趣旨は、（秀吉に）細かく披露しましたので、御書として指示がくだります。

一、新発田を厳しく攻めつけられていること、近々には決着がつきそうなので、尤もに存じます。詳細を木村吉清に言伝（ことづて）されて、そちらに遣わされていますので、どのようなかたちであれ、すみやかに解決するようにとの指示、尤もなことと存じます。

一、真田については、先般命令があったように、虚偽ばかりなので討伐することにしていたが、今回は控えることとします。

一、関東ならびに伊達・蘆名（会津）などからの御取り次ぎのことについて、（秀吉の）朱印状を調えました。賢明に対処していただくことが大事かと存じます。

新発田攻めの子細は、木村吉清に仰せ含めてあるので、それに従ってすみやかな解決をはかるように述べる。また、予定されていた真田討伐については、当面見送ることとなった。最後の箇条は、関東諸氏をはじめ、伊達・蘆名（会津）からの秀吉への「御取り次ぎ」を、上杉景勝に委ねるというものである。景勝には、東国諸氏を秀吉へ服従させていくため、その了解を取り付けていくことが求められてい

たのであろう。

一方、これまで見てきたように、上杉景勝充て秀吉直書の副状を発給し、景勝はもとより、その重臣たる直江兼続らに対し、微細にわたって指示を発してきた三成・増田長盛・木村吉清らのはたらきについては、むしろ「奏者」という表現がそぐわしい。そこで以下、秀吉の指示を仰ぎながら大名家との間を取り成していく三成らと彼らの職責については、「奏者」として論を進めていく。

天正十四年（一五八六）五月、秀吉は実妹朝日を輿入れさせて、家康との和睦を成就させたが、十月には家康が大坂で秀吉に対面して、臣従を決定的なものとした。ここで秀吉は家康に東国の「無事」実現を委ねることとなる。「無事」とは本来「和睦」を意味する言葉であるが、ここでは戦闘を繰り返す者達を秀吉に従わせて、武力執行を止めさせることを言う。秀吉は家康に東国における紛争の終結と、諸勢力が秀吉に服属するよう取り計らうことを命じたのである。

家康の上洛を景勝に報じたものとして、十一月四日付の秀吉直書が二点残っている（『上越市史』二―三一五九号・三一六〇号文書）。これらによると、関東のことは家康に任せ、真田昌幸・小笠原貞慶・木曽義昌らを家康に属させたとし、とくに真田は景勝の斡旋もあるので赦免するという。秀吉は、上杉家の面目をつぶさないように真田の問題を解決させ、景勝には新発田討伐と越後統一に専念することを命じたのである。こうして東国情勢はひとまず安定することとなる。

佐竹氏などと同様、北条氏の圧迫をうけていた常陸の結城晴朝や多賀谷重経も天正十一年（一五八三）六月には秀吉は書状を送って誼を通じていたが、家康の臣従をうけた直後の天正十四年（一五八六）十二月、秀吉は多賀谷重経（修理進）に対して次のような直書を発する。

対石田治部少輔書状遂披見候、関東奥両国迄惣無事之儀、今度家康ニ被仰付条、不可有異儀候、若於違背族者、可令成敗候、猶治部少輔可申候也、

（天正十四年）十二月三日（豊臣秀吉花押）

多賀谷修理進とのへ

（「多賀谷隆経家蔵文書」・『結城市史　第一巻　古代中世史料編』所収）

◇石田三成に対する書状を披見した。関東・奥羽の惣無事のことを、このたび家康に指示したので、異議を差し挟むことのないように。もしこれに背く者があれば討伐する。なお、石田三成も申述するであろう。

冒頭の文言から、三成が多賀谷重経の書状を取り次いでいたことが理解される。恐らく、結城晴朝についても同様であろう。これは結城や多賀谷も佐竹と同様に常陸国を本拠とすることから、佐竹家の奏者をつとめる三成が、これらについても奏者として機能していたものと考えられる。ちなみに、多賀谷重経の嫡子右近大夫は、はじめ実名を「光経（みつつね）」と称していたが、のちに「三経（みつつね）」と改めている。これは三成の一字を与えられたものと言われる。それはともかく、三成はこののちも奏者として上杉家との間の枢機に関わるなど、東国政策にも関与していくが、以後しばらくの間、三成の主要な政務は西国仕置へと移っていく。

三　九州平定

堺奉行就任と西国仕置

天正十四年（一五八六）六月に、織田信長の時代から堺政所（さかいまんどころ）を勤めていた松井友閑（ゆうかん）が罷免され、三成はそのあとを襲って、小西立佐とともに「堺奉行」に就任する（朝尾直弘「織豊期の堺代官」〈『朝尾直弘著作集』第三巻所収〉）。相役の小西立佐（「隆佐」とも表記）は堺の出身であるが、出自や親類関係の詳細は不明である。のちに、堺の豪商日比屋と二重・三重の婚姻関係を結んでいることから、小西家自体も堺の有力商人であったと考えられる。日比屋家と同様に小西家も対外交易のネットワークを有していたのであろう。また、立佐はフランシスコ・ザビエルとも面識を有していたようであり、小西家・日比屋家はともに一族のほとんどがキリスト教信者であった。ちなみに、立佐の長男如清（和泉）は天正二十年に立佐が没すると、その跡をついで堺奉行に就いている。また、立佐の次男が小西行長（弥九郎、受領名は「日向守」、のち「摂津守」）である。

このころの立佐の年齢は既に五十代後半と考えられる（ルイス・フロイスによれば、天正二十年の段階で、立佐は「六十歳を超えた老人」と評されている）。相役とはいえ、二十代半ばの三成（生年が永禄三年（一五六〇）だとすると、この年三成は二十七歳）とは、二人は親子ほども年が離れていた。おそらく三成は、政権下の行政機関を統べる立場に、はじめて就任したと推察される。ただし、彼の奉行就任はキリシタンの歓迎するところではなかった。イエズス会のルイス・フロイスの『日本史』は、次のように記している。

関白殿は堺の代官に二名の人物を任命した。その一人は（小西）ジョウチン立佐であり、今の海（軍）の総司令官（小西）アゴスチイノ弥九郎殿の父にあたる。このジョウチン（立佐）は最良の人物で、都の最初のキリシタンの一人であり、教会ならびにキリシタンたちの古い友人である。堺の代官となった彼の伴侶は（石田）佐吉殿（三成）と称する関白殿の家臣であり、関白の暴政を快しとしないジョウチンの大敵でもあり、キリシタンの敵でもあって、嫉妬深く、野心家で傲慢であり、その他においても悪徳に満ちた人物である。この両人とも堺の代官に就任した。

（松田毅一・川崎桃太訳『完訳フロイス日本史』・中央公論社）

堺奉行に就任して二ヶ月ほど経った後、三成は堺の豪商でキリシタンであったディオゴ日比屋了珪の女婿ルスカ宗礼なる人物を断罪している。ちなみに、ジョウチン小西立佐は行長の実父にあたるが、既述のように小西家と日比屋一族は姻戚関係にあった。いずれにしろ、こうした経緯からイエズス会は三成に強い敵意をもつことになる。

さて、三成はかねてより大徳寺の春屋宗園（しゅんおくそうえん）に深く帰依していたが、この頃森忠政（森可成の子）らとともに宗園のため、京都大徳寺中に塔頭三玄院を建立している。これに先だって、島津氏の圧迫を受けた豊後の大友宗麟が、秀吉に救援を求めるため上坂し、天正十四年（一五八六）四月六日に対面を果たしている。同じ時期に、島津義久の使者（鎌田刑部左衛門尉政広）も秀吉を訪れている。秀吉は関係する諸家に和平を命じ、前提となる「国分け」案を提示した。この「国分け」案の大略は、筑前を政権の直轄領とし、他の九州諸国を毛利・大友・島津の三者によって分割させるというものであった。これに

図6　細川幽斎（藤孝）

より毛利氏が北部九州（豊前北部・肥前）を領し、大友氏には本国豊後のほか筑後・豊前南部・肥後北部を与え、島津氏に肥後南部と薩隅日（薩摩・大隅・日向）の三国を許すというものであった。毛利家については、領国の東部割譲が前提とされていた可能性もある。

こうした流れのなか、天正十四年（一五八六）四月十日付で、秀吉は毛利輝元に充てて朱印を据えた十四ヵ条の「覚」を発給している（大日本古文書『毛利家文書』九四九号）。「覚」は九州への派兵を前提とするものではあったが、その内容は「分国置目、此節可申付事」「簡要城堅固申付、其外下城事」「海陸役所停止事」「人数揃事」など、毛利家領内支配の枢要に触れるものであり、瀬戸内の海運にも関わる条項もみえる。

三成の「堺奉行」就任は、こうした政権の西国仕置と密接に関連するとみるべきであろう。五月に徳川家康との婚姻による和睦が成就したとはいえ、実際に家康が秀吉へ臣従の体を明らかにするまでは予断は許されない。徳川家との緊張関係が払拭されないうちは、秀吉みずからが京・大坂を離れることもできず、島津方との戦闘は、毛利一門の中国勢と四国勢に委ねられていた。九月には、讃岐を領する仙石秀久（苗字は「千石」とも表記）を軍監とする四国勢が豊後に入り、十月には毛利勢が豊前に上陸する。

堺商人のもつ交易ルートは、そのまま前線の動きを支える兵站補給路として期待され、三成の奉行就任は、その掌握をもくろんだものであろう。また、これまで島津氏との交渉を担っていたのは、羽柴秀長のほか細川幽斎・千宗易らであったが、堺奉行に就いたのちには三成がこれに加わる。九月下旬、四国勢・中国勢の九州渡海に接した島津義久は、家臣の長寿院盛淳（ちょうじゅいんもりあつ）・大善房快順を京都に派遣して秀吉に弁明を行なう。義久はこの折に、秀長・施薬院全宗（やくいんぜんそう）・三成にも周旋を依頼している（『鹿児島県史料　旧記雑録後編』第二巻所収、一八三〜一八八号文書、以下本書からの引用にあたって、『薩藩旧記雑録後編』二—一八三〜一八八号のように略記する）。

十月には家康が上洛し、ついで大坂に下向して、秀吉への臣従が決定する。家康を大坂に迎えたその最中、秀吉は堺の環濠を埋めるように命じ、十一月に入るとみずから出馬して濠の埋め立てを進める（『宇野主水日記』。朝尾直弘「織豊期の堺代官」〈『朝尾直弘著作集』第三巻所収〉）。濠の半分程度は残されたようだが、西国仕置・九州出兵を前提として、堺が政治的・軍事的に制圧されたことは疑いない。なお、三成の堺奉行在職は天正十六年（一五八八）の末にまで及ぶという（松田毅一『近世初期日本関係南蛮史料の研究』、今井林太郎『石田三成』）。

秀吉の九州平定

家康の服従によって秀吉みずから九州へ出陣する環境が整う。天正十四年（一五八六）十二月十九日、秀吉は太政大臣に任官し、朝廷から「豊臣」の姓を与えられる。天正十五年（一五八七）正月十九日付の書状で、島津義久は羽柴秀長・三成それぞれに対し、重ねて秀吉に抗う意思のないことを告げるが（『薩藩旧記雑録後編』二—二三〇号・二三一号）、正月二十五日には一万五〇〇〇を率いる宇喜多秀家が先発、一万五五〇〇の役を課された秀長も二月十日に出陣する。具体的な陣立ては、秀吉が天正十五年正月朔日付で、堀秀政（羽柴北庄侍従）に充てて発した「至九州御動座次第」によって明らかとなる（大阪城天守閣所蔵文書）。

九州下向に先立って、三成は筑前国上座郡に本拠を置く土豪宝珠山隆倍（民部大夫）に対して、次のような書状を発する。

如仰、未申通候、抑今度黒勘解由殿対貴所、知行等別而被申付之由言上候、則達　上聞候処ニ、自今以後黒勘江無疎略、可被抽忠功之旨、為我等可申聞之由、御諚ニ候、猶期後音之時候条、不能細筆候、恐々謹言、

石田治部少輔

三成（花押）

（天正十五年）
二月十七日

（ママ）
法師山民部大夫殿

御返報

（「田隅タネ資料」・『新修　福岡市史　資料編・中世1』・「田隅タネ資料」一七号）

◇仰っしゃるように、これまで書状をやりとりすることはございませんでした（ので、はじめての通信となります）。さて、今度黒田孝高（勘解由次官）殿があなたに対し、特別に知行などを充行われるようにと言上されました。早速（秀吉の）お耳にいれ、諒承されました。今後は黒田孝高の意向を疎かにせず、忠功を尽くされるべきことを、私（三成）が告げ知らせるようにと、（秀吉が）お命じになりました（ので、書状を発しています）。なお、今後のやりとりを期待しますので、細々とは

書きません。

既述のように、天正十四年の十月には、毛利勢が豊前に上陸していた。黒田孝高もこれとともにあって、北部九州での戦闘や調略に従っていた。宝珠山隆倍も黒田孝高の手に属することとなったが、その前提として、秀吉自身による知行の保証を要求したのであろう。黒田孝高は、宝珠山氏に対する知行保証を秀吉に言上し、これを容認した秀吉が、三成への書状発給を命じたのである。三成は、九州で活動する諸将の要請を秀吉に取り次ぐ立場にあったことがわかる。

三月朔日には、秀吉も大坂を発って山陽路を西下しており、三成もこれに従ったと考えられる。上記の「至九州御動座次第」には、石田治部少輔の名が見えないことから、三成は軍勢を率いて従軍したのではなく、秀吉に直勤する「御小姓衆」に属していたものであろう。

秀吉の行軍はきわめて悠然としたものであった。厳島社への参詣などを終え、三月二十五日にようやく長門国赤間関（下関）に到着、二十八日に九州の豊前小倉に上陸する。こうした行程となったのは、西下にことよせて主不在の宇喜多領および毛利領を親しく監察し、とりわけ毛利家に対しては圧力をかけておく必要があったからであろう。

秀吉麾下の軍勢は、四月十九日に肥後八代に入る。三成は翌二十日付で、肥後国玉名郡の願行寺に禁制を下している（『願行寺文書』）。さらに、三成は四月二十三日付で大谷吉継・安国寺恵瓊と連署状を発して、博多町人の還住をすすめる（『原文書』）。いずれも陣中から遠隔地への指示であり、三成は秀吉の帷幄（本陣）にあって、その命を具体的に遂行していったものであろう。また、陣中見舞いをうけた三成は、この陣中から堺南北惣中に礼を述べ、戦況を報じている（大日本古文書『島津家文書』一一九

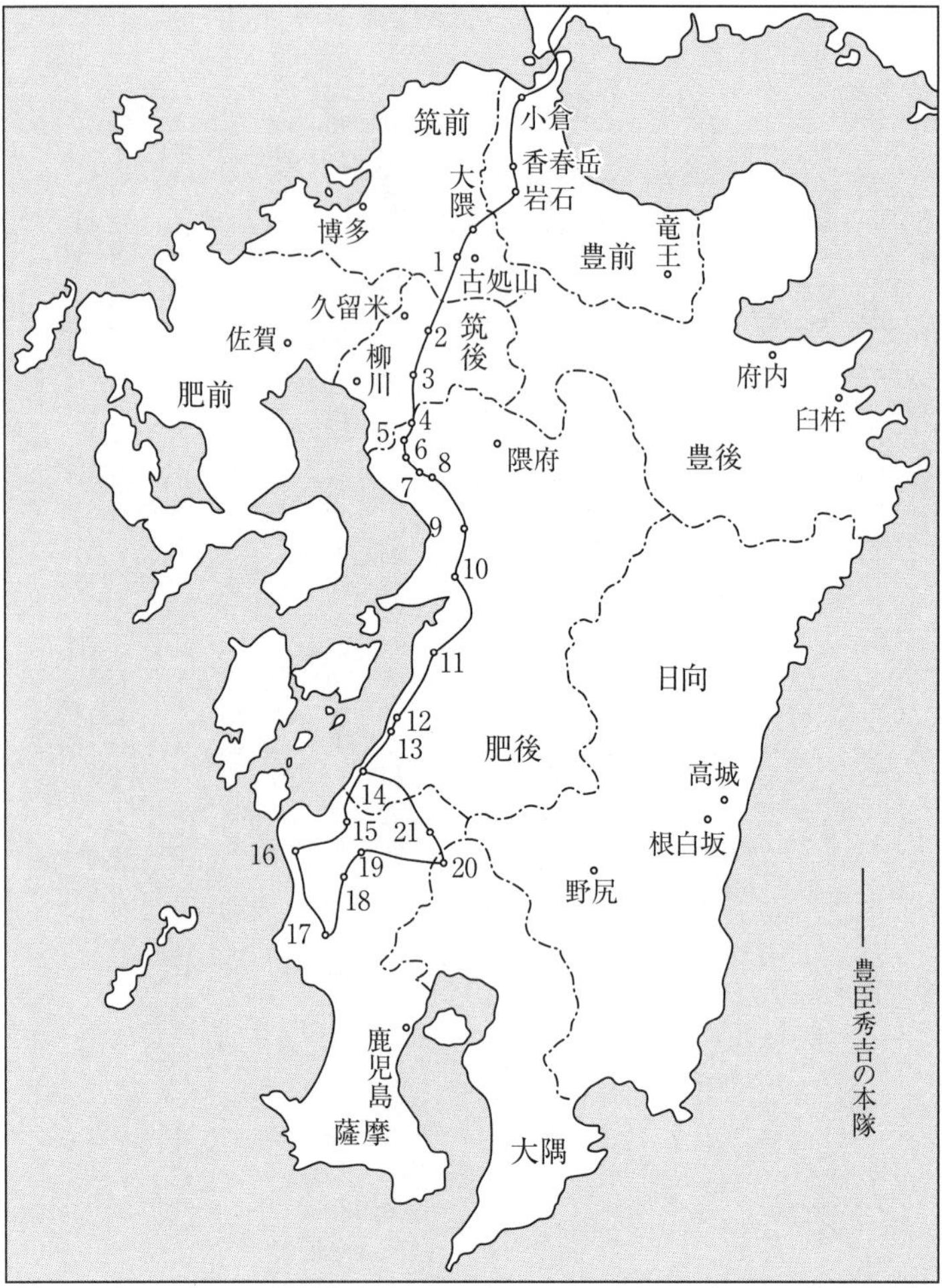

図7　九州の役における行軍図

1	秋月	2	高良山	3	山下	4	南関	5	大津山
6	小代	7	高瀬	8	安楽寺	9	隈本	10	宇土
11	八代	12	田浦	13	佐敷	14	水俣	15	出水
16	阿久根	17	川内	18	山崎	19	鶴田	20	曽木
21	大口								

六号）。

五月三日、秀吉は薩摩川内に入り、泰平寺に陣をおく。八日には、ここに剃髪した島津義久が秀吉を訪れ降伏する。島津氏の降伏をうけ、三成は人質を催促する（「新納忠元勲功記」『薩藩旧記雑録後編』二―四一三号）。これ以後、三成は政権下で島津家との関係を担い、「指南」というかたちで島津家中との深い関わりをもつことになる。

五月十八日、秀吉は大口方面へ軍を進めるため、泰平寺を発する。しかし、いまだ不穏な動きをみせる島津歳久（義久三弟）を抑えるため、三成は十九日に島津家家老の伊集院忠棟（九州平定ののち剃髪して「幸侃」と号す）とともに祁答院に派遣される。この軍令は、伊集院右衛門大夫・石田治部少輔・木食上人（応其）充ての秀吉朱印状というかたちで発せられた（大日本古文書『島津家文書』三五〇号）。

ここで三成とともに充所となった両名についてみておこう。忠棟の伊集院家は、元来、島津相州家累代の宿老をつとめる家であった。島津義久の祖父忠良（日新斎）は、島津一門のうち伊作島津家の出でありながら、「相州家」を継承する。南北朝期、島津本家の当主貞久は三男上総介師久と四男陸奥守氏久に所領と相伝の文書を分割して相続させ、師久を薩摩国守護とし、氏久を大隅国守護とした。以後、島津家では上総介師久の流れを「総州家」、陸奥守氏久を「奥州家」と称する。ほどなく、奥州家は日向・大隅・薩摩の守護に補任され、島津家の嫡流となる。島津一門の「相州家」は、この奥州家の初代氏久の孫忠国の庶長子島津相模守友久が興した家である。一方の伊作島津家は、鎌倉期に薩摩伊作を領した島津久長（島津家三代久経の次男）から始まる家で、本来は「伊作」を苗字とする。伊作家七代の当主犬安丸が後継をのこさずに没したため、相州家を興した友久の三弟久逸が家督を継いでいる。同じく島津一門とはいえ、相州家と伊作家ではその家格も隔絶するものがあったのである。島津忠良はこの相州家と伊作家の当主を兼ねたが、その子貴久（義久・義弘らの父）に至って守護職を継ぐこととなる。伊集院家はこの過程を後見し、他の家老連中に隔絶する高い地位にあった。こののち忠棟（幸侃）は、秀吉・三成の支持を得ることでさらに権勢を強め、時に島津家当主すら圧倒するような存在感をもつこととなる。

もう一人の充所である木食応其は高野山の僧であり、秀吉の焼き討ちから高野山を救った人物として知られる。秀吉に篤く信頼された応其は秀吉本隊の九州下向に先だって九州に入り、島津側に対して和睦を斡旋していた。その後は秀長の陣中にあったようだが、この時期には秀吉への近侍が認められる。木食応其は、三成らとともに祁答院へ向かったのか否かは判然としないが、同じく五月十九日付で島津義久充てに書状を発し、島津家はすみやかに秀吉の誤解をとき、徹底した恭順の態度を示すように、と厳しく諭している。

さて、三成はその後も伊集院忠棟とともに大口進軍の指揮をとる。二十四日には曽木(そぎ)に至り、川内川の渡河地点あたりに達している（『薩藩旧記雑録後編』二―三二六号）。また、三成は細川幽斎とともに、日向飫肥(おび)領を伊東氏へ引き渡すよう進めてきたが、島津側の対応が悪く、不快を感じている（『薩藩旧記雑録後編』二―三二五号）。さらに、三成は安国寺恵瓊とともに大隅宮内(みやうち)に出張り、秀吉への敵対を続ける島津家中の北郷(ほんごう)時久（一雲）・忠虎父子と面談している（「北郷三久譜」『薩藩旧記雑録後編』二―三三七号）。

九州・四国の国分け

秀吉は薩摩在陣中、五月九日付で島津義久に「薩摩一国」を充行い、さらに五月二十五日付で義久の弟の義弘に「新恩地」として大隅一国を充行っている。その後は凱旋の途次、五月三十日付で相良頼房（長毎、宮内大輔）に肥後国求麻郡（球磨郡）を「一色扶助」し、六月二日には越中新川郡の佐々成政（陸奥守）に対して「肥後一国」を充行っている。秀吉はその後、六月上旬まで博多近郊の筑前箱崎に凱旋するが、三成もこれに従ったと推察される。ひと月程度箱崎に留まった秀吉は、ここで九州の国分けを実施する。六月十五日には宗義調に対し「対馬一国」を安堵して朝鮮国王の来日を要求し、六月二十五日には小早川隆景に筑前と北筑後・東肥前を充行い、また、立花宗茂らが筑後国内で「新恩地」を充行われた。さらに秀吉は九州からの帰路に、七月三日付で黒田孝高に対し豊前六郡を「御恩地」として充行った。豊前国の企救・田川両郡を許された毛利吉成（勝信、壱岐守）への領知充行もこの時であろう。

伊予を領していた小早川隆景に、筑前を中心に北部九州が与えられることになったため、九州国分けは四国における大名再配置という側面をもつ。伊予には、古参の戸田勝隆（民部少輔）と若年の福島正則（左衛門大夫）が入る。また、九州の陣中で失態を犯した尾藤知宣は改易され、讃岐には生駒親正が入る。これまで姻戚として三成を支えてきた尾藤知宣は完全に失領し、浪牢を余儀なくされた。類縁の難を避けるためか、知宣の弟宇多頼忠（三成正室の実父）の子河内守頼次（実名は「頼重」とも）は、三成の父隠岐守正継の養子となり、以後は「石田刑部少輔」と称することとなる。

秀吉は九州・四国の国分けとともに、たびたびの兵禍によって衰亡した博多の復興を指揮する。秀吉は博多を、「大唐・南蛮、国々船着」の場として意識しており、実現こそしなかったが、ここに城郭を設ける計画も披瀝している。博多再興を期した町割りの奉行として、長束正家・小西行長・滝川雄利・山崎片家らの名が確認されるものの、三成の関与については必ずしも明確ではない。また、秀吉は六月十九日付でいわゆる「伴天連追放令」の発令を行なうが、これへの三成の直接的関与についても詳らかではない。

この間、天正十五年（一五八七）六月二十五日には、三成は細川幽斎とともに、上洛するため博多まで北上してきた島津義久を訪ね（『薩藩旧記雑録後編』二―三五四号）、ほどなく義久をともなって西上し、六月二十九日に下関を経て、七月十日に堺へ到着した（「天正十五年日々記」『薩藩旧記雑録後編』二―四一〇号）。

秀吉も七月十四日には大坂に帰還し、九月十三日には落成した聚楽へ移徙する。十月一日からは北野の大茶会が催行されるので、この間は三成も秀吉に近侍していた。すなわち、九州肥後で一揆が勃発したとの報せは九月晦日に京着するが、これを報じた安国寺恵瓊充ての返書となる同日付秀吉朱印状（『小早川家文書』四四二号）には書き留めに「猶、石田治部少輔可申候也」とある。

九州平定ののち、相良領を除く肥後一国は佐々成政に与えられたが、成政の支配を嫌った肥後の国衆が一揆を起こし、その影響が肥前や豊前などにも波及して、北部九州は大きな混乱に陥った。秀吉は、島津家重臣の伊集院幸侃（実名は「忠棟」）を薩摩に下して、島津家の対応を指示する（幸侃は天正十五年七月に島津義久とともに上洛していた）。三成の名は一揆鎮圧を命じる秀吉の朱印状に見えるが、例えば自身としても十月二十一日付で、細川幽斎との連署状を新納忠元充てに発し、油断なく幸侃の指示に従うべきことを告げている（『薩藩旧記雑録後編』二―三九一号）。

年末には一揆側の組織的抵抗も終息をみせ、秀吉は天正十六年（一五八八）二月十一日付の島津義弘・北郷時久らに充てた朱印状で、肥後境からの撤退を許可する。三成は、それぞれの朱印状の書き留めに「猶、石田治部少輔可申候也」として登場しており、実務を管掌したものと判断される（『薩藩旧記雑録後編』二―四二〇号・四二二号）。なお、これからしばらくして、大徳寺の古渓宗陳が筑前に配流される。これに三成が関与したとする史料（「古渓行状」など）もあるが、詳細は不明である。

この間、越後平定の報せをうけた秀吉は、天正十五年（一五八七）十一月二十二日付で上杉景勝に充てて花押を据えた直状を発し、三成も同日付で増田長盛と連署状を発している（『上越市史』二―三三二〇一号文書）。引き続き三成は増田長盛とともに上杉氏との関係調整を委ねられており、さらに九州平定後は、上述のように島津家に対する「指南」が、三成の主たる政務として加わることとなる。

上洛中の島津義久にかわって家中を統べる義弘は、肥後国内の戦況を報じ、天正十六年二月十九日付で秀吉への「取り合せ」（口添え）を依頼する書状を発する。この義弘書状の充所は三成と細川幽斎（長岡兵部入道）であり、この両名が秀吉の指示の下、島津家指南の任にあたった（『薩藩旧記雑録後編』二―四三一号）。ちなみに政権内部では、三成・幽斎のほかに、西国仕置を束ねる豊臣秀長が島津氏にも関与している。秀長自身はもとより、秀長家中の福智長通（三河守）や桑山重晴（修理亮）らが島津側への書状発給を行なっており、同じく秀長家臣の藤堂高虎（与右衛門尉）も日向の島津領支配などに関わっている（『薩藩旧記雑録後編』二―四七五号）。

第二章　秀吉の国内統一と三成

一　関白秀吉を支える側近として

後陽成天皇の聚楽行幸

聚楽落成を待っての天皇行幸は、天正十五年（一五八七）正月にはすでに計画されていた。すなわち、『時慶記（ときよしき）』の天正十五年正月二十七日条には「内野関白殿新殿、号聚楽（じゅらくとごうす）、然ハ折帋（おりがみ）ニ曰、聚楽首尾次第ニ行幸可被申候（もうさるべく）」とある。

九州平定に先だって、徳川家康は臣従を果たしており、また、毛利領に身を寄せていた足利義昭も、天正十六年（一五八八）正月までには出家して、足利幕府は名実ともに消滅していた。後陽成天皇の聚楽行幸は、足利幕府の消滅と天下静謐の実現をうけ、公武を束ねる関白秀吉が天皇を支える、という新体制の確立を内外に喧伝するものであった。天正十六年四月十四日から十八日にかけて、秀吉は後陽成天皇の聚楽への行幸を仰ぐ。

聚楽行幸に際して、関白秀吉はみずから禁裏に天皇を迎えに出る。秀吉の前駈として直臣が左右にそれぞれ三七騎配されるが、左列の先頭が増田長盛、右列は三成が先導した。儀礼上のこととはいえ、三

図8　聚楽第行幸図屛風（探幽縮図）

成は増田長盛とともに「関白家来の殿上人」の先頭に配されたことは注目してよかろう。

聚楽行幸の間、秀吉は後陽成天皇に、京中の地子銀（家地などに賦課された取得物）五五三〇両あまりを進上し、京中地子米のうち三〇〇石を正親町上皇に、また五〇〇石を「関白領」として六宮（のちの八条宮智仁親王）に献じ、諸公家・諸門跡に知行の加増を行なう。諸家に残る知行充行状によると、その原資には近江国高島郡があてられており、ここに三成が代官として関わっているようである。『駒井日記』の文禄二年（一五九三）閏九月二十五日条には、天正十六年（一五八八）五月二十五日付の三成・増田長盛が連署して発給した「近江国高島郡百姓目安上候　付書出条之事」を掲げている。ここから、三成が長盛とともども秀吉の代官として、高島郡を支配していたことがわかる。したがって、諸公

図9　後陽成天皇

家・諸門跡の知行地からあがる年貢などは、三成と長盛の手を経由して、洛内の公家・門跡のもとに届けられたものと考えられよう。

また、諸大名には、秀吉によって再興された禁裏御料所や公家・門跡領を子々孫々まで維持すること、「関白殿」の命には何事であろうとも服従すること、などを誓約させた。この行幸は、豊臣政権が志向する「国制」の確立を内外に示すものであった。三成も、「関白家来の殿上人」の中心的人物として、この盛儀を取り仕切ったと考えられる。しかし、それはあくまで「裏方」の仕事であり、残念ながらその詳細をうかがうべき史料は確認できない。ちなみに、増田長盛や石田三成が奏者をつとめてきた上杉景勝は、この聚楽行幸時に在洛はしていない。

天正十五年（一五八七）十月、新発田重家を滅ぼしてようやく越後統一を果たした上杉景勝は、雪の影響かしばらく上洛の時期が遅れ、翌十六年四月二十日に春日山を発し、五月七日に入京、十二日に秀吉との対面を果たす。景勝はすでに従四位下・左近衛少将に叙任されていたが、このたびの上洛により、五月二十三日付で正四位下・参議に昇任する。

毛利輝元・北条氏規の上洛

さらに、輝元以下の毛利一門も、天正十六年（一五八八）七月に初上洛を果たす。毛利一門は、九州が平定された後、すなわち前年には上洛の準備に入っていたが、その後に起きた肥後一揆の鎮圧に従わざるをえなくなった。肥後一揆の勃発がなければ、毛利一門も景勝と重なる時期に初上洛を果たしていたと考えられる。しかしながら、結果的に一揆を鎮圧した輝元が居城吉田郡山（よしだこおりやま）に凱旋するのは、天正十六年閏五月のこととなる。そこから輝元は上洛の準備を進め、七月十九日に大坂に入り、二十二日には初めての上洛を果たす。

図10　毛利輝元

輝元の宿所には上京の妙顕寺が充てられ、三成は浅野長吉とともに、秀吉の使者として二十三日の朝にここを訪れ、米一〇〇〇石を呈上した。二十六日には返礼として、太刀一腰と銀子三〇枚を受けている。この時の記録（『毛利輝元上洛日記』）には、輝元が諸大名・秀吉の家人衆（けにんしゅう）に充てた進上品の内訳や員数が記述されている。ここに至る毛利家との親疎にも拠ると考えられるが、秀吉家中における位置関係が進物の内容や礼の厚薄に反映するとみてよかろう。これによると、秀吉の家人のなかでは、浅野長吉が最も厚く遇されており、これに前野長康と富田一白（とみたいっぱく）が続き、三成は増田長盛と同等の扱いをうけて彼らに次ぐ。この段階における三成の地位が推し量られよう。

この上洛で、毛利輝元は天正十六年（一五八八）七月二十七日付で正四位下・参議に叙任される。上杉景勝と同格の位置づけである。輝元は上洛時、黒田孝高らの案内をうけ、小早川隆景・吉川広家を引き連れてみずから諸大名らの屋敷を訪れたが、国許下向に際して、使者を差し向けるという挨拶に替わっている。ここで三成は「一廉之物」とされる脇差二腰を受けている。

この年八月には関東から北条氏規（美濃守）が上洛する。北条一門については、かつて宇都宮国綱に充てた書状のなかで、陸奥守氏照（前当主北条氏政の次弟）の上洛について云々していた。その後、徳川家康の仲介によって、秀吉への従属の申し入れを行なう。秀吉も北条家の赦免を決し、天正十六年（一五八八）閏五月頃には、両勢力の講和が成立する。北条は御礼言上の使者として、当初氏直の叔父氏規（氏政・氏照の弟）の京都派遣を決定した。しかしながら、その後も秀吉に距離を置いて、なにかにつけて慎重な氏政の存在によって、なかなか氏規の上洛は実現しなかった。結果的には、家康の強い要請によって、半ば強引に氏規の上洛が決定する。この間における家康の介在は、姻戚関係（当主氏直の正室は家康の娘「督姫」）もさることながら、原理的には秀吉の命による関東の「惣無事」実現を果たそうとしたものであろう。

八月二十二日、聚楽において氏規は秀吉に拝謁し、北条氏の服属が確定する。これをうけて秀吉は、氏政か氏直の上洛と出仕を命じ、九月二日付の朱印状を発し、関東八州への上使派遣と諸勢力の領域確定を実施することを告げる。この朱印状は、佐竹一門の北義斯（佐竹左衛門尉）・東義久（佐竹中務少輔）充て（「佐竹義尚文書」・『茨城県史料　中世編Ⅴ』）、同じく佐竹氏配下の太田道誉（三楽斎）・梶原政景（源太）充て（「潮田文書」・『神奈川県史』資料編３下）、および結城家家中の多賀谷重経（修理亮）・水谷勝俊（伊勢守）充てのもの（「秋田藩採集文書」・『結城市史』第一巻・古代中世史料編）が確認される。いずれの文書も、書き留めは「委細、石田治部少輔可申候也」となっている。いずれも充所が佐竹関係あるいは常陸国内の勢力だからであろうか、上使派遣の詳細は三成から告げられることになっている。

三成の島津家指南

三成が、長岡兵部入道玄旨（細川幽斎）と連署で、島津家家臣の新納武蔵守忠元に充てた天正十六年（推定）（一五八八）四月二十三日付の書状がある。「二月五日之御状、於京都令拝披候」という書き出しから、新納忠元書状に対する返書であることがわかる（『薩藩旧記雑録後編』二―四四四号）。内容は、肥後一揆の平定を祝し、島津義弘の上洛を促すものである。おそらく二月五日付の新納忠元書状で、肥後一揆の鎮定が報じられたのであろう。五月三日付の島津義弘充て秀吉朱印状や同五日付の島津義久充て朱印状は、いずれも端午の祝儀に関わるが、それぞれ文書の書き留めには三成の名がみえる（『薩藩旧記雑録後編』二―四四七号・四五一号）。さらに、五月十一日の長岡玄旨（細川幽斎）の新納忠元充て書状にも「石治少令相談」という文言がみられる。在京する三成は、引き続き幽斎とともに、島津氏に関わっていた。

要請を受け五月二十三日に堺へ着津した島津義弘を応接するため、三成は二十七日までに堺まで出向いている（『薩藩旧記雑録後編』二―四七一号）。三成とともに島津家の指南を行なう細川幽斎が、このころ領国の丹後に下っていたため、幽斎の帰還をまって六月二日に義弘は上坂し、四日に秀吉への拝謁を

図11　島津義弘

果たした。その後、島津義弘は従五位下・侍従に叙任され、さらに従四位下に叙位され、豊臣姓・羽柴苗字を許される。

前述したとおり、政権による領知充行の客体は島津義久であり、島津家当主はあくまで義久と見なされる。秀吉への降伏に際し、義久はすでに法体となり、「修理大夫入道竜伯」を称しており、「侍従」への任官は困難であったが、国持ちの大名として「侍従」へ任官し、「豊臣」姓・「羽柴」苗字を使用させることは、地域支配の正統性付与の点からも必要とされ、右のような仕儀に至ったものであろう。

秀吉は天正十六年（一五八八）七月五日付で、島津義久（修理大夫入道）に充て、摂津・播磨国内で一万石の領知を与えた。これはいわゆる「在京賄料（まかないりょう）」にあたるものである。三成は八月十日付で義久に充て、摂津国能勢（のせ）郡・豊嶋（てしま）郡、播磨国揖東（いっとう）郡・揖西（いっさい）郡・神東（じんとう）郡に設定された島津領のことで、書状を発している。つぎに見るように本紙には充所がないが、文書の上書に「謹上　竜伯公貴報」とあり、義久充ての書状と判断できる。

猶以、先々播州之儀、所々散在候て在之事候条、外手間可入候、摂州之儀ハ所務可仕迄之体候間、何時も不苦候、奉行を被差越、八木可被納迄之儀候間、能勢郡之儀ハ御気遣在之間敷候、以上、

御状遂拝見候、仍御知行之儀ニ付而、昨日安三郎兵衛様子申含候キ、未相達候哉、先々播州之分相改、其上能勢郡へも被遣可仕之通申候間、能勢郡ハ所務等も最前より手間不入所ニて候、奉行等少遅遣候ても、くるしからす候所にて候間、如此候、但左右方一衆々人迄も被遣度候者、余仁を申付可遣候、御分別次第候、恐惶謹言、

（天正十六年）八月十日　　三成（花押）

（『薩藩旧記雑録後編』二―五〇一号）

◇お手紙拝見致しました。御知行の事については、昨日安宅（あたぎ）秀安（三郎兵衛尉）に様子を申し含めておりましたが、まだご承知にはなっていませんか。先に播磨の部分の調査を行ない、その上で（摂津国）能勢郡に人を派遣しようと思っております。能勢郡は以前から年貢収納なども手間の掛かるところではありませんので、（知行引き渡しの）奉行など（の派遣）が少々遅れても問題はないかと思い、そのように判断しました。しかしながら、側近の誰かを遣わしたいとお考えならば、適当な人物を（能勢郡に）派遣します。ご指示通りに対処いたします。

なお、播州の方は（知行地が）散在しておりますし、いろいろと手間がかかりそうです。摂州は所務を行なうところまで体制が整っていますので、何時でも問題ありません。奉行を派遣して年貢を収納するだけですので、能勢郡についてはご心配になることはございません。

文書に登場する「安三郎兵衛」は、三成の家臣の安宅三郎兵衛秀安（のちに受領名「三河守」を名乗る）である。なお、苗字の「安宅」は「あたけ」あるいは「あたき」と読む可能性もあるが、定かなことは分からないので（太田亮『姓氏家系大辞典』・角川書店）、ひとまずは「あたぎ」として論をすすめる（苗字の読みについて識者のご教示を請いたい）。三成は安宅に、新たに島津領となる村々の詳細を伝えさ

せたようである。領知の打ち渡しに際して、三成はまず播磨領の踏査を命じている。播磨には三〇〇〇石程度の領知が設定されるが、三郡に点在しており、打ち渡しにも余計に手間がかかるものと危惧された。一方の摂津国能勢郡には五〇〇〇石を超える領知があったが、こちらは一円領であり、所務も容易であるとの判断があった。播磨・摂津の島津家在京賄料は、元来政権の直轄地であったと考えられ、打ち渡しに際しては三成の細やかな配慮があったのである。

播磨国内の島津領については天正十六年（一五八八）十月に入って「播州御知行参千九拾七石伍斗之当納分目録事」（安良城盛昭『太閤検地と石高制』・NHKブックス九三、一九六九年）が作成される。これは島津領となった播磨国内の六ヶ村、それぞれの検地高から荒地や川成になった分を引いて実際の村高を提示し、さらに天正十六年の収納高（「当納分」）を算出したものである。ちなみに、六ヶ村の検地高を合計すると三〇九七石五斗であるが、これから引高を除した現実の高は二九三〇石余となり、さらにここからの年貢高として一八三四石五斗七合五勺という数値が示されている。この目録の末尾には、「此目録初入部之時、安宅三郎兵衛尉・麻植吉左衛門尉、御両人免相ニ候」とあり、年貢高の算出は三成の家臣安宅秀安（三郎兵衛尉）と細川家中の麻植によって進められたことが分かる。

三成・細川幽斎を媒介とする政権と島津氏との交渉は領国支配をめぐっても続く。天正十六年（一五八八）八月十二日、島津義久・義弘兄弟が連署して三成・長岡玄旨（細川幽斎）に書状を発し、日向南郷（なんごう）を伊東氏に与えられると島津の領国支配に大きな支障を来すため、従前どおり伊集院幸侃に領知させるよう、取りなしを依頼している（『薩藩旧記雑録後編』二―五〇二号）。日向国内の島津領はかねてからの懸案であり、六月二十日付の上井（うわい）秀秋書状には、日向国の図田帳（一国単位の土地台帳）のことで事前に三成に相談する、という件がみえていた（『薩藩旧記雑録後編』二―四七五号）。
九月になると、義久・伊集院幸侃らが薩摩へ戻る。三成は、その後も上方に留まる義弘と、さまざまな交渉を続けている。この間の事情については、三成が島津家を政権下の大名として教導していく上で、兄の義久よりも弟の義弘のほうが相応であると、判断したようにも思われる。そうした事案の一つとして琉球問題がある。上方にいる島津義弘が在国する伊地知重秀に充てた、義久への披露状がある。

　猶々渡唐賊船之御曖、一途可被相究之由候間、是又被入精、堅可被仰付候、返々不可有御油
　断儀候、以上、
琉球へ御使者之事、不相届仕立不可然候、無緩可申下之由、自石治少切々被仰候之間、如此候、彼子細万一不相調候間、御為可悪之由候之条、能々被仰付、御才覚不可有御由断候、於様体者、以書状治少被仰下之由候、其上白浜次郎左衛門尉、治少被成御直談候之間、不能一二候、此等之趣可然候様、可預御披露候、恐々謹言、
（天正十六年）十一月廿二日　義弘（花押）
伊地知伯耆入道殿
（『薩藩旧記雑録後編』二―五四八号）

◇琉球派遣の御使者についての不手際は許されません。断固として（使者を）下す様にしばしば石田三成（治部少輔）が仰っていますので、このように（あらためて指示を）行ないます。琉球のことがもし不調に終わるようでしたら、義久様のためにもなりませんので、よくよく指示を下し、油断なく配慮するように。詳しい指示は三成が書状をくだすでしょうし、白浜次郎左衛門が三成から直々に話を聞くことになっていますので、ここで詳しいことは言いません。

なお、明に渡った賊船については真剣に追求すべく、これまた精を入れしっかり命じるべきです。かえすがえすご油断のないように。

琉球への使者派遣について、義弘が三成からしばしば申し入れをうけている様子が伝わる。琉球に対する使節派遣要求とは、島津家を仲介にした琉球国王への服属要求である。対馬宗氏に朝鮮国王の来日を促したことと、軌を一にすると考えてよい。この件については、上方で三成と島津家中の白浜次郎左衛門尉とが直談、とある。ここで三成が琉球政策についての具体案を提示し、白浜と相談の上で島津の国許に指示が発せられることになる。

秀吉はこの年十一月二十八日付で、三成に充てて相良家からの人質への扶持方配当を命じる朱印状を発する。

あひわたすへき人しちふちかたの事
一、九人　さからは、
一、拾五人　さからふち千代
一、八人　ふかミは、
一、五人　さからうち　いんとうむすめ
合、参拾七人
右、毎月可計渡候也
天正十六年十一月廿八日（秀吉朱印）
石田ちふのせう

（大阪城天守閣保管写真）

相良家の奏者をつとめる三成は、相良家から差し出された人質の扶持方差配の責任を課せられたのである。ちなみに、深水・犬童の両家は相良家の家老にあたる。これは肥後相良家の事例だが、島津家他の場合も、三成が奏者をつとめる家々についても、同様の関わりをもったとみて大過なかろう。

さて、先行研究によると、三成は天正十六年（一五八八）の年末には堺奉行を退いたようだが（今井林太郎『石田三成』）、十七年への改年後も、細川幽斎（長岡玄旨）とともに、継続して島津家とのやりとりを所管している。なかでも正月二十一日付で義久充てに出された連署状は、既述の琉球問題など個別案件を体系的にまとめて指示を下すという包括的な内容を示す（『薩藩旧記雑録後編』二―五七一号）。かなりの長文だが、箇条ごとに内容を追うと、巣鷹（巣にいる鷹のひな）の徴発、琉球問題への対処、造営中の東山大仏殿（方広寺）への用材調達、刀狩り、勘合（対明交易）、賊船の取り締まり、などである。巣鷹の徴発、東山大仏殿（方広寺）への用材調達、刀狩りなどは、政権下の諸大名に対して一般的に下された指示であろう。

しかし、前述の琉球問題や勘合問題は、島津家に特有の政治課題である。勘合についても、あくまで明国が交易を望むようなかたちで再開できるように、島津家として交渉をすべく要求している。賊船の取り締まりも、勘合復活とも関わるが、島津領内とりわけ出水（史料上は「和泉」とも表記）を拠点とする海賊行為の根絶を命じている。政権は、琉球問題や明国との交易問題を島津家に課そうとしており、すでにその任を解かれたとはいえ、三成が堺奉行の履歴を有していたことは、対島津政策に関わる上で、非常に大きな前提であったことがわかる。

二日遅れの日付で、ほぼ同内容の指示が、義弘から国許の伊地知重秀（伯耆入道）に伝えられている

（『薩藩旧記雑録後編』二―五七二号）。たとえば、大仏殿の用材確保については、島津忠長（ただたけ）（図書頭）と伊集院幸侃のすみやかな屋久島派遣が指示され、さらに用材の廻漕にあたっての細かな指示も付言するなど、幽斎と三成という秀吉の奉行衆からの指示を、より具体化するための書状である。

伊地知重秀充ての義弘書状は、書き留めに「此旨可預御披露候（このむねごひろうにあずかるべく）、恐々謹言」とあるように、あくまで義久への披露状である。島津家中を政権の思惑に従わせる上で、義久の意向は絶対的である。義弘を上方に留めて政権の意向を詳細に承知させ、国許に帰った義久がそれを前提に親しく家中を動かしていく、というやり方が確認される。九州平定の頃から、島津家中をつぶさに見聞きした三成による大名統制の仕組みと考えてよかろう。

こののちも、島津義弘が国許に発した披露状（『薩藩旧記雑録後編』二―五八六号～五八八号など）には、細川幽斎や三成との「相談」に言及しているが、とりわけ三成との談合や三成の指示が、格別の意味合いをもっていたことが看取される。

対本願寺政策

天正十七年（一五八九）二月二十九日、秀吉は大坂天満の本願寺に対し、寺内にいる牢人衆の身柄引き渡しを命じる。これに先だって、秀吉の政策を批判する「落書」が聚楽の白壁に発見されるという事件が発覚していた。牢人衆はこれに関わったと推察され、秀吉は本願寺が彼らを隠匿していると疑ったのである。三月朔日、秀吉は三成と増田長盛を本願寺に遣わし、関係者の身柄引き渡しを命じる。本願寺は、尾藤次郎右衛門尉入道道休なる人物を自害させ、その首級を三成らに渡した。本願寺は秀吉に対し恭順の意思を示したわけである。しかし、秀吉はこれに満足せず、疑惑の牢人衆を匿った町を焼き払い、町人らを捕縛している。こうした措置も三成らの差配であろう。牢人衆の隠匿に直接関わった願徳寺は、七日の夜に自害した。八日には、尾藤道休の妻子や関係する町人ら六六人は京都に護送され、翌九日に彼らはことごとく六条河原で磔にされる。

この事件は、寺内町（じない）を構成し、それなりに自律性を保ってきた本願寺教団に対し、秀吉が積極的な介入を行なったものとして評価される。本願寺は三月二日付で、三成・増田長盛を充所として起請文を発する。起請文は、本願寺顕如・教如父子、坊官下間（しもつま）衆他諸侍、町人衆という大坂天満の寺内を構成する各階層による三種が確認される。起請文の内容は、牢人衆を謀反人とした上で、本願寺が彼らを隠匿したにもかかわらず、教団としての成敗を免れたことに謝意を表し、今後「勘気之輩」や「科人」を匿った場合には教団として成敗されることを甘んじて受け入れると、誓約するものとなっている。さらに町人の起請文の場合には、もし科人を隠匿するものがあれば、兄弟親類であっても訴え出るという内容が加わる。明らかに教団としての紐帯を否定し、政権の管轄下に置くことを意図した政策である。さらに、本願寺一門中の公家から町人・借家衆に至るまで、今回処断された人物からの預物がない旨の誓紙を提出させた。これらのとりまとめも三成と増田長盛が行なっており、一連の措置をうけ、三成と長盛は連名で次のような「条々」を下す。

条々

一、御勘気之牢人衆抱置事ハ不及申、許容をも堅停止之事、
一、盗人幷悪党無由断可被遂糺明事、

一、町中ニ武士・奉公人被相抱間敷事、
一、町中之儀、誰々雖為家来、町並ニ役儀等可被申付事、
一、他所・他郷之町人・百姓、其給人・代官等之構在之者不可被相抱候、自然不存候而置候共届次第ニ可被返申事、付、有付住宅町人何方へも相越候者曲事たるへき事、
右、如此被仰出候条、若被相背御法度族於在之者、此方へ可被申候、為　上儀町奉行之儀、其方両人仁被仰付候上、自然猥之儀於無言上者可為越度旨被　仰出候也
（天正十七年）三月十三日　増田右衛門尉（花押）
石田治部少輔（花押）
下間形部卿法印
下間少進法印　まいる
（青木忠夫『本願寺教団の展開—戦国期から近世へ—』法蔵館・二〇〇三年、史料編・史料三）

◇条々

一、秀吉の勘気を蒙った牢人衆を召し抱える事は言うまでもなく、助勢・保護することも堅く禁止する。
一、盗人や悪党を油断無く糺明すべし。
一、町内に武士や奉公人を抱え置かない。
一、町中の者は、誰の家来であっても、一般の町人並の課役を負担する。
一、他所の町人で、給人や代官から追放された者を抱えてはならない。万一、知らずに召し置いた

場合には、届け出て召し放つこと。奉公先・居住地のある町人が転住することは禁止である。右のように命が下されたので、万一この法度に背く者がいれば、我々へ届け出ること。秀吉の決定として、その方ら二名を天満寺内町の町奉行に任ずる。万一、条規に反する事案を等閑にするようなことがあれば、重大な過失である。

大半は本願寺側が提出した起請文を踏まえた内容だが、「条々」という法令のかたちをとったことの意味は絶大である。一連の過程を通じ、本願寺教団はその自律性を剝奪された。預物改めもさることながら、他地域を構いとされた（追放刑となった）人物の寺内居住も禁じられている。ここまで本願寺教団が保ってきた、ある種の「治外法権」は完全に否定され、寺内町の奉行すら俗権の主たる秀吉に命じられる始末である。町奉行となる下間頼廉（刑部卿法印）・下間仲康（少進法印）が本願寺の坊官であることに間違いはないが、あくまで人事権は秀吉の掌握するところである。こうして、本願寺は政権への絶対的服従を余儀なくされるが、この強圧的対応を進めたのは秀吉によって現地に遣わされた三成と長盛であった。

二　出羽庄内・南奥州への関与

対立する最上氏と本庄氏・上杉氏

後陽成天皇の聚楽行幸後も、三成が関わる豊臣政権の東国政策は、越後上杉家の存在を前提に推移していく。

図12　富田一白

出羽庄内では、武藤（大宝寺）家の弱体化にともない、山形の最上氏へ依存しようとする勢力と、本庄繁長（越前守）を通じて越後の上杉景勝に接近する勢力との対立が深まっていた。天正十五年（一五八七）の年末に武藤（大宝寺）義興が没すると、その跡に、本庄繁長がみずからの実子の千勝丸（のちの義勝）を入れたため、これを不服とする親最上勢力が挙兵する。翌十六年九月、本庄繁長はこの鎮圧に成功するものの、山形の最上義光に訴えられてしまう。最上と本庄、双方の言い分を聞くため、秀吉は両者の召喚を命じた。最上義光の奏者はかねてから富田一白（左近将監）であり、最上方はこの案件についての披露状を富田一白に充てに送ることとなる。一方、上杉・本庄方には、三成と増田長盛が奏者として関わっていく。秀吉が上杉景勝に発した天正十六年（推定）十二月九日付の直書が次のものである。

態染筆候、仍山形出羽守領分と哉覧庄内城、本庄乗取之由申越候、事実候哉、双方被遂御糺明、雖可被仰出候、年内無余日候間、到来春山形をも可被召上候条、其刻本庄をも可被差上候、様子被聞召、理非次第可被仰付候、其中互手出不可有之候、山形かたへも被仰遣之候条、下々猥儀無之様ニ可被刷候、其上往還之輩聊無滞様、堅可被申付候、猶増田右衛門尉・石田治部少輔可申候也、

（天正十六年カ）
十二月九日　（秀吉花押）
羽柴越後宰相中将殿
（「片山光一氏所蔵文書」・『上越市史』上杉氏文書集二―三三七一号文書）

◇（必要にかられ）態々（わざわざ）手紙を書く。最上領に属すると伝え聞く庄内城を本庄勢が制圧したらしいが、事実か。双方の言い分を聞きたいと思うが、年内は日数もないので、年明けに最上（山形）を召喚する際、本庄も上洛させるように。双方の状況を聞いて合理的判断を下すので、それまで互いに手出しをしないように、最上へも命じている。（上杉・本庄側も）下々が勝手なことをしてはならない。さらに往来の道中に関わる者たちも、支障のないよう堅く命じる。なお、増田長盛・石田三成も申述する。

秀吉は、出羽庄内をめぐる紛争に決着を付けるため、一方の当事者である上杉家中の本庄繁長を上洛させるよう求めている。この直書は、十二月二十八日までに越後の春日山城に届けられた。さらに、現物は確認されないものの、直書には書き留めに名がみえる二人の奏者、三成と増田長盛の副状も付せられていたと考えられる。秀吉の直書および副状をみた景勝は、ただちに本庄繁長に充てた書状を発する。

急度以脚力申届候、仍其庄之儀、自山形令侘言付而、如此被成御書候、両人之奏者之旁被申越分者、其方上雒片時も可被相急之由候、乍去、其方事者為仕置候条、千勝急被為上洛尤候、於巨細直江山城守可申越候、謹言、
（天正十六年カ）
十二月廿八日　景勝（花押）
本庄越前守殿

（「米沢市上杉博物館所蔵文書」・『上越市史』上杉氏文書集二—三二七二号文書）

◇確実を期し、脚力（飛脚）に手紙を届けさせる。出羽庄内のことについて、最上（山形）が抗議を行なったので、このように秀吉直書がもたらされた。両人の奏者（三成と長盛）の言い分によると、その方（本庄繁長）が片時も急いで上洛すべきであるが、その方には政務があるだろうから、急いで息子の千勝を上洛させるのが尤もであろう。委しいことは直江兼続（山城守）が言ってよこす。

これから推して、秀吉直書に「来春」の上洛とあったにもかかわらず、増田長盛・石田三成の連署副状には、すみやかな上洛が要求され、また、上洛するのは本庄繁長自身ではなく、実子千勝丸でも構わないことが記されていたようである。しかしながら、千勝丸上洛の時期は、結果的には大きくずれ込むことになる。この間、天正十七年卯月十九日付で三成は摂津国内の政権直轄領の百姓中に対して条規三箇条を発する（「津国はま田百姓へ書出之事」・『尼崎市史』第二巻）。

天正十七年（一五八九）の五月中旬に国許を発した千勝丸は、ようやく六月二十八日に上洛を果たし、七月四日に至って秀吉に拝謁する。京で元服した千勝丸は、武藤（大宝寺）家の継承を秀吉から承認され、実名を「義勝」と称することとなる。また、従五位下に叙された義勝は、左京大夫（さきょうのだいぶ）の官途名を許され、また出羽守を称することとなったようである。こうして、庄内問題に関する上杉家・本庄家側の弁明は認められたものと判断される。この間、三成は増田長盛とともに、その周旋を行なっていたことが『大宝寺義勝上洛日記』（本庄俊長氏所蔵「大宝寺義勝上洛日記」・『上越市史』二—三二九七号文書）などから確認される。

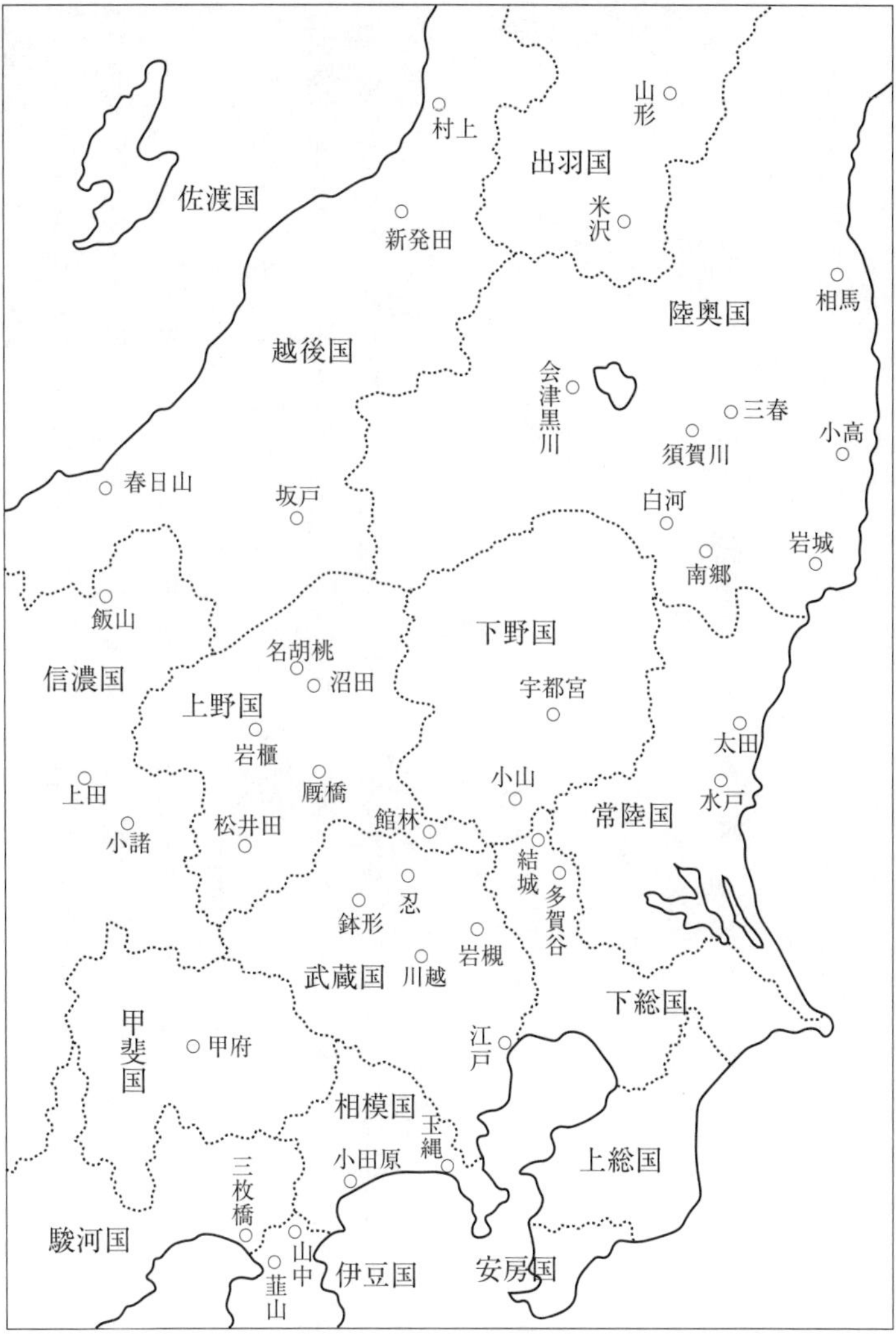

図13　関東・南奥羽関係図

蘆名家・佐竹家の奏者として

一方、奥州では天正十六年の末に蘆名義広の家臣金上盛備（遠江守・遠江入道）が上洛し、秀吉に誼を通じている。会津に戻った金上盛備から、上方での歓待振りを知らされた蘆名家宿老の富田氏実（美作守）は、早速石田三成に礼状を送ったようである。次に示す天正十七年（推定）三月二十四日付の蘆名家宿老の富田氏実（美作守）充て三成書状が、さらにその返書となる。

御状畏悦之至候、抑去冬金上殿、為御代官被差上候処ニ、殿下種々被(加)如御懇意候処、御満足之旨尤候、如此候へハ、早々義広御上洛肝要候、自然於由断ハ、御為不可然候、義広御若年之儀候間、畢竟貴所御分別ニ可有之候条、急速御供候て、御上国専一候、猶一丹斎・寺(内)田織部可申越候、恐々謹言、

（天正十七年）三月廿四日　三成（花押）

富田美作守殿

御返報

（「新編会津風土記」巻之八所収文書・会津若松史出版委員会編『会津若松史8』史料編1）

◇御手紙を頂戴しこれ以上の悦びはありません。昨冬（蘆名義広の）代理として金上殿が上洛された折、殿下（秀吉）がいろいろとご懇意にされたことに対し、（義広が）満足されたとの事尤もに思います。こうなった上は早々に義広自身の御上洛が肝心です。万一油断されるようなことがあると、蘆名家の為になりません。義広はまだ若く（決定もおぼつかないので）、結局はあなたの判断に拠ると思います。速やかに（義広の）御供をされて、上洛なさるのが第一です。なお、一丹斎・寺内織

部からも申し越すことになります。

このように、金上盛備の上洛をうけ、三成はさらに蘆名義広（佐竹義重次男、義宣弟）自身がすみやかに上洛する様に求めている。さて、この三成書状と同日付で、内容的にも重複する連署状が富田氏実・平田氏範（左京亮）ら蘆名家の重臣に充てて発給されている。

貴札忝拝見仕候、御屋形様為御名代、金上遠江入道殿御上洛之処、殿下様被如（加）御懇意候、併貴国之御名誉不可過之候、就中当年義広様被成御上洛、各モ有御供可然之由、従寺織・潜斎、我等相心得可申上之旨候、自然義広様御上洛於難成者、富田殿御父子ニ御一人御上洛候而、殿下様御前可然様ニ御取成之段、随分申理候、其御分別専用候、民部法印・増田殿御返事候、御朱印之時同然ニ可進候、御上洛御急候様ニ先治部少輔御返事ニテ飛脚差下可申候間、如此候、越国境目之儀付而、治部少輔申聞候処ニ、御入精越国江申理候、則書状写進之候、猶奉期後音候、恐惶謹言、

（天正十七年）三月廿四日　徳芳（花押）

清源（花押）

平田左京亮殿

富田美作守殿

針生民部大輔殿

貴報

（「新編会津風土記」巻之八所収文書・会津若松史出版委員会編『会津若松史8』史料編1）

◇御手紙拝見致しました。御屋形様（蘆名義広）の御名代として金上遠江入道殿が御上洛され、殿下

様（秀吉）がご懇意にされたとのこと、蘆名家の御名誉としてこれ以上のものはありません。それについて、今年のうちに義広様が御上洛なされ、皆様も御供されるであろうことを、我等も承知しておくように、寺織（寺内織部）や潜斎から言われております。万一、義広様の御上洛が難しい様なら、富田殿御父子のどちらか御一人が御上洛なされ、殿下様の御前で（義広様の）上洛が叶わない理由をできる限り道理を尽くして説明していただくことになります。（そういうことなので、義広上洛についての諾否の）ご判断は非常に大事なことになります。前田玄以（げんい）（民部法印）・増田長盛からの御返事は、（秀吉の）御朱印に合わせて進上致します。まずは（義広の）御上洛を御急ぎ頂くよう様にとの石田三成（治部少輔）の御返事が飛脚を以て差し下されますので、それに合わせ我々もこのように書状を送っております。（また、懸案である会津蘆名領と）越後との境目の件については、石田三成（治部少輔）に申しあげておりましたが、（三成に）御努力頂き上杉家（越国）へ説明をおこなっております。（上杉家へ充てた）書状の写しを添えております（ので、ご参照ください）。では、またご連絡致します。

後半の書きぶりから、前述の三成書状と同じ飛脚によって送達されたことが分かる。増田長盛には殿付けがあるにも拘わらず、三成は「治部少輔」とのみあって敬称が無い。ここから考えても、発給者である「徳芳」と「清源」は三成の家来かそれに準ずる者と考えられる。双方の文書に登場する「一丹斎」「寺内織部」「潜斎」らも同様の立場にあるものであろう。既述した『大宝寺義勝上洛日記』は天正十七年五月に筆を起こすが、ここに進物の贈与先として「一、寺田（内カ）織部助殿へ白布拾端、馬一疋、是ハ石治訖（殿カ）ノ小奏者」とあり、一連の推定に若干の根拠を与えている。

さて、こののちも三成は一貫して会津蘆名氏との交渉を担うが、この前提には義広の実家である常陸佐竹氏の存在が考えられる。佐竹氏は、早い段階から秀吉へ接近しており、北関東諸勢力のなかでも、ひときわ高い信頼を得ていた。秀吉は、織田信雄との手切れを報じる天正十二年（推定）三月二十六日付の書状を「佐竹殿」充てに発しているが（東京大学史料編纂所影写本「佐竹文書」）、その書き出しには「近日者不申承候（もうしうけたまわらず）」とある。このことから、両者の交渉開始がさらに遡ることがわかる。この段階に至っても、たとえば、越中侵攻を告げた上杉景勝に対し、佐竹義重は軍事行動は何より秀吉の指示を得るべきだとし、義重も秀吉とは親密（「無二」）な関係にあるので、万一の場合にも安心するようにと書き送っている（「歴代古案」所収、四月朔日付山内殿（上杉景勝）充て佐竹義重書状〈『上越市史』二七一八号文書〉）。佐竹義重は、対立する伊達や北条を牽制する意味から、越後上杉氏と良好な関係を堅持しており、これは上杉景勝が秀吉に臣従した後も変わっていない。

のちの状況からの推測にはなるが、三成は増田長盛とともに、佐竹義宣の奏者と位置づけられていた可能性が高く、この関係から三成は佐竹家から奥州会津の蘆名家に入った義重に対しても、同様に奏者の役割を担っていたものであろう。

伊達政宗の会津蘆名領侵攻

ところが、天正十七年（一五八九）五月に出羽米沢の伊達政宗が会津蘆名領を侵すという事態が勃発し、南奥羽の情勢は一挙に緊張する。六月になると、蘆名義広とこれを支える佐竹義重・義宣も須賀川（すかがわ）方面に出勢する。これに対し伊達勢は、蘆名氏の本拠黒川城（会津若松）を突く作戦に出て、六月五日には会津磐梯山麓の摺上原で、伊達と蘆名の軍勢が衝突する。蘆名家中のうち反佐竹系の者たちが傍観するなどしたため、結局蘆名軍は大敗を喫した。蘆名義広は黒川城を棄てて常陸に逃れ、伊達政宗が黒川城に入って会津を押さえる。摺上原の合戦の詳細は、六月のうちにも京に届いている模様で、七月朔日付で次のような連署状が蘆名家中の金上盛実（平六郎）に発せられている。

猶々、爰元之様子、具雖可申入候、荒外様・本右様御両人具申入候間、不能巨細候、猶近々可申入候、以上、

追申入候、兵粮等於御用者、早々可被仰上候、於越後可被申付候、以上、

雖未申遣候、如此候、仍今度御親父様不慮之段、中々不及是非次第候、乍去被対義広御忠節之段、無其隠候、

一、其表御備太儀付、一段治部少輔入精被申候、則越後之始末共被申越候間、従彼方御馳走、定而御由断有間敷候、

一、其許為様子慥成以使者、治部少輔被申越候事、

一、御手前御用立可申存、鉄砲百丁・鉛・塩硝・硫黄被進之、則越後船而越被申候間、参着次第其方可相遣候、

一、義広是等之通、御取成所仰候、其外何茂以書状可申入候共、急申候間、被成御意得可被下候、渋助左へ茂以書状可申入候共、右之旨奉頼候、

一、被達上聞候間、定テ伊達曲事之旨可被仰出候間、御本意程有間敷候、少間無緩御稼被成、無異儀様御才覚尤候、治部少輔入精候段、右之通日本国神不偽候、定而御手前可為御取乱候共、此節

候間、態飛脚被仰付、様子被仰上候而可然存候、具承度候、恐惶謹言、

（天正十七年）七月朔日　素休（花押）

徳（芳カ）子（花押）

潜斎（花押）

金上平六郎（金上盛実）殿

（「新編会津風土記」巻之百一所収文書・会津若松史出版委員会編『会津若松史8』史料編1）

◇いまだ書簡のやりとりも行なっていませんでしたが、こうして書状を送ります。このたびのお父上のご不幸、残念なことでした。しかしながら、（蘆名）義広様に対する忠節はひろく知れ渡ることになりました。

一、そちらの備えが大変とのことで、格別に石田三成（治部少輔）が配慮され、越後（上杉氏）にも事情を伝えられました。越後からの支援がありますので油断なく支えてください。

一、そちらの状況を知らせるため、確実な使者をたて石田三成（治部少輔）への連絡をお願いします。

一、とりあえずそちらの御用に立つかと、鉄砲一〇〇挺・鉛・焰硝・硫黄を越後の廻船で送ります。参着し次第そちらへ送ります。

一、義広様へここで申しあげたことについてお取りなし、その他各所へも書状で連絡はいたしますが、よろしくお願いします。渋助左へも別紙で連絡は行ないますが、同様によろしくお願いします。

一、（秀吉の）耳にも入っておりますが、きっと伊達が悪いと仰ると思いますので、本懐までは時間もかからないでしょう。しばらくの間、油断なく防御に努められ、抜かりないようにつとめられるのがよいと思います。石田三成が苦心していることは、日本中の神々に対しても偽りではありません。きっと混乱されているとは思いますが、この間の様子について使者をたてて（三成に）仰るのがよろしいかと思います。お返事よろしくお願いします。

なお、こちらの状況を細かに申しあげようかと存じましたが、「荒外」様や「本右」様に伝えておりますので、詳しくはお伝えしません。近々あらためて御連絡します。また、兵粮などの御用は早めにご指示ください。越後に於いて対処いたします。

冒頭に出てくる「御親父様」は、平六郎盛実の父で、摺上原で討ち死にした金上盛備（遠江守）を指す。ここから、この連署状が摺上原の戦報を受けて書かれたことがわかる。連署者のうち「潜斎」については、さきに石田家の家中かそれに準じる性格のものであろうと類推した。従って、「素休」と「徳子（芳カ）」についても同様に判断しておく。このうち素休については年末詳九月二十二日付の直江兼続充ての単独発給の書状（『上越市史』二―三二四一号文書）が確認される。ちなみに、「会津旧事雑考」（東京大学史料編纂所所蔵写本）の編者は「素休等三人者、可石田カ臣（石田が臣たるべし）」と注記を施している。ところで、この時期に三成の意をうけて蘆名家中との交渉を進める者達は、『大宝寺義勝上洛日記』において、三成の「小奏者」とされる「寺田織部佐（内カ）」を除くと、皆このような号あるいは法名のような署名をのこしている。使僧のような存在であろうか。識者のご教示を得たい。

いずれにしろ、この連署状は何らかのかたちで、三成の意向を踏まえたものとみてよい。ここで、上杉景勝が蘆名方を支えるであろうことが述べられている。武藤（大宝寺）千勝丸の上洛によって、出羽庄内問題もほどなく決着がつくと想定されるのであろうか。いずれにしろ、秀吉が状況を聞けば、伊達政宗の側に非のあることは自明なので、安心して持ちこたえるように述べている。さて、伊達勢の会津侵攻という事態に対する三成自身の対応は、ここから数日遅れることとなる。これは摺上原合戦勃発の報を受けた三成として、確報を収集しその上で秀吉の判断を仰ぐ必要があったからであろう。

其面之儀、急速ニ以使者、御見廻可申処、其元之様子承届、達　上聞、請　御掟(諚)、為可申下、少遅延候、乍去早々慥ニ使者差下候、陸地遣(支え)候間、路地滞留可行存、在京人千坂対馬守従者一人、其元堺目等、安内者ニ候条、則申付、自敦賀津船而先達申越候、仍而鉄炮百丁・同合薬百斤・船(鉛)五十斤・鋳鍋・鋳形相添、送り進之候、乍勿論堅固御抱専要候、此等趣、義広宜預御披露候、恐々謹言、

（天正十七年）七月五日　　三成（花押影）

金上平六郎殿
富田美作守殿
平田周防守殿
針生民部大輔殿

（東京大学史料編纂所所蔵写本「会津旧事雑考」巻ノ八）

◇会津には急いで使者をたてて御見舞すべきであったが、そちらの正確な情報を手に入れたうえで（秀吉に）報告し、ご判断を得た上で指示を下す必要があったので、いささか遅延しました。とはいえ早急に確かなる使者を派遣致します。陸上は道が支え(つか)行程に時間がかかると危惧されます。在京する（上杉家中の）千坂景親（対馬守）の従者が、その辺りの地理に通じているとのことなので、

その者に命じ越前敦賀から船を使って、まず申し越すことにします。鉄砲・火薬・鉛に坩堝と鋳型を副えてお送りします。いうまでもありませんが、味方の拠点を確実に維持してください。以上のことどもを蘆名義広様へもよろしくお伝えください。

このように三成は鉄砲等の廻漕を命じるなどして、蘆名家救援の体制を指揮している。摺上原合戦の報せは、上記の蘆名—上杉ルートに拠るものが先んじて京着している。これをうけた秀吉は、七月四日付の上杉景勝充ての直書を発給する。ここで秀吉は、蘆名氏を支えるように上杉・佐竹両氏へ命じる。ここで留意すべきは、豊臣政権による正式な指示（七月四日付の上杉景勝充て秀吉直書）に先行して、わずか数日前ではあるが、素休らがかなり具体的な対応策を提示していることである。そしてそこには、三成の積極的な支持・関与があったことがわかる。出羽庄内問題をめぐって、わずかに緊張した秀吉と上杉景勝の関係は、武藤（大宝寺）千勝丸の上洛によって氷解し、景勝に対する秀吉の信頼も回復した。これより一〇日ほど後のことになるが、秀吉は七月十六日付の直書で、景勝の佐渡平定を諒として、堅実な支配の遂行を求めている。奏者として枢機に通じ、秀吉の上杉景勝に対する好誼を知る三成には、秀吉直書に先行して軍令を下すだけの充分な状況認識が備わっていたとみるべきであろう。ちなみに上杉景勝充ての直書が発せられた七月四日は、秀吉が武藤（大宝寺）千勝丸に対面した、その当日である。こうした時日の一致も、決して偶然とは考えられない。

こうした政権内での動きにもかかわらず、現地では蘆名方の劣勢が続く。七月十二日、おそらく蘆名方不利の報せを受けたのであろう、つぎのような連署状が金上盛実に発せられる。

猶々令申候、各へ以別紙可申候共、此等之趣同前ニ御伝言尤候、於其方者中目殿各御入魂候

て、御調儀可然由被申候間、可被得其意候事、肝要存候、以上
追而申候、各御退散之衆、御兵粮之儀、景勝様被申越候間、定而可被参候、自然於相違者、従治部少輔先五百石可被参由、其御心得尤候、委細段者中目殿へ被申候間、御行之儀、景勝次第可被成候、猶与一郎方申渡候、恐惶謹言

（天正十七年）七月十二日　　素休（花押）
浄源（花押）
（芳カ）徳子（花押）

金上平六郎殿
人々御中

（「新編会津風土記」巻之百一所収文書・会津若松史出版委員会編『会津若松史8』史料編1）

◇追って申しあげます。退却された御味方の兵粮については（上杉）景勝様にお願いしてありますので、きっと到着すると思います。万一の手違いに備え、石田三成（治部少輔）からもまずは兵粮五〇〇石が送られます。そのようにご承知ください。詳しいことは中目殿（中目式部大輔助常）へ申しております。戦闘については景勝様次第になると思います。なお、与一郎方へも連絡をしています。

なおまた申し上げます。各方面に連絡をしてはいますが、同様に御伝言が大事だと思います。そちらのほうでは、中目殿とおのおのご親密なことですが、相互の意志疎通も問題無いようにされるべしと（三成も）仰せですので、そのようにご理解ください。

先のものと比べると、連署者に一名異同がある。ここでは退散した蘆名勢への兵粮補給が上杉景勝、あるいは石田三成によって進められることが告げられている。摺上原の敗戦ののち、金上盛実は、越後蒲原郡の津川城（狐戻城）に拠って抗戦を続けたとされており、兵粮はこうした戦いを支えるものであったのかもしれない。

東国政策の見直し

伊達政宗側からの報せも、七月中旬までには京着している。摺上原の捷報（勝利の知らせ）、会津奪取を知らせる伊達政宗の書状は、京の板東屋道有に託され、道有の手を経て、おそらく前田利家、富田一白、施薬院全宗（やくいんぜんそう）らに届けられた。秀吉へは彼らから注進されたものと考えられる（大日本古文書『伊達家文書』四二五～四二七・四二九号など）。政宗からの書状をうけた富田一白は、七月十三日付の返書で、会津攻めの一件はすでに上杉景勝から秀吉の許（もと）に報じられていることを告げている。さらに、秀吉に対するすみやかな弁明を促し、みずからも秀吉の代官として関東へ下向する旨を報じている（『伊達家文書』四二五号）。

その後も七月二十一日、同二十二日付で、前田利家や施薬院全宗らが伊達政宗に充てて書状を発し、秀吉への取り成しを約している。しかしながら、秀吉はここに至る政宗の振る舞いには強い不審を募らせており、政宗からの弁明を強く求めた。ちなみに、七月二十一日付の一連の文書を携行し、委細の言付けを委ねられたのは、板東屋道有と良岳（良覚）である。

一方、三成自身も、金上盛実からの来信をうけ、盛実との間に直接書状のやりとりを行なう関係をつくった。

追而、貴所御為迄ニ寺内織部佐差下候、何様茂可被仰談候、已上、

去六日之書状、今日廿六日京着、御書中幷使者口上、一々令得心候、抑今度御親父討死之儀、不慮之次第難尽紙面候、併被対義広御忠節、且京家御奉公、且御手柄、都鄙無其隠候、然而貴所事、去比御親父拙者任口入対越国　御約束候旨無相違、景勝御手前偏ニ御頼有之通、無余儀候、義広御供無之儀ハ不可成、御越度候、菟角御手前之御計策専一候、公儀御取成、幷於其筋兵粮米等入用、此方差下候、鉄炮・同玉薬之事、何箇年も候へ、御難儀之中者可相続候間、可御心安候、乍去御本意程在之間敷候、委曲使者可為演説候間、令欠略候、恐々謹言、

（天正十七年）七月廿六日　（石田三成花押影）

（平六郎カ）金上六郎殿

御返事

（東京大学史料編纂所所蔵写本「会津旧事雑考」巻ノ八）

◇去る六日付の書状が、本日二十六日に到着しました。お手紙の内容も、使者の口上も、どちらも得心しました。さて、このたびのお父上の討ち死は、まったく思いがけないことで、（その無念さは）手紙などに書ききれません。とはいえ、（蘆名）義広殿に対する忠節は、ひとつは豊臣家に対するご奉公、ひとつにはその勲功として、国中に知れ渡ることになりました。以前、お父上が私の口添えに拠って、越国（上杉）との盟約を結ばれたことは事実です。（したがって）景勝殿を頼られるのも仕方のないことと思いますが、義広殿に従わないのは問題です。とにかく今はあなたの計画がうまくいくことが大事です。公儀への取り成し（は行なっていますし）、そちらへの兵粮も必要な分は

こちらから発送します。鉄砲や玉薬も、戦が数年に及んでも、手当しますのでご安心ください。とはいえ、本懐を遂げられるまでには時間もかからないと思います。委しいことは使者が説明しますので省略いたします。

追って申し述べますが、あなたのところへ寺内織部佐を差し下します。何事でもご相談ください。

ここから、摺上原で戦死した先代の金上盛備が、すでに三成と交誼を結び、蘆名氏が上杉景勝を後盾とすべきことが定められていたのがわかる。既述のように、金上盛備は天正十六年（一五八八）の冬に上洛しており、三成とも親しく接したのであろう。ところで、当時、金上盛実は蘆名義広と離れて越後の津川城（狐戻城）に拠っていたが、三成は、盛実が義広と別行動をとることを非難し、合流を促している。写の文書でもあり、後半は意味もとりにくいが、三成が兵粮・武具など兵站補給を保証していることは承知されよう。

いずれにしろ、伊達政宗の会津蘆名領への侵攻によって、政権の東国政策は、新たな局面を迎えることとなる。秀吉は、服属直後の徳川家康に東国の「惣無事」を担わせる方針で、これに基づいて徳川家に東国の仕置きを委ねてきた。しかしながら、ここにいたって秀吉は直臣富田一白を関東に派遣し、状況を検分させることに決定した。このことは、従前の政策が大きく見直されるにいたったことを意味する。

富田一白の関東出張に先立って、施薬院全宗が伊達家重臣片倉景綱（小十郎）に充てて次のような書状を送った。

富田為相州御使、被下候之間、重而御返事可被申候、今度於会津、被及一戦、被属御本意趣、以飛脚被仰上候、蘆名方事、連々御礼申上、御存知之仁ニ候、以私之儀、被打果候段、御機色不可然候、以天気、一天下之儀被仰付、被任関白職之上者、相替前々、不被経京儀候者、可為御越度候条、被差上御使者、御断可被成候哉、不及其段候歟、御分別次第候、被懸御目候間、不残愚意申入候儀、猶良岳可被申達候、恐々謹言、

（天正十七年）七月廿二日　全宗（花押）

片倉小十郎殿　御返報

（大日本古文書『伊達家文書』四二八号）

◇このたび会津で合戦され、本懐を遂げられた由、使者を立てられてのご報告がありました。（しかし）蘆名家はしきりに服従の礼をとってきており、（秀吉も）御存知の人物です。（その蘆名を）私的な理由で討ち果たされたことで、（秀吉の）機嫌を大きく損ねています。天皇の意思によって天下を委ねられ、関白に任じられた上は、これまでと違い、京（豊臣）の意向を踏まえなければ、重大な過失となります。使者を差し上げられて、事態の説明をさせるか、その必要がないかは、御分別次第だと思います。御目にかかる折、私の考えを残らず申し上げます。なお、良岳からも申達させます。

富田一白が相州（小田原）への使者として下るので、重ねて返事をしてください。

伊達家との関係性に規定されて、書状は施薬院全宗の名で出されてはいるが、その内容は秀吉の意向を反映したものと判断されよう。秀吉との誼を結んできた蘆名氏の会津領を侵犯した政宗の所業を、

「私之儀」と論断する一方、秀吉の立場は天皇から「一天下之儀」を委ねられて「関白職」に就いたもので、秀吉の意図を踏まえない所業はすべて「越度」である、とする。「私之儀」との対比で考えると、「京儀」はすなわち「天下之儀」、あるいは「公之儀」とすることも可能であろう。こうした理念に基づいて、秀吉および政権の中枢が、直接関東・奥羽政策に関わっていくことになる。具体的には、これまでも関わってきた前田利家に加え、浅野長吉らの関与が認められるようになる（戸谷穂高「天正・文禄期の豊臣政権における浅野長吉」〈『遙かなる中世』二一号、二〇〇六年〉）。

さて、ここまでの史料では、秀吉が関東へ派遣する人物として、富田一白（左近将監）の名が見えていた。実際には、富田一白とともに津田信勝（隼人正、実名は他に盛月なども称する）が関東に下る。津田信勝は中川重政の実弟で、ともに前名を「織田」と称しているところから、信長の一族と考えられるものの、その系譜は必ずしも明らかではない。すでに尾張時代の信長に仕えて軍功を挙げ、母衣衆（信長直属の精鋭部隊）の一人としても名を連ねていた。しかるに、所領のことで柴田勝家と争い、兄弟ともども信長から改易された、という。その後、津田信勝は秀吉に仕え、小牧の戦いなどにも従っている。ちなみに、家康と秀吉実妹の婚姻をとりまとめたのは、この信勝と蜂須賀正勝（小六）であったとも言われている。いずれにしろ、老練な古参の家臣として、秀吉も篤い信頼を寄せていた人物であったと推察されよう。

さて、前田利家・施薬院全宗・富田一白らの書状によって上方の反応を承知した伊達政宗は、八月十六日、さっそくに弁明の使者として遠藤不入斎（下総入道）を上洛させる。しかしながら、その後も佐竹氏を共通の敵とする小田原北条家との紐帯は強まる傾向にあった。政宗が上洛させた遠藤不入斎なる人物も、弁明の使者としては適正を欠いたようであり、秀吉側近の和久宗是は、伊達家家中の上郡山仲為（右近丞）に対して、彼の働きをなじる書状を発している。

この書信で和久宗是は、このたびの会津侵攻が、秀吉とその周辺では政宗と上杉景勝（文書中では弾正少弼の唐名である「霜台」と表記）との「出入り」として理解されていること、木村吉清（弥一右衛門）らの仲介によって、景勝の意向は容易に秀吉の許に届けられるので、伊達家の立場を挽回するためには、浅野長吉（こちらも官途は弾正少弼なので、文書中には「浅野弾正」として登場）らの理解をうることが肝要と指示している。

実際、三成と増田長盛の名が書き留めにみえる九月二十八日付の上杉景勝充ての直書（大日本古文書『上杉家文書』八五〇号）で、秀吉は次のように記している。

伊達左京大夫事、何様ニも上意次第之旨御請之通、被聞召候、乍去、会津之儀於不返渡者、被差遣御人数、急度可被仰付候条、成其意、堺目等之儀佐竹相談、丈夫可申付候事、肝要候

◇伊達政宗（左京大夫）が、何事も秀吉の命に従うと承諾した旨、（秀吉が）お聞きになった。しかしながら、（政宗が）会津を返還しないようなら、軍勢を出し制圧するつもりである。そう諒解し、境域について佐竹と相談し、厳重に支配することが肝心である。

伊達政宗が上意に従うと表明したことを諒としつつ、会津から退かないなら派兵する用意があることを述べており、秀吉の立場は上杉景勝や蘆名・佐竹側に傾いていたことがわかる。

一方、和久宗是の指示をうけたものか、上郡山仲為は浅野長吉に書状を発した。上郡山仲為は、ここに至る行動は奥州探題を自認する伊達家として当然の正当なものであるとし、政宗自身が上洛して弁明

しようとした矢先、越後勢の侵入があったため、思うに任せないでいることなどを告げている。政宗は恭順を装いつつ、三成らに支持され越後国内の津川城に拠っていた金上盛実を九月中に降し、攻勢を続けることになる。蘆名家重臣金上盛実が一転して政宗に降伏し、伊達家に服従するという事態に至ったことで、これまで盛実を支持してきた上杉景勝や三成の面目はつぶされてしまう。彼らの政宗に対する怒りもいかばかりであったろう。

検地など支配政策への関与

天正十七年（一五八九）十月朔日付で秀吉は三成と大谷吉継（刑部少輔）に充てて検地に関する「御掟条々」を発する。いうまでもなく、検地の実施要領である。この年には山城国と美濃国での検地の実施が確認されるが、秀吉は美濃国検地を想定して同じ日付で同内容の「条々」を片桐貞隆（主膳正）と石田正澄（木工頭）にも充てている（成簣堂文庫「片桐文庫」・宮川満『太閤検地論』第Ⅲ部・二九号文書）。したがって、三成と大谷吉継を充所とする、つぎの「検地御掟条々」も美濃国での検地実施に関わるものと考えておく。

検地御掟条々

一、田畠屋敷共ニ、五間・六十間之定、三百歩ニ縄打可仕事、
一、田地上京升壱石五斗代、中壱石参斗代、下壱石壱斗代ニ可相定、其より下々ハ見計可申付事、
一、畠上壱石弐斗、中壱石、下八斗ニ可相定、其ヨリ下々ハ見計可申付事、
一、給人、百姓ニたのまれ、礼義・礼物一切不可取之、至尓後日も被聞召付次第、可被加成敗事、

一、御兵粮被下候上ハ、自賄たるへし、但さうし・ぬか・わらハ百姓ニ乞可申事、

天正十七年十月朔日　（秀吉朱印）

石田治部少輔とのへ

大谷刑部少輔とのへ

（東京大学史料編纂所所蔵写本「西本願寺派超勝寺文書」）

◇検地御掟の条々

一、田・畠・屋敷ともに、（縦）五間掛け（横）六十間を基準とし、三百歩を単位として面積を測ること。

一、田地の上の位は（三百歩につき）京升（きょうます）にして壱石五斗の石盛りを行う。（同様に）中の位は壱石参斗、下の位は壱石壱斗とする。それより劣位の田は見計らいで決定すること。

一、畠地の上の位は（三百歩につき京升にして）壱石弐斗、（同様に）中の位は壱石、下の位は八斗とする。それより劣位の畠は見計らいで決定すること。

一、給人や百姓に頼まれたからといって謝礼や贈物などは一切受け取ってはならない。後日に至っても露見され次第に厳罰に処すること。

一、食糧は公式に支給されるので、食事は自分で調えること。但し、簡単な副菜（雑事）・糠・藁は百姓に求めること。

三〇〇歩（すなわち一反）を基準面積としつつ、京升によって容積を計量し、地種・等級別で斗代（基準面積＝三〇〇歩ごとの想定収量）を設定するといった検地の原則は、美濃国検地に際して設けられた

「検地御掟条々」を嚆矢とする。ここで策定された検地の基準は、こののちの豊臣政権による検地（いわゆる「太閤検地」）のあり方を大きく規定していく。ここに他の奉行連中とともに、三成が参画していたことの意味は大きい。

また、天正十七年（一五八九）のものと推定される十月十六日付の連署状で、三成と増田長盛は近江国伊香（いか）郡富長（とみなが）荘に裁許状を発給している（『東浅井郡誌』）。

富永之郷給人衆年貢被納様、非分之出入有之迷惑之由、御訴訟申来候間、自先規御法度之様体、田中兵部大輔方へも先度申遣候、

一、納枡者、先年可為御判之枡候、然者壱石付而弐升之口米之外、少も外ニ役米有之間敷事、

一、井料河せき道へり、如先規下行候様に給人衆へ可相理候、並大豆作之下地、其大豆可令納所事、

一、人夫之儀、是又如先規たるへく候、次御年貢米、其在所之政所に而、其百姓手前〳〵可相計候、

若枡取之上手を雇、不相届儀於有之者、可為曲事候也、

（天正十七年カ）十月十六日　右衛門尉　長盛　判

治部少輔　三成　判

江州伊香郡富長庄

百姓中

（「光照寺文書」・『東浅井郡誌』所収）

◇富永郷の給人衆の年貢の納め様について、あってはならないもめ事があって混乱が生じている旨、御訴訟があったので、以前からの御法度の要諦を田中吉政（兵部大輔）方へも先度申し遣わしている。

一、納枡については、先年定められた秀吉御判の枡を使用すべきである。ところで壱石について弐升の口米以外には少しの役米も課してはならない。

一、灌漑施設の修理（井料）や河川の堰き止め（河せき）、道普請（道へり）などで農民を使役する場合は、以前からの通り飯米等の支給を行なうように給人衆へ理を尽くして説明するように。また、大豆の耕作を行なっている下地からは、その大豆を年貢として納めるべきこと。

一、人夫役の事についても以前からの通りとする。次に、御年貢米についてはそこそこの在所の政所において、その百姓が各人毎に計量すべきである。もし、枡計りに巧みな人物などを雇って不正を企てたりすると処罰する。

この史料の年紀は天正十六年である可能性もあるが、ひとまずここにおいておく。いずれにしろ、訴えがあった近江国伊香郡富長荘は当時秀次領であり、裁許を下した三成・増田長盛は秀次の家老をつとめる田中吉政に決定事項を報じ、在地に対してもこのような裁許を下している。

天正十七年十一月十一日付で、秀吉が伊木清兵衛尉（忠次）に対して美濃国内で五〇〇〇石の充行状（じょう）を発するが、これをうけて三成は、浅野長吉と連署で十一月十四日付の知行打渡状（うちわたしじょう）を発給している（「伊木文書」）。また、十一月十六日付でも、やはり美濃国内で三〇〇石を南宮（なんぐう）領として打ち渡しを行なう（「蒲生文書」）。これらの領知給付は、既述の美濃国検地の実施と大きく関わるものであろう。

さらに、三成は十一月二十五日付で、浅野長吉・増田長盛とともに、尾張聖徳寺（しょうとくじ）に寺領打渡状を発する（「聖徳寺文書」・『愛知県史　資料編一二　織豊2』一五五〇号）。確認される史料からのみの紹介にはなるが、秀吉の意向をうけた三成が、浅野長吉や増田長盛らとともに、諸々の政務に従っている様子を看取できよう。

三　関東の平定

小田原北条家と信州真田家の対立

南奥州の混乱が収まらないなか、天正十七年（一五八九）も十一月に入ると、今度は北関東でも軍事衝突が発生する。既述のように、富田一白・津田信勝両使の派遣は、伊達政宗の会津領侵犯に端を発するものであったが、両使の監察は、これ以外の紛争地にも及んでいる。たとえば、小田原北条家と信州真田家の間で懸案となっていた上野の沼田領などである。富田一白と津田信勝の報告を受けた秀吉は、沼田領三分の二を北条家、名胡桃（なぐるみ）城を含む三分の一を真田領とすべく裁定を下した。

秀吉の命によって領国の確定を終えた北条家では、当主氏直の上洛準備を進めることになるが、その矢先の十一月の初めに、沼田領で北条側の軍勢（上野沼田城代北条氏邦麾下の猪俣（いのまた）邦憲）が、真田領の名胡桃城を攻撃するという事件が勃発する。真田家の名胡桃城が奪取されたとの報をうけた秀吉は、ただちに真田昌幸（安房守）に充てて朱印状を発し、北条方を厳しく糾弾していく。

これに先立ち、秀吉がそれまでの北条氏の非義を免じて上州沼田領の支配まで許したのは、北条氏政が上洛の意向を明らかにしたためであった。しかし、名胡桃城を奪取するに及んだことは、秀吉の裁定を覆す許しがたい背信である。改めて氏政が出仕してきても、名胡桃城侵犯の当事者を厳罰に処さないかぎり北条氏の赦免はない、と秀吉は言明している。天正十七年（推定）十一月二十一日付の真田昌幸充て直書で、秀吉はとりあえず来春には行動を起こすので、それまではしかるべく軍勢を配し、北条方を押さえ込んでおくように命じた。例によって、詳細は浅野長吉（弾正少弼）と三成が申し述べると言っている。三成は、越後上杉氏の存在を通じて真田氏との関わりをもってきたが、同時に姻戚関係にもあり、政権との関係強化を模索する真田家にとって、三成は他に代えがたい存在であった。浅野長吉は、伊達の会津領侵犯を機に東国政策への本格的な関与を強めており、この両者が秀吉の軍令を伝達することになっている。

このように秀吉が北条家に圧力をかけるなか、北条家当主氏直が天正十七年のうちに上洛するとしていた条件も、実行されない可能性が高まった。北条氏側の一連の対応は、著しく「公儀」を蔑ろにするものと見なされるに至る。豊臣政権は、南奥州の問題を一時棚上げし、十一月二十四日付の秀吉朱印状で、来春（天正十八年）を期して小田原北条氏を討伐することを表明する。

これをうけて三成も、二十八日付で南奥州の相馬氏などに充てて書状を発している（史料纂集『相馬文書』一一三六号〈続群書類従完成会〉）。三成はここに至る北条家側の態度を糾弾し、相馬家にも小田原出勢を促し、秀吉への忠節を求めたのである。

三成の「大名」身分獲得

この時期、秀吉に近侍する三成の職務はきわめて多様であり、その日常は多忙を極める。秀吉の意向をうけた三成は、京坂など直轄都市の庶政を預かり、豊臣家蔵入地（くらいりち）の支配を進め、さらに各地での検地遂行を所管した。

調整時日は不詳ながら、関東派兵を想定した「陣立書」（『伊達家文書』四八七～四八九号）によると、三成は軍勢一五〇〇（「千五百騎」とするものと「千五百人」とするものがある）を率いて、浅野長吉・小野木重次（官途は縫殿助、実名は重勝、公郷とも称する）らとともに、秀吉馬廻りの先鋒に配されている。ちなみに、浅野長吉は三〇〇〇騎（同様に「三千人」とも）を、小野木重次は八〇〇騎（あるいは「八百人」）を率いる。

「千五百騎」あるいは「千五百人」という軍役の規模は、「二千」を超える堀秀政、蜂須賀家政（実名は「一茂」とも）、中川秀政、生駒親正らには及ばないものの、福島正則（「千九百」）や長宗我部元親（「千八百」）らに準ずるものである。周知のように、長宗我部元親は四国平定ののち、土佐一国を安堵され、福島正則は九州平定ののち、伊予半国を領することとなった。それぞれの領知高は、福島正則が一一万石余、長宗我部元親が九万八〇〇〇石程度と見なされる。

軍役数は、大名領知の場所と出征地との距離などが勘考されて算定されることから、単純に領知高と軍役規模が相即するわけではない。とはいえ、軍役の規模から推して、三成の場合も九州平定から関東派兵までの間に、七～八万石程度の領知を得ていたと考えるのが自然であろう。確証はないものの、三成の領知は、畿内あるいはその近国に想定すべきではなかろうか。とすると、三成は二十代の後半で大名としての身分を獲得したことになる。いずれにしろ、同じ史料でいまだ数百程度の軍役にとどまる大谷吉継や増田長盛、片桐且元とは隔絶する規模の領知を許されていたことは確実である〔補注1〕。

天正十七年の後半、三成は秀吉に近侍しつつ、来るべき関東派兵に備えている。たとえば、十一月二十五日付の島津義久に充てた書状で、三成は次のように述べている。

御札拝見申候、如仰、先日ハ於御前御仕合、目出度ちんてうニ御座候、我等ハ其日もくれ申候まて御前ニ候て、御いとまこひさへ不申候、御ふるまいも不申候を、のこり多候、いつれも重而又可申承候、恐々謹言、

石治少
三成（花押）

（天正十七年）
十一月廿五日

よしひささま　御報

（大日本古文書『島津家文書』一六七七号）

◇御手紙拝見しました。仰せのように、先日の（秀吉への）拝謁、めでたく祝うべきことでした。私はその日も暮れまで秀吉に近侍し、御暇乞いもできず、御振る舞いもできませんでしたのは残念です。いずれまた話をうかがいたいものです。

三成は、秀吉の側で終日働いた結果、御前を退出する義久への挨拶もままならなかったと陳謝している。わずかな内容だが、三成が秀吉に近侍する日常が垣間見える。秀吉を支える官房の役割も、次第に重要度を増し、そこにおける三成の地位が向上したことも想像に難くない。このころには従前よりもさらに主体的判断を下す場面も増えてきたようである。

今度長々御在京、不及是非候、御朱印之儀頂戴有度之由候、雖然、来春北条為御成敗、至関東表御動座候間、於其表急度申調可進候、可御心易候、諸家中へ御書・御朱印被成置候条、此節慥可被相届儀肝要候、恐々謹言、

（天正十七年）
十二月五日　　三成（花押影）

（東京大学史料編纂所所蔵影写本『法雲寺文書』）

図14　佐竹義宣

◇今度は長々の御在京、やむを得ないことです。（秀吉の）御朱印状を頂戴したいとのことですが、来春は北条攻めを期して関東へ御出勢になります。関東で確実に発給できるようにしますので、ご安心ください。諸家への書状・朱印状の準備をされますので、この際、確実に申請されておくことが肝要と思います。

充所を欠く三成発給文書だが、「来春北条為御成敗（ごせいばいのため）、至関東表御動座候間」という文言から、年紀は天正十七年に比定されよう。また、影写本として採録された前後の史料から、充所は下野国の高田専修寺（せんじゅじ）ではないかと推察される。いずれにしろ、この文書を充てられた人物は秀吉からの朱印状を入手すべく、この間長々と在京を継続していたのである。おそらく、寺領安堵の朱印状あたりを要請していたものであろう。しかし三成は、越年後の関東での秀吉朱印状発給を確約しつつ、ただちに応じるようなことはしていない。関東派兵に際しての不測の事態に備え、また、現地の状況を見て秀吉朱印状を発給すべきである、との判断を下したのであろう。

この天正十七年、十二月二十六日付で常陸の佐竹義宣が、上杉家中の直江兼続・木戸寿三（じゅぞう）（元斎）に書状を発する。

態中届候、仍去比以使僧申述候、不初種々御馳走之由、本望至候、然者、景勝御上洛之由、御太儀之至候、将亦今度太閤土佐守義広本意付、自殿下様御懇切仰出共ニ候、就中、石田方内意之旨共一々令得心候、如斯之上、尚以急速会津へ御乱入令念望候、幸御在洛之事候間、弥被請上意、義広本意之所、畢竟、貴国被入御念儀ニ相極候、巨細太閤土佐守可申越候間、不能具候、恐々謹言、

（天正十七年）十二月廿六日　　義宣

直江山城守殿

元斎

（「瀬谷文書」・『上越市史』上杉氏文書集二―三三三八号文書）

◇態々(わざわざ)連絡いたします。先般から使僧を立てて申し述べておりますように、これまでいろいろとご配慮頂き感謝します。景勝殿の御上洛、ご苦労でした。また今度は、大関晴増(はれます)（土佐守）が蘆名義広の本意（身上回復）について、殿下様（秀吉）から御懇切なお言葉を得ました。とりわけ石田三成の内意については、一々承知しています。こうなりました上は、ただちに会津へ御出兵されることを念願します。幸いに御在洛とのことですので、いよいよ秀吉の意向を受け止めて対応してください。義広の本意は、畢竟貴国（上杉家）のお働き次第で成否が決まります。細かなことは大関晴増が申しますので、委しくは述べません。

内容は、上杉景勝の上洛を祝し、上杉勢の伊達領（会津）侵攻を懇望する、というものだが、それに関連して蘆名義広の身上復活に触れている。蘆名家の復活自体は、もちろん秀吉自身の意向を前提とするものであり、秀吉は大関晴増（土佐守）を使者として、そうした意向を伝えてきたようである。おそ

らく、そこには三成の副状ももたらされたのであろう。蘆名家の復活にむけた具体的方策は、三成の「内意」に沿って進められようとしているのであり、さらにいえば、三成の「内意」が伴って、はじめて秀吉の指示・命令が実態化するといってもよい。佐竹義宣は蘆名家の復活をさらに具体化するため、上杉家の後援を求め、上記のような書状を発したのである。

わずかな事例からの判断だが、三成は関東派兵を前に大名としての身分を獲得して、その地歩を固めたと考えられる。さらにそうした立場から、秀吉を支える官房の中枢として、三成はますますその存在性を高めていったとみることができよう。関連して、年未詳であるが十二月二十三日付で秀吉の祐筆八名が連署して三成に書状を発し、「御知行・御加増御朱印」の「筆功」料を請求している（「大東急記念文庫」文書）。三成が秀吉の朱印状発給の実務を担っていた証左であろう。

関東平定戦

天正十八年（一五九〇）は、関東・奥羽平定に費やされる。この年、三成の年齢もようやく三十一に達した。関東に下る三成は、島津家の継嗣久保（義弘の長子で義久の養嗣子・娘婿）を同行している。もとより島津久保には人質としての側面もあったであろう。「久保公御譜」（『薩藩旧記雑録後編』二―六四六号）によると、三成・久保らは二月二十八日に京都を発ち、三十日に近江国栢原に到着。四月一日に駿河三枚橋を発し、伊豆山中を経て、四月三日に小田原付近に到着する。

以後、三成は秀吉の陣所にあったものと判断され、浅野長吉・増田長盛らとともに側近として秀吉発給の直書や朱印状に登場している（『薩藩旧記雑録後編』二―六五五号、『上杉家文書』八三九、福岡市博物館編集『黒田家文書』九八号など)。常陸鹿島社の大宮司則興も陣中の秀吉に、神前で精誠をこめた「御巻数」を届けるが、この取り次ぎを行なったのも三成である(「鹿島神宮文書」九号・『茨城県史料　中世編Ⅰ』)。また、かねてから三成と関係の深かった真田昌幸は、前田利家や上杉景勝らが率いる別動の北国勢に属していたが、秀吉の真田充て直書には、三成の副状が付随していたと推察される(「安得虎子十」・『神奈川県史　資料編3　古代・中世(3・下)』九六六六号、「真田文書」・『神奈川県史資料編』九六八三)。

さて、三成は秀吉の傍らにあって、これまで交渉をもってきた東国諸将に対して、戦況を細かに伝えている。つぎに常陸の佐竹義宣充ての書状をみておこう。

態井口清右衛門尉差越申候、仍当面之儀、再三顕書面候、定而可相達候、小田原拾町計西之山ニ、殿下被居御陣候、御先衆彼堀際迄押詰、城内無正躰籠所之関東諸侍、様々御侘言雖申上候、一切無御赦免候、落居不可有程候、

一、相州之内玉縄之城明渡候、武州之内江戸・河越、是又相渡之由候事、

一、上州面之事、可被及聞召候、悉属御勝手候事、

一、如此之上者、平均被仰付儀候、御一味中被仰談、急度武州筋へ御手合、専一存候、諸篇　公儀未可為不知案内候条、御陣下ニ井口被留置、御用等可被仰付候、猶口上申含候、恐惶謹言

(天正十八年)
五月二日　　　　石田治部少輔
　　　　　　　　　　三成(花押)

義宣

御陣所

（「本光寺所蔵田嶋家文書」一八号・『新編岡崎市史史料編古代中世6』）

◇態々（家臣の）井口清右衛門尉を差し向かわせます。さて、こちら（当面＝当表）のことは再三書面を差し上げておりますので、定めてご了解されていると存じます。殿下（秀吉）は小田原から一〇町（一キロ強）ほど西の山に在陣されております。前線の将兵は小田原勢を堀際まで追い詰め、（小田原）城内の順調に事が運ばないまま籠城を続ける関東の諸侍が色々と弁明しておりますが、一切（秀吉は）ご赦免になりません。落城も時間の問題と存じます。

一、相模の玉縄城は開城致しました。武蔵の江戸・河越の両城も開城の様です。

一、上野表（こうずけおもて）の事も、お聞き及びと存じますが、悉く御味方の手に落ちました。

一、このような次第ですので（程なく）平定されることでしょう。佐竹勢についてはご相談の上、必ず武蔵方面で戦われることが第一と存じます。

諸々の点において、いまだ公儀のことに不案内と存じますので、御陣営に井口清右衛門尉を留め置かれ、所用をお命じください。なお、委しいことは使者に申し含めております。

この書状以前にも三成はしばしば書状を義宣に発し、つぎつぎと変化する戦況を告げている。さらに、この時は家中の井口清右衛門尉を佐竹義宣のもとに遣わして、具体的な戦況を告げるとともに佐竹勢の動きについての具体的提案をおこなっている。井口清右衛門尉にはそのまま佐竹陣営にのこり、義宣の諮問に応じることを命じている。ちなみに、「小田原拾町計西之山」とは、いわゆる石垣山の「一夜城」と考えられる。石垣山の城はすでに四月下旬には石垣や御殿が出来上がりつつあった。本格的に秀吉が本陣を早雲寺から石垣山に移すのは六月下旬のことと考えられるが（増補続史料大成『家忠日記』天正十八年六月二十六日条に「関白様石かけの御城へ御うつり候」とある）、それ以前にあっても秀吉はしばしば石垣山に出向いて、小田原城の状況を親しく見分していたのであろう。ついで、五月十六日付で岩城(いわき)常隆（左京大夫(さきょうのだいぶ)）に充てた三成書状は、次のような内容になる。

猶以、先日松本宗味差越候、爰元様子口上具申含候、□間可被申達候、御分別専一候、以上

去月廿三日書状、今日十六於小田原早雲寺到来、御書中之趣一々令得心候、仍爰元之御仕置、如此急速相済、如御存分被仰付上者、早々御出仕之外有之間敷候、無由断御参陣可然存候、佐竹近日可有出仕候とて、同時ニ御参専用候、万一御手前於御延引者、義宣被追跡可為御□□段被仰付、一つも不抜様候、城中無正体此□候、委細御使可被及見候、猶寺内織部祐可被申候間、不能詳候、恐々謹言、

（天正十八年）五月十六日　石田治部少輔
三成（花押）

岩城左京太夫殿

（東京大学史料編纂所所蔵影写本『岩城文書』）

◇四月二十三日付の書状は、本日小田原の早雲寺に到着しました。書状の内容には一々得心しました。こちらの状況は急速に進展しています。（秀吉の）思う通りに決着したなら、早々に御出仕なさる外ございません。油断なく参陣されるのが良いでしょう。佐竹義宣が近日御出仕とのことですので、一緒に御出になるのが肝心です。万一遅れるようなら、義宣の跡を（すみやかに）追うべきです。（小田原）城内は、すでに機能していません。委しいことは御使者が見聞されるでしょう。また、

寺内織部祐（佑）が話をしますので、委しいことは述べません。

なお、先日松本宗味がそちらへ向かいましたので、こちらの状況を申し含めています。適切なご判断がなにより大事です。

ここから、三成の具体的な居所が早雲寺と知れる。既述のように、六月下旬に秀吉は、石垣山のいわゆる「一夜城」に本陣を移すが、この段階では三成も早雲寺にあって、秀吉のそば近くに仕えていたのであろう。ここで三成は、岩城常隆の小田原陣へのすみやかな出仕を促している。近々に佐竹義宣が参陣することになっているので、佐竹と同道するのが最善だが、万一遅参するような事態になっても、佐竹義宣を追って秀吉の許に出向くように告げている。

ここで言及された佐竹義宣は、五月二十五日に相州平塚へ着陣する。この報せをうけた三成は、さっそく義宣に従う佐竹中務大輔（なかつかさのたいふ）（東（ひがし）義久）に充てて書状を発する。

態令啓候、義宣至平塚御著之由尤候、今日ハ其元有御休足、明日　殿下御本陣へ被成御越、可然存候、就其前々ハ貴殿為御一人、佐竹中御仕置被仰付候処ニ、義宣御若気故歟、及近々余多ニ御用被仰付候由候、左様ニ候とて、只今之儀、諸事貴所御才覚を以、不被仰付ハ何事も不可相済候、義宣御進物等之事、見苦敷候てハ、更に御為不可然候、御進退此節相居儀候条、一廉御調法尤候、佐竹於御内輪、殿下御存知之方ハ貴殿御一人ニ候、諸篇御思慮候て者、義宣御為之儀ハ勿論、其方御手前迄御越度候様ニ可被思食候之間、相残御家中衆ニ無憚、如前々被加御異見、御家無相違様ニ御分別此時相究候、猶使者嶋左近申含候条、不能懇筆候、恐々謹言、

石田治部少輔

（天正十八年）五月廿五日　　　三成（花押影）

佐竹中務太輔殿

御陣所

（家蔵文書四「佐竹中務義秀幷家臣家蔵文書」三三号・『茨城県史料　中世編Ⅳ』）

◇態々（わざわざ）申し上げます。義宣殿、平塚までお着きとのこと、何よりです。今日はそこでお休みになり、明日秀吉の本陣までお越しになればよいでしょう。これまであなた一人に佐竹の支配を任されてきました。義宣殿がまだ若いからでしょうか、最近は多くの御用を（義久に）仰せ付けられています。とはいえ、現状はすべてあなたの才覚に拠らないと何事も片付きません。義宣の御進物などが見劣りすると、佐竹家のためにはなりません。佐竹家の今後は、この時にかかっています。いっそうの熟慮が必要です。佐竹家一門のなかで、殿下（秀吉）が御存知なのは、あなた御一人です。何事であれ充分にお考え頂かないと、義宣殿は勿論、あなたの落ち度と（秀吉が）お思いになります。他の佐竹家中に遠慮することなく、これまで通り意見を通され、佐竹家が間違いのないように御分別頂くのはこの時です。なお、使者の嶋清興（左近）に詳細は申し含めているので、懇ろな手紙は控えます。

翌日（二十六日）の秀吉への拝謁をひかえ、義宣からの進物などについて、三成は細かな配慮をみせている。しかしながら、書状の眼目は、若年の義宣を当主とする佐竹家を、義久がこれからも支え続けて行くべきである、との助言であろう。当主義宣の秀吉への初めての拝謁を翌日にひかえ、東義久の目にも側近三成の存在は頼もしく映ったことであろう。実際、政権への服属後も、佐竹家は旧に倍して三成への依存を強めていく。また、この書状から、三成が義宣の陣営に、嶋左近清興を使者として派遣したことがわかる。嶋清興については詳かにできないが、大和の筒井順慶（じゅんけい）の家臣であったという。順慶の没後は蒲生氏郷に仕えたともいわれるが、この頃にはすでに三成に属していたことが分かる。こののち、嶋清興は東義久（佐竹中務大輔）や小貫氏を充所として書状を発しており、「指出（さしだし）」や「陣替（じんがえ）」、人質の差し出しなどに関して細かな指示を行っている。

忍城の水攻め

三成は、佐竹義宣が参陣し秀吉への拝謁を果たす五月二十六日頃までは、秀吉の陣所に居たと考えられるが（大日本古文書『浅野家文書』三二九号、「曼荼羅寺文書」・『愛知県史　資料編一二　織豊2』一六四八・一六四九号、「佐竹家譜」所収五月二十六日付佐竹（東）義久充て三成書状など）、その後、秀吉の命によって攻城戦にでる。五月二十八日付の秀吉朱印状に、つぎのような一条がある。ここに三成の出勢（相動）が言及されており、三成が秀吉の帷幄を離れて、攻城戦にでるのは二十八日以降のことと判断される。

覚

一、佐竹・宇都宮・結城・那須・天徳寺・其外同名家来、下野・常陸・上野三ヶ国得　上意候者共、今度治部少輔申次第、何へ成とも一手ニ相動可令在陣事、

（中略）

右通、成其意、堅可申付候也、

五月廿八日　（秀吉朱印）

（『思文閣古書資料目録』第百九十一輯）

◇佐竹・宇都宮・結城・那須・天徳寺その外これら一門衆でのうち、下野・常陸・上野の三か国で（秀吉の）命令を受けた者どもは、この度石田三成（治部少輔）の指示次第に、何処へなりとも一緒に行動し、在陣すべきこと。

既述のように、関東平定戦に際して、三成は一五〇〇の軍勢を率いる「武将」として参陣している。秀吉は、館林（たてばやし）・忍（おし）の両城を攻めるため、石田三成・大谷吉継・長束（なつか）正家を派遣するが（相田二郎『小田原合戦』）、同じ陣立書で大谷吉継は軍勢五七〇を率い、長束正家の名は見えない。

小田原を発って北関東に向かった三成らはまず館林城を開城させた。これをうけて、秀吉は館林城を落とした三成を上野国の代官に充てようとする。すなわち、六月二日付で前田利家（羽柴筑前守）が秀吉側近の安威守佐（摂津守）に充てた書状（披露状）にはつぎのような件がある。

一、当夏成之儀、武蔵・上野納所時御座候条、御代官をも可被仰付候哉、過分之御事ニ候間、此時分より被成御糺明可為御尤候哉事、

◇一、今年の夏年貢（麦）について、武蔵や上野では収納の時期を迎えております。（年貢収納の）御代官などを誰かにお命じになりますか？（夏年貢は）相当の量になりますので、今のうちからはっきりとした方針をお決めになるべきかと思料します。

これに対する秀吉の指示はつぎのようなものであり、秀吉は上野国の夏年貢（麦）徴収の代官に三成を任命しようと考えていたようである。

上野国御代官、石田治部少輔ニ被仰下候、武蔵国ハ割合、手寄〳〵被仰ほと、御書立浅野・木村かたへ被遣候事、

◇上野国の御代官は石田三成（治部少輔）を命じる。武蔵国の代官支配は分割して、手近に陣取る諸将に委ねる。担当の書き立て（名簿）については浅野長吉・木村重茲に遣わす。

（ともに出典は安威摂津守充前田利家書状写・天理図書館所蔵「山中山城守文書」）

上野国の夏年貢収納のため、三成が自らの家中を上野国内にのこしたのか否か、残念ながら詳かにはできない。それはともかくとして、三成自身は六月四日には館林を発って武蔵忍へ移動する。秀吉の朱印状（天正十八年（推定）六月七日付加藤清正充て豊臣秀吉朱印状・「諸将感状下知状并諸士状写」三・『神奈川県史　資料編3　古代・中世（3・下）』九八〇二号）には、次のようにある。

忍城江者石田治部少輔ニ佐竹・宇都宮・結城・多賀谷・水谷・佐野天徳寺被相添、以弐万余可被巻旨、雖被仰出候、眼ニ仕候岩付城被加御成敗上者、命計相助、城可請取旨、被仰遣候

◇忍城へは石田三成に、佐竹・宇都宮・結城・多賀谷・水谷・佐野天徳寺を添え、二万の軍勢で包囲するように命じたが、すでに岩付城が陥落したので、（城方の）命は助け、城を請け取るように命じた。

ひきつづき、佐竹義宣以下、宇都宮国綱・結城晴朝・多賀谷重経・水谷勝俊・天徳寺宝衍（佐野房綱）ら関東の諸将が、三成に付せられていた。秀吉は、三成率いる二万の軍勢に、忍城の包囲を命じた。ところが懸案であった岩槻（岩付）城が落ちたので、忍については城をうけとるのみで、城方の命は助けることとなっている。三成らは六月五日以降に忍城を囲む。状況をつぶさに検分した三成は、秀吉本

人に攻城戦の戦略的指示を仰いだようである。これをうけた秀吉の回答が、六月十二日付の朱印状に示されている。

忍之城儀、可被加御成敗旨、堅雖被仰付候、命迄儀被成御助候様と達而色々歎申由候、水責ニ被仰付候者、城内者共定一万計も可有之候歟、然者憐(隣カ)郷可成荒所候間、相助、城内小田原ニ相籠者共足弱以下者端城へ片付、何茂請取候、岩付之城同前ニ鹿桓(垣)結廻入置、小田原一途之間者、扶持方可申付候、其方非可被成御疑候間、別奉行不及被遣之候、本城請取急与可申上候、城内家財物共不散様政道以下堅可申付候也、

(天正十八年)六月十二日　(朱印)

石田治部少輔とのへ

(東京大学史料編纂所所蔵影写本「石田文書」)

◇忍城攻略のことは堅く命じたが、(城方の)命は助けてくれるようにとの嘆願がある。水責めにすれば、城内に籠もる者は一万ほどもいるであろうが、(水没して)城の廻りも荒所となるであろうから助けるようにし、城内の者の内で、小田原城に籠もっている者たちの老人・婦女子(足弱以下)は別の城(端城)に移して、忍城を請け取り、岩槻城と同様に鹿垣を巡らせておくように。小田原が陥落したら、拘束している城方の者を召し抱える。そなたのことについては、何の疑念も持っていないので、別の奉行を差し向けることはしない。忍城を確保したら、すみやかに報告するように。城内の家財などが散逸しないよう、取り締まりを堅く命じる。

忍城攻略に関して秀吉は、完全なる殲滅戦を意図してはいなかった。そこから、水攻めという選択が生じたようである。ただし、この戦略は三成の創見にかかるものではなさそうである。この点を次にみ

ておこう。

三成は、秀吉に攻城戦の指示を仰ぐと同時に、家臣河瀬吉左衛門尉を浅野長吉（弾正少弼）・木村重茲（常陸介）らの陣所に派遣し、ここでも戦術の指示を受けた。河瀬吉左衛門尉の復命を受けた三成は、さらに重ねて浅野長吉らに戦術の照会を行なっている。

以上

昨日河瀬吉左衛門尉進之候処、御懇之返事口上被仰含候段、令得心候、忍之城之儀、以御手筋、大方相済ニ付而、先手之者可引取之由、蒙仰候、則其分ニ申付候、然処諸勢水攻之用意候て、押寄儀も無之御理ニまかせ有之事候、城内御手筋へ御理、半人数を出候ハヽ、遅々たるへく候哉、但人数を出候共、御侘言之筋目ハ其かまい有之間敷候ハヽ、先可押詰候哉、御報待入候、猶口上申含候、恐々謹言、

（天正十八年）六月十三日　　石治少 三成（花押）

浅弾様
木常様　御陣所

（大日本古文書『浅野家文書』四四号）

◇

以上

昨日、家臣の河瀬吉左衛門尉を遣わしたところ、御懇の返事と口上で詳細を河瀬にお伝えいただき、諒解しました。忍城のことは、これまでの手立てによって、ほぼかたがつきそうなので、先陣の者たちを退かせたいと仰ったのでその通りにします。ところで、味方の軍勢は水攻めの用意を進め、

押し寄せることもなく、その方向で動いています。城内への御手立てに任せて（城方の）半数を城外に出させるのでは、ゆっくりしすぎるでしょうか？　ただし、城方の退去する人数によらず、（殲滅せずに）降伏させるというご決定に影響がないなら、すみやかに攻撃をかけるべきでしょうか？　御返事を待ちます。なお（使者に）口上を言付けします。

いささか抽象的な表現が多く、解釈も難しい史料だが、この書状から、すでに水攻めを既定方針としてその方向で準備が行なわれ、同時に城方の内通が進んで一定数の退去を促していることがわかる。すなわち、三成の着陣以前に、忍城の攻撃方針が決定していた可能性が高い。さらにここから、三成が忍城攻撃の主将でありながら、具体的な戦術については、浅野長吉らの指示をたびたび仰いでいるという事実が確認される。攻城戦の主将とはいえ、大軍を指揮するという経験に乏しい三成は、個々の戦術について、僚将に照会せざるをえなかったのであろう。

結果的に三成は、忍城攻略を水攻めで臨むこととなる。岩槻落城後は、忍城の軍略的意味合いも低下し、むしろ敵味方を問わず関東・奥羽の将兵に、上方（かみがた）勢の戦の仕様を見せつけることに意味があったとみるべきであろう。三成は築堤計画を絵図にまとめ、秀吉のもとに送った。堤防の計画図をみた秀吉が、三成に対して重ねて指示を与えた朱印状が残されている。

其面之儀、相越絵図申越候通、被聞召届候、水責普請之事、無由断申付候者尤候、浅野弾正・真田両人重而被遣候間、相談弥堅可申付候、普請大形出来候者、被遣御使者、手前ニ可被為見候条、成其意各可入精旨可申聞候也、

（天正十八年）六月廿日　（秀吉朱印）

図15　石田堤（埼玉県行田市堤根）

石田治部少輔とのへ
（「埼玉県立博物館所蔵文書」）

◇其所について送ってきた絵図と説明を諒承した。水責めのための普請を油断なく命じたこと、尤もである。浅野長吉・真田昌幸の両名を派遣するので、相談の上、手堅く措置するように。普請の大部分が出来上がれば、使者を遣わし実見させるので、それを承知して精進するように命じる。

右の朱印状にあるように、浅野長吉や真田昌幸らも忍城へ転戦する。秀吉は忍城皿尾口の突破に成功した浅野長吉の武功を賞しつつ、その朱印状で「兎角水責ニ被仰付事」とも述べており（大日本古文書『浅野家文書』二一号）、城攻めの基本戦略は、やはりあくまで水責めであったことがわかる。また、三成が現地軍の指揮はとるものの、最終的な作戦の立案は秀吉が行なっていたという事実も、改めて明白となった。

この時に築かれた堤防は、今に「石田堤」としてその名を残している。築堤用の資材や陣夫を管理し、物量作戦を指揮するうえで、三成という存在は格好の主将であったともいえよう。大規模な築堤によって、水で城郭を孤立させるなどという作戦は、東国の将兵にとって驚異的なものだったのではなかろうか。すでに合戦の帰趨は決しており、極論にはなるが、忍の攻城戦は、秀吉軍の圧倒的な物量作戦・組織力を見せつけるためのデモンストレーションであったと見るべきであろう。

小田原城の北条氏は、天正十八年（一五九〇）七月五日に降伏し、翌六日に徳川家康が兵を入れて小田原城を接収する。三成が囲む忍の籠城はその後も続き、七月十六日にいたってようやく開城する。この忍城の陥落によって、秀吉の小田原北条氏攻めは完了する。ついで秀吉は、奥羽平定に従うため、陸奥の会津黒川（若松）に向けて陣を進める。この間、三成は、島津義弘から関東平定を賀す書状をうける（『薩藩旧記雑録後編』二—六八一号）。内容は、義弘上洛の時期について照会するものである。三成は関東の陣中にありながら、担当する大名の指南からも免れるわけではなかったのである。

四 奥羽仕置

三成と佐竹氏・蘆名氏

秀吉は、天正十八年（一五九〇）七月十七日に小田原を発し、江戸を経て、二十六日に下野宇都宮に入る。一〇日ほどの宇都宮滞在の間に、秀吉は奥羽や北関東の「国分け」を実施する。ここで伊達政宗・最上義光（よしあき）・佐竹義宣をはじめ、岩城（陸奥岩城）・戸沢（出羽仙北）・南部（陸奥南部）といった諸大名の領知が確認された。なお、三成が久しく肩入れをしてきた会津の旧主蘆名義広の独立大名としての復活は、実現しなかった。常陸国内を転戦していた義広は、結局秀吉への拝謁に遅れをとってしまったからである。ただし、遅参は理由のあるところでもあるし、実家佐竹家や石田三成の後ろ盾をうけ、佐竹家与力（よりき）大名として存続することが認められている。以後、実名を盛重と改め、常陸の江戸崎を領することとなる。あるいはこうした措置に関連するのであろうか。七月十九日に三成は家中の井口清右衛門尉を佐竹氏のもとに派遣し、佐竹家重臣小貫氏・真崎氏に対し、事態を諒解して三成の指示に従うべしとの書状を発している。写しとしての伝世であるが、仮名が多用されており、元は恐らく三成の自筆文書であったと考えられる。

そこもとへ用所申つけ、いのくち進候、かのもの申分、御き〻と〻け候て、御さいかく候て可給候、いさいハ井口可申候、かしく

（天正十八年）
七月十九日　　　　石治（花押影）

大ぬき殿
まさき殿
　御中

（家蔵文書三四・「小野崎・和田・渋江・真崎幷家人・玉井・向・中川家蔵文書」二八号・『茨城県史料　中世編Ⅳ』）

◇そちらへの用を申し付け、井口清右衛門尉（いのくち）を遣わしました。この者の申し分をしっかりと諒解して、ご対応ください。委しい事は井口が伝えます。

ところで、三成は七月二十五日付で、鹿島社の大宮司則興に社領において乱妨狼藉を行なう者は罪科に処す旨の文書を手交するが（「鹿島神宮文書」三一号・『茨城県史料　中世編Ⅰ』）、この文書発給は宇都宮で行なわれている（「鹿島神宮文書」九号・『茨城県史料　中世編Ⅰ』）。

これに先だつ七月二十二日に、岩城常隆が小田原参陣の帰路、相模国星谷（しょうこく）で客死する。常隆には実子の政隆がいたが、秀吉の命によって常隆遺領は養子として迎えていた能化丸（のうげまる）（のちの貞隆）に与えられる。能化丸は、佐竹義重の三男すなわち義宣の弟であり、宇都宮で秀吉に拝謁し、正式に岩城領主と

なる。これまでの佐竹家と三成との関係を考えると、能化丸が秀吉に謁見する場に、三成は当然陪席していたものと考えられる。武州忍を開城させた三成は、北上する秀吉の本隊に合流し、前後して宇都宮に入ったものであろう。七月晦日付で、秀吉は本願寺顕如(けんにょ)に対して戦勝祝賀の礼状を出しているが、ここにも三成と増田長盛の名がみえている。

就北条氏政・同陸奥守刎首平均被仰付、為祝儀使者、殊帷五此内生三遠路到来悦覚候、然者以此次、出羽・奥州津軽果迄、置目等為可被仰付、三手ニ相分、差遣人数候、殿下至于会津相移候、八州儀者不及申、奥両国諸侍足弱無恙為在洛差上候、猶増田右衛門尉・石田治部少輔可申候、恐々謹言、

(天正十八年)七月晦日（秀吉朱印）

本願寺殿

（「西本願寺所蔵文書」・埼玉県史料叢書十二『中世新出重要史料二』所収九五一号文書）

◇北条氏政・氏照の首を刎ね（関東が）平定されたことについて、使者を送られ、とりわけ帷子五着お送りいただき、喜んでいます。このついでに出羽・奥州の津軽の果てまで制圧すべく、三つに分けた軍勢を遣わします。殿下（秀吉）は会津まで出勢されます。関東八ヵ国は言うまでもなく、出羽・陸奥の諸勢力から人質（足弱）を京に置くため、上洛させます。なお、増田長盛・石田三成が申述いたします。

右の朱印状の通り、秀吉は八月四日に宇都宮を発し、大田原、白河、長沼を経て北上した。この行軍は、同時に軍勢が通過する諸地域に安寧をもたらすものであった。秀吉は制札・禁制などの公示にあたっての「料銭」を具体的に定め、これを実際に村々と対峙する三成に託した。

御制札御判銭控

一、上之所者、永楽銭三貫弐百文充可上之事、
一、中之所者、同弐貫弐百文充可上之事、
一、下之所者、同壱貫弐百文充可上之事、
此外ニ取次銭以下不可出之
一、御制札一ツニて村々数多有之所者、如右一在所充、上・中・下見計可上之事、
一、御判銭之儀者、永楽ニても金子にても如相場可上之、筆功弐百充儀者一円ニ永楽にて可上事、
右通、堅可申付候、少も非分之儀有之者、可為曲事者也
天正十八年八月　日　（秀吉朱印）
石田治部少輔殿
（東京大学史料編纂所所蔵影写本「本法寺文書」）

◇

御制札御判銭控

一、上の所は永楽銭を（一件に就き）三貫弐百文充てを差し上げる事。
一、中の所は同じく弐貫弐百文充てを差し上げる事。
一、下の所は同じく壱貫弐百文充てを差し上げる事。
この外に「取次銭」などを出してはいけない。
一、御制札一つを複数の村々で共有する場合は、右のように一在所ごとの上・中・下の等級を見計って（御判銭）を差し上げる事。

一、御判銭は永楽銭でも金子でも、相場に合わせて差し出すように。ただし筆写料の二〇〇文については、例外なく永楽銭で差し上げる事。

右の通り堅く命じるべきであり、聊(いささ)かの異論も許さない。

秀吉の軍勢に恭順する村々は、その姿勢を明確にするため、秀吉方の発する制札・禁制を、応分の費用を負担して入手しなければならない。この「御制札御判銭控」は、いわばその料金を公定したものである。対象となる在所は、その村位によって上・中・下に等級分けされ、判銭の拠出を命じられる。秀吉みずからが三成に対し、具体的な永楽銭の額を指示している。些末にもみえるが、もとより、依怙贔屓や現地での不正を防ぐためであり、違犯が生じれば厳罰に処すためである。こうした政策に裏づけられて、豊臣政権による支配の正統性が担保されていくことになる。

秀吉は八月九日に会津黒川（若松）に入り、ここで大崎義隆や葛西(かさい)晴信らの改易が決定する。浅野長吉・大谷吉継らとともに奥羽仕置(しおき)を命ぜられた三成はこの翌日、八月十日付の「定」七ヵ条を与えられる。その内容は次に示すように、奥羽仕置の詳細を示すものであり、政権の統治原理を奥羽にも敷衍するものであった。

定

一、(1)今度以御検地之上被作相定年貢米銭之外、対百姓臨時非分之儀、一切不可申付事、

一、(2)盗人之儀、堅御成敗之上者、其郷・其在所中として聞立、有様ニ可申上之旨、百姓以連判致誓紙可上之、若見隠聞かくすニ付而ハ、其一在所可為曲事、

一、(3)人を売買儀、一切可停止之、然者去天正十六年以来ニ売買族被作棄破之衆、元のごとく可返付、

一、(4)於向後人を売もの丶事ハ不及申、買もの共ニ曲事候間、聞立可申上之、可被加御褒美事、
一、(5)諸奉公人者、面々以給恩、其役をつとむへし、百姓ハ田畠開作を専ニ可仕事、
一、(6)日本六十余州在々百姓、刀・わきさし・弓・鑓・鉄炮一切武具類持候事、御停止ニ付而、悉被召上候、然者今度出羽・奥州両国之儀、同前ニ被仰付候条、自今以後自然持候百姓於在之者、其もの丶事ハ不及申、其郷中共ニ可為同罪事、
一、(7)在々百姓他郷へ相越儀有之者、其領主へ相届可召返、若不罷帰付而ハ、相抱候もの共ニ可為曲事、
一、永楽銭事、金子壱枚ニ弐拾貫文充、ひた銭にハ永楽一銭ニ可為三銭立事、
右条々、若於違犯之輩者、可被加御成敗者也、
天正十八年八月十日　(秀吉朱印)
石田治部少輔殿
(「大阪市立博物館保管文書」)

◇

定

一、(1)今度の検地によって決定される年貢米・銭のほか、百姓に対して臨時に道理に合わないことを命じてはならない。
一、(2)盗人は厳罰に処す。その郷・その在所中としてよくよく尋ね、事態をありのまま申しあげる旨、百姓は連判し誓紙を提出する。以後(盗人等を)隠蔽するようなことをすれば、その一在所として厳罰に処す。
一、(3)人の売買は厳禁する。天正十六年(一五八八)以降、売買を無効とされた者は本来の状態を回

復する。今後、人を売る者はいうまでもなく、買う者も処罰する。情報を提供する者には褒美を与える。

一、(4)諸奉公人は（奉公の反対給付として与えられる）知行などによって役を果たし、百姓は田畠の耕作に専念するように。

一、(5)日本全国の百姓は刀・脇差・弓・鑓・鉄炮など、一切の武器所持を禁じられた。このたび、奥羽の百姓にも同様の命が下される。したがって、以後は武器を所持する百姓が村にいるようなら、その人物はいうまでもなく、その郷村全体を同罪に処す。

一、(6)百姓が居村から移動するような場合は、移動先の領主に報告して元の村に返すべきである。もし帰還しないようなら、（本人はもとより）抱え主も同様に過失とする。

一、(7)永楽銭は二十貫文で金子壱枚に換算する。鐚銭は三銭で永楽銭一銭に換算する。

右の条々に違犯するものは、厳罰に処する。

秀吉はこうした指示を発した後、八月十三日に会津を発して帰途につく。会津を離れるにあたって秀吉は宇都宮で結論を出さなかった領主たちの処遇を最終的に決定し、その後の細々とした対応を三成ら残留する諸将に委ねていく。つぎにあげるのは、三成が長谷川秀一（羽柴東郷侍従）と連署して、陸奥石川郡の領主石川昭光の子、義宗（次郎）に充てた書状である。ここにみえる指示は、秀吉の朱印状として三成と長谷川秀一に伝えられ、三成と長谷川は指示の根拠として秀吉朱印状の写しを石川義宗に送っている。

態令啓候、貴所老母為質物、白川へ可被差越之由尤候、其付貴所御知行分之儀、出入有之事候、然者当物成之事、三分一ハ今度御上洛之御用ニも可被下遣候、残而三分二之儀ハ、先々可被相抱候、公儀被　仰出様在之事候、率爾ニ被召遣間敷候、慥可被納置候、則御朱印之写進之候、先度可懸御目候処、入物跡へ参着候故遅延候、今一度浅弾少へ相届、紀明ニ使を可進候条、可被得其意候、人質白川へ被差越候者、此書状備前宰相殿へ可有御届候、恐々謹言、

八月十三日　　石田治部少輔
　　　　　　　　　三成（花押）
　　　　　　羽柴東郷侍従
　　　　　　　　　秀一（花押）

石川次郎殿
　　進之候

（大日本古文書『伊達家文書』五三一号）

◇態々書状を送る。そなたが母親を人質として白川へ差し送られるとの事、尤もに思う。それはそれとして、そなたの御知行は異動が生じる。そこで今年収納された年貢（当物成）について、三分一は今度の御上洛の費用等に遣わす。（しかし）残りの三分二については、ひとまず維持し、今後の公儀の指示に従うこと。考えもなく遣ってはいけない。確実に管理するように。（こうした指示を下した秀吉の）御朱印状の写を差し上げる。先般御目に懸かるべきであったが、必要物資（入物）の到着が後回しになったので、（面談も）延期された。もう一度、浅野長吉（浅弾少）への報告を行い、（そなたを）紀明するための使者を派遣するので、諒解されたい。（母親を）人質として白川へ差し

送ったのち、この書状を宇喜多秀家（備前宰相）殿へ御届けありたい。

収納年貢の三分の二を差し押さえようとする秀吉朱印状の写と三成・長谷川秀一の連署状をうけた石川義宗は深刻な危機感を覚え、早速伊達政宗に書状を送り浅野長吉への取り成しを依頼することとなる。

急度令啓札候、其表漸被明御隙候哉、御床布存候、仍当方身上之儀、兼日被相調之段承候、令安堵候処ニ、今般石田治部少輔方・羽柴藤五郎方如書面之者、当方抱過半相違之様ニ被申越候、単ニ覚外ニ候段、委曲親所へ申越候条、浅弾被仰合、一途御調可為本望候、諸余期後音、不能具候、恐々謹言

追啓

自両所之書状、為御披見進之候、以上

八月十五日　　　　義宗（花押）

伊達殿

（大日本古文書『伊達家文書』六一四号）

◇急ぎ書状を差し上げます。そちらは漸くとお手すきになりましたか、様子をうかがいたく存じます。さて、当方の身代のことですが、兼ねて身上は保証されるものと聞き及び、安堵しておりました。ところが、今般石田三成（治部少輔）方と長谷川秀一（羽柴藤五郎）方からの書状によれば、当方が所務できる年貢が半分にも及ばないこととなっており、偏に覚外（思ってもないこと）のことです。委しいことは親（石川昭光）の所へも報告致しましたので、浅野長吉（浅弾）とご相談いただき、あるべき解決――すなわち身上回復（一途）に至ることが本望であります。諸余のことは後便に委

ねますので、具体的なことは控えます。

追啓となりますが、石田・長谷川両所の書状は、御目にかけるために進上します。

石川義宗の父昭光は伊達晴宗の四男として誕生するが、石川晴光の女(むすめ)を娶って角田石川家を継いだ。政宗の父輝宗は石川昭光の実兄であり、昭光と政宗は叔父・甥の関係にあたり、義宗と政宗は従兄弟同士となる。こうした関係から、石川義宗は政宗に窮状を訴えたのであろう。

やや婉曲的ではあったが「貴所御知行分之儀、出入有之(これある)事候」とは、すなわち石川家の領知没収を意味するものであった。石川氏は昭光の正妻（義宗の母）を人質として差しだし恭順の意を示したものの、結果的には改易されることとなる。のちに、石川昭光・義宗は政宗に臣従し、伊達家中に加わることとなる。ちなみに、この時輝宗の次弟で、昭光の実兄たる留守政景も領知を没収されるが、同様に政宗に臣従することとなる。

三成と岩城領

さて、三成は八月十六日付で、岩城家中の白土(しらど)摂津守・好雪斎岡本顕逸(けんいつ)（良哲とも）に充てた「覚」を、増田長盛との連署で発給する。白土摂津守は岩城家譜代の家臣と考えられるが、好雪斎は元来佐竹家の家臣であった。義重・義宣に側近として仕え、能化丸が岩城家の養子となった時、根本里行（紀伊守）らと共に岩城家に入った。

覚

一、たい所入・給人方知行之事、何も常隆時のことくたるへき事、

一、たい所入代官衆の事、能化丸まかない幷在京の入用、つかいあし当奉行衆の前にて可遂算用事、
一、能化丸ニたいし、疎略・悪逆の面々在之者、遂糺明、依其科之軽重ニ、可有成敗事、
一、在京之面々へハ、京都まかない料、可有配当事、
一、下々申事於在之ハ、白土摂津守幷佐竹よりの奉行と（衍カ）として、有様ニ可被申付候、可被申付候、
其上申分於有之者、令上洛、両人へ可有訴訟事、

以上

（天正十八年）
八月十六日　　増田右衛門尉（花押）
　　　　　　　石田治部少輔
白土摂津守殿「隆貞」（付箋）
好雪斎□□

（東京大学史料編纂所所蔵影写本「白土文書」）

◇

覚

一、台所入と給人方知行（比率や配分）は何も常隆存命時のようにする。
一、台所入の代官衆は、能化丸に関わる経費、在京の経費など支出の詳細を当奉行衆の前で決算する。
一、能化丸に対して疎略・悪逆の態度をとるものは糺明しその科の軽重に従って処罰する。
一、在京の面々に対しては、京都での必要経費を配当すべきこと。
一、下々の者で意見があれば、白土摂津守と佐竹家から派遣された奉行が、実情に基づいて説明する。さらに（納得がいかない場合）は、（当該人物）上洛し、（長盛と三成の）両人へ訴え出ること。

以上

これに先立って、増田長盛は九月八日付の書状で白土摂津守に対し、油断せずすみやかに上洛すべきことを促している（東京大学史料編纂所所蔵「白土文書」）。充所となる白土摂津守と岡本好雪斎は、元服前の能化丸を後見する執政の立場を求められることになる。この「覚」にいう「佐竹よりの奉行」とは、具体的には好雪斎を指す。三成と増田長盛は、岩城家執政の両名に充て、岩城家のとるべき基本政策を提示した。蔵入地と給人知行は、常隆時代のままとし、蔵入地の支配にあたる代官衆には、所務算用の適正・明瞭化を促している。三ヵ条目の規定は、能化丸が佐竹家の出身であることに拠る。岩城家の譜代家臣にはこれを嫌う勢力もあったと考えられる。最後の五ヵ条目を勘案すると、能化丸の就封により、岩城家は実質佐竹家の統制下に入ったことが明確であり、この「覚」の受給関係からも明らかなように、政権内では三成や増田長盛の指南を仰ぐことになる。

一方、当主の能化丸の側からみると、三成の支持を取りつけながら、みずからの大名権力の基盤拡充に努めることとなる。奥羽仕置の一環として、三成は細川忠興とともに相馬領・岩城領の検地を担当するが、その成果を踏まえ、次のような指示を岩城家中に発することとなる。

以上

岩城殿分領、当年検地候て、指出之□□遣之、相残□之儀、能化丸殿蔵入ニ可仕之旨、被仰出候、雖然当年之儀者、先本知三分一わりあげ相定候間、急度相調、来十月中ニ可有納所候、若右之日限延引、及十一月者、四わり上ニ仕可取之候、十一月於過者一円ニ可為闕所候、可被得其意候、恐々謹言、

石田治部少輔
三成（花押）

（天正十八年）九月廿九日

岩城殿家中　衆中

（東京大学史料編纂所所蔵影写本「白土文書」）

◇岩城領で当年の検地を実施したのち、指出（分の知行地を）配分し、残りは能化丸殿の蔵入地とするよう（秀吉が）お命じになりました。とはいえ当年については、まず本知の三分の一を上納分として、来たる十月中に納めるべきです。十一月にずれ込めば四割を上納し、十一月を過ぎた場合は闕所とするので、承知しておいてください。以上。

欠損があって充分に意味がとれないが、以下のように解釈すべきであろう。岩城領検地の結果、知行地として認められるのは、事前に給人が指出として申請した高に限られ、秀吉の指示としてそれを越える出目の分は、能化丸の蔵入地として処理される。ただし、今年は暫定措置として、給人は本知高の三分の一にあたる年貢米を蔵入分として差し出すべきとする。納める期限の十月を過ぎると、差し出し分は四割に増し、さらに十一月までに納められない給人は闕所となる。給人に対しては非常に厳しい措置であり、指出を前提とした竿入れ検地によって、給人知行地の収公を進め、当主岩城能化丸の蔵入地を拡充し、その政治的・経済的基盤の増強・安定化を企図したのである。

ただし、拡充を期待されたのは、単に岩城能化丸の蔵入地のみではなかった。執政としての務めを期待される好雪斎岡本顕逸がいよいよ岩城に入るとの報せをうけた三成は、次のような指示を与えている。

尚々、於岩城諸事有御塩味可然候様ニ、能化丸殿御指南肝要候、以上、

御捻令拝見候、仍如最前、義宣依被仰付、今日岩城へ御越し之由、珍重ニ候、兼日直ニも如申候、

佐竹にて之知行分之運上にてハ、彼地御堪忍方自由ニ成間敷候間、改於有之候(者カ)、岩城領余多出来(米カ)可申候条、其内を以皆々申談、御身上相続候様ニ、可令馳走候、義重・義宣・能化丸殿御為候間、聊不可有疎意候、恐々謹言、

(天正十八年)十月五日　　三成（花押影）

（家蔵文書一〇「岡本又太郎元朝家蔵文書」一七五号・『茨城県史料　中世編Ⅳ』）

◇御捻(ひねり)の書状を拝見しました。最前に義宣殿がお命じになられたように、今日岩城へお越しとのこと、めでたく存じます。かねて直接お話ししましたように、佐竹家での知行地から上がる年貢だけでは、岩城での生活もままならないでしょう。（岩城領では）改めが実施され、多くの出米が確保されますので、その内から身代が続くように支弁してください。佐竹義重・義宣、岩城能化丸殿の御為なので、これからも疎かにすることはありません。

なお、岩城では、諸事ほどよく処理され、能化丸殿を適正に指南されることが肝心です。

先の三成書状とも関わるが、ここで三成が言及する「改」とは、岩城領の検地をいう。岩城に入る岡本顕逸の経済基盤は、佐竹領内にある岡本家の給知のみでは不充分と思量されるので、岩城領検地の結果として期待される「出米」の一部を、それにも充当するように指示している。このように、三成は岩城領における当面の課題に方向性を示すが、具体的には岩城家を親佐竹色の強いものに再編することを意味している。佐竹家自体が、三成や増田長盛を通じて政権内に位置づけられていることを忘れてはならない。

さて、大崎・葛西氏の旧領は、木村吉清（弥一右衛門、伊勢守、実名は清久とも）・秀望(ひでもち)（弥市右衛門）

父子に与えられることとなっていた。既述のように、木村吉清は早くから三成や増田長盛とともに、上杉景勝の奏者を勤めている。やや前後するが、三成は八月二十日頃、葛西氏旧居城の登米に入って浅野長吉と合流し、ともに大崎・葛西氏旧領の仕置に従う。このように、三成自身が奥州の各地に出張って、八月十日付の「定」に沿った政策の定着に腐心するが、同時に奥羽・北関東の各地に家臣を配し、地域の紛争解決につとめていることも確認される。

札

太山抱之内、田中郷三ヶ村、自他所横合一切不可有之者也

天正十八年九月十五日　増田右衛門尉奉行

永原平左衛門尉（花押影）

同

山中藤太（花押影）

石田治部少輔奉行

滝本太郎左衛門尉（花押影）

（家蔵文書七「大山弥大夫義次并組下院内給人家臣家蔵文書」二〇号・『茨城県史料　中世編Ⅳ』）

太山（大山）とは、佐竹家一門の大山氏を指しており、この「札」は、「田中郷三ヶ村」に対する大山義景の支配を増田長盛と石田三成の奉行が認めたことを周知させるものと言えよう。こうした「札」発給の前提には、この地域の支配をめぐる紛争が想定され、増田長盛と三成の家臣がそこに裁定を下したのである。このように、小田原開城後の三成は、浅野長吉・大谷吉継・増田長盛らとともに、家臣団

を奥羽・北関東の各地に配し、自身はもとより、八月十日付「定」の七ヵ条として具体化される統治原理の定着に従ったのである。

十月五日に「今日岩城へ御越し」という岡本顕逸の動向が「御捻（ひねり）」で伝えられていることから、この頃までは三成の奥羽滞在が確認できよう。上方への帰還については詳細を把握できないが、島津家の「天正年中日々記」によると、十一月三十日には島津義久・義弘を茶席に招いているようであり（「天正年中日々記」『薩藩旧記雑録後編』二―七一五号）、この頃には在京が確認される。その後も、この記録には十二月四日と五日の条に「石田殿」が登場し、三成の在京が確認できる。

三成の奥羽再下向と「御前帳」「郡図」徴集

「天正年中日々記」天正十八年（一五九〇）の十二月十六日条には、次のように記されている。

> 武庫様（島津義弘）御上洛、俄の事ニて、其故ハ東国方一キ（一揆）起由候て、中納言殿（豊臣秀次）・石田殿・真下殿（増田長盛）可被立由聞得候て、御立なり、此日大雪也

◇島津義弘様御上洛。火急のこととて東国で一揆が勃発し、豊臣秀次殿・石田三成殿・増田長盛殿が出立されたことを聞かれ、御立ちになった。この日は大雪である。

奥羽で一揆が勃発したとの報をうけて、三成らが慌ただしく奥州へ発向したようである。前日、極月十五日付の秀吉朱印状（「徳富猪一郎氏所蔵文書」・『栃木県史』史料編・中世三）によると、三成は佐竹勢とともに「相馬口」の担当を命じられており、出勢はこの軍令に応じたものである。

検地を終えた諸将が奥羽を離れると、十月に大崎・葛西の旧臣が中心となって、新たな領主となった

木村吉清父子に謀反する。奥羽の状況はいまだ安定せず、「米沢の伊達政宗が大崎・葛西の旧臣と与同している」という風聞も伝えられた。少なくとも京都では、「伊達政宗謀反」との取り沙汰がもっぱらであった（『薩藩旧記雑録後編』二—七三〇号）。木村吉清や会津黒川の蒲生氏郷を救援するため、豊臣秀次以下の軍勢が発向を命じられた。出陣した秀次を追いかけるように、秀吉は十二月十八日付の朱印状を発するが、そこには次のようにある。

最前石田治部少輔ニ以一書、其方宇都宮ニ可有之由、雖被仰遣候、関東にハ留主不入候間、家康至白河着陣候ハヽ、其方岩瀬へ相移り、又家康岩瀬ニ有候者、白川ニ有之而、路次通□伊達城ニ有之者押を置、急度会津少将ニ先勢入相候様ニ可申付候

（羽柴中納言（秀次）充て、秀吉朱印状・「岡本文書」二号・『栃木県史』史料編・中世三）

◇最前、石田三成に一書を充てて、その方（秀次）は宇都宮に居るように命じたが、関東に留主は必要ないので、家康が白河に着陣したらその方は岩瀬に、また家康が岩瀬に至れば（秀次は）白河にあって、伊達の城にいる軍勢を押さえ、確実に蒲生氏郷（会津少将）を先陣に組み入れるよう。

軍勢の発向後に軍令が変更されたわけだが、当初の命令は秀吉から三成への「一書」、おそらく朱印状のかたちと思われるが、通達されていたことがわかる。こうしたことからも、秀吉の軍令伝達者たる三成の役回りをうかがうことができよう。

三成は、天正十九年（一五九一）正月十日に相馬に到着する。これをうけて伊達政宗は、三成が正月晦日には黒川（会津若松）に到着するという見込みのもと、家中に対して二十五、六日頃の黒川集結を命じている。詳細は不明ながら、三成は予定された時期に黒川に入ったものと推察される。ここには他

の諸将も参集しており、三成がかねてより入魂であった佐竹勢もここに参陣する。親しい義宣が着陣したとの報せを受けた三成は早速つぎのような書状を発する。竪紙の結び封であり、恐らくは三成の自筆であろう。久しぶりの再会を心待ちにする三成の悦びが伝わってくる書状である。

（端裏）「　　　　石田治部少輔
　　　　　　　　　　三成
義宣様
　御陣所　　　　　　」

先刻者入御、忝存候、仍明日可致伺候旨、必々以参可申入候、鶴其方にて可被成御料味之由候間、持進入候、御茶ハ暫時も奢（捨カ）離候へハ如何候間、明日持参可申候、期面上候、恐惶謹言、

（天正十九年）
閏正月四日　　　　三成（花押）

（新田英治監修『千秋文庫所蔵　佐竹古文書』一一一号）

◇先ほどはお出で頂き、感謝致します。明日はそちらへ伺いますので、必ずお会いしお話をしたく存じます。鶴はそちらで御料理頂くという事ですので、こちらから持参致します。御茶はしばらく執着もしておりませんので（うまく点てられるか）どうかと思いますが、（とりあえず）明日持参致します。御逢いできることを楽しみにしております。

この間、秀吉は実弟の秀長を病で失っており（天正十九年正月二十二日、居城大和郡山城で没）、政権の中枢は少なからず動揺していた可能性が高い。大崎・葛西の旧領から始まった一揆はいまだ収束してお

らず、秀吉は一揆勢との与同が疑われた政宗と、その政宗との対立が顕然化した蒲生氏郷とを、糺明のため召喚する。しかしながら、政宗が秀吉の命に従って上洛するかどうかは非常に微妙であり、万一政宗が事を構えるような事態に至った場合には、再び秀吉が東国へ下向するといった憶測もあった。幸いにそうした仕儀には至らず、政宗は召喚に応じ、三成もともに帰京することになる。

伊達政宗は途中、閏正月二十七日に清須で秀吉に謁見し、二月四日に上洛を果たす。西洞院時慶（にしのとういんときよし）の記した『時慶記』の二月十五日条に「石田治部少輔本門へ一礼アリ」とあることから、二月中旬に三成が在京していたことが確認される。おそらく政宗の上洛と前後して、三成も帰京を果たしたのであろう。

三成が京に戻ってほどなく、長く秀吉の茶堂（さどう）（茶頭）をつとめた利休（千宗易）が、秀吉の命により自害する（天正十九年二月二十八日没）。そのタイミングから推して、一連の奥羽争乱との関わりも想定されるが、現状において因果関係を云々する史料状況にはない。また、利休の死に三成が関与していたか否かについては、当時から様々な憶測があったが（例えば『兼見卿記』）、詳細は判然としない。

一揆方への与同はないとする伊達政宗の申しひらきは一応認められた。政宗は越前守・侍従に任ぜられ、羽柴苗字を許される。東国の混乱をこれ以上長引かせないための措置と考えられるが、政宗は五月には米沢への帰還も許され、葛西・大崎一揆の討伐に向かう。葛西・大崎一揆の余燼は残るものの、政宗が上洛し、秀吉がその弁明を受け入れることで、収束の方向は確実となった。

さて、関白として全国統一を成し遂げつつある秀吉は、その成果を集大成して具現化し、みずからの正統性を原理的に確定する必要に迫られた。具体的には、全国の「御前帳」と、国ごとの「郡図」調製とを命じることとなる。秀吉の意をうけた三成ら奉行衆は、五月三日付で次のような書状を諸大名に発する。

薩摩・大隅国の御前帳・郡図の調製を求められた島津義弘（薩摩侍従）充ての連署状はよく知られており（『鹿児島県史料　旧記雑録附録』第一巻所収、一〇二五号）、また淡路国に知行を有する脇坂安治（中務少輔）・加藤茂勝（左馬助、実名は「房次」「嘉明」とも）に充てた連署状が、たつの市立龍野歴史文化資料館編『脇坂家文書集成』の第五〇号文書として紹介されている。ただし、これらはいずれも写の文書であるので、つぎに正文としてしられる宮部継潤充ての奉行連署状をあげておく。

尚以、因幡一国之帳之分、其代官・給人へ被申付、其方として惣之しまりを被相究、可被上由候、一郡あての絵図をも仕候て、上可被申候旨、御諚ニ候、已上

為　御意、急度申入候、御国之御知行　御前帳調上可被申之旨、被　仰出候、則御帳之調様一書、別帋進之候、来十月以前被仰付、可有御進上候儀候、諸国へ如此、何も被仰出候条、御手前不可有御由断候、恐々謹言、

（天正十九年）
五月三日

長束大蔵大輔
正家（花押）
増田右衛門尉
長盛（花押）
石田治部少輔
三成（花押）
民部卿法印

玄以（花押）

宮部法印殿

人々御中

（太田浩司「宮部継潤宛　豊臣家四奉行連署状をめぐって」・『織豊期研究』第九号、二〇〇七年）

◇（秀吉の）意向として申し入れます。御国の御知行について御前帳を調製して呈上するようにと命じられました。御帳の調え方については一書を別紙として差し上げます。来十月以前に調えられて御進上ください。諸国へも同様にお命じになりましたので御油断のないように。

なお、因幡国について管下の代官・給人にお命じになり、そちらで惣まとめして呈上してください。同時に一郡ごとの絵図の調製も、呈上をお命じになりました。

ここで三成らは、大名の領知内容を「御前帳」「郡図」に仕立てて呈上するように命じている。「御前帳」という名辞は、貴人の御前に呈上される帳簿という意味だが、実体はいわゆる「検地帳」に擬せられる。奉行衆は別紙として「御帳之調様一紙」を用意すると述べている。これはいわゆるマニュアルの類であり、「御前帳」は全国統一の基準で調製されたことがわかる。

こうして全国で統一基準に拠る「御前帳」と「郡図」が、天正十九年の後半に調製され、それらは結果的に禁中に献納されることになる。秀吉の国内統一は、関白として、すなわち原理的にはあくまで天皇の名代として遂行されたのであり、「御前帳」と「郡図」は統一の成果を具現化したものとして、天皇の御前に呈上されたのである。

三成の権勢

三成は、秀吉側近の重要人物として、その権勢は日に日に強まっていくという感がある。関係史料のなかに「高麗」（朝鮮出兵）への言及があることから、天正末年頃の話と考えられるが、毛利輝元の重臣児玉元兼（三郎右衛門尉、のちに若狭守）が、「貞宗」の脇差を所持していると人伝に聞いた秀吉が、これを強く所望するということがあった。輝元が在国する佐世元嘉（石見守）に充てた書状（『萩藩閥閲録』巻一七　児玉三郎右衛門）には、「児三右持候さたむねの脇差之儀、石治少聞及、所望候、関白様へ申上候物候て、被召上さうに候間、其内とり度との事候、高麗さしたて不入候ハヽ、取返わきさし差上せ候様に申遣之由被申候」とある。これによると、件の「貞宗」は、もともと毛利家から児玉家に下賜されたもののようであり、元兼としては容易に承服できなかったようである。なかなか要求に応じない元兼に業を煮やした輝元は、元兼の嫡男元忠（小次郎）に充てて次のような書状を発する。

彼仁当時肝心之人にて、中〳〵不及申候、大かた二心得候てハ、可為相違候、三郎右申聞候、少も不可有疎意候、

彼脇差の事、切々被申候、延引候て、もし被腹立、はや不入なと、被申候てハ、大無興にて候間可相尋候、児肥可申談候、為此申聞候、かしく

（天正十八年）
八月廿四日　輝元公御判

児　小次

（『萩藩閥閲録』巻一七　児玉三郎右衛門）

◇例の脇差について懇ろに依頼がきている。これ以上長引いて、万一立腹されて、もう要らないなどと言われたら、大きく機嫌を損ねたことになるので、（状況）を問い合わせている。「児肥」が話を

するので、よく相談するように。

彼の人が現在、非常な重要人物であることは、最早言うまでもないことである。いい加減に考えていたら大間違いである。三郎右衛門尉元兼とよく話し合い、少しも疎んずることのないように。

輝元に「貞宗」を直接要求したのは石田三成である。輝元の書状にみえる「彼仁」が、三成であることは間違いない。三成は「当時肝心之人」として、毛利輝元のような大大名であっても気をつかう存在となっている。ちなみに、秀吉が所望する銘刀を、三成が差し出すように命じたのは、この時だけではなかったことは、次の書状から明らかになる。

其方所持之正宗之脇差、石田治部少輔殿より所望付而差上候、先年吉光之脇差、是又大閤様へ進上候、両度重宝共、用ニ立候段祝着候、然者石州出羽之内、児玉又兵衛尉先給百石之事遣置候、委細之趣、此者可申候也、

（文禄四年）文　四　十一月廿八日　　輝元公御判

児玉若狭守とのへ

（『萩藩閥閲録』巻一七　児玉三郎右衛門）

◇その方が所持する正宗の脇差について、石田三成（治部少輔）殿が所望されているので、差し上げるべきである。先年の吉光の脇差も是又秀吉（太閤）様へ進上しており、二度にわたって重宝が役にたったことはめでたいことである。そういうことなので、石見国出羽領の内で、以前児玉又兵衛尉に給されていた一〇〇石の知行を与えることとする。委細は此の使者が申すであろう。

このように児玉元兼は、文禄四年（一五九五）にも、三成の命によって「正宗」の脇差を差し出して

いる。先年差し出したとされる「吉光」は、既述の「貞宗」を誤ったもののようだが、いずれにしろ輝元は、知行給付によって児玉元兼の功に報いている。

五　「大名」三成と「蔵入地代官」三成

美濃国への転封

関東・奥羽平定後、秀吉は徳川家康を関東に移封する。当初、秀吉は家康に対し、北条氏が降伏した後に旧北条領の一部を「加増」すると約束していたが、戦役の途中で関東への「転封」に変わったといわれている（川田貞夫「徳川家康の関東転封に関する諸問題」『書陵部紀要』一四、一九六二年）。これをうけて、織田信雄を東海・甲信の旧徳川領へ転封することとなったが、信雄は転封を拒み、関東在陣中に改易され、追放処分となる。

結局、織田信雄の旧領たる尾張・北伊勢には、近江国にいた豊臣秀次が入り、旧徳川領国には中村一氏（駿府）、堀尾吉晴（遠江浜松）、山内一豊（遠江掛川）、池田輝政（三河吉田）、田中吉政（三河岡崎）らが封ぜられて、秀次を支える。同じく信雄旧領の美濃国では、不破郡垂井・赤坂の竹中重門（源介）や武儀郡関の太田一吉などが、従来どおりの領知を継続するようである。また、新たに岐阜城が秀吉の甥にあたる豊臣秀勝（小吉、秀次の次弟）に与えられ、高松には秀次与力の徳永寿昌が入る。

渡辺世祐氏は、秀勝の岐阜入部を天正十九年（一五九一）三月のこととするが、これに前後して三成も美濃国内に領知を与えられたようで、五月に入ると家中に対して知行充行を行なっている。

於濃州北方内百三拾六石五斗、末守村之内六拾八石壱斗四升、松尾村之内四拾五石三斗六升、合弐百五拾石令扶助訖、全可領知者也、立石番普請其外諸事軍役法度之事、寄親可任覚悟之旨、申出候上者、毛頭於其構無所存者、可為曲事者也、

天正十九

五月三日　　治少（花押）

北畠助大夫殿

（東京大学史料編纂所所蔵影写本「谷森健男氏所蔵文書」）

◇美濃国北方内・末守村の内・松尾村の内で二五〇石を扶助するので、落ち度なく領知されたい。立石番普請のほか諸々の軍役・法度は寄親の判断に任せると申し出た上は、少しでも準備を怠るようであれば処罰する。

「扶助訖」「全可領知者也」といった文言があることから、この文書は知行充行状と評される。したがって、充所の北畠助大夫は三成の家中と見なされる。三成が美濃時代に発給した知行充行状で確認されているのは、現状でこの一点のみである。とはいえ、三成が美濃国内の地域を家臣に知行として充行っていることから、大名たる三成自身が、秀吉によって美濃国内に領知を与えられたことは承知されよう。従前の領知からの転封と考えられる。残念ながら、秀吉の三成充て知行充行状も確認されてはいないので、具体的な領知高も判然とはしない。ただし、翌年に実施される「唐入り」、すなわち明国征服計画に際しての軍役人数が二〇〇〇人であることから、一〇万石程度と想定することは許されるのではなかろうか。また、領国の支配拠点については、伊藤真昭氏に従って安八郡神戸（ごうど）に措定しておく（伊藤真昭「石田三成佐和山入城の時期について」・『洛北史学』四号・二〇〇二年）。

ところで、ここに見える文言から、三成の家臣団編成には「寄親」が存在していたことがわかる。「寄子」たる北畠助大夫は、「諸事軍役法度之事」において「寄親」の統制に服することが要求されている。秀吉の側近として、また蔵入地代官の奉行として、通常の大名を越えるさまざまな職分を課されていた三成には、親しく領知支配に従うという状況にはなかった。こうしたことから、三成と家臣との主従関係は、「寄親」が媒介する体制をとらざるをえなかったと考えられる。

豊臣家蔵入地としての近江国佐和山領

秀吉はこの年（天正十九年〈一五九一〉）五月十一日付で、上洛する下野喜連川（きつれがわ）氏の女房衆のために、沿道の諸将に宿送りを命じているが、この指示の充所のひとつに「佐和山　石田治部少輔」があり（『石田家文書』・『新修　彦根市史　第五巻　史料編　古代・中世』「石田三成関係史料」一九号。以下本書からの引用は「石田三成関係史料」と略記）、三成が佐和山（さわやま）にも拠点をおいていたことがわかる。

また、豊臣秀次およびその家臣団の移封に伴って、近江国では閏正月から検地が実施される。この成果をうけ、三成は四月二十七日付で、近江国犬上・坂田郡と美濃国の豊臣家蔵入地代官を命じられている。代官領の石高は近江国犬上郡が二万二六九二石八斗三升、坂田郡が一万五〇七二石、美濃国分は七一二二石二升で、都合四万四八八六石八斗五升となる（林祝太郎氏所蔵文書「石田三成関係史料」一八号）。これに小物成分として一一一石を加えて、蔵入支配地の石高は四万五〇〇〇石となる。さらに、石田領の支配拠点に措定した美濃国安八郡神戸の町屋地子の徴収が委ねられており、興味深い。三成が代官支配する村々の詳細を整理したのが表1である。これを見ると、美濃国の豊臣家蔵入地は、三成の知行地に近接している可能性が高い。一方の近江国犬上郡・坂田郡の豊臣家蔵入地は、佐和山を核として分布しており、犬上・坂田の郡境に位置する佐和山城が支配の拠点であったと考えられる。佐和山が三成の持ち城であった可能性も否定できないが、豊臣政権は「城廻り城領的蔵入地」を設定して、家臣に城を預け、周辺の蔵入地を支配させる方法を多く用いており、この場合もそれに該当すると考えたい。

ちなみに、この年に比定される卯月十日付で三成家中の安宅秀安が島津義弘に充てた書状には、次のようにある。

早々可致上京処、関白様大津へ御動座ニ付、治部少定大津ニ逗留可被申候条、治部少帰京之刻ニ可罷上と存、延引申候、明後日十二日ニ佐和山を罷立、十三日ニ必京着可仕候

（『薩藩旧記雑録後編』二―七五〇号）

◇早々に上京すべきところですが、関白様が大津へおいでなので、三成（治部少）も定めて大津に逗留のことと思います。三成が帰京する時に上京しようと延引しています。明後日十二日に佐和山を出立しますので、十三日には必ず京に到着します。

ここで、三成自身は秀吉に近侍して大津にいるようだが、家臣の安宅秀安はすでにこの段階で佐和山にあって、何らかの執務に従っていたことがわかる。秀吉が朱印を据えた「所々蔵入地目録」の日付に先行するかたちで、佐和山城を拠点とする三成の蔵入地代官支配は実質的に開始されていた、とみるべきであろう。つまり、三成は大名として一〇万石程度の領知を美濃国内に得つつ、近江国内の豊臣家蔵入地を支配する代官としての立場から佐和山城を預っていたのである。関連して、少しのちの史料にはなるが、『多聞院日記』の天正二十年四月十日条には、嶋左近の妻（北庵法印の息女）が佐和山に居ると

（近江国坂田郡）	石田村	532石3斗8升	長岡内
	箕浦村	2215石	長岡内
	顔戸村	2560石	長岡内
	能登瀬村	718石	長岡内
	日光寺村	272石6斗	長岡内
	藤川村	428石7斗2升	
	坂田郡合計	15072石7斗4升	
近江国犬上郡・坂田郡　合計		37764石8斗3升	

美濃国大野郡 美濃国池田郡	北方村	1575石1斗8升	
	南方保	1935石7升	
	和田村	340石9斗	
	瑞岩寺村	47石3斗8升	
	西山中	351石8斗4升7合	
	日坂村	92石8升	
	横山村	64石1斗	
	西杉原村	85石6斗	
	津汲村	107石1斗8升	
	三倉村	32石	
	外津汲村	62石1斗	
美濃国大野郡・池田郡　合計		4693石4斗4升	
美濃国安八郡	中村	377石5斗8升	先代官徳永石見（寿昌）分
美濃国不破郡	今須村	2051石	先代官古田織部（重然）分
美濃国分合計		7122石2升	
近江国・美濃国総合計		44886石8斗5升	

地子・小物成分

	村　名	石高その他	備　考
美濃国安八郡	五条方神戸村	41貫43文	町屋地子方
近江国坂田郡	丹生村	割木 580把	
近江国犬上村	丹生村	柴　2160把	
	日夏村	50石	よし米
	甘露村	2石	よし米
	大藪村	16石	よし米
	大藪村	4石	かハ米
	中藪村	2石	よし米
	中藪村	3斗	川米
	八坂村	1石8斗	ゑり米
	八坂村	16石	よし米
	松原村	9石6斗	ゑり米
	三津屋村	1石6斗4升2合	ゑり米
	須越村	1石6斗5升8合	ゑり米
	池寺村	3石	山手米
	楢崎村	3石	山手米
小物成　合計		111石	
総合計		45000石	*実際の合計とはズレがある

（注）村名については原史料の仮名書きを適宜漢字表記に改めている．

表1　石田三成が代官支配する村々

	村　名	石　高	備　考
近江国犬上郡	尼子村	2328石3斗3升	
	在士村	558石3斗	
	四十九院村	872石7斗9升	
	四十九院南村	939石5斗4升	
	小河原村	658石5斗6升	
	葛籠町	948石1斗9升	
	楢崎村	117石2升	
	甲良畑村	2000石	
	大宇村	761石5斗2升	
	竹ケ鼻村	253石2斗	
	金屋村	748石8斗9升	
	正楽寺村	91石5斗	
	北落地村	704石9斗3升	
	今村	1004石7斗4升	
	西今村	1367石3斗2升	
	石畠村	455石2斗	
	池寺村	904石8斗	
	下郷	1814石6斗	
	八丁村	1070石	
	八目村	59石7斗	
	土田村	871石2升	
	大橋村	804石3升	
	横関村	756石8斗7升	
	法養寺村	510石2斗9升	
	長寺村	575石1斗	
	大堀村	850石3斗	
	多賀村の内	495石8斗4升	
	一円村	170石2斗5升	
	犬上郡合計	22692石8斗3升	
近江国坂田郡	馬場村	780石9斗5升	
	久札村	112石	
	門根村	235石1斗2升	
	樽石村	110石7斗	
	樋口村	312石	
	寺倉村	358石1斗5升	
	西坂村	161石7升	
	牛打村	352石8斗	
	志折村	461石1斗6升	
	醒井村	557石1斗6升	
	上野村ほか	393石1斗5升	下野村・榑畑村・夫野村・明幸村
	梓河内	63石9斗	長岡の内
	堂谷村	398石5斗7升	長岡の内
	満願寺村	216石2斗6升	長岡内
	長岡村	1282石8斗4升	長岡内
	菅川村	180石1斗5升	長岡内
	清滝村	452石8斗6升	長岡内
	柏原・岩滝	1917石2斗	

の記述がある。このことから、重臣嶋左近なども佐和山に活動拠点を置いていた可能性がある。

さらなる奥羽下向

しかしながら、新封地の支配はもとより、近江国内の代官支配もままならないうち、三成には再び奥州行きが命じられることになる。天正十九年六月二十日、秀吉は収まらない奥羽の争乱を鎮めるため新たな派兵を指示するが、そこには「相馬筋石田治部少輔被遣（つかわされ）候」とある。このたびの三成の奥州派遣は、大谷吉継とともに「横目」としての派遣であったようである。軍令に基づいて、三成は七月末には岩城に下着し、その後は相馬を経て北上する。

八月上旬には一揆も壊滅し、九月に入ると、米沢の伊達政宗が、一揆を起こした大崎・葛西の旧領への転封を命じられる。結果的に政宗は、米沢や奥州の伊達・信夫郡など父祖伝来の地を没収されたのであり、そこに懲罰的な意味合いがなかったとは言えまい。三成は、九月二十二日付で伊達政宗に書状を発し、気仙・大原両城の修築を終え、それらを伊達政宗の家中に引き渡すことを告げた。

　　猶以、家幷矢倉之儀、念を入、不損様申付候、此方より可相届との、御内々候者、無御隔心、
　御報ニ可承候、以上、

内々此方より可申入処、御折帋本望之至候、御所労如何無御心元候折節、預恩問候、仍拙者儀、気仙・大原両城之儀普請出来、則任御理、最前より被付置両人ニ相渡、彼地在陣之衆、明日辺可罷出之旨申付、拙者迄爰元へ今日罷出候、最前より度々雖御理候、彼両城御留守居少ニ付而者、何迄成共、不寄五百・千、人数可残置之旨申付候、但御手前より被差置候物主衆被申様次第、可随其之旨

堅申付候、随而当地家共、岩手沢之地へ可有御引之由、尤候、当地之儀者令破脚之旨、従中納言殿(豊臣秀次)任御理之旨、立木・壁儀者拂申候、於家之儀者不損様可申付候、御手前御普請人遣於無之者、彼家之事こほち、何之地迄成共、為此方人数相届可進候、無御隔心可承候、猶御使迄申含候間、可為演説候、恐惶謹言、

(天正十九年)九月廿二日　石田治部少輔

三成（花押）

政宗様

御報

（大日本古文書『伊達家文書』六二一号）

◇実はこちらからご連絡しようと思っていましたが、御手紙（御折紙）を頂き本望です。いかばかりかお疲れだろうと心配しておりましたが、御手紙ありがとうございました。拙者は気仙(けせん)・大原の普請を終え、（秀吉の）指示に任せ、先般来付置された両名に引き渡しました。彼の地に在陣していた軍勢も、明日あたり（気仙・大原から）移動するように命じ、私も今日この地まで出張ってきました。先般来たびたび説明しておりますが、彼の両城の守備に当たる兵力が少ないようでしたら、いつまでも五〇〇・一〇〇〇に限らず兵力を残し置くようにします。ただし、伊達家から派遣される大将の意向次第に従うべき旨を申し付けます。また、当地にある家（屋敷）を岩手沢(いわてざわ)に引き移されるとのこと、尤もに思います。当地（の城）は破却すべしとの秀次（中納言）殿の命に従い、立ち木や壁は取り払います。家（屋敷に）ついては、損なわないように配慮します。伊達家として普請にあたる手勢が足りないようでしたら、家の破却・どこまででも、こちらの手勢を廻しますの

で遠慮なく、（用務を）承ります。なお、御使者にお話ししておきますので、説明をお聞きください。
さらに申しますが、家（屋敷）・矢倉などは入念に損なわないようにいたします。こちらの
手勢で運ぶようにと密かにお考えなら、遠慮なく返信でご連絡ください。

「伊達政宗卿伝記史料」は、同じ文書に言及する箇所で、この時の三成の在所を、陸奥国江刺（えさし）郡黒石（くろいし）とする。三成はかつて蘆名家中金上（かながみ）氏のこと（摺上原の敗戦、金上盛実に対する調略など）で政宗に含むところがあり、伊達家転封についても一定の意見具申を行なったとも考えられる。しかしながら三成は、岩手沢（大崎岩出山（いわでやま））への居城を移そうとする政宗の立場を考え、ここでは積極的な協力を申し出ている。気仙・大原両城に駐留する伊達勢の人数に不安があれば、三成管下の兵を充当するとし、また、豊臣秀次（中納言殿）の指示で破却される城に、まわすべき普請衆が不足するおそれがあれば、これまた三成が管下の兵に命じて、家々を損ぜないように分解してどこにでも運ばせよう、と述べている。

さて、当時三成とともに奥州にあった佐竹義宣は、国許にいた留守居の和田昭為（安房守）に充てて、次のような書状（袖書きは省略）を発している。

急度申遣候、治部少輔殿来月十日時分ハ其口へ可有御出候間、俵子其外可致支度候、石田殿へ去年約束申候金子五十まい、于今かゝり候、其をこの度すますへきよし承候間、江戸・太田分年く（年貢）さいそく致、金を所望いたすへく候、自分走廻候郷中も、不残きふくさいそく致へく候、又来正月つくし陣へ可罷立よし、以御朱印被仰出候、人衆積之儀五千つれへきよしニ候、彼是ざうさ方ニ極候間、少も無油断可致催促候、又江戸・太田料所之儀、右之検地之分、不可用立候、石田殿之衆を以、なわうちをさせられ可被下候、いまの年く一ばいに可有之候、先不帰前ニ右之年く透少も不懸候やう

ニ可致催促候、謹言、
（天正十九年）九月廿日　義宣（花押影）
和田安房守殿
（家蔵文書一六「和田掃部助為重家蔵文書」二二号・『茨城県史料　中世編Ⅳ』）

◇確実を期して申し遣す。石田三成（治部少輔）殿が来月十日頃に、陸奥と常陸の国境付近に御出になられる。俵子（兵粮米）その他の準備を調えられたい。石田殿へは、去年金子五〇枚を用立てる約束をしていたが、まだ果たしていないので、それを今度済ますように仰った。江戸（のちの「水戸」）・太田（この両地は直轄領か）で年貢を催促し、金での上納を所望するように、自分が支配する郷中でも残らずきつく催促されたい。また、来年正月には九州陣が催されるので、これにも（秀吉の）御朱印に拠る指示が下った。軍勢を五〇〇〇動員すべしとのことなので、あれこれ骨折りの極みだが、少しも油断なく催促いたすべきである。また、江戸・太田の料所については、このたびの検地でも充分な効果が上がらなかった。石田三成家中によって、縄打ち（丈量検地）が実施されれば、年貢は今の二倍になるであろう。まずは（義宣が）帰国する以前に、右に命じた年貢を少しの油断もないように催促されたい。

その後、三成はおそらく十月六日に蒲生氏郷とともに米沢に到り、八日に三春（みはる）を経て十日には岩城平（いわきたいら）に到着して仕置を行なっている（「岩城文書」七〇号・『福島県史』第7巻　資料編2　古代・中世資料）。さきの佐竹義宣書状から、三成は九月二十日の段階では、十月十日頃には常陸の国境に達する予定だったが、若干遅れて常陸国内に入ったものと考えられる（家蔵文書一六「和田掃部助為重家蔵文書」二二号・

『茨城県史料　中世編Ⅳ』〔補注2〕）。一次史料から動静が追えるのはここまでである。しかし、以上のような経緯を踏まえ、小林清治氏は三成の京着を十月末以降であろうと推察されている（『奥羽仕置と豊臣政権』）。

新封地を得たものの、奥羽へ下らざるをえなかった三成は、美濃国に家中の須藤権右衛門尉道光（実名は「通光」とも）を代官として派遣し、領国支配を進める。

以上

只今此地罷出候、参可申上候へ共、未くたひれ申候間、其儀無御座候、随而御寺物之儀、色々治部少輔ニ申聞、如前々別儀御座有間敷之由被申候間、被成其御心得、可被差置候、右衛門尉殿よりも御理候つる、様体我等ニ被相尋候間、ありやう懇ニ申聞候、まつ〳〵去々年より如御所務可被仰付のよし、治部少輔被申候、恐惶謹言、

（天正十九年）六月廿八日　須藤権右衛門尉　道□（花押）

勧学院

御同宿中

（「神護寺善学院文書」四号・『岐阜県史史料編』古代・中世一）

◇只今此地に到着しました。ご挨拶にうかがうべきですが、まだ疲れがとれませんので、失礼しております。御寺物のことではいろいろ三成（治部少輔）にお話になっていますが、前々の通りで支障はない旨を仰いました。ご了解の上、ご放念ください。増田長盛（右衛門尉）殿からも説明があり、経過について私にもお尋ねがありましたので、状況を懇ろにお話しています。まずは一昨年来の御

所務をお命じになるよう、三成も申しております。

まず、この須藤権右衛門尉書状にみえる「まつ〳〵去々年より如御所務可被仰付のよし」について、説明しておく。美濃国では、天正十七年（一五八九）に浅野長吉・石田三成を奉行とする検地が実施され、これをうけて、勧学院にも天正十七年十一月二十三日付で秀吉朱印の寺領充行状が発給された。そこには「当寺屋敷方弐拾弐石六斗、幷寺領於同寺廻三拾石、合五拾弐石六斗令寄附畢、全可寺納者也」と述べられており（「神護寺善学院文書」一号・『岐阜県史史料編』古代・中世一）、この須藤権右衛門尉書状にみえる「去々年より云々」は、このことを指している。勧学院は、かねてから増田長盛とも関係をもっていたこともあり、須藤権右衛門尉が神戸到着後、早々に書状を発して、寺の既得権を安堵している。

わずか一点の史料ではあるが、三成は奥羽下向により、自身の領国には、その支配拠点に目される安八郡神戸へ代官須藤権右衛門尉を派遣したことが分かる。奥羽から戻った三成は、ほどなくして「唐入り」に従うため、秀吉の下向に先立って肥前名護屋に下ることとなる。したがって、美濃国石田領における領主不在という状況は、いわば常態化することになる。須藤権右衛門尉自身がそのまま在国するかどうかは判然としないが、美濃国石田領ではその後も代官による支配が継続することは疑いない。

関白秀次の誕生

奥州の事態が収束することで、「唐入り」、すなわち明国への派兵計画が現実化する。天正十九年（一五九一）八月に実子鶴松を失った秀吉は、甥の秀次を後継者と決する。「唐入り」に際して、秀吉自身

図16　豊臣秀次

は渡海して軍を率いるつもりだったので、代わって親しく天皇を輔佐する人物を後継の関白に立てる必要があった。秀次は秀吉の実姉の長子であり、幼少期に宮部継潤の養子に迎えられた。宮部家は元来、北近江浅井家の臣であり、当時浅井家と対峙していた秀吉が半ば人質のようなかたちで継潤の養子とした。のち、三好康長（笑巌）の養子となり、「三好孫七郎信吉」と称していた。天正十二年夏頃には三好家を出たとされ、苗字も「羽柴」を名乗ることとなる。『公卿補任』によると、天正十四年十一月二十五日に参議に任官、翌十五年十一月二十二日には従三位・権中納言に叙任されている。天正十九年十一月、奥州から凱旋した秀次は十一月二十八日に権大納言を拝任し、十二月四日には内大臣へ昇っていた（藤田恒春『豊臣秀次』）。

天正十九年十二月二十八日に秀吉は関白を辞し、秀次が関白職を襲い、左大臣に任じられる。同時に、秀吉から三〇万石といわれる蔵入地が秀次に譲られた。以後、豊臣宗家の領知は、秀吉の蔵入地と秀次の蔵入地とに分けられる。以下、これらについては岩沢愿彦氏に従って、それぞれ「太閤領」、「関白領」として記述していく。

また、たとえば天正十六年五月二十五日付で近江国高島郡百姓中に充てられた「高島郡百姓目安上候付書出条之事」は、三成と増田長盛の連署で出されていたが、文禄元年（一五九二）十二月二十六日付で発給された同内容の「高島在々置目之事」では駒井重勝（中務少輔）と益庵宗甫という、豊臣秀次の奉行が連署するかたちにかわっている（『駒井日記』文禄二年閏九月二十五日条）。このように、この間に国内支配に関わる諸権限が、三成ら秀吉の奉行衆から秀次の奉行衆へ移譲されていたことがわかる。いうまでもなく、秀吉自身はもとより、三成らも「唐入り」へ専念するためである。

こうしたなか、三成が支配対象とする蔵入地も減少していったと考えられる。例えば、天正十九年四月二十七日付で秀吉から蔵入地の代官支配を命じられていた村々のうち、近江国犬上郡大堀村は秀次によって文禄二年（一五九三）十一月十七日付で兼松正吉へ与えられ、美濃国池田郡津汲村・外津汲村も同じく秀次によって翌三年十月十日付で寺西新五郎へ与えられている（堀越祐一『豊臣政権の権力構造』吉川弘文館、二〇一六年）。

第三章　「唐入り」と三成

一　「唐入り」に向けての準備

肥前名護屋城と九州大名

やや時間を遡るが、天正十五年（一五八七）五月の島津義久降伏をうけ、筑前箱崎に凱旋した豊臣秀吉は、伺候してきた対馬島主宗吉智（そうよしとし）（初名「義智」）に対し、朝鮮国王のすみやかな来日と上洛を命じた。しかし、こうした要求は、容易に朝鮮王朝の認めるところではなかった。その後も秀吉は執拗な交渉を宗氏に命じる。結果的に、天正十八年（一五九〇）に至って、ようやく朝鮮王朝は日本への使節派遣に応じることになる。

奥州からの帰路、秀吉は「唐入り」、すなわち明国征服に向けての具体的準備に入るべく、天正十八年八月、小西行長・毛利吉成に指示を下す（「喜連川文書」七三号・『栃木県史　史料編・中世二』）。帰洛した秀吉は、十一月に朝鮮使節と対面した。この使節派遣の目的は日本の国内統一を祝うものであったが、秀吉は朝鮮が服属を表明したものとみなす。秀吉は朝鮮国王に対し、「唐入り」に際して「先駆け」をつとめるよう命じた。いわゆる「征明嚮導（せいみんきょうどう）」である。「唐入り」の実施は、奥羽の争乱によって天正二十年（文禄元年）にずれ込むこととなる。

秀吉が「唐入り」の本拠とした肥前名護屋城の普請・作事が、黒田長政（甲斐守）・小西行長（摂津守）・加藤清正（主計頭）らを中心とする九州の諸大名によって始まるなか、三成の実兄石田正澄（木工頭）は八月十五日付で島津義弘にも名護屋城普請に関わる書状を発している（『薩藩旧記雑録後編』二―七七一号）。当時、三成は奥州での仕置に従っており、在京はしていない。三成と島津家の関係を考えて、実兄の正澄が助言を行なったのであろうか。ここで正澄は、島津義久に対し積極的に名護屋城普請に応じるように促している。

この指示をうけ、いったんは島津義久が名護屋に向かったようである。しかし、義久は途中での罹病（「虫気」、腹痛であろう）を理由に、鹿児島へ帰ってしまった。義久はみずからに代えて、弟義弘を差し向かわせるので問題はないと三成に弁明しているが（『薩藩旧記雑録後編』二―七九五号）、政権に協力的な義弘に対して、兄の義久は政権との距離を保とうとする傾向があり、その意味で正澄・三成兄弟の危惧が現実化としたともいえよう。

ところで、軍役を賦課される島津家側には、解決すべき出水島津家の問題もあった。出水島津家は、薩摩出水を本拠とする島津家の分家で、戦国期には一時、島津家の嫡流を凌ぐほどの勢力を誇った家である。代々が薩摩守を名乗ったことから「薩州家」とも称される。義虎の代に島津義久に服従し、この頃は義虎の嫡子忠辰が当主の地位にあった。忠辰は、豊臣政権に対しては非協力的な態度をとり、役負担などに応じない姿勢をみせていた。島津竜伯（義久）は、石田三成・細川幽斎へ充てた書状のなかで、検地の実施や名護屋城普請の役負担に応じない出水の忠辰を、「誠迷惑」と述懐している（『薩藩旧記雑

七　番	30000人	毛利輝元（安芸宰相・安芸広島）	
八　番	10000人	宇喜多秀家（備前宰相・備前岡山）	対馬在陣
九　番	8000人	豊臣秀勝（岐阜宰相・美濃岐阜）	壱岐在陣
	3500人	細川忠興（丹後少将・丹後宮津）	同
			合11500人
都　合	158700人		

船奉行		
高　麗	早川長政（早川主馬首）	毛利友重（毛利民部大輔）
	毛利重政（毛利兵橘）	
対　馬	服部一忠（服部釆女正）	九鬼嘉隆（九鬼大隅守）
	脇坂安治（脇坂中務少輔）	
壱　岐	一柳可遊（一柳右近大夫）	加藤茂勝〔嘉明〕（加藤左馬助）
	藤堂高虎（藤堂佐渡守）	
名護屋	石田三成（石田治部少輔）	大谷吉継（大谷刑部少輔）
	岡本宗憲（岡本下野守）	牧村利貞（牧村兵部大夫）

出典　「高麗へ罷り渡る御人数の事」（『小早川家文書』501号など）.
注　（　）内に史料上の表記及び城地を示した.

録後編』二―七九一号）。島津家の体制刷新を担う細川幽斎と三成は、この問題についても主体的に関わっていくことになる。

秀吉は十月になると、義久に代わって義弘に名護屋へ下向するように命じる。結果的にさきの義久の言い分が認められたのであろう。指示の詳細は、石田家中の安宅（あたぎ）秀安（三郎兵衛尉）によって伝えられた（『薩藩旧記雑録後編』二―七八七号）。

十二月二日、三成は島津義久・義弘の両者に充てて「人質番組」を発する（『薩藩旧記雑録後編』二―七八九号）。これは要するに、三成が島津家側に要求する人質のリストである。この「番組」に従って、島津家重臣の近親者が順に京都に上り、人質たることを強いられことになる。天正二十（＝文禄元）年正月二十一日付で、三成は細川幽斎とともに、島津義久・義弘充てに連署状を発して、出水島津家の処遇を述べ、琉球との交渉を島津家に委ねること、肥前名護屋への出陣のことな

表2　三月十三日付「陣立書」の軍団構成

一　番	5000人	宗　吉智（羽柴対馬侍従・対馬府中）	
	7000人	小西行長（小西摂津守・肥後宇土）	
	3000人	松浦鎮信（松浦刑部卿法印・肥前平戸）	
	2000人	有馬晴信（有馬修理大夫・肥前日野江）	
	1000人	大村喜前（大村新八郎・肥前大村）	
	700人	五嶋純玄（五嶋大和守・肥前福江）	
			合18700人
二　番	10000人	加藤清正（加藤主計頭・肥後熊本）	
	12000人	鍋島直茂（鍋島加賀守・肥前佐賀）	
	800人	相良頼房（相良宮内大輔・肥後人吉）	
			合22800人
三　番	5000人	黒田長政（黒田甲斐守・豊前中津）	
	6000人	大友吉統（羽柴豊後侍従・豊後府内）	
			合11000人
四　番	2000人	毛利吉成（毛利壱岐守・豊前小倉）	
	10000人	島津義弘（羽柴薩摩侍従・大隅栗野）	
	2000人	高橋元種（高橋九郎・日向県）	
		秋月種長（秋月三郎・日向高鍋）	
		伊東祐兵（伊藤民部大輔・日向飫肥）	
		島津豊久（島津又七郎・日向佐土原）	
			合14000人
五　番	4800人	福島正則（福島左衛門大夫・伊予今治）	
	3900人	戸田勝隆（戸田民部少輔・伊予大洲）	
	3000人	長宗我部元親（羽柴土左侍従・土佐浦戸）	
	7200人	蜂須賀家政（蜂須賀阿波守・阿波徳島）	
	5500人	生駒親正（生駒雅楽頭・讃岐高松）	
	700人	来嶋通之・来嶋通総（来嶋兄弟・伊予恵良／伊予来島）	
			合25000人（ママ）
六　番	10000人	小早川隆景（羽柴小早川侍従・筑前名島）	
	1500人	小早川秀包（羽柴久留目侍従・筑後久留米）	
	2500人	立花宗茂（羽柴柳河侍従・筑後柳川）	
	800人	高橋直次（高橋主膳・筑後江浦）	
	900人	筑紫広門（筑紫上野介・筑後福島）	
			合15700人

どを指示している(大日本古文書『島津家文書』一一一八号)。

三成は、正月二十八日の前田玄以が催す能興行に、増田長盛とともに招かれていることから推して、この間は在京して出兵の準備にあたっていたものと考えられる(『史料綜覧』)。そして二月二十日、三成は「唐入り」に従うため、大谷吉継とともに京を発足する(『言経卿記』)。途次、場所は特定できないものの、三月四日付で大谷吉継・増田長盛と連署で、次に掲げる過書(通行許可証)の発給を行なっている。

此者六人幷こにた馬三匹、名護屋まで差遣候間、海陸共無異儀可有御通候、但こにた馬ハ釜山海まて遣候也、仍如件、

天正廿年三月四日

大谷刑部少輔(花押)

石田治部少輔(花押)

増田右衛門尉(花押)

日本高麗

所々人留御奉行中

(東京大学史料編纂所所蔵影写本「五十嵐文書」)

◇この六名と小荷駄馬三匹を名護屋まで遣すので、海陸とも問題なく通行させせたい。ただし、小荷駄馬は釜山浦まで遣わすので、よろしく対処されたい。

肥前名護屋への下向は、単なる行軍ではなく、侵攻体制を構築しながらのものであったようである。

三月十三日付で発給される「陣立書」で、三成は大谷吉継（刑部少輔）・岡本宗憲（下野守）・牧村利貞（兵部大夫（ママ））らとともに、名護屋駐在の「船奉行」に任じられている。ここでの「船奉行」は、兵員・物資の輸送を所管するものであり、海上での戦闘を主務とする「水軍」「船手」ではない。それはともかくとして、この段階では秀吉はまだ京に在り、「陣立書」も朝鮮側が事を構えず、日本勢の半島上陸を容認することを前提としたものであった。三成は三月十四日までに長門国の関戸（せきのと）に到着し、ここから関門海峡を渡って九州に入り、名護屋に先着して秀吉の到着をまつ。

肥前名護屋の三成

三成は三月二十九日付の書状で、相良頼房（さがら）（宮内大輔、実名は「長毎（ながつね）」とも）にすみやかな渡海を促している。また、この書状には、三成家中駒井権五郎の副状を伴っている。

「（墨引）　相宮太
　　御陣所　　　　　　　　　石治少」
　　　　　　　　より

為御見廻御使者、殊鯛二かけ送、被懸御意候、本望之至候、舟共未着岸候哉、涯分御急候て、御出船尤候、不可有御由断候、猶以面上可申候、恐々謹言、
（天正二十年）
三月廿九日　　　三成（花押）
（大日本古文書『相良家文書』七〇一号）

◇御見廻の御使者を立てられ、ことに鯛を二かけ送っていただき、気に懸けていただき、満足しています。舟はいまだ着岸していないのですか？　出来る限り急がれて御出船されるのが良いでしょう。御油断のないようにしてください。なお、お会いした時にいろいろ申します。

図17 名護屋城諸大名陣屋の分布状況

為御音信、治部少へ御さかな被進候、則遂披露候処、祝着申由被申事候、次ニ私へ御帷子弐被下、寔被寄思召、忝存候、何様後刻其元へ参候て、旁可得御意候、猶御使者へ申渡候、恐惶謹言、

（天正二十年）三月廿九日　　駒井権五郎（花押）

相宮太様

人々御中

（大日本古文書『相良家文書』七〇二号）

◇御挨拶として、三成（治部少）へ御さかなを御進上いただきましたので、披露をいたしました。満足であると仰いました。私にも御帷子を二つ下され、まことにありがとうございます。何にしろ、後刻そちらへ伺って、お話をうかがいます。なお、御使者へいろいろ話をしておきます。

名護屋在陣の相良頼房が、駒井権五郎を通じて三成に挨拶を行なっており、この時には三成主従も名護屋着陣を終えていたとみなされる。

さらに、島津家を担当するという職責から、三成は琉球との交渉にも関わっている。琉球王国は「唐入り」への軍事動員を要求されたが、日本の戦いぶりに不慣れであるという点を勘案され、実際の軍役に代えて、兵粮米（史料表現としても「替米」）を拠出することとなっていた。しかしながら、琉球との交渉はもとより、島津家自体の朝鮮への渡海準備もままならない状況であった。

義弘から詳細を聞いた三成は、家中の安宅秀安を実際に薩摩に下し、諸々の梃子（てこ）入れを試みる。危機感を募らせる義弘は、新納（にいろ）忠元に書状を発し、安宅秀安と熟議を踏まえて諸事を進めるべく、命令を発している。

一、渡唐之用意幷替米之事、首尾難調之由、石治少被聞通、竜伯様へ可有御入魂之由候て、安宅三郎兵衛尉殿被差下候、石治少存分ハ諸神八幡も御照覧、何としても御家御長久にましまし候へとの存分不浅ときこえ候、安三兵被差下候儀共、大方之事にてハ無御坐候、能々被成御熟談、いかやうと首尾候様ニ可有御才覚候由、切々可被申上候、国之儀不調ニ付てハ、何を申候而も御滅亡不可有程候、不可有御油断候事候、

（中略）

（天正二十年）卯月六日　　義弘（花押）

新納武蔵入道殿

（『薩藩旧記雑録後編』二―八五〇号）

◇唐入りの準備や替米の手当が不調であると石田三成（石治少）が聞かれ、義久（竜伯）様と親しく話をするため、（三成家中の）安宅三郎兵衛尉殿を下される。三成の考えは神々も承知のことで、島津家の長久を深くお望みと承知している。安宅三郎兵衛尉殿の下向といっても、大事には至らないと思うが、よくよく御熟談され、首尾よくいくよう才覚されたい。たびたび言ってきたように、島津家の対応が不調に終われば、どう言い訳しても遠からず当家は滅亡することとなる。御油断なくご対応されたい。

三成の安宅派遣は、あくまで島津家の立場を踏まえ、その存続を前提としたものだが、不備・不調が続くようであれば、家の滅亡にもなりかねない、と危惧している。三成の指示をうけた安宅秀安は、四月三日に肥後水俣（みなまた）を経て、七日には鹿児島に入った。琉球に対する兵粮米要求は、とりわけ強硬であったらしく、島津義久は慌ただしく次のような書状を琉球に発する。

綾舟御進物如在之儀、石田殿被聞、笑止之由候て、昨日七日安宅三下着候、就夫直被仰通候之条、加愚札候、可然様才覚肝要候、恐々、

（天正二十年）
卯月八日　竜伯　草案

琉球国

建善寺へ

（『薩藩旧記雑録後編』二―八五一号）

◇綾舟（あやぶね）御進物が疎略であることを石田殿が聞かれ、困惑され、（事態打開のため）昨日七日に安宅三郎兵衛尉殿が薩摩に下着されました。それについて直々の命を下されるので、私の手紙を添えます。よろしくご対応ください。

「綾舟」は「紋船」とも表し、本来は、島津家当主の嗣立の慶賀を目的に琉球から派遣される、大型ジャンクの官船をいう。ここでは「御進物」に続いており、件（くだん）の兵粮米を運漕してくる琉球の官船を指すのであろう。義久は、兵粮米不調を知った三成の不興を理由に、すみやかに対応を促している。書中の表現から、秀吉あるいは三成の琉球国充ての書状が存在したことが明らかとなる。右の義久（竜伯）書状は、副状という位置づけであった。

その後も、なおしばらくの間、安宅秀安は薩摩に留まり出兵の体制づくりを支援する。五月九日付の相良頼房充て書状から、秀安は五月上旬までに名護屋への帰還を果たしたものと推察される（大日本古文書『相良家文書』七〇四号）。

前後するが、三月二十六日に京都を発した秀吉は、四月二十五日に名護屋への入城を果たす。三成は、さっそくこの日付で大谷吉継とともに秀吉朱印状の書き留めに登場する（福岡市博物館編『黒田家文書』

第一巻・九九号）。三月十三日付で発給された「陣立書」は、朝鮮側が事を構えない可能性を踏まえていた。しかし、前線ではこうした前提は通用しないとの判断から、「征明嚮導」の要求を「仮途入明」に切り替えて交渉を試みていた。「仮途入明」とは、征明に向けて朝鮮に無害通行を求めるものであったが、これもまた朝鮮側の容れるところとはならなかった。

「陣立書」の前提が崩れたわけであり、三成も在名護屋の「船奉行」という職掌を解かれたと考えなければならない。その後も三成は、大谷吉継・増田長盛・長束正家らとともに、秀吉の朱印状に名が見えており、名護屋での在陣を継続していたことが確認される。実際、三成の名は、島津家の「御日記」などにしばしば登場し、六月五日までの名護屋在陣が確認される（『薩藩旧記雑録後編』二―九一〇号）。この間の三成は、「船奉行」という職責を超え、より広範な立場から兵站補給その他の充実につとめていたと考えられる。

二　朝鮮半島での活動

三成ら三奉行の渡海

朝鮮側との交渉は破綻し、天正二十年（文禄元年＝一五九二）四月十二日（明暦では四月十三日）、日本の軍勢が陸続と朝鮮半島への上陸を開始。軍勢は釜山鎮城を包囲し、戦闘が始まる。釜山についで東萊を落とした軍勢は、破竹の勢いで朝鮮半島を北上し、五月三日（この月は日明同暦）に漢城（現在のソウル）に入城する。加藤清正・小西行長らが漢城に入った時、すでに国王はここを脱していたが、漢城陥

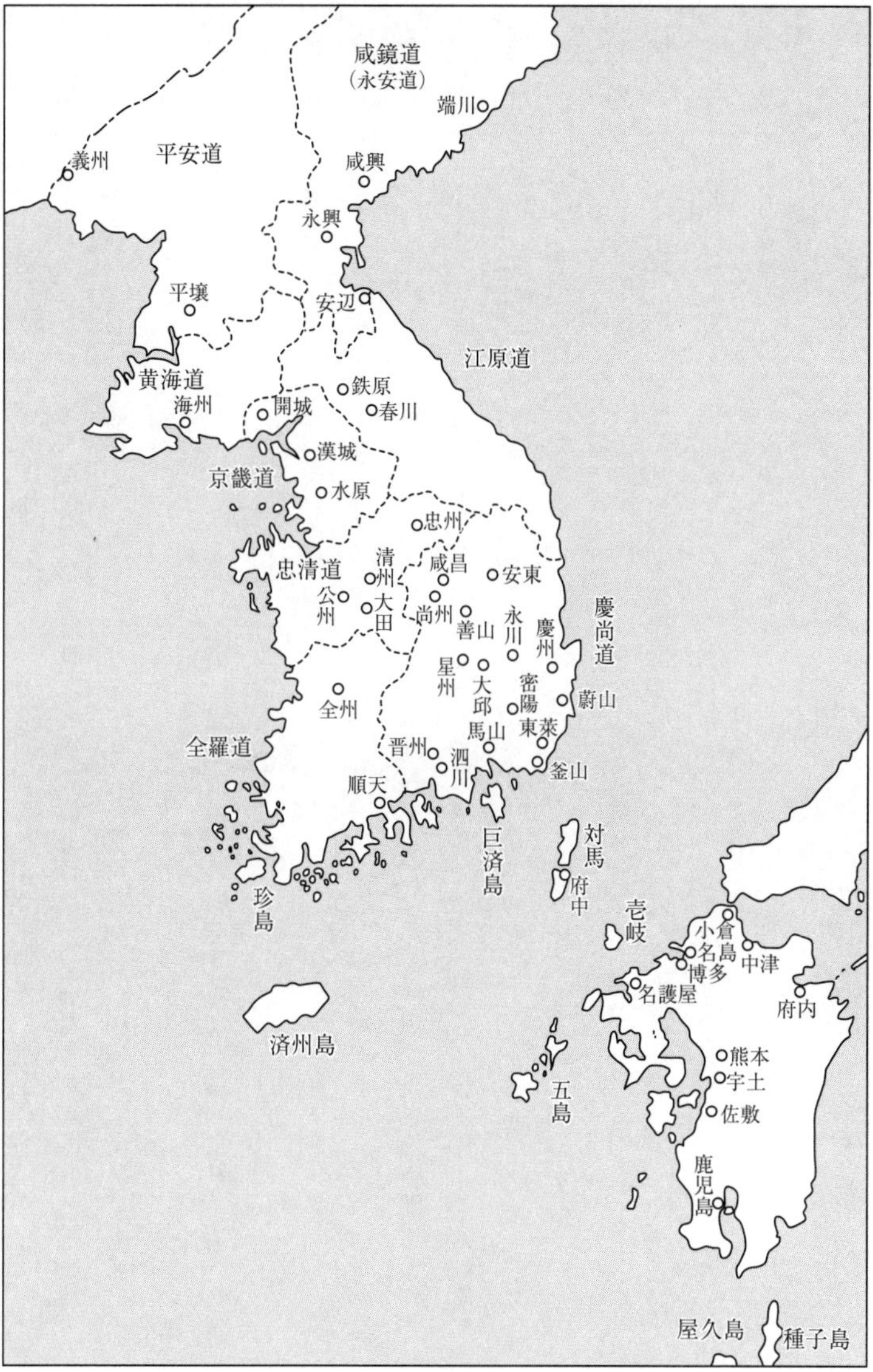

図18　九州と朝鮮半島要図

落の報はただちに名護屋城の秀吉に届けられた。朝鮮半島での捷報に接し、渡海を逸る秀吉は、名護屋城に到着するや否や、すみやかな朝鮮渡海を表明していた。しかし、充分な数の船も揃っておらず、この計画はいったんひと月ほど延期されることになる。秀吉の渡海期日は六月初めに設定されることとなり、名護屋ではそれに向けて船の糾合などが進められた。ところが、六月二日にいたって徳川家康や前田利家らが秀吉の渡海再考をうながすことになる。これをうけた談合の場で三成はこの六月中の秀吉渡海を主張したが、結果的にこの渡海計画は延期されることとなった（「文禄二年裏文書」六月六日付西笑承兌書状・『鹿苑日録』第三巻、続群書類従完成会）。

渡海を止めようとする理由の第一は、「不時の早風」という天候上の問題である。秀吉自身の渡航もさることながら、後続する軍勢の渡海が八月あるいは九月すぎになると、海が荒れる時期に入ってしまい、船の航行が非常に困難な時期になる。晩秋から冬季に入って荒天が続き、後続の軍勢が朝鮮に上陸できないという事態は、兵力の面（実儀）でも、征明をすすめる軍勢としての威儀・威厳（外聞）という点でも問題だと考えられたのである。ここにいたっても、やはり船載能力には限界があったということであろう。

加えて、朝鮮半島南岸における制海権の確保も微妙となってきた。渡海延期を決定した秀吉は、みずからにかえて指揮権を託した奉行衆を、半島に遣わすことになる。奉行衆の陣容は、長谷川秀一（羽柴東郷侍従）、前野長泰（実名は「長康」とも、但馬守）、木村重茲（しげこれ）（常陸介）、加藤光泰（遠江守）、石田三成（治部少輔）、大谷吉継（刑部少輔）、増田長盛（右衛門尉）から成る。

こうしたなか、侵攻の拠点ともいうべき九州で、渡海を忌避する島津家中の一揆が勃発する。秀吉が渡海延期を決定して半月ほどたったころ、軍役を忌避した島津家中の梅北国兼が、肥後の加藤清正領内で叛乱を起こした（梅北一揆）。六月十五日、梅北国兼らは清正の留守居を追って肥後佐敷城を奪取する。佐敷城を攻める一揆方に、城下の町人や百姓も協力的であったと伝えられる。勢いを得た一揆は翌日、小西行長の麦島城を目指して北上を開始するが、十七日に梅北が佐敷城内で謀殺されることで、謀叛自体は収束する。

この叛乱に大名島津氏が関係していたのか否か、つまびらかにはできない。しかし、秀吉の大陸侵攻を公然と拒否しようとする者の登場は、それ自体深刻な問題であった。一揆の拡大を未然に抑えた秀吉には、むしろその影響を大いに危惧した形跡がある。薩摩へは、三成とともに仕置を担当してきた細川藤孝（幽斎）が下り、島津義久・義弘の実弟にあたる歳久らが一揆との与同を疑われ、誅殺された。秀吉もみずからの渡海延期に踏みきったばかりであり、情報を迅速に朝鮮半島に伝達するなどして、前線将兵の間に無用な動揺が拡がらないよう慎重に対処している。三成も家中の安宅秀安を介して島津家への指示を発している。

秀吉に代わって朝鮮に渡る奉行衆は六月六日の朝、名護屋から出船（『薩藩旧記雑録後編』二―九一〇号）、その日のうちに壱岐に着陣している。彼らが朝鮮に上陸した期日は明らかではないが、七月十六日には漢城に到着する（「西征日記」）。長谷川秀一以下の四名は軍事的な監察の役目を帯びていたように推察される。秀吉の指揮権を代行するという意味では、むしろ三成と大谷吉継、増田長盛の三名がとりわけ重要な立ち位置を占める。

まもなく長谷川秀一や木村重茲は、慶尚道内の経路確保を目論んで漢城から南下し、細川忠興らとと

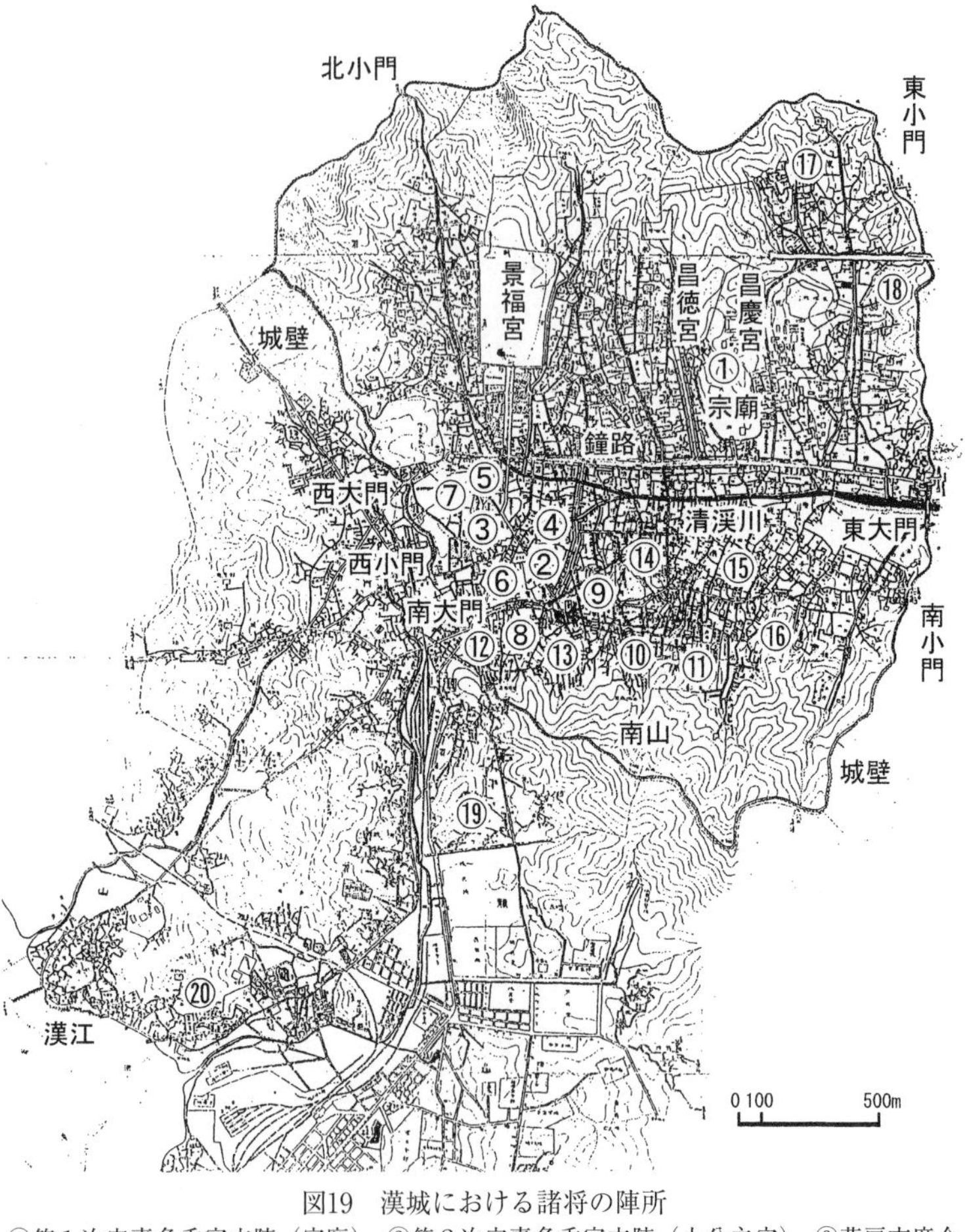

図19 漢城における諸将の陣所

①第1次宇喜多秀家本陣（宗廟） ②第2次宇喜多秀家本陣（小公主宅） ③花房志摩介（月山大君邸） ④富川玄蕃允（美牆洞） ⑤長船紀伊守（西学洞） ⑥明石右近助（水閣洞） ⑦明石掃部頭等（貞陵洞） ⑧岡豊前守（南倉洞） ⑨石田三成（明礼洞） ⑩増田長盛（鋳字洞） ⑪大谷吉継（墨寺洞） ⑫前野長泰（会賢洞） ⑬加藤光泰（長興倉洞） ⑭主将不明（芋前洞） ⑮主将不明（倭館洞） ⑯主将不明（暗黒洞） ⑰毛利吉成等（興徳洞） ⑱島津忠豊等（柏子亭洞）⑲加藤清正等（葛月里） ⑳小西行長・宗吉智（竜山）

もに晋州城攻略に従う。漢城には、前野長泰（但馬守）・加藤光泰（遠江守）と、三成ら三奉行とが残留する。漢城には、主将たる宇喜多秀家の本陣が設けられていたが（当初は「宗廟」にあったが、ついで「小公主宅」を接収してここに移った）、新たに前野長泰が会賢洞に、加藤光泰は長興倉洞に布陣し、また三成は南山山麓の明礼洞（現在の明洞）に、大谷吉継が墨寺洞（現在の墨井洞）に、増田長盛が鋳字洞にそれぞれ陣所を構えた。以後、三成（治部少輔）は、大谷吉継（刑部少輔）・増田長盛（右衛門尉）とともに、「都三奉行」あるいは単に「三奉行」などと称され、基本的に漢城にあって在朝鮮の諸将に秀吉の軍令を伝え、指示を発していく。

朝鮮半島での軍令執行

朝鮮半島への渡海にあたって三成らが携行した一連の秀吉軍令は、いずれも六月三日の日付を有することから、ここでは「六月三日令」として論を進めていく。朝鮮各地に転戦する九州・四国・中国の諸将に充てられた「六月三日令」の主眼は、朝鮮半島の奥地、さらに明国へ侵攻することを要求するものであった。

ところが、朝鮮にいる武将たちのあいだでは、明国との国境を目指すより朝鮮半島の制圧を優先すべし、との議論が支配的となり、現地諸将の決定によって、軍団を朝鮮八道に分遣し、それぞれの担当地域を経略するという作戦が実施されていた。たとえば、慶尚道の制圧は毛利輝元の軍勢が担ったが、輝元麾下にあった吉見元頼の家臣の下瀬頼直の記した日記の七月十八日条には、次のようにある。

関白様(太閤)より大谷刑部少輔・増田右衛門尉・石田治部少輔、彼三奉行衆、御朱印持参候て、安芸宰相

殿江ハ京都(漢城)より西目平安東(平安道)と申国、御しつめ候へと、被仰渡候由候て、御本陣より御到来候て、不図御陣替被成候

（下瀬頼直『朝鮮陣留書』・山口県文書館「毛利家文書」）

◇関白（太閤）様より大谷吉継（刑部少輔）・増田長盛（右衛門尉）・石田三成（治部少輔）ら三奉行衆が御朱印（状）を持参になり、毛利輝元（安芸宰相）殿に対しては漢城（京都）より西目の平安道と申す地域を鎮圧するようにお命じになったと、（漢城の）御本陣より御指示が下り、はからずも御陣替えとなった。

このように、毛利輝元（安芸宰相殿）の軍勢には、平安道(ピョンアンド)に侵攻すべきことが命じられていた。同様の移動命令は、全羅道(チョルラド)の経略に従っていた小早川隆景が率いる軍勢にも通達されており、漢城以北への移動が命じられている。三成らの伝達した「六月三日令」によって、宇喜多秀家ら在朝鮮の諸将によって策定された八道分割支配に関する現地決定はくつがえされ、変更を余儀なくされたのである。三成らの渡海目的が「六月三日令」の徹底を第一義としていたことがわかる。

しかしながら、三成らが実見する朝鮮の状況は、名護屋で想定していたものと大きく異なるものであった。平壌(ピョンヤン)を押さえていた小西行長は、状況説明のために漢城に戻り、兵粮事情に深刻な不安があることや、奥地への侵攻を強行すると、絶対的な兵員不足によって退路を絶たれるおそれがあることなどを、三成らに細かに告げたようである。最前線に展開する小西行長の意見は、充分傾聴に値するものであった。三成ら奉行衆は、すみやかに明国境を侵せと命じる秀吉の軍令と、実際に見聞する朝鮮半島の現状のあいだで、深刻な板挟みの事態に陥ってしまう。

次に掲げる文書には日付がなく連署者の花押もない。また、料紙は反故紙のようなものを用いており、

下書きの「メモ」のような性格のものと判断される。内容をみると、明国の軍勢が援軍として加わり、小西行長ら陣営に攻撃を仕掛けたという記述があり、ここからこの「メモ」の書かれた時期は文禄元年（一五九二）七月か八月頃と推察される。

追而申上候、黒田甲斐守被通候路次筋、改置候兵粮注文進上申候、但これハ本道筋にても無御座候、こもかいくちと申候て、わきの道筋にて御座候、以上、

当国之儀、各以連判　御注進申上候、可然御透ニ御披露候て、可給候、

一、大明国へ、年内乱入事、先手へ申遣、跡々の衆可押詰之由、令相詰候之処ニ、小西都へ罷越、さき〳〵兵粮已下も無之、其上越寒天如何之由申候、又跡々路次無人にて、返路不輙候不而、先被仰付国郡へ入渡り所務申付可静、申返各致相談、得　御諚候事、

一、此已前、其方にて御注進承候と令相違、何も国郡静謐不仕候、乍恐年内にも遼東相越、大明国へ乱入候共、先之手ニ立者も在間敷候へハ、朝鮮国事ハ釜山海より遼東迄の間、つなぎ〳〵に置可申人数無之に、二百・三百置申分にてハ、中々籠城にても有之事も成ましき躰ニ候、拙者ハ御注進状を有やうの通申上候事、

一、右之分ニ付而、先々当国へ入わたり所務等をも申付、相静可申旨申談候、此絵図に書付のごとく各請取〳〵罷被越候ても、日本之一ヶ国程千・二千ほと参候分にてハ、山中にて差合程遠候之間、所務等之儀も十分にハ難申付事、

一、小西・小野木先手より罷越候て申候ハ、唐人為加勢加之相越、朝鮮人数加、小西・小野木陣所へ三万計にて取懸候之間、及一戦追崩、千計討捕候由候、小野木弟又六なとも討死仕候、何かた

何之国にて何人成敗仕候も、追崩数多討とり候へハ、敵五百も千もころし候へハ、此方の者も五十・百ツ、相果候、又手負以下も候へハ、勝申候内ニ日本人ハ無人ニ罷成候間、年内之儀如此、先国郡治、今年ハ如何候条、丈夫ニ申付候事、

一、此已前切々可申上処、各先へ渡海候衆、関東・北国・中国なとのやうニ程遠国々へ相こし候へ共、先手も押詰之赴申届候内ニ日数相のひ候、其内ニハ指越も無之付而、令延引候、御次而にハ無油断之通可被御取成候、猶追々可申入候、恐々謹言、

増田右衛門尉
大谷刑部少輔
石田治部少

長束大蔵殿
木下半介殿
石田木工殿
御陣所

（佐賀県立名護屋城博物館所蔵文書）

◇当国（朝鮮）のことについて、おのおの連判して御注進申し上げるので、然るべく（秀吉）御手隙きの時に御披露をお願いします。

一、明国へ年内に侵攻すべく先陣の衆へ指示し、後続の軍勢も後詰めを進めていたところに、小西行長が漢城に戻り、前線では兵粮以下に事欠き、さらに寒天に向かう状況のなかで如何すべきかを尋ねてきました。また、これまでも経路には人数がなく、返り路も容易ではありません。まずは命じられた国郡へ普く入り、年貢収納等をすすめて支配すべきです。（秀吉の軍令を）謹んで辞退すべくおのおの相談し、諒解を得るべきです。

一、これまで名護屋（其方）で受けていた御注進の内容と異なり、朝鮮半島はどこも静謐にはなっていません。恐縮ですが、年内に遼東（遼東川・鴨緑江）を越えて大明国へ侵攻しても、先鋒にたつ軍勢が不充分ですので（ここに軍勢を補塡してしまえば）、朝鮮半島は釜山浦から鴨緑江（遼東）迄の間にある繋ぎの城々に配置すべき人数がなくなってしまいます。（各城に）二〇〇とか三〇〇の軍勢を配置したとしても、なかなか籠城には耐えられないでしょう。拙者はこの御注進状を、実際のありさま通りに申しあげています。

一、右のような次第ですので、まずは朝鮮の各道に普く入って年貢収納等をすすめ、支配を行なうべきです。この絵図に書きましたように、それぞれの軍勢が各分担地域に散開しても、日本で言えば一ヵ国ほどの地域に一〇〇〇か、二〇〇〇ほどの人数を派遣するに留まるもので、山中の疎遠な場所では充分な支配も見込めません。

一、小西行長・小野木重次が前線から戻って報告した内容は、明軍（唐人）が援軍として（鴨緑江を）越えて来て朝鮮の軍勢と合流し、小西・小野木の陣所へ約三万ほどで攻撃を仕掛けてきたので一戦に及びました。反撃して敵勢を一〇〇〇ばかり討ち捕りましたが、小野木重次の弟又六なども討ち死にしました。どこで何人の敵を成敗しても、反撃して数多の敵を討ち取っても、敵を五〇〇も一〇〇〇も殺害しても、味方が五〇や一〇〇人ずつの損害を受け、また手傷を負う者も出てきますので、勝ち戦を継続していくうちに日本人はいなくなってしまいます。年内の様子はこのような次第であり、まずは朝鮮の各地を治めることとして、今年はとにかく堅実な支配をすすめたいです。

一、これ以前にも懇ろに申し上げてきましたが、先に渡海していた軍勢が（日本に例えると）関東・北国・中国などのように遠隔地域へ出ていって、先陣に対し（明国へ向けて）押し詰めるよう指示を送っている間に、日数が嵩(かさ)んでしまい、そのうちに兵站補給も滞ってさらに進軍が延引するでしょう。次も油断なく御取り成しいただきますように。なお、追々に申し入れることといたします。

追って申し上げます。黒田長政（甲斐守）が通ってきた経路の兵粮改めのリスト（注文）を進上します。ただし、これは本道筋ではありません。熊川口(こもかいくち)という脇の道筋です。以上。

三成らは、実際に見聞した朝鮮半島の状況を極めて深刻に受けとめており、秀吉の「六月三日令」遂行が極めて危険であることを認識するにいたった。しかしながら、三成らにとって秀吉の軍令は絶対であり、それを否定するようなことは出来なかった。こうした内容を名護屋に注進することは、秀吉の命に背くことを意味するから、結果的にこの「メモ」の内容が、そのままのかたちで発せられることはなかったと考えたい。

秀吉の「六月三日令」と現実の戦況との間の深刻なジレンマのなか、三成らは極めて妥協的な指示をくだすこととなる。小早川隆景が全羅道から開城(ケソン)付近へ転戦するなど、一部で「六月三日令」の実行が試みられるものの、基本的には諸将が朝鮮八道に展開して経略を進め、兵粮などの兵站確保に努めることとなる。

次にみるのは、漢城の三奉行が連署して黄海道(ファンヘド)にいた黒田長政（甲斐守）に充てた書状である。三奉行が朝鮮半島内で受給した文書はほとんど確認されておらず、三成らの役割をうかがう上で非常に貴重な史料である。

御札幷両使口上之趣、具承候、

一、先年、つなき城一ヶ所之儀、隆景より不被請取由候ニ付而、其方へ申入候処、最前御理之通も承候へ共、輝元煩ニ付而、人数も然々不被相越候間、重而申入候処、可有御拘由尤存候、殊更御同兵庫殿被入置候へハ、一段と丈夫ニ罷成候間、可然存候事候、

一、自然、先手人数之入候刻ハ、隆景より白川かわべへ人数を被入置、さきざき御人数くりこされ候やうにと、隆景へ申入候条、可有其御心得候事、

一、御手前御兵粮三月時分迄御支度候て、其上　上様為御兵粮壱万石計御用意候由尤存候、尚御使へ申渡候条、不能巨細候、恐々謹言、

（天正二十年）十一月廿六日　長盛（花押）

吉継（花押）

三成（花押）

黒甲殿

御返報

（東京大学史料編纂所所蔵影写本「郡文書」）

◇

御手紙ならびに両使者による口上の趣も細かに承知しました。

一、先年、つなぎの城一ヵ所を、（小早川）隆景が引き請けられないとのことで、その方へ依頼しました。いったんは断られたわけですが、輝元が病気という状況で、（毛利勢の）助勢も全然見込めませんので、再び依頼しましたところ、御引き請けいただくとのこと、尤もに存じます。同

じ苗字の黒田兵庫殿を（つなぎの城に）配置されるとのことで、一段と堅固な体制になりますので、非常によろしいと存じます。

一、万一、先手の人数が必要な場合には、隆景が白川の川辺へ人数を入れ置かれ、先々御人数を繰り越すようにと、隆景へ申し入れますので、ご諒解ください。

一、（黒田勢）手前の御兵粮は三月時分の分まで準備があり、さらにその上に秀吉名義の御兵粮を一万石を程度御用意があるとのこと、尤もに存じます。なお、細かなことは御使者へ申し渡しましたので委しいことはひかえます。

現地の諸事情によって、「六月三日令」を完全に執行するには、さまざまな障害があった。全羅道の経略に従っていた小早川隆景は、立花宗茂らの僚将を全羅道に残し、「六月三日令」を実行するため、漢城の北開城付近に展開していた。しかし日本勢には充分な兵力もなく、三奉行らは「つなき城一ヶ所」を警衛を黒田勢に委ねようとした。黒田長政はいったんこの申し出でを断ったようだが、後方では毛利輝元の罹病もあって、小早川勢も充分な軍勢をこの地域に投入することはできなかった。そこで三奉行は、重ねて件の「つなきの」城に黒田勢が入ることを要請し、結果的に長政は叔父にあたる兵庫助利高（勘解由次官孝高の次弟）を派遣することに同意した。これをうけ、万一の場合には小早川勢が援兵に駆けつけるであろうこと、また、黒田勢の手前に来年分三月までの兵粮米が蓄えられ、さらに進軍してくる秀吉のために、兵粮米一万石が用意されている、といった黒田勢の措置を諒として書き送っている。僅少な事例だが、漢城に駐留する三成ら三奉行の職掌がうかがえる格好の史料である。

苦戦する日本勢

その後、三成は他の奉行衆とともに漢城で越年するが、文禄二年（一五九三）になると戦局は大きく変化し、日本の軍勢は一挙に苦境に立たされることとなる。小西行長らの守る平壌城は、正月六日から明・朝鮮軍による攻撃にさらされ、七日黎明からの総攻撃によって支えきれなくなった日本勢は、城を放棄して敗走する。こうした状況下、前線のみならず朝鮮半島全域の戦況は、急速に深刻化する。軍勢の指揮権を朝鮮半島に派遣された奉行衆が代行する体制は、機能不全に陥ることとなる。

この間の情勢について、三成ら朝鮮の諸将が名護屋に報じた注進状が遺っている。緊迫する戦況を反映して、かなり長文で詳細な内容となっている。これはそのまま現地の奉行衆の当惑を反映したものとみなされよう。

此使者昨日路次迄出候処、先手小西方より注進御座候、又黒田甲斐守・隆景より注進御座候間、重而申上候、

一[1]、小西手前兵粮一切無御座候間、とかく在陣不相続候之処、自大明罷立候大明御詫言之儀申候付而、其取嗳を仕可打入支度仕候処、加藤主計先手之者越度之儀、又こもかい辺相動候衆新城不被攻落手負数人出来、其外舟手之儀など、事々敷北京へ申越候ニ付而、数万人唐人罷出小西手前へ取懸候由注進候間、都より一勢かせんほい迄打出隆景人数さき〳〵押出、黒田甲斐守小西所へ可令加勢由申遣候処、今月四日より七日まで昼夜責申、七日ニ及一戦、壱万計討捨候へ共、敵も不相甘、小西兵粮無之ニ付而、小早川先手城迄四日路計打入由、重而注進候間、是非も無御座候事、

一[2]、黒田甲斐守陣所へも右付打入以前ニ三万計取懸候を切崩千三百余打捨候事、

一、(3)甲斐守手前兵粮久御座有間敷候、隆景申談差引無由断可相動候事、
一、(4)都ニハ先書ニも如申上候、去秋手前〱苅田以下たくわへ候兵粮正月中分可有之候、其外ニ去年洛中・洛外改置候兵粮、京着之刻、各扶持方卅日分請取候残、壱万四千石御座候事、
一、(5)都有人数、宰相殿・前但・加遠・治部少輔・刑部少輔・右衛門尉此人数壱万七千之高にて御座候、跡之つなき三ヶ所、河端之城、内裏蔵相抱候ハて不叶城、六御座候、聊無由断普請以下申付候事、
一、(6)自是釜山浦之間、随分此中せんさく仕、つなきの城々丈夫ニ御座候やうに仕候、此以前之分にてハ異儀無御座候へ共、加藤主計先手之者越度以来小西先手引取候間、国々逆徒等つのり可申候条、無人之手前如何御座候ハん哉と存候、別ニ可相加人数も無御座候、又十日路・十五日路わきに有之人数引出候事も合期不仕候、其上相加候ても兵粮無御座候、とかく各不罷渡以前ニ廿日路・卅日路わき〱の国々へ無人ニて入すこし候故、右之分ニ御座候事、
一、(7)隆景なとハ各罷渡候てより、道筋先手へ引出候故、先々迄路さき是ほどニも相続申候、又先手打入候ても別条無御座候事、
一、(8)加藤主計なと遠国へとひこし入過申候間、跡々人数可被引出由、度々申遣候へ共、静謐之由申候て、不罷出候間、是非も無御座候事、
一、(9)去年も如申上候、とかく釜山浦へ兵粮相届候やうに可被仰付事肝要ニ奉存候事、
一、(10)此方警固之衆被仰付候へ共、今之分にてハ順風に成候者、釜山浦辺へ敵舟出候を此方警固おさへ候事成かね可申と存候、其子細ハ此方舟之内ニハ敵かこひ舟ほとの舟ハ一艘も無御座候、敵か

こひ舟ハこもかい面ニも打見へ候分三百艘あまりも有之由申候、又都川へ去年氷はらさる以前ニおし入候も二百艘余乗入申候間、被成御校量かこひ舟の儀をも急度被仰付尤奉存候、

一(11)、兵粮さへ御座候者、各申合、何程唐人罷出候共、打果可申候、何も手前〳〵兵粮無御座候、又かりそめの陣替も五日路・十日路御座候間、御人数差引合期不仕事、

一(12)、福島左衛門太夫手前なとへハ去年以来はや五・六度も敵三万・四万にて取懸申候、度々切崩五百・三百充討捨申候へ共、敵人数ハへり不申候、此方ハ手負重く次第ニ無人ニ成申候、道具以下も損申候事、

一(13)、なこやへ御着座之由候間、両三人ニ一人渡海仕候て可得　御諚と存候ツれ共、此節爰元一人成共引抜罷越候儀、如何御座候条、使者を以申上候、兵粮被仰付、釜山浦ニ慥之物主急度可被仰付事肝要奉存候、此以後ハ跡々つなき城間々自由ニ御座有間敷候条、御注進申上候も難相届存候、路次つなきの城一ヶ所・二ヶ所自然きれ候所御座候をも相続候ほと御人数をも被仰付被差渡候様ニ御披露肝要奉存候、恐々謹言、

（文禄二年）
正月十一日　　増田右衛門尉　長盛（花押）
　　　　　　　大谷刑部少輔　吉継（花押）
　　　　　　　石田治部少輔　三成（花押）
　　　　　　　加藤遠江守　光泰（花押）
　　　　　　　前野但馬守　長泰（花押）

長束大蔵太輔殿

（東京大学史料編纂所所蔵影写本「富田仙助文書」）

石田木工頭殿

◇

この使者は昨日出発していたが、先手の小西方より注進があり、また黒田長政（甲斐守）や小早川隆景のところからも注進がありましたので、重ねて連絡いたします。

一、(1)小西のところには兵粮が一切なく、在陣の継続も難しいと思っていたところ、明国側から明国謝罪の申し出があり、その対応を行なうため、打ち入り（平壌からの移動・後退）の準備をしておりました。（ところが）加藤清正（主計頭）の先手の者が失態をおかし、また熊川（こもかい）付近に展開していた軍勢が新城を攻めましたが果たせず、かえって多くの損害を被りました。そのほか舟手の儀などが北京へ伝えられた結果、数万人の中国勢（唐人）が（平壌）に出てきて、小西勢に攻撃をかけてきたと注進がありました。漢城より開城（かせんほい）まで進出していた小早川勢（隆景人数）は先々へ展開し、黒田長政（甲斐守）や小西勢へ加勢すべく伝えていました。（平壌では）今月四日より七日まで昼夜戦闘が続き、七日には大きな衝突に及びました。（敵を）一万ばかり討ち捨てましたが、敵の攻撃も緩みませんでした。（結局）小西勢は兵粮が尽き、小早川の先手が護る城まで、四日間かかる距離を後退（打入）した由、重ねて注進がありました。是非も無いことです。

一、(2)黒田長政（甲斐守）の陣所へも、右のような次第で、後退（打ち入り）以前に、三万ばかりの敵が攻撃を仕掛けてきましたが切り崩し、一三〇〇余を打ち捨てにしました。

一、(3)黒田長政（甲斐守）の陣所も兵粮は長くもちませんので、隆景と相談して兵粮の消耗を考慮して行動すべきです。

一、(4)都（漢城）には、先書にも申しあげましたように、去秋にそれぞれが苅田以下を行なって蓄えた兵粮が、正月中の分はあります。その外に去年、漢城の内外に残し置いた兵粮を、軍勢が京着した時に各軍に配当する扶持方を三〇日分請け取るとして、残りは一万四〇〇〇石となります。

一(5)、都（漢城）におります軍勢は、宇喜多（宰相殿）・前野長康（但馬守）・加藤光泰（遠江守）・石田三成（治部少輔）・大谷吉継（刑部少輔）・増田長盛（右衛門尉）などで、これらの人数は一万七〇〇〇となります。漢城以外には繋ぎの城が三ヶ所、漢江流域や（兵粮を備蓄する）内裏蔵を護るために必要な城が六つ要りますので、これらについて油断なく普請などの指示を行なっています。

一(6)、都（漢城）から釜山浦（ふさんかい）の間については、この間随分と綿密に調査し、つなぎの城々を丈夫に構築することにしました。以前の計画のままで問題はありませんが、加藤清正（主計頭）先手の者が失態を犯し、小西勢の先手が撤退しましたため、朝鮮国内の逆徒らが激化しました。兵力が不足するなか、どう対処すべきかと検討しましたが、ほかに兵力のゆとりもありません。一〇日路（行軍に一〇日間を要する距離）あるいは一五日路の距離にある沿線の兵力を割くことも、思い通りにはなりません。その上（万一）兵力を増強したとしても、それに見合う兵粮がありません。とにかく朝鮮への新たな軍勢の上陸がない段階で、二〇日路あるいは三〇日路の（遠）距離にある国々へ、兵力もなく深入りしすぎたために、かかる事態に立ち至ったのです。

一(7)、（小早川）隆景らは、新たな軍勢が上陸したのち、侵攻幹線（道筋）の前線に展開しましたので、最前線に進出しても、期待通りに持ちこたえています。さらに先へ展開しても、問題はないでしょう。

一、[8] 加藤清正（主計頭）らは、遠国は無計画に入り込み過ぎたので、従来の場所まで引き退くようにたびたび使いを出していますが、（征服地）は穏やかに治まっているとして、後退してきません。どうしようもないことです。

一、[9] 去年も申しあげましたように、とにかく釜山浦へ兵粮が到着するように命じられることが肝要と考えます。

一、[10] こちらでも船手（警固之衆）に軍令は下していますが、現状は、順風になると釜山浦辺へ敵舟が現れ、こちらの船手はこれを抑えることができません。その理由は、こちら側には敵方にある「かこひ舟」のような軍船が一艘もないからです。敵の「かこひ舟」は、熊川表（こもかい面）に確認される分だけでも三〇〇艘あまりもあります。さらに、昨年漢江（都川）が凍結する以前に押し入ってきた軍船も、二〇〇艘余を数えました。充分にご検討いただき、我が方にも「かこひ舟」を備えられることが尤もと思います。

一、[11] 兵粮さえ充分であれば、諸将相談の上、どれほどの敵勢が出てこようと、打ち果すことが出来ますが、どの軍勢も兵粮は不足しています。また、一時的な陣替であっても、五日あるいは一〇日を要する行程で、軍勢の調整も思った通りにはなりません。

一、[12] 福島正則（左衛門太夫）の陣所には、去年以来はや五・六度も敵勢が三万・四万にて攻撃をかけてきました。そのたびごとに切り崩し、五〇〇・三〇〇ずつを討ち捨ててきました。（しかし）敵の人数は一向に減少もせず、こちらは損害も重く、徐々に無勢となっており、兵器への損害も著しいものがあります。

一、(13)（秀吉様が）名護屋へ御帰還されましたら、側近のうち一名が渡海して秀吉の軍令（御諚）を伝えてほしいと考えておりましたが、（それがかなわないようなので）こちらから一人なりとも選抜して名護屋へ向かわせたいと使者に言伝しています。兵粮の手当と、釜山浦に然るべき指揮官（物主）を確実に派遣するべく、（秀吉様に）ご指示いただくことが肝要と考えます。今後は、つなぎの城々の連携もなかなか順調にはいかないと危惧されますので、（名護屋へ）御注進を差し上げるのも困難となります。経路にあたるつなぎの城が、一ヵ所でも二ヵ所でも、万一連携が遮断された場合には、そこを回復できるように軍勢を増派していただくよう（秀吉様へ）御披露いただくことが肝要と考えます。

既述のように、漢城には主将たる宇喜多秀家（宰相）のほか、前野長泰（但馬守）・加藤光泰（遠江守）らの諸将と、三成・増田長盛・大谷吉継の三奉行が率いる一七〇〇〇の軍勢が駐屯していた。後の箇条からは、当時の漢城には維持すべき城が六つあったことがわかる。具体的には、宇喜多秀家のつめる主城とその支城（「つなき」）が三ヶ所、さらに漢江（ハンガン）を抑えるための城（「河端之城」）と兵粮米を収める蔵（「内裏蔵」）を護るための城であろう。また、これら漢城駐留軍のための兵粮としては、文禄二年（一五九三）正月分までの確保分とともに、各軍勢に配り終わったのち一万四〇〇〇石程度が残っている、とある。これは前述の「内裏蔵」に蓄えられたものであろうか。

平壌を脱した小西行長・宗吉智らは、八日に黄海道鳳山（ボンサン）に到着する。ここは大友吉統（よしむね）（初名「義統」）が護っているはずであったが、すでに大友勢は城を棄てて遁走していた。平壌城包囲の報が、城は陥落して主将小西行長らも討ち死にした、という具合に誤って伝えられたともいうが、いずれにしろ戦線離脱に変わりはない。再起の望みを絶たれた小西行長らはさらに南下を続けて、ようやく黒田勢と合流する。当時、黒田長政は黄海道の白川（ペクチョン）にいたが、明軍の追撃を避けるため、ともども小早川隆景・吉川（きっかわ）広家の拠る京畿道（キョンギド）の開城へ退く。しかし、開城に集結した軍勢も、戦線を立て直す意味から、ほどなくこぞって漢城への移動を開始する。漢城から開城に派遣された大谷吉継の議をうけ、主力を漢城に集めて決戦に臨もうとしたと伝えられる。

重而御注進申上候、

一、(1)先書に如申上候、小西手前数度之合戦に道具以下、悉打折、兵粮無之付而、黒田甲斐守陣所迄打入申候、甲斐守陣取之事、自最前如致言上候、所務一篇に懸候て、路次筋にても無御座候、小西人数は道具以下こと〳〵く、そんし申候、自跡加勢仕候ても、彼表迄おし出し候へハ、跡々に残置候人数も無御座候、其上彼地兵粮も小西一手に相加候へハ、久敷間もつつき不申候条、かせんほいまて引取申候事、

一、(2)唐人罷出候者、かせんほい表において、各申談、可討果に相究候へ共、敵大軍海陸相催候付而、うき〳〵と不罷出候、然者かせんほい・都之間の河、氷き丶候へハ、わたり不輙候、其間に彼地の兵粮も無御座候条、無詮所之在陣にて御座候間、隆景・甲斐守・小西何も都へ打入申候、都河・かせんほい川之氷四五日中にき丶可申候、然者定而番船のり入り、唐人・此の国の者共可罷出候哉、都近辺へ於罷出者、討果可申儀、案の内にて御座候事、

一、(3)敵番舟存之外丈夫に御座候而、兵粮・人数差渡候事自由に不有御座候条、釜山浦・都之間之城々へ取懸候ハ丶、如何可有御座哉と、無心元存候、都より三日路・四日路之間ハ懸付、討果可申

候へ共、其さき〳〵ハ山坂中、助勢難成存候、又つなきの城々ハ互にすけあいもなりかね可申候、其故ハ朝鮮者計にても敵猛勢にて御座候間、あとさき城々へ二万も三万も手当を仕候へ者、何へ取懸可申も不存体に仕候て、此以前も切々跡々城々へハ取懸申候道者、城々普請無由断申付候間、早速に押破候所ハ御座有間敷候条、弥可入念候事、

一、(4)毛利壱岐一手之衆よひ出し、都より跡のつなき城、備前宰相殿御抱分相渡可申由申談候、二三日中に可被相越候間、宰相殿人数都へ引よせ可申候事、

一、(5)都之兵粮去年改置候内、各着陣之刻、扶持方卅日分相渡、其外さき〳〵上下之人数ふちかたに相渡、残而壱万四千石御座候、先手引入候衆に兵粮相渡、又都にはしめより在陣之衆、二月已後算用仕候へ者、三月中之分者可有御座候事、

一、(6)都之近辺へ唐人罷出候者、悉討果、大明迄之御陣を明可申候、自然不罷出候者、秋之時分にて御座候へ者押詰可申候へ共、さき〳〵一切兵粮無御座候之間、其段難成御座候、忠清道・全羅道へ日本之御人数入渡不申候間、都之兵粮無御座候者、各申談、彼両国へ相動成敗可申付候、去年初入とハ相替可申候之間、此両国へおし出候ても兵粮之儀者如何と存候、

一、(7)釜山浦之湊へ当国・大明之番舟、自然おし入可申段、気遣も存候之条、ふさんかい湊口当方に城々無御座候て不叶所にて御座候、然者輝元陣所道筋にても無御座候之間、釜山浦へ可被出之旨、安国寺申談差越候、彼城所彼是絵図を以申上候事、

一、(8)加藤主計手前委細先書に申上候、主計・鍋島其外一手に罷成候者、別儀者御座有間敷と存候事、

一、(9)右如申上候、跡々つなきの城々、三月中之兵粮相続かね可申候、菟角忠清道・全羅道両国討果

候者、敵番舟もよわり可申候之間、何も手前之兵粮無御座候者、申談、彼両国へ相動可申候、都・ふさんかいの間、丈夫に相抱可申由、被仰下候、二月過候迄ハ国々事外かんし申候条、動も難成候之間、旁兵粮御座候内ハ跡々城々へも堅固ニ御座候様に随分可申談候事、

一、(10)去年以来、在々地下人召直、年貢以下納候才覚も色々仕候へ共、日本御人数無人にて国郡へ一円に入渡不申候ニ付て、人質を取、何事を申聞候ても、正儀無御座候、如此無人にて入過候て者、さき〳〵のつなき城にも御人数引たり不申候事、

一、(11)釜山浦へ兵粮之儀被仰付、忠清道・全羅道成敗申付上におゐて御仕置之儀可被仰下候、菟角此国ひろく御座候て、此方御人数無人に候之間、海端・河へりに付て、城々丈夫ニ被仰付、連々に静謐仕候様に可被仰付候哉、海上不自由に御座候故、去年八月御注進申上候飛脚此程罷帰候、其後度々御注進申上候へ共、終被仰出儀不相聞候、此方使も不罷帰候間、乍愚意重畳申上候、此等之趣、宜預御披露候、恐々謹言、

（文禄二年）
正月廿三日

増田右衛門尉　長盛（花押）
大谷刑部少輔　吉継（花押）
石田治部少輔　三成（花押）
加藤遠江守　光泰（花押）
前野但馬守　長泰（花押）

長束大蔵太輔殿
山中橘内殿

（東京大学史料編纂所所蔵影写本「金井文書」）

木下半介殿

　重ねて御注進を申し上げます。

◇

一、(1)前の書状で申し上げましたように、小西勢は数度の合戦で軍備をことごとく損耗し、兵粮も枯渇しておりますので、黒田長政（甲斐守）の陣所まで後退（打入）しました。黒田勢の陣地取りは、最前も言上したとおり、所務など年貢の収取を第一に考えたもので、（その結果）細かな拠点配置にはなっておりません。小西の軍勢は兵器の損傷も甚大で、後方から援軍を出しても、最前線まで軍勢を押し出せば、その中途を警備する兵力がなくなります。さらに、黒田勢の兵粮も、そこに小西勢が加わることで、（消費量が増え）長くは持たなくなりました。結果、開城(かせんほい)までの撤退となりました。

一、(2)明の軍勢が出てきたら、開城（かせんほい表）で談合して迎撃すると決定しましたが、敵の大軍は海陸から襲ってきますので、具体的対応も決めきれず出勢することもできません。さらに、開城と漢城の間を流れる河が氷結すると、渡河も容易ではなくなります。そうこうするうち、開城の兵粮も枯渇します。結果、意味のない在陣となりますので、小早川・黒田・小西勢も漢城（都）へ移動します。漢江（都河）や臨津江（かせんほい川）が、数日内に氷結すれば、必ず敵の軍船が襲来し、明軍や朝鮮の兵が押し出してくるでしょう。漢城の近辺へ敵勢が出てくれば、討ち果たします。これは想定内です。

一、(3)敵の舟手は思いのほか強力で、（日本からの）兵粮・人数輸送もうまくはいっておりません。（こうした状況で）、釜山浦(ふさんかい)と漢城のあいだの城々が攻撃されたら、どう対処すべきか心配です。

漢城から三日・四日かかる程度の距離であらば、駆けつけて撃退できますが、さらに遠距離の場合は険阻でもあり、助勢は不可能です。また、拠点を結ぶ「つなきの城々」も、相互に援軍を出し合うこともできません。というのも、朝鮮人のみの敵であっても勢いは激烈で、どこか前後の城々に二万とか三万とかの兵力を入れていても、敵がどこへ攻め入ってくるか見当もつかないからです。これまでも敵がしばしば攻撃を仕掛けてきたところには、城々の増強を行なっています。すぐにどこかが押し破られるというような事態は無いでしょうが、さらに念を入れる必要があります。

一、[4]毛利吉成（壱岐守）勢の一部を移動させ、漢城と後方の連携にあたる城で、（これまで）宇喜多秀家（備前宰相）殿が担当していたものを（毛利勢に）引き渡すことになりました。二、三日中に（毛利勢が）到着するでしょうから、宇喜多勢（宰相殿人数）は漢城に収容します。

一、[5]漢城の兵粮を去年調べましたが、それぞれの軍勢が着陣した際に扶持方として三〇日分の兵粮を配り、そのほかにもさまざま扶持方として渡した結果、残りは一万四〇〇〇石となりました。前線から戻った軍勢に兵粮を渡し、また、漢城に以前から在陣する軍勢の分を勘案して二月以降の状況を試算しますと、三月中の兵粮は確保されています。

一、[6]漢城近辺へ明軍が出てくれれば、一挙に殲滅して、明国にいたる陣所を確保します。万一明軍が出て来なければ、秋頃を目安に攻勢をかけることができますが、（現状では）兵粮がまったくありませんので、そうもいきません。忠清道と全羅道へは日本の軍勢が入っておりませんので、漢城の兵粮欠乏という事態を打開するため、諸将談合の上、これらの両道を攻めようと思います。

（しかし）去年初めて攻め込んだ時とは状況も異なっていますので、忠清道と全羅道を制圧しても、兵粮が確保できるかどうか保証はできません。

一、(7)釜山浦を抱える湊に、朝鮮あるいは明国の軍船が万一攻撃を仕掛けてきたらという心配があります。釜山浦湊口には、日本側の城々がなくてはならないところです。毛利輝元の現在の陣所が（漢城から釜山への経路から）外れていますので、釜山浦に要害を構築するという指示は（輝元に代わって）安国寺に説明して行かせます。釜山に城を構築するにあたり、あれこれと絵図を以って状況を知らせます。

一、(8)加藤清正（主計頭）のことについては、前の書状でも述べました。加藤勢・鍋島勢も、漢城にいる軍勢と合流すれば、取り立てて問題はないものと考えています。

一、(9)右に申し上げたように、後方の「つなき」の城々でも、三月中の兵粮もおぼつかない事態に陥っています。ともかく忠清道・全羅道の両地域を制圧すれば、敵の船手も弱体化するでしょうから、どの軍勢も兵粮はありませんが、談合の上、この両道へ侵攻することとします。（また）漢城・釜山浦間をしっかりと確保するよう（秀吉から）指示がありましたが、二月すぎまではあらゆる地域で寒気が厳しく、軍事活動もできなくなります（ので）、それまで兵粮が続く間は、後方の城々についても堅固に維持するよう、しばしば話合っています。

一、(10)去年以来、逃亡していた朝鮮半島の農民を在々に呼び返し、年貢以下の徴発について工夫を凝らしていますが、日本人の数が少なすぎて、朝鮮各地の隅々まで人数を派遣することができません。（在地から）人質を取り、いろいろ命じても成果はありません。このように少ない人数のまま奥地に入りすぎると、前線との「つなき」の城に充当すべき人数にも不足を来すことになります。
一、釜山浦へ兵粮廻漕をお命じいただき、忠清道と全羅道を制圧したのち統治するように、との指示がありました。（しかしながら）とにかくこの国は広大です。味方の人数が少ないので、海端や河縁に城をいくつか構築し、相互に連携して地域を制圧するよう、お命じいただけないでしょうか。海上の行き来が思うにまかせませんので、去年の八月に名護屋へ御注進に向かった飛脚が（ようやく）このほど帰着しました。その後もたびたび名護屋へ御注進を申し上げていますが、結局何の返信も得てはおらず、こちらから遣わした使者も戻ってはおりません。愚かな考えを重ね重ね申し上げますが、趣旨をよろしく（秀吉に）御披露ください。[11]

さきの史料から一・二日を経たのちの連署状である。いったん開城（ケソン）に結集した軍勢は、さらに漢城まで後退し、そこで敵勢の来襲を待とうとしている。秀吉の叱責を畏れ、つねに攻勢に転じられることを強調はするが、三成らが悲歎にくれる様子が伝わってくる。兵粮不足は極めて深刻であり、日本側にとって致命的な事態であった。朝鮮半島でも穀倉地帯として知られる忠清道・全羅道の制圧も提案されているが、現実性あるいはそれに成功したとしても、兵粮が確保できるかどうかについては懐疑的ですらある。

最後の箇条で、三成らは通信の途絶を嘆いている。この注進は名護屋の秀吉に達したようであり、秀吉は兵力再編・兵站確保をはかるため、浅野長吉（弾正少弼（だんじょうのしょうひつ））と黒田孝高（官兵衛、官途は「勘解由次官（かげゆのすけ）」）両名の朝鮮渡海を決する。浅野長吉の朝鮮渡海は、秀吉が名護屋城に再入城した折にも計画され

（秀吉は実母大政所危篤の報をうけていったん名護屋を離れ、十一月一日に再び名護屋城に戻った）、改年早々に実施される予定であったが、徐々にずれ込んでいた。

さて、こうした劣勢のなか、正月二十六日には小早川隆景や立花宗茂らの軍勢が、漢城を目指して南下する明・朝鮮軍を、碧蹄館（ピョクチェグァン）の戦いで破る。三成ら三奉行はその捷報をすみやかに名護屋に伝えた。また、三成自身も碧蹄館で戦った諸将に軍功を讃える書状を発している。一例をあげておく。

昨日之御手柄無是非次第候、仕合之段珍重存候、以参可申入候へ共、却而如何候条、先以使者令申候、猶以面拝可申述候、恐々謹言、
（文禄二年）
正月廿七日　三成（花押）

（包紙）
「　　　石治少
　　　　　　三成
毛利七郎兵衛尉殿
　御陣所　」（東京大学史料編纂所所蔵影写本「厚狭毛利家文書」）

◇昨日の御手柄望むところであり、めでたく存じます。お目にかかってお祝い申すべきですが、かえって大事になりますので、まず使者を遣わします。なお、お会いしたときにお話します。

これに先だって、豊臣秀次の使者丹羽五平次が、諸将を労うため朝鮮に派遣されていたが、二月上旬に日本へ帰還することになる。この際も、三成ら三奉行は諸々を指示し、帰途の便宜を計っている。

従　関白様之御使丹羽五平次殿御帰朝之人数拾九人・小荷駄壱疋さき〳〵送之儀被入御念、丈夫ニ

可有御申付候、五平次殿乗馬幷小荷駄等之儀、さき〳〵の城迄御馳走肝要候、恐々謹言、

（文禄二年）
二月二日

増田右衛門尉　長盛（花押）
大谷刑部少輔　吉継（花押）
石田治部少輔　三成（花押）

（伊東）
伊藤民部大輔殿

（東京大学史料編纂所所蔵影写本「田中文書」）

◇関白秀次様の御使者丹羽五平次殿の御帰りに際し、人数一九人・小荷駄一疋を帰途入念に送り届けられるように命令があると思います。五平次殿、乗馬ならびに小荷駄などを先々の城までお世話いただくことが肝心です。

充所の伊東祐兵（民部大輔）は日向飫肥を領する大名で、三奉行の立場で直接に指示を出せるものではない。おそらく宇喜多秀家あたりが「申し付ける」のであろう。したがって、この連署状は副状の位置づけになり、帰還に従う人数や小荷駄の数などの詳細を伝える意味合いがあったと判断される。

こののち日本勢は、続く二月十二日にも、権慄率いる朝鮮の軍勢が籠もる幸州山城を攻めた。攻め手は小西行長を先鋒にして、これに三成ら三奉行と黒田長政、宇喜多秀家、吉川・毛利勢が従い、後詰めは小早川隆景がつとめた。ところが、日本勢はここで大敗を喫してしまい、宇喜多秀家・吉川広家・前野長泰らと同じく、三成自身も手負いを蒙るという始末であった。こうして両軍の一進一退が続き、戦線は漢城の北で膠着する。

三成ら三奉行の漢城駐留という状況は変わらないが、明・朝鮮軍の圧迫を強くうけるなかでの籠城で、漢城の状況は大きく緊迫した。さらに、それまで漢城以北に展開していた多くの軍勢が漢城に籠城する

れている。

ということで、兵粮事情も一挙に悪化した。この漢城籠城期の三成については、次のような史料が残さ

安宅三郎兵衛方迄御状、令拝見候、其元御在津、御普請被仰付候由、尤候、我等儀も一両日中其地へ可参候間、以面上重可申承候、猶期後音候、恐々謹言、

（文禄二年）三月廿二日　　石治少
三成（花押）

相良宮内太輔殿
御返報

（大日本古文書『相良家文書』七〇八号）

◇安宅三郎兵衛方迄に御手紙頂き拝見致した、そちらは御在津の上、御普請中とのことで、もっともに存じる。私も一両日中にそちらへうかがう予定なのでお目にかかってお話を承りたい。

安三兵陣所相隔ニ付而、御使我等迄承候、御状之通、則申聞、御報被申候、何様一両日中其地へ可被参候間、以面上可申上候、恐惶謹言、

三月廿二日　　駒井権五郎（花押）

相宮太様
人々御中

（大日本古文書『相良家文書』七〇九号）

◇安宅三郎兵衛の陣所が隔っておりますので、御使者には私どものところまで廻っていただきました。御手紙の内容、（三成に）申しあげましたので、（三成から）返信があると思います。一両日中にそ

ちらへうかがう予定ですので、お目にかかってお話をうけたまわります。

文書の充所である相良頼房（宮内大輔）は、加藤清正や鍋島直茂らとともに、咸鏡道に展開していたが、二月末までには漢城に戻っている。この段階では、漢城内での普請に従事していたことがわかる。三成の書状に「其元御在津」とあることから、漢江の河畔の城にいたものと推察される。相良頼房は、石田家中の安宅秀安（三郎兵衛）に充てて書状を発しているが、安宅秀安は三成と同陣していない。家中とはいえ、別の陣所普請に従っていたのである。また、あとの文書から、駒井権五郎が、三成の側近くで仕えていたことが確認される。いずれにしろ、明・朝鮮軍の軍事的圧力をうけるなか、漢城の各地で防御拠点の増強が進められていたことがわかる。

一方、明軍の内部にも厭戦気分が拡がっていき、三月ころから明の使節沈惟敬と日本側小西行長との間で、講和の可能性が探られることとなる。平壌で小西行長が沈惟敬の策謀に欺かれた（明軍降伏の申し出を偽り、援軍到着の時間稼ぎをした）という経緯もあり、日本側も容易に沈惟敬の提案を信じるわけにはいかなかった。しかし、日本勢が支配していた漢城は、まさしく地獄そのものであった。のちに、日本勢退却の二日後に明の提督李如松が漢城に入ったときには、「（漢城）城中の遺民は一〇〇に一、二で、その存する者は皆飢餓疲困し、日気烘熱し、馬疫流行し、人馬の死するもの相枕し、臭穢城に満ち、城の内外に白骨が堆積していた」という（三木栄『朝鮮医学史及疾病史』）。兵粮の絶対的な不足や疾病の蔓延という事態を抱え、日本勢の漢城保持はほとんど不可能な状態に達していたのである。とはいえ、そのまま撤兵を開始すれば、明・朝鮮軍の追撃に晒されて甚大な被害を蒙ることもまた明らかであった。漢城での自滅・自壊を防ぐ日本側の手だてとしては、沈惟敬の提案を受け入れ、休戦状態に持ち込むほか選択肢はなかったのである。

また、明からの休戦・講和使節を受け入れることで、秀吉に対する説明も可能となる。使節の派遣は、とりもなおさず明の「降伏」を意味する。秀吉の軍勢は「征明」こそ果たせなかったものの、見事に明を「降伏」させたのである。そこでは漢城からの撤退も、あくまで敗北を認めた明との間で結ばれた講和条件に沿ってなされるものにすぎず、決して敗戦の結果ではない。実態はともかくとして、明からの使節派遣に拠ることでこうしたレトリックが成立することになる。

しかし、その講和使節なるものもまた、明の正式の使節ではなかった。その正体は、宋応昌（ソンインチァン）幕下の参将謝用梓（シエヨンズウ）と遊撃徐一貫（シイーグァン）という者たちであり、明国皇帝の意志とは関係のない、いわばでっちあげの偽物の勅使であった。明軍のほうでも、みずからの国家的体面を傷つけることなく、日本国内を探情する目的を持たせつつ、彼ら偽りの使節を日本側の陣営に投じたのである。いうまでもなく三成はもとより、日本勢は偽使節であることなど知るよしもなかった。四月十七日、偽りの勅使二名を受け入れた日本勢は、漢城からの撤退を開始する。この行軍中には、このほか朝鮮の王子二名の姿もあったが、彼らはいずれも追撃を防ぐ人質としての意味合いも持っていた。こうして、その場しのぎを偽りで扮飾したような講和交渉が開始されることになった。秀吉がはじめた「唐入り」も、大きな局面転換を迎えることになる。

三　日本軍の撤退と倭城の構築

明使節の受け入れ

日本勢は、謝用梓(シエヨンズウ)・徐一貫(シイーグァン)ら明軍の使節を受け入れることで、漢城(ハンソン)からの撤退を開始する。三成ら三奉行は、文禄二年（一五九三）四月十八日、島津義弘（羽柴兵庫頭）・中川秀成（小兵衛）・福島正則（左衛門大夫）ら二十一名の諸将に充てて次のように指示をした。

急度申入候、

一、大明国惣大将より無事之儀申越、最前之ゆうげき小摂陣所ニ逗留仕、日本へ渡候勅使、昨日十七日ニ罷越候、即無事旨を以、此面打入候事、

一、日本へ渡海候大明之勅使、官人、下々共ニ乗馬五十疋之事、

一、小荷駄百疋之事、

一、右之ふるまいハ、勅使・官人上五人之事、

一、下々ハ、めしさへたへ候へハ、いかやうに候ても、不苦之由候、百人計可有之事、

右之通、何もニおゐて可有御用意候、おき所・ざしきなとも可然様ニ可被仰付事、専一候、恐々謹言、

（文禄二年）卯月十八日　　増右　長盛

大刑少　吉継

石治少　三成

（充所二十一名省略）

（大日本古文書『毛利家文書』九三〇号）

◇確実に申し入れます。

一、大明国の惣大将から和平の申し入れがあり、先般明軍の遊撃将軍が小西摂津守行長の陣所に滞在中です。日本へ渡る予定の明国勅使は昨日十七日、すみやかに和平を進めるため、当所に到着しました。

一、日本へ渡海する大明国の勅使は、官人・下々ともども乗馬五〇疋の規模です。

一、小荷駄は（馬）一〇〇の規模になります。

一、右のうち、饗応の対象となるのは、勅使と上位の官人の五人となります。

一、下々については食事のみを与えるだけで充分で、一〇〇くらいの規模となります。

右の通り、万事準備をすすめるべきです。滞在場所・座敷なども、よろしくお願いします。

この間の経緯を説明し、使節（「大明之勅使」および「官人」）の護送について指示を与えている。充所の諸将は、漢城以南に展開する日本の軍勢である。右のような指示を発して、三成も漢城を離れ増田（ました）長盛・大谷吉継・小西行長らとともに、日本に向かう明使に同行する。

態申入候、此地ニ兵粮・大豆・雑穀等有之事候由ニ存候ハ、あとより之御使衆両人、爰元迄定可罷出候条、諸事備之儀をも可申談と存候処に、不罷出候条、不及是非候、然者今度之御朱印ニも、ちうとに九州衆在陣候様ニと、御かき付候、舟着へ惣人数被打出候而も、兵粮之儀未相着間敷候哉、就之浅弾・黒勘も定みやきノ辺まで者不罷出候間、彼地へ早々罷越申談候而、此地へ御左右可申入

候条、其間之儀、各此地之兵粮御請取候而、御逗留尤ニ存候、為其申入候、
卯月廿六日（文禄二年） 増右
大刑少
石治少
黒田甲斐守殿
豊後侍従殿
毛 壱岐守殿
羽柴兵庫頭殿
秋月殿
伊藤殿
高橋殿
又七殿
加藤主計殿
鍋島加賀殿
（『薩藩旧記雑録後編』二―一一〇一号）

◇態々（わざわざ）申し入れる。ここに兵粮・大豆・雑穀などが確保されていることを知れば、御使衆の両人もここまで出張って来るであろうから、諸事備えのことなどを相談しようと思っていたが、ここまで出てこないようなので、どうしようもない。今度の（秀吉）御朱印状に、九州の諸大名は（漢城と釜山の）中途に在陣するように書かれている。港（舟着）へ惣人数が移動しても、（それに見合う）兵

糧の手当はできないであろう。それにつき、浅野長吉（弾正少弼）や黒田孝高（勘解由次官）も、おそらくは「みやき」付近までは出てこないだろうから、（こちらから）彼の地へ早々に出て行って相談を行ない、それを受けてこちらに連絡をいれる。その間、おのおのは、ここで兵粮を請け取り、しばらく滞陣するのがよろしかろう。

ここにみえる「御使衆両人」とは、後段に登場する浅野長吉（弾正少弼）・黒田孝高（官兵衛、官途は「勘解由次官」）を指す。この両名は、秀吉から戦局の立て直し、および兵站補給体制の見直しを指示され、文禄二年（一五九三）二月の後半に名護屋を発して朝鮮半島に至った。ここで三奉行のいう「此地」がどこに比定されるのか定かではないが、あるいは尚州あたりであろうか。いずれにしろ、浅野長吉・黒田孝高の両名は、三奉行の期待に反して半島内部に移動することもなく、沿岸部に留まっている。奉行衆が言及するとおり、内陸部の兵粮事情を危惧したのであろう。両名は「みやき」（当時、日本側の史料では密陽を「みりやき」と写しており、「みやき」は密陽を指すと考えられる）の付近までも出てはこないであろうから、三奉行側が浅野・黒田の在所まで出向き、そこでの談合を踏まえて、さらなる指示を与えると告げている。

結果的に三成らの一行は南下して、浅野長吉（弾正少弼）と梁山で面談した（五月二十三日付池田孫右衛門尉殿充て某書状・東京大学史料編纂所所蔵影写本「富田仙助氏所蔵文書」）。一方の黒田孝高は、秀吉の指示をうけるため名護屋へ戻るが、この行為は戦線離脱の軍令違反とされて厳しく叱責をうけることとなる。

その後、三成らの一行は、五月六日までに釜山に到着している。名護屋在陣中の佐竹家中の佐藤大隅守から書状をうけた三成は、この日付で次のような返書を発する。

当面為御見廻、御飛札遠路本望之至候、仍而当国之儀唐国より御侘言申上、平均ニ相済、任御諚とて、我等も至釜山浦罷出候、何様不図可令帰朝候間、其節可申承候、遙々飛札尤不及申候、御懇意之至候、恐々謹言、
（文禄二年）五月六日　三成（花押影）
佐藤大隅守殿　御返報
（家蔵文書三五「佐藤八十郎所持文書」六号・『茨城県史料　中世編Ⅳ』）

◇朝鮮表への陣中見舞いとして、遠路御急便をいただき本望の至りです。唐国から謝罪を申し入れてきましたので、朝鮮は平定され、秀吉の命に従い、私も釜山に到着し、即座に日本へ戻る予定です。その節お話は承ります。遠路の急便、言うまでもないですが感謝します。

釜山に入った三成は、ここでも明国からの謝罪（「唐国より御侘言」）をうけて朝鮮の平定が実現したと述べ、間もなく日本へ戻ると告げている。

三成らの一行は偽りの勅使を伴い、五月十三日早暁に名護屋に到着する（「大和田重清日記」）。秀吉の明使節への引見は、五月二十三日に行なわれた。明の使節は、その後しばらく名護屋城に留め置かれるが、石田三成・増田長盛・大谷吉継らは五月二十四日、慌ただしく朝鮮に戻っていく（「大和田重清日記」）。三成らの再渡海は、朝鮮半島での「御仕置」のためであった。

漢城から南下してきた日本の諸将は、朝鮮半島南岸での拠点となるべき城郭・要害（いわゆる「倭(わ)城(じょう)」）の構築を進め、それに一定の目処がつくと慶尚道(キョンサンド)の要衝である晋州(チンジュ)城の攻略に従うこととなって

いた。三成らはこれらを督すため、慌ただしく朝鮮半島に再渡海したのである。

三成は六月十六日付の相良頼房（長毎）充て書状で、「一両日中」の熊川訪問を告げており（大日本古文書『相良家文書』七一二号）、構築中の各要害をつぶさに検分しているようである。さらに、日本勢は六月二十一日から晋州城の包囲し、攻撃を開始した。同月二十九日、晋州城は陥落する。

一方、名護屋では、秀吉が明国に対する和平案を提示しており、六月二十八日に、明軍からの使節一行は名護屋を発ち、朝鮮半島へ戻っている。ちなみに、この日は晋州陥落の前日にあたる。

また、秀吉はすでに朝鮮に戻っていた三成ら三奉行と小西行長に充てても、「大明日本和平条件」として同様の案を書き送っている。

大明日本和平条件

一、①和平誓約無相違者、天地縦雖尽、不可有改変也、然則、迎大明皇帝之賢女、可備日本之后妃事、
一、②両国年来依間隙、勘合近年断絶矣、此時改之、官船・商舶可有往来事、
一、③大明・日本通好、不可有変更旨、両国朝権之大官、互可題誓詞事、
一、④於朝鮮者、遣前駆、追伐之矣、至今弥為鎮国家、安百姓、雖可遣良将、此条目件々於領納者、不顧朝鮮之逆意、対　大明、割分八道、以四道幷国城可還朝鮮国王、且又前年、従朝鮮差三使、投木瓜之好也、余蘊付与四人口実、
一、⑤四道者既返投之、然則朝鮮王子幷大臣一両員為質、可有渡海事、
一、⑥去年朝鮮王子二人、前駆者生擒之、其人非凡間、不混和平、為四人度与沈遊撃、可帰旧国事、
一、⑦朝鮮国王之権臣、累世不可有違却之旨、誓詞可書之、如此旨趣、四人向大明勅使縷々可陳説之

者也、

文禄二年癸巳六月廿八日　御朱印

石田治部少輔
増田右衛門尉
大谷刑部少輔
小西摂津守

（内閣文庫所蔵『両国和平条件』）

◇大明日本和平条件

一、(1)和平誓約のことに相違がなければ、天地がたとい尽きるとも、改変があってはならない。然ればすなわち、大明皇帝の姫を迎え、日本の后妃とすること。

一、(2)両国は長年にわたって間隙を生じていたため、勘合は近年断絶している。この際これを改め、官船・商船が往来すること。

一、(3)大明と日本との通好は決して変わることがない旨、両国朝権の大官が互いに誓詞を題（しる）すべきこと。

一、(4)朝鮮に対しては前駆（さきがけ）を遣わし、追伐した。今も国家を鎮め、百姓を安んじるため、良将を派遣している。（しかしながら）この条目の件々が諒解されるなら、朝鮮の逆意を忘れ、大明国に対して、朝鮮を八分割し、四道と国都・漢城を朝鮮国王に還付する。かつまた、前年に朝鮮が三人の使節を日本に遣わしたのは、よい贈物を交換する契機となった。さらに付け加えるべきことは、四人（石田三成・増田長盛・大谷吉継・小西行長）の口述に委ねる。

一、[5]四道はすでに返還した。この上は、朝鮮の王子ならびに大臣一二名を人質として、日本に渡海させるべきこと。

一、[6]去年、朝鮮王子の二人を、前駆の者（加藤清正）が生擒（いけど）った。その人となりが非凡であることは和平を問わない。四人で沈惟敬遊撃将軍と相談の上、旧国（朝鮮）に帰すべきこと。

一、[7]朝鮮国王の重臣は、累世この約定に違却しないことを誓詞にしたためるべきである。こうした趣旨を、四人が大明の勅使に向かって事細かに陳説すべきである。

七ヵ条に及ぶが、明国の皇女を天皇の后とし、朝鮮国の王子・大臣を人質として要求するなど、基本的には日本側の勝利を前提とした内容である。朝鮮半島については、全土の席巻を前提として、四道と国城（漢城）を明国へ還付するとしている。四道とは、咸鏡（ハムギョン）・平安（ピョンアン）・黄海（ファンヘ）・江原（カンウォン）など半島北部の各道を指すものと判断される。

この和平案を携えて、小西行長家中の内藤如安（じょあん）（受領名は「飛騨守」、苗字は行長から与えられた「小西」で表記される場合もある）なる人物が明国の北京へ向かった。そして朝鮮の日本勢は、継続して半島南岸での要害構築に従うこととなる。

朝鮮再渡海後の三成

石田三成は朝鮮半島に再渡海し、半島南岸において諸将の要害構築を指示する。七月八日に宇喜多秀家が慶尚道（キョンサンド）の昌原（チャンウォン）に入り、ここで石田三成・大谷吉継・増田長盛らと朝鮮支配の全般について談合を持つことになる（大日本古文書『島津家文書』一七五四号）。ここでの談合の結果をうけた、諸将に対する指示内容がうかがえる史料を次に見ておこう。

尚々此中者御懇之段、多山忝奉存候、摂津頭使者ニも色々御懇之儀、是も治少ニ申入候、以上、

好便候之条、令啓上候、此中者種々御懇志之段、忝奉存候、仍彼表へ御自身被成御越、又ハ下々切々御遣被入御情候儀にて、治少へ申聞候へ者、一入満足被仕候、其外唐人御馳走送馬儀、万御肝煎之段、是又申聞候、将又其御城御陣替之儀、是従治少委可被申候、唐嶋と申所、従金海三里在之由承候、一段可然承及候之間、可御心易候、此方城ニハ摂津頭殿御残之由承候、随而今日刑少・治少・摂津頭彼唐人召つれ、釜山海へ被罷越候、尚於子細者、川四郎兵衛殿申入候、恐惶謹言、

（文禄二年）七月十八日　　正（花押）

太田久右衛門尉

兵庫頭様　　　　　　正

まいる人々御中

（大日本古文書『島津家文書』一七五六号）

◇御手紙を頂きましたので返信いたします。この間、種々御懇意かたじけなく存じます。彼の表（おもて）へも御自身でお出かけになり、下々切々気に懸けていただいたことを三成へも申しましたが、ひときわ満足されました。そのほか唐人への御馳走送馬についても、いろいろ御気遣いいただいたことも申しあげています。また、御城御陣替えの儀について、石田三成（治少）から委しい指示があると思いますが、「唐嶋（からしま）」という金海から三里の距離にある場所と聞いています。非常に良い場所と聞い

ておりますので、ご安心ください。此方の城（熊川）には、小西行長（摂津頭(守)）殿が残られます。今日、大谷吉継（刑少）・石田三成（治少）・小西行長（摂津頭(守)）らが、彼の唐人を伴って釜山海へ罷り越されます。なお、細かなことは、川(川上カ)四郎兵衛殿に申し入れておきます。

なおまた、この間のご配慮、大変ありがたく存じます。小西行長（摂津頭(守)）の使者も懇ろにしていただいたこと、これも三成（治少）に報告しておきます。

三成を「治少」と敬称もなく表現していることから、発給者の太田久右衛門尉は、石田家中の人物と判断される。太田久右衛門尉は島津勢の動きを三成に報じ、それを三成が諒承したということを島津義弘に伝えている。ここでの記述から、三成は大谷吉継（刑部少輔）・小西行長（摂津頭(守)）らとともに明国勅使を伴って、半島南岸の巡検を行なっていることがわかる。この段階では、島津勢は熊川に駐屯しているようだが、こののちは巨済島(コジェド)（「唐嶋」）への移動を指示され、熊川（「此方城」）には小西行長が入ることになっている。こうした諸将の布陣は、浅野長吉や三成らが中心となって計画を策定したものである。

ついで、体調を崩したために三成との同行が叶わなかった安宅秀安の書状を見ておこう。秀安は石田家中の重臣であり、島津氏や相良氏などからの取り次ぎを行なってきた人物である。

猶以、我等煩いまた無然々御座候条、具不申入候、以上

自是可申上処、拙者此中相煩取乱、御報罷成致迷惑候、遙々治部少へ御使札尤可然候、則可申聞処、二三日以前釜山海へ参候条、罷帰刻具可申聞候、先度もくそ城被打果候刻、貴所様別而御手柄之由承及候、乍勿論安中ニ候、御手被負候由、千万無御心元存候、最前御使者被越置候由候、我等煩ニ

付而、こもかいへ治部少供不仕、釜山海ニ逗留申故、以書状も不申上候、然者うるさんへ賀主同事ニ被成御越由候、御苦労令察候、此表諸手近日隙明ニ付、治部少も近々帰朝可申候、其内懸御目事難成候、一入御残多存候、御国本へ御用候者可被仰付候、猶御使へ申入候条、可被得御意候、恐惶謹言、

（文禄二年）
七月廿二日　　安三郎兵
　　　　　　　　秀安（花押）

頼房様
　参貴報

（大日本古文書『相良家文書』七一七号）

◇こちらからご連絡すべきところ、最近体調を崩し、しどけなくしておりますが、御返信をいただき戸惑っております。遙々、石田三成（治部少）へ御手紙いただき、尤もに存じます。ただちにご報告すべきですが、（三成は）二、三日以前に釜山へ出かけましたので、戻りましたら報告いたします。先般は、晋州城（もくそ城）攻略の折、あなたがとりわけ御手柄をあげられたとのこと、言うまでもないことですが、思った通りの仕儀です。（しかしながら）手傷を負われたとの由、非常に心配しております。先般、御使者を差し越されましたが、私は罹病で熊川（こもかい）へ向かう三成（治部少）の供も致しませんでした。釜山に逗留しており、書状も差し上げられませんでした。ところで、蔚山（うるさん）へ加藤主計頭清正（賀主）と同勢でお出でになられるとのこと、御苦労のことと推察します。朝鮮での仕事もいろいろ片付きつつありますので、三成（治部少）も近々に日本に戻ることとなりそうです。それまでお目に懸かることも難しいのが、非常に残念です。（相良の）

御国本に御用などございましたらば、仰せつかります。なお、この御使者にも申し入れておきますので、ご了解ください。

なおまた、私の体調も回復しませんので、委しいことは申せません。

安宅秀安は、相良頼房の晋州（もくそ城）攻めでの軍功を喜び、また蔚山（ウルサン）への移動を労っている。相良頼房は、加藤清正（賀主）と同陣するが、結果的にこの軍勢は、蔚山の南の西生浦（ソセンポ）に拠点を構築して在番（城郭等に拠って警衛にあたる）に入る。こうした軍勢駐留の拠点（いわゆる「倭城」）を形成し、軍勢の配置が一段落することで、三成らの朝鮮半島における軍務にもけりがつく。秀安書状にみえる「此表諸手近日隙明ニ付、治部少も近々帰朝可申（もうすべく）候」とはこうしたことを指し、三成らの日本への帰還も間近となった。

島津領の「幽斎仕置」

日本への帰還が具体的な政治日程にのぼると、三成の国内支配・大名統制への関与が再開されることになる。とりわけ、島津領については充分な侵攻体制を確立しえなかったことが大きな課題として顕然化したため、三成らの関与にも顕著なものがあった。島津領では、梅北（うめきた）一揆ののち、細川幽斎が薩摩に下って領内支配の立て直しをを目論んだ（いわゆる「幽斎仕置」）。この時、伊集院幸侃（こうかん）らも薩摩へ下って幽斎を助けた。「幽斎仕置」は一定の成果をあげたものの、島津家中の様々な思惑もあり、妥協的な結末を迎えたことも否定はできない。支配体制の刷新には程遠いものであり、こうした経緯から早晩抜本的な検地の実施がされるであろうと、取り沙汰されていた。朝鮮にいる島津義弘は、つぎのような書状を義久（竜伯）に発した。

以上

爰元風説之趣者、薩隅可有御検地之由候、於実儀者笑止迄に候、其故者、各留守之儀候条、検地方まかなひ被下とても罷成間敷候、検地衆気に不合候者、即国之為ニ不成儀ニ候、連々石田殿頼存候て、検地可仕之由申含候、於当国も度々御内談申分に候、然時者治少御帰朝之折節、右之首尾を以可頼存候覚悟に候、可被成其御心得候、治少御帰朝も近々たるへく候間、さして遅速者有間敷候歟、御用捨尤候、恐惶謹言、

（文禄二年）七月八日　　兵庫頭　義弘（花押）

竜伯尊老様　参足下

（『薩藩旧記雑録後編』二―九二〇号）

◇

以上

こちらでは、薩摩・大隅で御検地が実施されるであろうとの風説があります。事実であれば困惑すべきことです。というのは、各家中は（朝鮮に在陣して）留守であり、検地の世話を行なおうにも充分には出来ず、検地衆の気分を損ねるようであれば、すなわち島津家のためにもならないからです。これまでも石田殿を頼みにして検地が実施されるよう申し含めてきました。朝鮮でもたびたび御内談を行なっております。検地ということになれば、三成（治少）帰還を期に、右のような次第で依頼を行なう覚悟ですので、ご了承ください。三成（治少）の日本帰還も近々のようで、遅速の

問題もなく（時宜を得たものと）と思いますので、御分別尤もかと存じます。

朝鮮にいる義弘は、兄義久に対し、領国検地となれば万事を三成に委ねて進めるべきことを提言している。幽斎による島津領国の立て直しが不調に終わったのは、義久をいただく勢力による反動的対応にあると認識していた三成は、密かに義久の隠居を画策することになる。ことは慎重にすすめるべきであるが、同時に家臣団の知行を極力削減して大名蔵入地（直轄領）を充実させなければ、島津家の奉公がおぼつかなくなることも危惧される。

安宅秀安は、八月十六日付の義弘・久保充て（ひさやす）の書状で（『薩藩旧記雑録後編』二―一一七五号）、三成が帰国後すみやかに上洛して秀吉に義久隠居の件を言上するので、三成の上洛から二〇日程度経たのちに島津家の使者を上方へ派遣するよう指示している。秀吉の意を受けて島津家との交渉にあたるのは、三成の職責ではある。しかし、所詮は陪臣にすぎない安宅秀安のような人物が、ここまで枢機に関わるようになったことは注目すべきであろう。

ところが、このの後ち事態は急転する。九月八日に、島津義弘の長子で義久の婿となり嗣子に定まっていた又一郎久保が、巨済島（唐島）の島津陣内で急逝するのである。三成は、義久を隠居させたのちの当主に、久保を据える心積もりだった。久保の急死により、義久を隠居させる計画もご破算となる。それどころか、島津家では領国検地に加えて、久保にかわる後継者を誰にするかという後継問題が、解決すべき当面の重要案件となる。

一方で、島津家に関わる三成の立ち位置は、久保の急死により、にわかに不安定なものとなった。そのうえ、これら島津家絡みの諸案件は、島津家からの秀吉への取次をつとめてきた三成にとって、帰国後の喫緊課題となっていく。

朝鮮での在番体制

朝鮮半島南岸で要害（「倭城」）に拠りつつ駐留を続ける諸将を見舞い、状況を具に検分するため、秀吉は熊谷直盛（半次）・垣見（かきみ）一直（弥五郎、実名は「家純（いえずみ）」とも）を朝鮮半島に派遣する。そして、秀吉は次のような朱印状を発し、浅野長吉（弾正少弼）と三成ら三奉行に対して、その善後策を指示している。

熊谷半次・垣見弥五郎令帰朝、其元仕置城々普請、無由断体令言上、被聞召届候、
一、(1)城所之儀、従其方相越候如絵図、弥申付候由、尤思召候事、
一、(2)普請出来衆、城主一札を取、最前被遣候如帳面、番折申付、帰朝させ可申候事、
一、(3)釜山浦・こもかいへ相着候兵粮、書付・同小帳ニ到来、被加披見候、然者壱岐・対馬ニ御米積立、順風を相待候舟弐万石余、右両人付立来候、定可為参着候、然者前後引合、来年霜月迄之兵粮有之事候、此以書付弥令算用、城々へ可入置事、
一、(4)度々如被仰遣候、城々へ被入置候武具・兵粮・塩噌以下之事、是又如帳面念を入相渡、城主請取を取可上之事、
一、(5)普請出来候者、一日薪を仕ばい木ニして、にほのごとく積候て、上をぬり、城々ニ可置候、大雪ニても薪も不成時之為候事、
一、(6)炭之儀も、其城主者共焼候而、其城々ニ積置、是又上をぬり候て可置候、冬中之儀、下々ひゐ

候ハぬやうに、ろたつをさせ、其主人より遣候て、煩候ハぬやうに可申付由、入念可申聞事、

一、(7)加子共事、国へもとし候て、来春召寄可然候、若其方ニ残置加子於有之者、冬中舟ニ置候者、可相煩候間、小屋かけ可入置旨、是又能々可申渡也、

(文禄二年)八月六日　御朱印

浅野弾正少弼とのへ
増田右衛門尉とのへ
石田治部少輔とのへ
大谷刑部少輔とのへ

（大日本古文書『浅野家文書』七〇号）

◇

熊谷半次と垣見弥五郎が帰還し、朝鮮半島で仕置を行なう城々の普請が油断なく進んでいることを聞き届けられた。

一、(1)城を設ける場所は、そちらから報告してきた絵図通りであり、尤もと思し召された。

一、(2)普請を終えた軍勢は、城主の一札を取り、先般送った帳面に従って、順に帰国させる。

一、(3)釜山浦（ふさんかい）および熊川に届いた兵粮に関する書付と帳面二冊が到来したので披見した。また、壱岐と対馬にも積み立てられ、順風を待つ御米が二万石余あったと熊谷・垣見の監察にあったので、定めて（朝鮮半島に）参着しているものと思う。前者と後者を引き合せると、来年霜月までの兵粮が確保されると考えるので、この書付によって算用し、城々へ入れ置くように。

一、(4)たびたび命じているように、城々に保管する武具・兵粮・塩噌以下についても、これまた帳面の記載に従って（城主に）入念に渡し、城主から請取を取ったのち（秀吉のもとへ）上げるように。

一、(5)普請が完了したら、一日分の薪を地張木（じばいぎ）（拍子木状（ひょうしぎ））にして、堆（にお）のように円錐形に高く積み上げて、防水を施し、城々に置くように。大雪などでも薪に困らないようにするためである。

一、(6)炭についても、その城主たち（の責任で）炭焼を行ない、城々に積み置き、これまた防水を施して保管するように。冬季には下々も冷えないように炉燵をさせ、それぞれの主から遣わして、煩（わずらい）などないように配慮するよう、入念に指示すること。

一、(7)加子（かこ）（水夫）については国元へ戻し、来春召し寄せるほうがよかろう。もし、朝鮮半島に残し置く加子がある場合には、冬季に船内にいると罹患するおそれがあるので、小屋を造ってそこに入れるよう、これまたしっかりと命じること。

ここで秀吉は、浅野長吉や三成ら三奉行によって進められた朝鮮半島南岸の在番体制を諒承し、普請が完了した拠点（「倭城」）を検分して、受け取るように命じている。在番を命じられていない諸大名については、普請完了後は日本への帰還を認めた。さらに、在番を支えるための兵粮・諸物資の配当方法を示し、また越冬に備えるための諸指示を与えた。いずれにしろ三成ら三奉行が、浅野長吉を支えて在番体制の構築を主導したことは疑いない。

ところで、三成と大谷吉継は、同じ日付をもつ次のような秀吉朱印状を与えられている。

各請取城普請於出来者、一日はい木仕（炭し脱カ）、城中ににほの如く幾所ニも積候而、上をぬり可置、大雪なとにて薪不成時之為に被仰付事候、然者薪何程仕置候通、城主墨付を取候而、可罷戻候也、

（文禄二年）八月六日　　秀吉公御朱印

羽柴越後宰相とのへ

佐竹中務丞とのへ
大谷刑部少輔とのへ
石田治部少輔とのへ
小西摂津守とのへ

（「覚上公御書集」巻十七・『上越市史』上杉氏文書集二―三五五四号）

◇おのおのが担当する城の普請が完了したら、一日分の薪を地張木（拍子木状）にして、堆のように円錐形に高く何ヵ所にも積み上げて、防水を施し、城々に置くように。大雪などでも薪の調達が出来ない時のためである。さらに、薪をどの程度準備しているか、城主の文書を取って戻ってくるように。

先にみた秀吉朱印状のうち、越冬に備えるための指示のみの内容となっているが、上杉景勝（羽柴越後宰相）や小西行長（摂津守）らを含むことから推して、充所の面々は熊川城の普請を担当した諸将と見なすことができる。すなわち、三成と大谷吉継は、在番体制の構築について全般的に関与すると同時に、個別には慶尚道の要衝である熊川城の要害構築にたずさわっていたことがわかる。

こうして、各拠点で要害構築を終えた諸将たちは、順々に日本へ帰還することになる。先の八月六日付の秀吉朱印状に「番折申付、帰朝させ可申候事」とあったとおりである。在番を免除された諸将・諸奉行は四つの組に分かたれて日本へ帰還する。

この将兵帰還計画のなかで、浅野長吉や三成ら三奉行の面々は、兵粮の確保などの善後策を徹底し（大日本古文書『島津家文書』一七七六号）、将兵の帰還を指揮することとなる。三成は大谷吉継と連署の八月七日付書状（充所を欠く）で、上杉家陣営の他家への引き渡しを命じた。

景勝人数差戻候、然者其地ニ而本陣他所え相渡候由候、左候へハ、可然所能様ニ御才覚候而可給候、委細此衆可被得御意候、重不能巨細候、恐々謹言、

（文禄二年）八月七日　石治少　三成　判

大刑少　吉継　判

（「景勝公諸士来書」十九・『上越市史』上杉氏文書集二―三五五六号）

◇景勝の軍勢が帰還することになりましたので、そこでの本陣を他家に移譲してください。ついては、然るべきところをすきなように御才覚して（移動を）お願いします。細かなことはこの衆に話しておきますので、重ねて委しいことは述べません。

既述のように、景勝率いる上杉勢は熊川城の普請に従っており、ここでの陣所も熊川に所在したものであろう。次にみる八月二十二日付の同じく大谷吉継との連署状では、名護屋からの秀吉朱印状の送達を告げ、兵粮その他の兵站諸物資の受け渡しを行なうため、家臣を釜山浦に指し越すように指示している。

従名護屋之御朱印到来、則増右使者持参候、御頂戴有而可被得其意候、御一覧之有而、悉可被差戻候、重而之兵粮米・諸道具被請取候奉行人、いそき釜山浦へ可被差越候、恐々謹言、

（文禄二年）八月廿二日　石治少

三成　判
吉継　判

大刑少

羽柴兵庫頭殿
羽柴土佐守殿
戸田民部少輔殿
生駒雅楽頭殿

（『薩藩旧記雑録後編』二―一一七八号）

◇名護屋から御朱印状が到来しましたので、増田長盛（増右）の使者に持参させます。御頂戴の上ご了承され、御一覧されて（朱印状は）差し戻してください。重ねて兵粮米・諸道具の請け取りを行なう奉行人を早急に釜山浦（ふさんかい）へ派遣してください。

充所とされる島津義弘・長宗我部元親（羽柴土佐守）・戸田勝隆（民部少輔）・生駒親正（雅楽頭）らは、いずれも巨済島（唐島）での在番を命じられた面々である。三成と大谷吉継は釜山にあって、彼らに兵粮米や在番に必要な諸物資の配当を行なっている。こうして、朝鮮半島南岸の要害（「倭城」）に拠って在番を継続する諸将に対する手当を終えた三成は、帰還する最後の組に編成されて日本への帰途につく。ちなみに、主君三成が日本に戻ったのちも、一部の石田家中は在番の諸将との連絡調整役として残留する。

秀吉は、帰還将兵を率いて華々しく凱旋を行なう予定であったが、八月に入って御拾（のちの秀頼）誕生の報せが届くと、ためらいもなく名護屋を離れ、大坂へ戻ってしまった。三成の名護屋着岸は九月二十三日のことだが（『薩藩旧記雑録』二—一二〇六）、すでに秀吉はそこにはいなかった。

島津家後継問題と三成

三成が朝鮮を離れる直前の九月五日に、朝鮮巨済島（唐島）の島津陣内で、義弘の次男島津久保（又一郎）が急死し、後継問題が大きな政治課題として浮上したことは、先に触れた（久保・忠恒の兄にあたる義弘長子の鶴寿はすでに夭折）。久保は、男子がいなかった義久の三女を娶り、継嗣と定められていたからである。義久には、他に女子が二名確認されており、長女は出水島津家の義虎（薩摩守）に嫁し、次女は右馬頭以久の子彰久に嫁していた。義久長女と島津義虎との間に生まれたのが、文禄二年（一五九三）五月朔日付で「卑怯」を理由に改易された又太郎忠辰である。島津家内部には、義久を中心に、新たな継嗣として、義久の女婿島津彰久を推す動きが生じていた。

三成としては、緊急にこの動きを封じる必要があった。少なくとも、外見上は政権に同調し協力的であった義弘に対し、義久は政権との距離を保とうとしており、ともすれば自律性を表に出すことで領国内での求心性を保とうとしていたごとくである。三成としては、島津家家督が義久の女婿・彰久に移っていくことで、島津家が政権の統制から外れてしまうことを危惧せざるをえず、親豊臣色の強い義弘系の人物を継嗣に据える必要があった。おそらく三成は、朝鮮での在番を継続する義弘との協議を踏まえ、久保に代わる島津家継嗣として、忠恒を推すことに決したものと判断される。九月二十三日、名護屋に帰還した三成は、その翌々日二十五日付で次のような書状を発する。

内々、態以使者を可申入と存候折節、此仁被参候間、一書中越候、

一、我等事、当月廿三日至名護屋着岸候、則明日大坂へ罷上候事、
一、其方御所労、先被得験気御帰国之由、珍重候事、
一、又一郎殿被成御果候事、扨々不慮之儀、中々可申様無之候、御心中迄案入候、其付彼御跡目彼是之事、羽兵御内存共拙者へ承候、義久又ハ其方御在京たるへく候間、可申談之由、義弘被仰候間、内々左様ニ存候キ、当地にて承候ヘハ、義久も又其方も御帰国之事候条、彼御跡目之儀被加御分別、義久御談合候て、其方御事乍御太儀、京都へ御上候て、義久御存分ニしたかい、御前へも御披露候て、御諚之趣羽兵へも急度被仰越尤候、義弘今程ハ可為御取乱候、嶋津殿御家之究此時ニ候間、不可有御油断候、殊更最前熊河にて如申談、御国之御仕置も被成御諚候、巨細ハ其方へ御申聞有へきと最前　上意候つる条、旁御上洛肝要候、委細此仁申含候事、
一、嶋津殿御名跡之儀、定而義久御存分幷家老衆被存寄通可有之間、申迄無之候へ共、又一郎さしつぎの御舎弟在之由候条、さやうの所ニ落着候ハヽ、早々又一郎殿御舎弟御同心候而、御上洛あつて被得　上意をも、急度可被相済事専用候歟、次先日、石火矢之事ニ、以両使を申候、定而可為参着候、大小ニよらす、以御才覚被差上可有候、其元於近辺方々御尋候て、少も数多所望候事、
一、南蛮之手火矢御所持候歟、不然者何方にてなりとも御尋候て可有候、所望存候、自然だいなと見苦候ても、不苦候、台よく候へハ猶以珍重候、兼又熊河にて切々申承候、無何事候、可御心安候、菟角此書状参着次第、早飛脚ヲ被仰付、京都へ此御報奉待候、

（文禄二年）九月廿五日　三成

（『薩藩旧記雑録後編』二―一二〇六号）

◇内々に態々使者を以ってご連絡しようと思っていた折節、この人物がそちらに参るということなので、書状を言付けます。

一、私は九月（当月）二十三日に名護屋に着岸しました。直ちに明日大坂へ上ることになります。

一、あなたは御病気ということでしたが、まずは回復されて御帰国された由、めでたく存じます。

一、久保（又一郎）殿がお亡くなりになった事、それにしても思いがけないことで申す言葉もない。御心中心配しております。それについて、（島津家の）御跡目かれこれのことについて、義弘（羽柴兵庫頭）の御内存などを拙者へお伝えいただきました。義久かあなたが御在京なので（上方で）申し談ずるべきであると義弘が仰っていたので、内々そのように考えてました。（ところが）名護屋（当地）でうかがうと、義久もまたあなたも御帰国とのことなので、（島津家）御跡目の儀について道理を弁え義久と御談合なされたい。（その上で）あなたにはご厄介をかけるが、京都へ上っていただき、義久のご意向を（秀吉の）御前へ御披露いただき、秀吉の決定（御諚之趣）を義弘へも確実にお伝えなされるのが望ましく思われます。義弘は今以てお心が平静ではありません。島津家（の今後を）決めるのはまさにこの時ですので、決して御油断なされぬように。（また）わざわざ、最前（朝鮮半島の）熊川で申し談じたように、島津家の領国（御国）支配の立て直しを（秀吉が）お命じになりました。細かなことをあなたへも告げるようにと、最前秀吉からの命令（上意）を得ておりますので、とにかく御上洛されることが肝要と思います。くわしいことは、この人物に申し含めております。

一、島津殿の御跡目のことです。きっと義久のお考えや家老衆の意向もあると思います。（しかし）

言うまでもないことですが、久保（又一郎）には、すぐ下の御舎弟がいらっしゃるので、そういうところで落着するようなら（それが一番だと思うので）、早々に又一郎殿の御舎弟の同意を得て御上洛いただき、（家督継承に関する秀吉の）同意をも取り付け、すみやかに事を済ませるのが大事ではないでしょうか。ついでに（申します）、先日火砲（石火矢）のことで二人の使者を差し下しました。きっと、もう到着しているでしょう。大小にかかわらず、御工夫いただき、取り集められたい。あなたの近辺、方々を御尋ねいただき、少しでも数多く取り集めていただくことを望みます。

一、南蛮製の火砲（南蛮之手火矢）は御持ちではないでしょうか。お持ちでなければ、何処でなりとも御尋ねください。手に入れたく思います。万一（火砲を据える）台が見苦しくても構いません。（勿論）良い台であればそれに越したことはありません。かつて熊川でしばしばお話したように、何事もなく（大事にはいたらないと思いますので）御安心ください。とにかくこの書状が到着したら、ただちに早飛脚に拠って御返事をください。京都にて、こちらへの御返事をお待ちしております。

この三成書状写は充所を欠いているが、少し後の閏九月晦日付の島津義弘充て安宅三郎兵衛秀安書状（『薩藩旧記雑録後編』二―一二二一）によると、三成が名護屋に到着して間もなく、薩摩へ書状を発し、伊集院幸侃に島津義弘の男子忠恒（又八郎、実名はのちに「家久」と改める）を伴ってすみやかに上洛するよう促していたことがわかる。したがって、この書状の充所、すなわちまた文中に「其方」とみえる人物は、伊集院幸侃（右衛門入道）である可能性が高い。

島津家継嗣という立場を確固たるものとする上では、秀吉への拝謁が不可欠であった。三成は、この対面を実現させるため、自身と親しい伊集院幸侃に、島津忠恒の一刻も早い上洛を促すことになる。

また、三成は伊集院幸侃に対して、「石火矢」「南蛮之手火矢」などの調達を依頼している。朝鮮半島では、日本側の要害（いわゆる「倭城」）構築が進んでいるので、これらはおそらく要害内部に設置され、敵の攻撃に備えたものであろう。日本に戻ってきた三成は、朝鮮半島における軍備の充実に腐心しており、決して気が休まることはなかった。

第四章　太閤・関白の並立と文禄四年の政変

一　太閤秀吉と関白秀次

並立から対峙へ

文禄二年（一五九三）九月二十三日名護屋に戻った三成は数日間そこにとどまり、大坂へ向かう。その後は上洛することとなる。文禄二年（一五九三）の閏九月十三日付の寿命院（秦宗巴）充て木下吉隆（半介）書状には「浅弾・増右・石治・大形少も一両日中可参着候（さんちゃくすべく）」とみえている（『駒井日記』文禄二年閏九月十四日条）。

既述のように、秀吉は自身の朝鮮への渡海を前提に関白職を甥の秀次に譲っていたが、結局秀吉が渡海することなく「唐入り」は終わった。太閤秀吉と関白秀次が国内で並立するという状況は、決して予定された事態ではなかったのである。この想定外の展開に何とか対処するため、秀吉は国内を五分し、そのうち四を秀次が支配し、残る一を秀頼が継承するという内容の日本の分割支配案や、秀次の娘と秀頼の婚姻計画を構想する。

長束（なつか）正家・木下吉隆・山中長俊ら名護屋城に詰めていた面々や、三成・増田（ました）長盛・大谷吉継など朝鮮に渡っていた面々にも、聚楽廻りに屋敷が充行われたようである（『駒井日記』文禄二年閏九月二十六日条）。こうして秀吉に従う奉行衆も、再び国内政治への関与を開始することになり、徐々に太閤領の蔵入地も拡大していくことになる。

たとえば、大友吉統（前名は「義統」）が文禄二年五月朔日付で改易されたため、その旧領豊後には山口宗永（官途は玄蕃頭、実名は「宗長」「正弘」とも）や宮部継潤が奉行として派遣され、検地が実施された。この一国検地を受けて、豊後には太田一吉（小源吾）・熊谷直盛（半次）・早川長政（主馬首）・垣見一直（弥五郎）・毛利重政（兵橘）・宮木（苗字の表記は「宮城」とも）豊盛（長次）らが配され、大名・代官としての支配を開始する。彼らは秀吉の命を帯びて、実際に朝鮮への渡海を経験した者たちであり、豊後への配置は、その論功行賞と考えることができる。このほか慶長二年（一五九七）までには、福原長堯（官途は右馬助、実名は「直高」「直成」とも）が府内に入部している。このうち福原長堯と熊谷直盛については、三成の妹（あるいは娘）の婿とする資料があり、三成の家と何らかの姻戚関係にあったことが知られる。また、三成は十一月七日付で前田玄以・浅野長吉との連署状を発し、諸国の大名に命じて全国の陰陽師を家族ともどもに京都に集めさせている。これは荒廃した豊後を復興させる目的で、移住・入植をさせるという計画であった（大日本古文書『吉川家文書』八一六号、「吉川金藏氏所蔵文書」・『上越市史』上杉氏文書集二―三五七四号文書など）。

秀吉は十一月に至ると、秀次の支配する尾張国の衰微を指摘して、その失政を責める。こうして両者の間には、次第に緊張関係が醸成されていくことになる。ただし、深刻な対立状況がただちに表面化していったわけではないことは付言しておきたい。

さて、かねてより秀吉は、みずからの隠居所を京の南、伏見指月（しづき）に設ける計画をもっていた。これは当初「屋敷」体のものとして構想されていたようである。「第一期伏見城」あるいは「豊臣期指月屋敷」などといわれるものである。ところが文禄二年の末にいたって、「城郭」様式のものに変更され、文禄三年（一五九四）正月ころから、従前のものを改修する「築城」工事が始められる。

秀吉は同時に、大坂城惣構（そうがまえ）の堀普請なども開始し、これらの普請・作事に全国の大名が動員されることとなった。大略を整理すると、伏見城郭内の石垣普請には畿内近国の大名、同じく伏見城惣構の堀普請には東国大名、大坂城関係には西国大名が動員される。これに先立つかたちで、秀吉は次のように文禄二年十一月五日付「定」を発する。前述したように、伏見城はいまだ改修の最中であり、この規定は大坂城に関わるものであろう。

定

一、御本丸御茶のゆさしき、上様当城に御座候時ハ、ちさく・□やうい・しそく・そうけん・三見・そじゅん、右之内二人つゝ、祐阿弥・久あミにつきて有之而、御さうち・御茶の湯可仕候事、

一、山里にも、右之坊主共、番替ニ二人つゝ可相詰事、

一、二丸御門定番仕もの、事、今度、民部卿法印・あさのだん正・石田ちふの少、於両三人、置めのことく可仕候事、

文禄弐年十一月五日　（秀吉朱印影）

（京都大学文学部所蔵『古文書纂』十五、所収文書）

◇定

図20　山中長俊

一、御本丸の御茶の湯座敷について、上様が当城にいらっしゃる時は、「ちさく」らの内から二人充つ、「祐阿弥」・「久あミ」とともに詰めて、御掃除・御茶の湯のお世話をすること。

一、山里丸にも、右の坊主どものうちから順番で二人ずつ詰めるべきこと。

一、二丸御門の定番を行なう者は、今度前田玄以（民部卿法印）・浅野長吉（弾正少弼）・石田三成（治部少輔）が決定する規定に従って決定すること。

秀吉は文禄三年二月二十一日、普請中の伏見城に秀次を招き、茶会を催した。そして二月二十七日には、秀吉と秀次が連れ立って公家・諸将を従えて吉野に赴き、花見を楽しんだ。ところが、ここで山内一豊（対馬守）が秀吉に「折檻」されるという事件が起きる。一豊は秀吉最古参家臣の一人だが、当時は秀次に付せられ、その老臣となっていた。一豊は伏見城の石垣普請に従っていたようだが、二月二十七日に秀吉は一豊を「折檻」し、「高麗」への渡海を命じる。この命令を伝えたのは、三成・増田長盛・山中長俊らである。しかし、この命令は即日撤回され、有馬則頼・滝川雄利（かつとし）・木下祐慶らによって「赦免」の旨が告げられた。一豊がなぜ折檻されたのかも不明であるため、撤回にいたった経緯も判然としない。とはいえ、秀吉およびその奉行衆と山内一豊との間に、何らかのしこりが残った可能性は高い。また、三月には、秀吉の穴太（石垣などの施工を行なう技術者集団・石工）と秀次の穴太とが揉め事を起こすという事件も起きている（『駒井日記』文禄三年三月十七日条）。

島津家への干渉

島津家の重臣伊集院幸侃は、朝鮮から戻るとほどなく上洛し、薩摩から島津忠恒が上洛するのを待つ。忠恒のほうは文禄二年（一五九三）十二月中旬には堺に入り、しばらくここに滞在する。堺滞在中の忠恒は、改年後に疱瘡を患って危機に瀕するものの快癒する（二月二十日付川上三河入道充て近衛前久書状〈『薩藩旧記雑録後編』二—一二七五号〉）。この間の事情について、船木重勝・徳岡宗与の連署状は、次のように述べている。

又八様、於堺ノ津ニ御公事被成候へ共、早々敷御仕直被成、則御上洛候て、三月廿日於伏見御目見得被成候、御仕合能事大方ニ不在候、近年めつらしき事と風聞ニ候、

（『薩藩旧記雑録後編』二—一二九三号）

◇忠恒（又八）様は堺の津において御公事を煩われましたが、早々に快癒されました。そこで、御上洛されて三月二十日に伏見において（秀吉へ）御目見えなされました。秀吉の忠恒に対する厚遇ぶりは尋常ではなく、近頃めずらしいことと噂になっております。

忠恒は「御公事（くじ）」によって上洛を果たせず、堺に留まらざるを得なかった。ここでの「御公事」とは疱瘡（天然痘）のことである。「いやでも避けがたいこと」という意味で、当時の税目になぞらえて、疱瘡は「御公事」とよばれていた。この間も三成は忠恒のため、秀吉との拝謁実現に向けて尽力してお

り、忠恒もみずからを支持する三成を一貫して信頼し、その指南に従うことと思い定めていた。

日本に帰還した直後から三成の懸案となっていた島津忠恒の秀吉への拝謁は、文禄三年三月二十日になってようやく実現する。忠恒は伏見において無事、秀吉への拝謁を終えた。それから六日後、二十六日に忠恒は聚楽で秀次への拝謁を行なう。こうした順から、少なくともこの問題に関しては、秀吉が秀次より優位に立っていたと考えてよい。いずれにしろ、三成が後見となる忠恒が、秀吉への拝謁を果たすことで、久保急死にともなう継嗣問題は、三成主導で解決することとなった。

並行して三成は、島津領の悉皆的な検地を模索しており、これに関連して忠恒が秀吉に拝謁する以前に、薩摩から義久側近の長寿院盛淳（ちょうじゅいんもりあつ）を上洛させている。長寿院盛淳は、天文年間に薩摩へ下向した畠山頼国の嫡子であったが、幼少のころに出家し薩摩大乗院盛久の弟子となった。紀州の根来寺（ねごろじ）ついで高野山の木食（もくじき）上人（応其（おうご））のもとで修行し、薩摩に戻ったのちは鹿児島安養寺の住持となっていたが、天正十四年（一五八六）九月、島津義久の要請によって家老役に就いていた。

例によって、安宅秀安は在朝鮮の義弘に対して、三成が軍役負担に耐えうるような領国とすべく伊集院幸侃・長寿院盛淳とともに、いかに腐心しているのかを書き送っている（『薩藩旧記雑録』二―一二七〇）。三成は伊集院幸侃に長寿院盛淳を交え、検地の実施に向けて談合を重ねた。さらに、忠恒（又八郎）の拝謁が済むと、今度は義久（法号「竜伯」）自身が上洛を求められることになる。三成は、継嗣問題をみずからの目論みどおりに解決することで、島津家に対して絶対的な発言権を持つに至った。忠恒の朝鮮渡海を受けて、三成はその「内意」としながら、義久（竜伯）の上洛を要求している。忠恒に代わる上方（かみがた）での人質ということであろうが、領国検地を前に、義久が在国することを三成が嫌ったとも留保される。

考えられよう。こうして島津領検地の実施に向けた布石が打たれていくが、三成家臣のなかで、長く島津家に関わってきた安宅三郎兵衛秀安が、当時病を煩った関係もあって、島津領検地の実施はしばらく留保される。

ところがこの間に、島津領を巻き込む大きな事件が発生する。文禄三年（一五九四）四月、五摂家の筆頭近衛家の当主、左大臣信輔（初名は「信基」、後に「信尹（のぶただ）」と改める。号は「三藐院（さんみゃくいん）」）が秀吉の勘気に触れ、後陽成天皇の勅勘を蒙るかたちで薩摩へ配流されることとなったのである。かつて信輔は、秀吉にも届けず、「内覧」を望んだことがあった。「内覧」とは関白に準じる職で、天皇に上奏する文書や天皇が裁可した文書を、あらかじめ内見しうる職権を有することから、その名がある。また、秀吉の朝鮮渡海に従うべく名護屋へ下向し、天皇に制止されるという事件も起こしていた。いずれにしろ、日頃から「公家」らしからぬ振る舞いが多く、目にあまる所業によって、秀吉の怒りをかったようである。あるいは、先にふれた秀吉と関白秀次の緊張関係も、伏線にあるのかもしれない。

島津氏は元来、近衛家の家司（けいし）であり、近衛家領たる島津荘の総地頭職（じとうしき）を勤めていた。こうした由緒から、近衛家と島津家との間は特別に親密なものであり、その関係は近世以降にも継続する。それはともかくとして、近衛信輔の配流先として薩摩が選ばれ、四月十四日の夜半に京を離れた信輔は、日向に上陸し、薩摩の坊津（ぼうのつ）で配流生活を送ることになる。

勅勘を蒙った近衛信輔を押し付けられた島津家であったが、義久は五月に入っても上洛を果たしていない。義久と入れ代わるかたちで、忠恒の下向、朝鮮渡海が行なわれることとなっており、義久の上洛がなければ、島津家の奉公も果たすことができない。在京の伊集院幸侃は焦りを隠さず、国許に督促の書状を送っている。この書状のなかで、追い詰められた伊集院幸侃は、頼るべき人物は三成ただ一人としている（『薩藩旧記雑録後編』二―一三〇七号）。おそらく近衛信輔の問題も、三成を頼るべき課題のひとつと意識されたのであろう。

六月、島津忠恒は義久の三女（死去した久保の正室）との婚儀をおえると、朝鮮へ渡海すべく肥前名護屋へ下向する。ついで義久の上洛をうけて、七月には島津領検地が開始される。七月八日付で義久は伊集院幸侃に充てて起請文を発する。在京を余儀なくされる義久は、幸侃に諸事委ねるとしながらも、重要な案件については事前の談合を求め、互いの隔心を払拭しようとするものであった（『薩藩旧記雑録後編』二―一三三三号）。三成自身は引き続き上方にあって諸々の政務をこなしており、現地の島津領へは家臣が派遣されて実務を進める。

伏見城・伏見城下の整備

聚楽にいる秀次と、秀吉との対峙が続くなか、伏見城・大坂城の普請は継続しており、多くの大名がこれに従っていた。五月に入ると、三成は六日付で長束正家・増田長盛・大谷吉継らと連署状を発し、諸大名に対して竹木の伐採を禁じている（「古案・豊臣家」所収・加賀宰相（前田利家）充て連署状・『武家事紀』）。おそらく伏見城の作事に関わる用材を確保するためであろう。その翌日の五月七日には、讃岐の生駒親正（雅楽頭、実名は他に「近正」「近規」などを名乗る）に対して、伏見向嶋橋の用材拠出を命じている。

為　御意申入候、於阿州御同（苗脱カ）讃岐守ニ被仰付候、伏見向嶋橋材木事、急度山出難成候由、被聞召之

候、其方人数千人被相加、山出可被申付候旨、御諚候、早々可被差遣候、不可有御由断候、一段御□之御材木にて候、恐々謹言、

（文禄三年）五月七日

長大（花押）

増右（花押）

石治（花押）

民法（花押）

生雅楽殿　御宿所

（「生駒家宝簡集　乾」・香川県教育委員会編『新編　香川叢書　史料編（二）』）

◇秀吉の命として申し入れます。阿波国において生駒一正（讃岐守）に命じた伏見向嶋橋の用材について、山からの伐り出しが困難とのことなので、生駒氏配下の者に一〇〇〇人を加勢させ、山出しを命じるとの仰せです。早々に人数を差し遣わしますので、油断なく対応してください。末尾の重要な文字が判読できないので推定を余儀なくされるが、非常に貴重な材木であるので丁重に搬出するように、といった具合の指示であろう。さらに、三成らは秀吉の命に基づいて、伏見城御殿の作事に必要な「足代（あししろ）」の差配を行なっている。

急度申入候、伏見御殿被立候衆、足代之木有次第、相改可請取置旨被仰出候、雖然其方之儀、御門被相立候之条、足代ニ可入と存、先請取不申候、恐々謹言、

（文禄三年）五月十九日

増右　長盛（花押）

長大　正家（花押）

石治少　三成（花押）

山内対馬守殿

（「橋本氏文書」・『山内家史料　第一代　一豊公紀』所収）

◇確実を期して申し入れます。伏見城内の御殿作事を命じられた衆から、足場に用いる材木を改めて請け取るように仰せです。しかしながら、そちらは御門の建築を命じられていて、足場板が必要と判断されますので、そちらからの請け取りはいたしません。

充所の山内一豊に命じられたのは「御門」であったため、足場用の材木が必要とされ、ここからの調達は見送られたわけであるが、逆に諸大名が役務を分担しつつ、伏見城の作事にあたっている様子がわかる。また、先の連署状を併せ見ることで、伏見築城が三成ら奉行衆指揮のもとに進められたことも明らかとなろう。

伏見城下の整備は、来たる文禄四年（一五九五）の三月頃を目途に進められたようであり、秀吉のもとにある四人の奉行が連署して次のような書状を発する。

為　御意急度申入候、来三月以前、各妻子伏見へ可被引越之旨、堅被仰出候、早々御越尤候、不可有由断候、恐々謹言、

（文禄三年）
七月十七日

長束大蔵大輔
正家（花押）

増田右衛門尉
長盛（花押）

石田治部少輔

三成（花押）
浅野弾正少弼
長吉（花押）
薄田隼人佐殿
御宿所
（『舒文堂古書目録』第三八号）

◇秀吉の意向をうけ、確実を期して申し入れます。来年三月までに、おのおの妻子を伏見へ引越させるよう、堅くお命じになりました。すみやかに引越すことが肝心であり、油断なく実施してください。

充所の薄田兼相（隼人正）は、秀吉の馬廻衆と目される人物である。奉行衆は文禄四年の三月を期して、馬廻衆に対して妻子の伏見居住を命じた。

こうした状況下、秀吉自身も頻繁に伏見と大坂の間を行き来しており、秀吉に近侍してこれを支える立場にある三成も、容易に上方を離れる環境にはない。たとえば文禄三年（推定）六月十九日付で上杉景勝に充てた三成書状によると（「越佐史料稿本所収文書」・『上越市史』上杉氏文書集二―三六〇八号文書）、秀吉は前日六月十八日の晩に大坂に入っており、三成もこれに扈従している。上杉家の用向きについては帰京したのちに承る、と述べている。

この年、秀吉は上杉家へ御成りを行なうことになっており、景勝と直江兼続（山城守）とが京坂のいずれかにあって、御成りの準備を進めていくことになっている。三成は、七月にいったん伏見に戻るが、中旬にはまた大坂へ下る。さらに、八月に秀吉の聚楽御成りが計画されており、三成は他の奉行衆とともに、次のような指示を発する。

来月朔日より十五日迄之間ニ、太閤様聚楽御城へ御成候、然者、薬院私宅より御城迄之間　太閤様御車にて御成ニ候、就其各騎馬にて可有供奉之旨、被仰出候間、如例、御用意有て御供尤候、恐々謹言、

（文禄三年）七月十七日

民部卿法印　玄以（花押）
長束大蔵大輔　正家（花押）
石田治部少輔　三成（花押）
増田右衛門尉　長盛（花押）

富田左近将監殿
同　信濃守殿
佐野修理大夫殿
御宿所

（「大阪城天守閣所蔵文書」・渡辺武『豊臣秀吉を再発掘する』一三二頁所収）

◇来月朔日より十五日までの間に、太閤様が聚楽御城へ御成りになります。施薬院全宗の私宅より聚

楽までの道のりを、太閤様が御車でおわたりになりますので、おのおのは騎馬にて供奉するように
とお命じです。先例に則って準備を進め、御供に加わられますように。

ところが、予定された八月一日には秀吉は大坂におり、聚楽御成りは八月十五日から二十日までの間に延期されることとなる。同内容の文書が、同じ連署者によって八月九日に発給されているのである（福井県立図書館所蔵「松平文庫」所蔵文書）。しかし、この延期された聚楽御成りも、実現はしていない。九月になると散発的な秀吉の在伏見が確認されるものの、聚楽訪問はなかったようである。

さて、次に掲げる三成と増田長盛連署状は文禄三年に比定されるもので、冒頭の文言からも明らかなように秀吉朱印状の副状に位置づけられる。ただし、日付については秀吉朱印状が九月二十三日であるのに対し、連署副状の方はその翌九月二十四日付となっている。九月二十三日付の秀吉朱印状は、現在確認される限り島津義弘・島津豊久・宗吉智・加藤清正・鍋島直茂・立花宗茂・筑紫広門・伊東祐兵・毛利秀元・吉川広家・毛利元康らに充てたものが残っている。秀吉は彼ら朝鮮半島で在番を行なう諸将に対して、自身の使者岡田善同（勝五郎）の渡海を報じている。秀吉の朱印状によると、この時東国・北国の大名が「在洛」して普請などに従っており、それに比べれば、在朝鮮の諸将は随分と安楽なものであると書いている。

岡田勝五郎方被相越候ニ付而、被成　御朱印、猶以口上ニ被仰含、被遣候、大明無事之儀、惣別此方より被思召寄儀尓て無之候、然者城々丈夫ニ被仰付、各在城之間、九州同前ニ被存、弥諸城普請以下被申付、諸事丈夫ニ可有覚語（悟）由、御意ニ候、重而関白様被出御馬、始赤国被加御成敗、於其上御侘言申上候者、被聞召届可被仰付旨候、委曲岡勝五可被申入候、恐惶謹言、

増田右衛門尉
長盛（花押）
石田治部少輔
三成（花押）
（文禄三年）九月廿四日
羽柴吉川侍従殿
御陣所
（大日本古文書『吉川家文書』七五四号）

◇岡田勝五郎が（朝鮮半島に）行くこととなって、（秀吉が）御朱印状を発せられました。なお、その上に、口頭での言付けをなされて遣わされます。大明国との和平は、決してこちらからの発案ではありません。ですから、（在番の）城々の護りを堅固にして、おのおのが在城されていますので、九州同然（平穏）にお考えいただきたく存じます。今後もなお一層、諸所の城普請などを行ない、何事も堅固に守衛する覚悟を持つべきと（秀吉）のご命令です。さらに、秀次（関白）様が御出馬され、まず全羅道（赤国）を征服されます。その上で、明国が降伏を申し出てくれば、（秀吉が）お聞き届けになって、そう御命じになります。くわしいことは、岡田勝五郎が御申し入れになります。三成と増田長盛は在朝鮮の諸将に対し、拠点としている城々を堅固に護るように述べ、しかるべき時期に関白秀次が出陣し全羅道に攻勢をかける計画を披瀝している。

＊九月二十三日付の秀吉朱印状、およびその副状となる九月二十四日付の増田長盛・石田三成の連署状について、かつて著書の『秀吉の軍令と大陸侵攻』（吉川弘文館、二〇〇六年）では「文禄二年」に比定して論述した。しかし、既述のように三成は、文禄二年（一五九三）九月二十三日に名護屋への帰還を果たし、二十六日に名護屋を発って

上方に上る。したがって、この段階で秀吉に近侍することは不可能である。関白（秀次）の存在が前提されるので、文禄四年以降には下らない。このことから、岡田善同（勝五郎）の朝鮮渡海に関わる一連の文書は、「文禄三年」に比定することが妥当と考えられる。この場をかりて前著の誤りを訂正し、見解を改めたい。

秀吉は、十月六日に伏見を発って大坂に下っている。三成も増田長盛とともにこれに従っており、大坂から次のような連署状を発する。

明日　太閤様可被成御上洛旨候、然者、惣構ほりわりのきわにて御目見なされ尤存候、猶以御上洛明日相延候へハ、明後日にて御座候、恐惶謹言、

（文禄三年）十月九日　　増右　長盛（花押）
　　　　　　　　　　　石治少　三成（花押）

景勝様
　　人々御中

（大日本古文書『上杉家文書』八六〇号）

◇太閤様が御上洛されるので、明日（伏見城）惣構の堀割の際でご対面されることとしておりました。ところが御上洛が明日に延びましたので、ご対面は明後日となります。

ここから、伏見へ戻る日程から当初の予定が一日ずれたことがわかる。この年、越後上杉家は伏見城惣構の普請を命じられており、秀吉はここで景勝を呼び出し、工事の出来映えを親しく検分するつもりだったのであろう。伏見に戻った秀吉は、十月二十日に徳川家康らを従えて聚楽の秀次を訪問し、つい

で二十五日に蒲生氏郷の京屋敷、二十八日には上杉景勝の京屋敷を訪れている。誠にもって慌ただしい秀吉であるが、書状発給の様子などから判断すると、三成もおそらく秀吉の一連の動きに同行していたものと考えられよう。三成と増田長盛は、上杉邸への御成に際して、準備が整ったとして景勝から事前の点検を依頼されている（大日本古文書『上杉家文書』八六一号）。ちなみに景勝は、この秀吉御成のおり、権中納言への昇任を許されており、上杉家としても重要な盛儀であった。

文禄四年（一五九五）三月を目途に、秀吉馬廻衆の妻子を伏見に集める指示が出されていた。その日限が間近に迫る頃、次のような奉行衆連署の「覚」が発給される。

覚

一、御馬廻・御小姓衆十二組之内、知行手寄ニ付在聚楽被相定衆□、伏見へ妻子引越可有住宅之事、

一、大坂ニ被置候衆、今以其通候間、就新儀ニ、私宅用意之儀も無□事候間、在伏見之衆在付候中、六月迄百日之間ハ、在大坂ニ□候て、御普請幷御供番、無懈怠可被相懃事、

一、十二組、右両所ニ被相分、被仰出上者、知行〳〵へ妻子引越、在郷之面々太以不可然候、所詮自今以後、被仰出候儀、両所ニ住宅之所迄へ、可被相触、其外在郷之面々へハ一切御無用之事、

一、如此相定候上、違犯之面々在之ニをいてハ、十二組可被相放事、

一、番頭、公儀御用として他出之時ハ、其くミ高知行取として、公儀御用組中相談候て、不可有油断事、

右、只今可得　御諚候へ共、先為各、如此候、重而可申上候、以上、

（文禄四年）
二月廿二日　　民部卿法印（花押）

長束大蔵（花押）
石田治部（花押）
増田右衛門尉（花押）
浅野弾正（花押）

真野蔵人殿

（早稲田大学図書館所蔵文書）

◇覚

一、御馬廻・御小姓衆十二組の内、知行地が近接していることを理由に在聚楽と定められていた衆は、伏見へ妻子を引越させ住宅を構えること。

一、大坂に配置されていた衆は、そのままの体制を維持する。新儀のこととて私宅の用意も整わないであろうから、在伏見を命じられた衆が落ち着くまでの間、すなわち六月までの一〇〇日間は、大坂に留まって御普請や御供番をぬかりなく勤めるように。

一、（御馬廻・御小姓衆）十二組を、（伏見と大坂の）両所に分けて配置することが命じられたので、それぞれの知行地へ妻子を引越させ在郷しようとする面々は、はなはだ不都合である。こうした指示が下された以上、今後は公儀からの指示も（大坂・伏見の）両所に居住する者にだけ通達することにする。そのほか在郷の面々への通達は、一切無用である。

一、このような決定がなされた以上、違反者は十二組から放逐されることとなる。

一、番頭が公儀御用によって他出し（不在の）時は、その組内で高い知行を得ている者が、公儀御用について組中（の他の面々と）相談して、油断なく用務を遂行すること。

これらの条規については、只今（秀吉の）許諾を得ているところだが、（時間切迫もあり）ひとまず皆の便宜を考えてこうした通達を行なう。（秀吉の裁可が下れば）重ねて申し上げる。

充所の真野助宗（蔵人頭）は、秀吉の馬廻衆である。秀吉が上州草津への湯治に出向くに際し、作成された宿割・宿泊地の警衛体制をまとめた史料（文禄四年正月三日付「豊臣秀吉草津湯治道中宿所書」・大日本古文書『浅野家文書』九三号）に、岐阜を警備する番衆として「真野蔵人組」がみえる。このことから、このころすでに「十二組」の一組を率いる立場にあったと判断される。この「覚」は、真野助宗ら組々を統率する立場の者たちに充てて発せられたのであろう。

秀吉の身辺警護をする馬廻衆・小姓衆を、伏見あるいは大坂への集住を徹底させようとして発せられた「覚」である。大坂配置の衆については、暫定的な指示のように見えるが、この段階の秀吉は頻繁に伏見と大坂の間を往来しており、少なくとも六月まではこの体制が維持されることとなる。伏見城下の整備が進んだ結果ともいえるが、第一ヵ条目などを考えると、聚楽の秀次と秀吉の間がさらに緊張したことの反映とも言えよう。

伏見築城も一段落ついたのであろうか。文禄三年（一五九四）十二月、三成は呂宋壺の代価たる金銀を柳沢某（おそらく元政）から受け取っている。柳沢元政は、公家の柳原家を出自としつつ、足利義昭の家臣に加わった。さらに、義昭が備後鞆にあった頃、毛利家中に転じた。その後、「唐入り」のために赴いた肥前名護屋で、強く秀吉に乞われてその直臣となったとされる（『萩藩閥閲録』巻二二　柳沢靭負）。石見銀山をはじめとする中国地方からの金銀運上を、円滑にすすめるためと推察される。周防山口の「よこや長三郎」からもたらされ、三成によって購入された呂宋壺は、秀吉の茶道具に加えられるのであろう。

請取金子銀子之事

一、弐拾六枚弐両　金子也

一、五枚　しろかね（白銀）也

以上、但るすんつぼ（呂宋壺）の分也

右、すわう（周防）の国、山口のよこや弥三郎手前より上、追而さんよう（算用）可有也

文禄三年

極月二日　石田治部少輔　判

柳沢殿

（『萩藩閥閲録』巻一六四　山口裁判）

ついで、上杉領の金山経営に関説する史料を見ておく。この文書は、上杉景勝の中納言任官以後のものなので、しばらく文禄四年（一五九五）の正月に比定しておく。文言から推して、この文書は秀吉御内書の副状であろう。

熊令啓候、越後・佐渡両国金山之儀、中納言殿へ被仰付、如此被成　御朱印候、時分柄にて候間、急金子御堀らせ被成候へく候、中納言殿へ可被仰遣候、恐々謹言、

（文禄四年カ）正月十七日　長吉（花押）

……（紙継目）……

浅弾少

長吉

石治少殿

□御□□

（『新潟県史　資料編5　中世三　文書編Ⅲ』三〇五二号文書）

◇わざわざ申し入れます。越後・佐渡両国の金山について、上杉景勝（中納言）殿へこのように御朱印状をお出しになりました。ついては早急に金を掘らせなさるよう、景勝殿へお伝えください。

浅野長吉は、上杉領における金の採掘を促す書状を、三成に充てて発している。景勝が中納言へ昇任したことをうけ、直接充所とする非礼を避けたものとも考えられるが、奏者として長く上杉家に関わった三成が、上杉領の金山経営についても一定の発言権を有していたと解したい。

二　三成が担当した島津領・佐竹領の検地

石田家中による島津領検地

三成は文禄三年（一五九四）七月十六日付で、「薩州奉行中」充ての十一ヵ条におよぶ覚書を作成する。残念ながら正本ではないが、当時の写と思われるものが「長谷場文書」として伝世する。三成の検地に対する姿勢や、民政観をうかがう上で貴重な史料であり、長文とはなるが、つぎに紹介しておく。

（端裏書）「石治少様御掟之写　十壱ヶ条」

覚

一、(1)今度就検地、浦役之事、年貢つもりニもり付候歟、不然者、当座〳〵見計可申付候、其村・浦之躰ニより可申付候、何篇公方へ上り可申物、令分別、帳ニ可書載事、

一、⑵山役之儀、右可為同前事、
一、⑶綿之事、兎角公方へ上り可申物ニ候間、米成にても又綿にて成共、百姓も迷惑不仕様ニ、又公方之失墜も不行様ニ、其所之桑之有様躰見合つもり候て、帳ニ可書載候、然上者、桑之在之屋敷並畠、何も上畠ニて不可在之事、
一、⑷藪之事、其藪〳〵ニて、とし〳〵ニ十分一きり十分一之内を藪主ニ十分一可遣之候、たとへハ百本在之やぶニて、一年ニ竹拾本きり九本ハ公方へ上り、一本藪主とり、九拾本ハ藪ニ立置分ニ相定、可書付事、
一、⑸くろかねの事、是又見計、年貢つもりニ成共、米つもりニ成共、可仕候、公方へ上り物ニ候間、但ほり申をも迷惑不仕様ニ念を入、つもり可申付事、
一、⑹茶ゑん之事、年貢をもり申間敷候、検地仕候上ハ、公方へ上り可申物ニあらす候、但ちやゑん在之屋敷並畠、検地之時少心持あるへき事、
一、⑺漆之事、是又其村々ニて大形見計、米つもりニ成共、又ハ銭つもりニ成共、但シうるし成共相定可書載、是ハ屋敷ニて無之所在之うるし事にて候、畠ニ在之うるしも畠主進退たるへき也、上分ニハ成ましき也、然ハうるしの木在之屋敷并畠、上畠ニて可在之事、
一、⑻寺社幷侍之居屋敷、又ハ町屋敷之事、検地を相除候分、書立を以相定上ハ、其外ハ何も検地可仕事、
一、⑼其むら〳〵ニて、庄屋・肝煎、此両人居やしき計、可相除事、
一、⑽樹木之類、何も今迄之地主百性進退たるへし、公方へ上り物ニて在之間しく候事、

一、⑾川役の事、其むら〳〵ニて見計、年貢相定可申事、

已上

石治少様　在判

文禄三年七月十六日

薩州奉行中

（「長谷場文書」・宮川満『太閤検地論』第Ⅲ部・所収三四号文書）

◇覚

一、⑴今度の検地で浦役も石盛りの対象になっているか。なっていないなら、その場その場で充分に考究して年貢の見積もりを行なうように（取り計らうべき事）。それぞれの村や浦の実態にあわせて年貢の指示を行なう事。いずれにせよ、「公方」へ上納されるものは分別して、帳面を整え、書き載せるべき事。

一、⑵山役についても、浦役と同様に処置すべき事。

一、⑶真綿（絹）は、いずれにせよ「公方」へ上納されるものなので、米に代えても又真綿（絹）のままでも構わないので、百姓の迷惑にならぬように（対応すべき事）。同時に「公方」への納入も不足したりしないように（配慮すべき事）。そこそこの桑の状態を実見し見積もりを行って帳面を整え書き載せるように。したがって、桑の植えられた屋敷地や畠地は何れも「上畠」とすべきではない。

一、⑷竹藪については、その藪その藪で、毎年藪の十分の一の竹を伐り、さらにその十分一の内から藪主に十分の一を遣わすべきこと。例えば百本の竹藪の場合には、一年に竹拾本を伐り、九本は

「公方」へ上納し、一本は藪主がとる。残りの九拾本はそのまま藪に立て置く分と定め、書付をつくるべき事。

一、⑸鉄（くろかね）についても、「公方」へ上納されるものなので是又よくよく考究して、鉄年貢として算定するか米に換算して算定するかで対応すべき事。ただし、採掘する者が迷惑しないように、入念に見積もりを行なうべき事。

一、⑹茶園については石盛りを行なう必要がない。検地の後にも「公方」へ上納されるものではない。但し、茶を植えた屋敷地や畠地については、検地に際しその分を勘案して石盛りを行なうべき事。

一、⑺漆については、是もその村々にて大形の状況を見計らい、米換算でも銭換算でも又漆のままとしても、いずれかに決定して検地帳に書き載せること、ただし、是は屋敷地（や畠地）ではない土地に所在する漆の場合である。畠地に植えられた漆は畠の持ち主が自儘に処分すべきで、上納する分にはならない。とはいえ、漆の木が所在する屋敷地や畠地は、検地に際しての品位を上畠とすべき事。

一、⑻寺社ならびに侍の居屋敷および町屋敷については検地の対象から除外する。これらを書立によって決定した後、それ以外の地域はすべて対象なるので検地を実施すべき事。

一、⑼その村々においては、庄屋と肝煎両人の居屋敷だけを検地の対象から除外すべき事。

一、⑽樹木の類は、何もこれ迄の地主・百姓が進退すること。これらは「公方」への上納物とはしない事。

一、⑾川役については、その村々で充分に検討して、年貢の高を算定すべき事。

巳上　　　　石治少様　在判

冒頭の文言から明らかなように、今度の「検地」遂行に先立って、三成が島津家中の要路者に充てて発したものである。役負担を除外すべき対象を指定したりしてはいるが、一般の田地・畠地などに関する規定ではなく、「浦役」「山役」「川役」および「小物成」的な雑税に関わるものとなっている。「浦役」「山役」「川役」などについては、適宜石盛りに加味すべしとの指示である。しかしながら、三成の主たる関心は、雑税的なものについて「公方」へ上げるものと、それ以外とに峻別することにあったようである。

「公方」へ上納されるべきは、真綿（絹）・藪竹・鉄（黒鉄）・漆などである。「茶」や「樹木類」は「公方」へ上げられない。端的に言って、前者は軍需品あるいは軍事資源品であり、後者にはそうした要素が乏しい。問題は、ここでの「公方」が何を指すかだが、覚書が在地に充てられたものではなく、「薩州奉行中」を充所とすることを考えると、豊臣政権を意味していると見るべきであろう。三成は、検地の実施によって、島津領の石高策定を意図するのみならず、島津領内における軍需品・軍事資源品の調達、あるいはその潜在力の把握を目指したことがわかる。

しかし、三成自身の薩摩下向はない。三成は文禄三年九月に、実母の葬儀を京都大徳寺三玄院で執行している。また、同じ九月（「維時文禄第三甲午菊月吉辰」）の銘をもつ、伯蒲恵稜の賛を有する父石田正継の寿像（生前に作成された像）が、妙心寺の寿聖院に残っている。寿聖院は、三成が父正継のため、伯蒲恵稜を請じて建立するもので、その落成は慶長四年（一五九九）のこととなるが、このころから妙心寺内で営みはじめられたのであろう。母の死をうけて、父のための塔頭建立を期するあたり、三成の篤い孝心をうかがえるエピソードである。

さて、島津領国へ下る石田家中の面々は八月十日までに大坂へ集結する。彼らは検地を担当する国によって、薩摩へ遣わされる衆、大隅へ遣わされる衆、日向へ遣わされる衆とに分かたれ、翌十一日に大坂を発足する。このうち、大橋甚右衛門尉なる人物が起請文をしたためて九州へ下っており（『薩藩旧記雑録後編』二―一三四四号）、この大橋が石田家中を束ねる惣奉行と目される。三成の家中は九月に島津領に入り、さっそくに検地が開始される。この間の経緯を伝える『長谷場越前自記』（『薩藩旧記雑録後編』二―一三六六号）によると、国別で実施される島津領検地は、昼夜兼行で進められたようである。完遂までには翌年の二月までと、半年ちかい時間を要している。

島津領検地の開始をうけ、安宅秀安（三郎兵衛）は、在朝鮮の義弘にその詳細を告げる。安宅秀安の態度は相変わらず高姿勢であったが、検地終了後は義久と義弘の熟談によって新たな知行配当を進めることになるので、義弘の帰国は不可欠とし、その準備を促している（十月六日付島津義弘充て安宅秀安書状・大日本古文書『島津家文書』一七八二号）。この頃には島津勢の朝鮮駐留も三年を超し、義弘自身も一種のいらだちを隠しきれなくなってきている。

三成としても、島津家との交渉を安宅秀安のみに任せきりにしているわけではない。三成自身も親しく義弘との間に書信のやりとりをすすめるが（大日本古文書『島津家文書』一七八四号）、必ずしも状況は好転しない。講和・休戦期に入ったことで、果たすべき軍役は軽減され、島津家の場合も軍役規模は二〇〇石に一人から、四〇〇石に一人と半減されることになった。義弘はこの報せを、伊集院幸侃（いじゅういんこうかん）・長寿院盛淳（もりあつ）から受けている。しかしながら、伊集院家や北郷（ほんごう）家などの重臣の家では、半減された軍役規模を以てすらその基準に達しておらず、当初から朝鮮に渡った将兵を日本に帰すこともできない、と義弘は三成に訴えている（『薩藩旧記雑録後編』二―一四一六号）。

なお、政権は並行して島津領に隣接する肥後人吉（ひとよし）の相良（さがら）領でも検地が計画され、三成家中の黒川右近が派遣されるが（大日本古文書『相良家文書』七三六号）、実施にはいたらなかったようである。

島津家の領国検地が文禄四年二月に完了すると、九州に派遣されていた石田家中の「御検地衆」は、四月四日には帰洛する。検地の完了の知らせは、三成や安宅秀安によって朝鮮にいる義弘・忠恒らにも報じられる。検地の結果、三〇万石の打ち出しに成功するが、その後の知行配当を実施するにあたって、三成は秀吉の許可を得た上で、義弘の日本への帰還を要請している。

形式上は、島津義久と義弘の熟議に基づいて知行配当を進めるため、ということであるが、実質は義久の独擅を防ぐことが主眼であったようにも見受けられる。義弘の帰還と参画を前提としながら、知行配当の実務は、三成ら政権側の主導によって進められることになる。

佐竹領の検地

さらに、同じく文禄三年（一五九四）の十月から年末にかけては、常陸を中心とし下野東部と奥州南郷に及ぶ佐竹領でも検地が実施される。

関東・奥羽平定後、佐竹家は領内の指出帳（さしだしちょう）を提出し、秀吉はこれに基づいて天正十八年（一五九〇）八月朔日付で二一万貫文余の佐竹氏領国を安堵していた。しかし、この数値は、慣習的に定まっていた年貢高を基準にして所領を貫高で表記したものにすぎず、賦課される軍役に対応していく上でも不充分な内容であった。実体的な生産環境を把握し、それを石高のかたちで体現することは、佐竹氏としても不可避の政治課題だったといえよう。

三成による佐竹領検地については、すでに天正十九年（一五九一）九月の段階でその可能性が取り沙汰されていたが、実際に佐竹領検地も石田家中の手によって実施されることとなる。とはいえ、島津領と同様、三成みずから下向するわけではない。たとえば、三成は十月前半には伏見にいたことが確認され（『上杉家文書』八六〇号、『薩藩旧記雑録後編』二―一四〇三号）、さらに十二月十二日には、長束（なつか）正家・増田（ました）長盛ら他の奉行衆とともに、若狭の組屋に対して京都で売却した呂宋壺代金の請取状を与えている（「組屋文書」）。

佐竹領に残る「検地帳」から、検地を実施した石田家中として、藤林三右衛門尉・山田勘十郎・大嶋助兵衛らの名が知られる（斉藤司「文禄期「太閤検地」に関する一考察―文禄三年佐竹氏領検地を中心に―」『関東近世史研究』一九号、一九八五年）。このほか、奥州南郷の白川郡双野平村に残る「文禄二（三カ）年四月ヨリ田畑御検地御役人控帳」には、「太閤秀吉公御代検地奉行　石田治部少輔殿内　井口清右衛門・平丸平八」とある（「下重文書」『棚倉町史』第二巻）。後年の史料であり、検地の時期などにやや異同があるが、参考としてあげておく。いずれにしろ、三成は彼ら家中の面々を奉行として下向させ、佐竹領の検地を実施したのである。

「文禄三年常州検地覚書」によると、検地は文禄三年（一五九四）十月から十二月晦日までの間に実施されたとある。現存する検地帳の写や地方書に引用されている検地帳の日付も、この期間に収まっている。『佐竹家譜』などには、これをうけて「十月、義宣所領常州・奥州・野州郡県を検地せしむ、十二月晦日に至て其功を終ふ」とある。現存する史料などに拠ると、佐竹家中が奉行として検地を行なった村々もあり、三成の家臣が全領的に検地を実施したわけではない。比較的短期間に全領検地を終えることになるのは、こうしたことも一因であろうか。ちなみに、『水戸市史』によれば「水戸地方が石田三成の配下藤林三右衛門の受持ちだったことは、現存する上河内村（那賀郡）の検地帳によって明らかである。」とある。この検地の成果を踏まえた佐竹義宣充て秀吉朱印状が発給されるのは、しばらく先のことで、文禄四年の六月のこととなる。

氏郷没後の蒲生家

この時期の大規模な検地は、三成らの島津領・佐竹領検地にとどまらない。佐竹領に隣接する奥州会津の蒲生領でも、大規模な領国検地が実施されていた。蒲生家では文禄四年（一五九五）二月、伏見で氏郷（「会津少将」、文禄三年十月に参議任官ののちは「会津宰相」）が没する。享年四十といわれ、嗣子鶴千世（鶴千代、のちの秀隆・秀行）が年少であったため、遺跡をめぐる問題を生じた。

蒲生家家臣団の間を斡旋し調整に奔走したのは、後見となった徳川家康と前田利家であった。家康は、秀吉の命によって、氏郷の没後間もなく娘を鶴千世に娶せている。この婚姻は相続を承認する条件であったと言われ、ようやく鶴千世の家督継承をみるが、蒲生家をめぐる混乱はこれでは収まらなかった。既述のように、この間に会津蒲生領では検地が実施されたが、それにともなう出米（でまい）（石高の増加）の申告があまりに過少であり、また、洪水にともなう荒高（あれだか）の処置にも疑念があるとして、秀吉みずからが蒲生家年寄衆を糾弾する事態に至ったのである。

蒲生家の年寄衆は五月吉日付で連署して、前田玄以・浅野長吉に「会津知行目録」を提出した。秀吉はこれにいちいち批評を加えた上で、「知行方之儀、年寄共如此不相届仕様、無是非次第候」と断じた。蒲生家は改易とされ、鶴千世には当面近江国で堪忍分二万石を与える、との処断がなされた。本来の「会津知行目録」に秀吉がみずから検注を加えたものは、多数の写しが作成され、これに蒲生家の処分理由と経過説明を付したものが秀吉朱印状のかたちで諸大名に充てて発せられることとなる（『毛利家文書』九六五号、『島津家文書』九五八号など）。これには、次にみるように、同じ六月三日付で秀吉の奉行衆による連署状が添えられていた。

羽柴会津宰相跡目之儀、子息鶴千世方江無相違被仰付候処、年寄共知行方之儀に付て、如此不相届書付上候条、則大閤様彼一書ニ被加御筆　御朱印持進之候、御返事可被仰上旨候、於様子者御紙面ニ相見候、恐々謹言、

（文禄四年）六月三日

長束大蔵大輔
正家（花押影）
増田右衛門尉
長盛（花押影）
石田治部少輔
三成（花押影）
浅野弾正少弼
長吉（花押影）

民部卿法印

玄以（花押影）

羽柴安芸中納言殿

人々御中

（大日本古文書『毛利家文書』九六六号）

◇蒲生氏郷（羽柴会津宰相）の跡目存続については、子息の鶴千世に問題なく許しましたが、家老連中が知行のことについて、このような不届な書付を呈上してきました。そこで太閤様がその書類に御加筆なされ、御朱印を据えられて（蒲生家中に）お渡しなされ、御返事を差し上げるように仰せられました。具体的な様子については、その御紙面を参照してください。

ここでは毛利輝元充てのものを例示したが、同日付の秀吉朱印状と同様、多くの大名充てのものが知られる。蒲生家の失策は、秀吉朱印状と奉行衆連署状によって、満天下に知られることとなる。秀吉の希求する領国構造を実現出来なければ、大大名であっても改易のやむなきにいたるという、過酷な現実を全国に知らしめるに充分な効果をもった。

ところが事態は三転し、六月二十一日になると、この改易処分は急遽撤回される。蒲生鶴千世の岳父となった家康の、秀吉に対する説得が奏効したものと言われている。太閤秀吉の決定が覆った背景には、政権中央における関白秀次との極めて微妙な緊張関係、確執を想定する向きもあるが、詳細は定かではない。

秀吉政権の望む領国検地

三成が関わった佐竹領・島津領検地について、その結果をうけた知行割が成立するのも、この同じ文禄四年（一五九五）六月のことである。秀吉は文禄四年六月十九日付で、佐竹義宣（羽柴常陸侍従）に充てた知行割りの目録を発する。佐竹家で家中に対する知行充行（あてがい）が実施されるのは、このあとである。ついで、文禄四年六月二十九日付で、島津義弘（羽柴薩摩侍従）を充所とする領知充行状・知行割りが発給される。佐竹領検地が文禄三年のうちに完了していながら、義宣充ての知行目録が半年もあとに出されるのは、島津氏充てのものとの整合性を考えた結果であろう。双方に充てられた目録の内容、さらにいえば検地後の領知構造が酷似することは、何よりの証左と考えてよい。さらに、並行する蒲生領検地の推移が影響を与えたであろうことも否定できまい。

時間的には前後するが、より詳細で具体的な内容をもつ島津義弘充ての目録から見てみよう。

目録之事

薩摩国分

一、九万弐千弐百参拾八石九升　　先高

拾九万千弐百五拾石六斗五升　　出米

合、弐拾八万参千四百八拾八石七斗四升

（大隅国および日向国之内諸県郡の分省略）

惣合、五拾七万八千七百参拾参石四斗壱升

右之内、先高　弐拾壱万四千七百四拾五石弐斗九升

出米　参拾六万参千九百八拾八石壱斗五升

右、知行方支配目録

一、拾万石　此内七万三千石御加増　義久蔵入無役

一、拾万石　此内八万八千石御加増　義弘蔵入無役

一、八万石　此内五万九千石御加増

壱万石者無役　伊集院右衛門入道

一、壱万石　此内千七百石御加増無役　島津右馬頭

一、拾四万千弐百弐拾五石　給人本知

一、拾弐万五千参百八石　同御加増、右給人ニ為加増可遣か

新参侍可相拘、義久・義弘覚悟次第

一、参千石　寺社領

一、壱万石　太閤様御蔵入、御代官石田治部少輔

一、六千弐百石　石田治部少輔ニ被下

一、参千石　幽斎ニ被下

合、五拾七万八千七百参拾参石

右、今度以検地之上、被成御支配候也

文禄四年六月廿九日　（豊臣秀吉朱印）

羽柴薩摩侍従とのへ

（『薩藩旧記雑録後編』二―一五四七号）

検地の結果、島津領国の石高は「五拾七万八千七百参拾参石四斗壱升」と算定された。このうち、検地にともなう打ち出し（「出米」＝石高の増加）は「参拾六万参千九百八拾八石壱斗五升」にも及ぶ。先高は天正十九年（一五九一）の御前帳（ごぜんちょう）高と考えられるが、これをはるかに超える打ち出しをみたことがわかる。もとより、この間に領域が拡大したわけではない。

検地によって打ち出された「出米」の過半は、「御加増」として大名家一門および最有力家臣に振り分けられ、さらに一二万五〇〇〇余石が「給人ニ為加増可遣か新参侍可相拘、義久・義弘覚悟次第」として、大名権力の手元に留保された。この部分は大名主導の家臣団統制に資することになる。検地の結果、島津家は大名権力の絶対化の基盤を得ることとなる。

同時に、政権は大名権力に対する掣肘も怠ってはいない。ここは政権のきわめて巧みな政策である。「大名権力」を当主一人に収斂させず、義弘を義久に並列させることで、いわば分節化させ、また三成と親しく政権に近い存在である伊集院幸侃を義久や義弘に準じるかたちで厚遇している。さらに、領国内に楔を打ち込むようなかたちで、秀吉の蔵入地と三成・細川幽斎領を設置し、秀吉領の代官も三成がつとめることとなる。秀吉領以下の部分も検地による「出米」を原資とする。こうして領国内では、大名島津氏を頂点とする絶対的な権力構造が形成されるが、島津家・島津領国そのものは中央政権から監察されるような恰好となり、厳しく統制されることになる。

ついで、この一〇日ほど前の日付をもつ佐竹義宣（羽柴常陸侍従）充ての知行目録を見てみよう。

佐竹知行割之事

一、拾五万石　　此内五万石御加増　　義宣

一、拾万石　無役　此内九万石御加増　内義宣蔵入
一、五万石　無役　此内四万石御加増　義重
一、六万石　此内壱万石無役
　　此内五万石御加増　佐竹中務太輔
一、拾六万八千八百石　此内四万石御加増　与力家来
一、壱万石「太閤様」御蔵入
一、千石　佐竹中務御代官徳分ニ被下
一、参千石　石田治部少輔
一、三千石　増田右衛門尉
　　都合、五十四万五千八百石
　右、今度以検地之上、被成御支配候也
　　文禄四年六月十九日　御朱印
　　　羽柴常陸侍従とのへ
（東京大学史料編纂所所蔵影写本「佐竹文書」）

これによって佐竹義宣は、秀吉から「五十四万五千八百石」の領知を認められることとなる。「御加増」分を単純に積算すると、二七万石となる。領知高の「五十四万五千八百石」から「御加増」分を引くと「二十七万五千八百石」となり、この数値が従前の領知高となる。ここに至る基本的な流れは、島津家の場合と同様と判断されるので、天正十九年（一五九一）に調整された御前帳における佐竹領の石高がこれであろう。いずれにせよ、このたびの検地によって、佐竹領は領知高を倍増させたことになる。

かつて佐竹義宣が目論んだとおり、石田三成家中によって、縄打ち（丈量検地）が実施され、年貢が従前の二倍に達したのである。

佐竹充ての目録のみでは充分に理解できないが、先にみた島津充ての事例を勘考すると、検地による出米を原資としつつ、佐竹家も大名権力の絶対化を進める環境を得たとみてよかろう。ただし、当主の義宣のみならず、先代義重や一門の重鎮東義久（佐竹中務大輔）らの領知を保証し、やはり島津領と同様に、佐竹領内には、秀吉の直轄領一万石および三成と増田長盛の領知それぞれ三〇〇〇石ずつが設定された。

朝鮮出兵の講和・休戦という時期にあって、三成らは佐竹領・島津領の領国検地を遂行して大幅な石高を打ち出し、これを原資に、領国における大名権力の基盤強化を実現した。同時に政権は、大名権力自体を分節化し、さらに領国内部に楔を打ち込むようなかたちで、秀吉の直轄領および三成ら奉行衆の領知を設定し、巧みに政権中枢への従属を余儀なくさせる領知構造を将来させた。佐竹領の場合は、島津領ほど徹底したものではないようだが、政策基調自体は両者に共通するものであり、この時期の政権が希求する地域支配の典型とみなすべきであろう。その意味で、会津蒲生領の検地は、これらと対比的にみていくべきものである。充分な出米が確保できない検地は、それだけで失策と評されるものであった。

三　日明講和交渉の開始と秀次事件

日明講和交渉の開始

明暦の万暦二十三年＝文禄四年（一五九五）の正月に、明国皇帝は日本への勅使派遣を正式に決定し、北京に派遣されていた小西行長の家中内藤如安（行長の苗字を許され、小西飛驒守とも称す）とともに、四月六日には朝鮮の漢城に入る。勅使の一行はしばらくここに留まり、明国の遊撃将軍沈惟敬と小西行長・寺沢正成（実名は「広高」「広忠」など、受領名は志摩守）らとの間で、具体的交渉が進められる。もとより、勅使来日の報はこれに先だって秀吉のもとにもたらされたと考えられ、事態は一気に動き出す。

必ずしも因果関係は明らかではないが、四月十六日に秀次の弟で大和・紀伊・和泉と伊賀の一部を領す秀長家を継いでいた豊臣秀保が、病気療養中の大和十津川で変死を遂げる。当時、豊臣家は秀吉の宗家以外に、秀長が興した大和郡山の豊臣家と関白秀次を当主とし尾張・北伊勢を預かる清須の豊臣家があった。秀保の急死によって大和郡山豊臣家は断絶し、藤堂高虎らその遺臣はほとんど豊臣宗家に吸収され、秀吉の直臣となる。

秀吉は五月二十二日付で最終的な和平案を策定し、小西行長・寺沢正成に充てて指示を下す。その内容は、朝鮮の王子と大臣を来日させて人質とすることを前提に、日本が朝鮮半島の北部を還付するというものである。交渉に臨む秀吉の立場は、あくまで勝者としてのそれであり、朝鮮国王の漢城からの離脱は、そのまま王朝の崩壊を意味していた。さらに、来日を期して朝鮮の王子が熊川（ウンチョン）まで達すれば、日本側が構築した要害（いわゆる「倭城」）の三分の二（一五ヵ城のうちの一〇ヵ城）を破却する、というものであった。こうした和平案の策定は、秀吉とその周辺によって進められたのであり、その中枢に三成がいたことは疑いなかろう。

たとえば、三成は小西行長に託して朝鮮半島にいる島津忠恒に書状を送っている。ここで三成は小西行長と寺沢正成の二人とは殊更に親しくしているので、忠恒にも何なりと相談すべきことがあれば、彼等に頼るべきであるとする。

小摂重而渡海候間、一書申入候、先以御無事之儀可相調躰候、公私之大慶此事候、然者各御事も御帰朝不可有程候、仍其元御陣替、彼是ニ付而、御談合有之度候ハヽ、小西摂津守・寺沢志广（志摩）守両人ニ諸事可有御相談候、此両人拙子別而無等閑候、御隔心有之間敷、貴所御用馳走候様ニと、此方ニて頼入候、可有其御心得候、恐々謹言

石田治部少輔

三成（花押）

五月廿四日

嶋津又八郎殿

御陣所

（『薩藩旧記雑録後編』二―一五二五号）

◇小西行長（小摂）が重ねて渡海致しますので、（それに託して）一書を以てご連絡致します。まずもって（日明間の）御和平が調うこととなり、公私の大慶とはまさにこの事です。そういう次第

ですので、皆様の（日本への）御帰朝が決定するのも間もなくのことでしょう。それについて、そちらでの御陣替など、何によらず御相談事がある場合には、小西行長（摂津守）と寺沢正成（志摩守）の両人に何事であっても御相談ください。この両人は私がとりわけ親しくしております。くれぐれも御隔心などございませんように（お願いします）。あなたの御用には尽力するように、私からも頼んでおりますので、そのようにご理解ください。

秀次事件

蒲生領検地のあり方が糾弾され、佐竹領・島津領の知行割が発表されてほどなく、関白秀次に謀反の嫌疑がかかった。秀吉は文禄四年（一五九五）七月三日、三成と増田長盛を聚楽に派遣し、秀次に対する詰問を行なう。ついで、秀吉は八日に秀次を伏見に呼び出して関白職を剝奪し、剃髪させて高野山に追放する。動揺が拡がることを恐れた秀吉と奉行衆は、それぞれに朱印状と連署副状を発したようである。つぎに、三成も加わる奉行衆の連署副状をみておく。

関白殿、今度不慮之御覚悟有之付て、高野山へ被遣候、其外別条・子細無之候、被成御朱印候条、被得其意、下々へも可被申聞候、自然虚説も候てはと思召、如此被仰遣候、□□□□、

　　　七月十日

　　　　　　　　　　長束大蔵大輔
　　　　　　　　　　　　正家（花押）
　　　　　　　　　　増田右衛門尉
　　　　　　　　　　　　長盛（花押）

石田治部少輔
三成（花押）
民部卿法印
玄以（花押）

小早川殿へ
人数

（東京大学史料編纂所所蔵影写本「中牟田文書」）

◇このたび、（秀吉が）関白（秀次）殿を不意の御覚悟によって高野山へお遣しになりました。それだけのことであり、ほかに子細はありません。その旨（秀吉の）御朱印が出されますのでご諒解いただき、下々へもよろしくご説明ください。万一根も葉もない噂がたったりしては問題であるとの配慮から、このように仰っています。

文言を忠実に読めば、決して大事には至らないので安堵するように、となる。秀吉やその奉行衆の真意もはかりにくいものの、秀次の高野山行きが社会的にも大きな動揺を与え、不安を惹起させるであろう危機感が、逆に伝わってくる。

ここにいたる過程で、秀吉には秀次を肥前名護屋に下向させる計画があった。秀次の出馬自体は、文禄二年の九月頃から秀吉朱印状のなかでも言及されていたが、明国との講和交渉が膠着化するなかで、文禄四年正月十五日付で「高麗国動御人数帳」が発せられて、計画は具体化された（『薩藩旧記雑録後編』二―一四四八）。これから二日後の正月十七日付の島津忠恒充て安宅秀安書状（『薩藩旧記雑録後編』二―一四五二号）には、三成にも朝鮮への渡海命令が下っていることがわかる。ちなみに、「高麗国動御人数帳」によると、三成は増田長盛とともに釜山浦(プサンポ)に駐屯することになっていた。いうまでもなく、秀次の追放によってこの派兵計画は消滅する。

豊臣秀次が追放され、諸大名間に動揺が拡がるなか、七月十二日付で石田三成と増田長盛がいち早く起請文をしたため、秀頼への忠誠と「太閤様御法度・御置目」の遵守を誓う。七月十五日には秀次が高野山で切腹して果てる。

秀次自刃後、徳川家康・前田利家・宇喜多秀家・毛利輝元・上杉景勝・小早川隆景らの有力大名(家康は権大納言、利家・秀家・輝元・景勝は権中納言、隆景は当時参議であったが文禄五年二月に権中納言)を含む諸大名が連署して、石田三成・増田長盛・長束正家・富田一白(当時は「水西」と号す)・前田玄以・宮部継潤(けいじゅん)ら豊臣家奉行衆を充所として、ほぼ同内容の起請文を提出する(大阪城天守閣所蔵「木下家文書」)。

これとは別に、前田利家と宇喜多秀家は中央にあって直接に秀頼を輔佐し、私に下国しないことを誓い、「順路憲法」に基づき「坂東」を徳川家康が、「坂西」を小早川隆景と毛利輝元が管轄する旨を誓約している(『毛利家文書』九五八号・九五九号)。「坂東」には、遅れて上洛する上杉景勝も関わるものと推定される。家康や利家ら有力大名には齢六十に垂(なんな)んとする老太閤から数え年三歳の秀頼へ、今日的にいえば二世代にわたる懸隔を超えて、豊臣の「天下」承継を支えることが求められたのであり、世代を超える保証が必然化された。それぞれに老壮ないし老青という世代横断的な組み合わせになるよう、配慮されていることは重要である。

有力大名が起請文を発した七月二十日付で、「今度御知行御取候かた〈事」がまとめられた。これは秀次自決後の大名領再配の案であり、秀保の大和郡山豊臣家に続き、秀次の尾張清須豊臣家の改易をうけた内容となっている。これによると、三成には秀次の旧地尾張清洲で二一万石を与えられる計画があったことがわかり、興味深い（佐竹家旧記・『新修　彦根市史　第五巻　史料編　古代・中世』「中世編年史料」八五六号）。ちなみに、ここで増田長盛は一五万石の領主として大和郡山を与えられ、近江国佐和山には京極高次が入る予定であった。確かに、こののち増田は郡山に入るようだが、三成の清須入封は確認されない。結果的に秀次後の清須城には福島正則が入る。

この間、事態の詳細を知るべく、諸大名家から三成のもとへの照会があったようである。こうしたなか、伊達政宗の家臣針生盛信も三成に詳細を問い合わせる書状を発したようである。三成はそれに対してつぎのように応じている。

預飛札本望ニ存候、今度関白殿御逆意顕形ニ付而、御腹被召、一味之面々悉相果、毛頭無異儀相済候迚、可為御上洛間、期面談不能詳候、

石治少

三成（花押）

七月廿五日

針(針生)民部太輔殿

御返報

（大日本古文書『伊達家文書』六六四号）

◇急便を嬉しく思う。この度関白（豊臣秀次）殿の逆心が露わとなったので、（秀次は）切腹し、与同の連中も悉く死に果てた。すべて問題なく片付いたことをうけ、御上洛されるとのことなので、面

談の時を期して詳しい事は述べない。

充所の針生盛信（民部大輔）は蘆名一門であり、蘆名義広の家老を勤めた人物である。これが奥羽仕置（しおき）ののち、伊達家に転仕するという経緯をもつ。したがって、政宗家中の中では三成と昵懇の間にあった。こうした関係を前提とした文書のやりとりであろう。

続いて、七月二十八日には豊臣家の奉行六名が連署して、つぎのような指示を発する。充所の佐藤方政（才二郎）はこの当時美濃国武儀郡の上有知鉈尾山城を本拠として二万石の領知を許されていた。

尚以、早々御下候て、急可被相届候、御□□有間敷候、已上
急度申入候、仍今度石川備前守濃州にて被相渡候榑木之事、来月十日以前に悉、到朝妻可被相届候由被　仰出候、聚楽御殿共伏見へ被成御引、只今一度に御立被成候間、若作事手を□候は可為御越度候、堅可被得其意候、恐々謹言、

七月廿八日

長束大蔵
正家（花押）
富田左近将監
水西（花押）
増田右衛門尉
長盛（花押）
石田治部少輔
三成（花押）

（京都市歴史資料館所蔵「燈心文庫」）

民部卿法印
玄以（花押）
中務法印
継潤（花押）

佐藤才二郎殿
御宿所

◇確実を期して申し入れる。よって、今度石川貞清（備前守）に美濃国内で渡された榑（くれ）木（規格化された建築用材、とくに板屋根を葺くのに用いる板）については、来る八月十日以前にすべて近江国の朝妻（あさづま）に到着させるように（秀吉が）命じられた。聚楽にあった御殿などはすっかり伏見へお移しになられ、今回一斉に御立直しになられるので、万一作事に手ぬかりなどがあれば、重大な過失となる。確実に承知されたい。

なお、速やかに領国に下り、御油断なく急いで（榑木）の輸送にあたるよう。

いうまでもなく、この連署者は七月二十八日付で諸大名の起請文に充所として登場した面々である。彼等は、秀次滅亡後の聚楽にあった屋敷などを伏見に移築するという秀吉の命をうけ、このような指示を発している。文中に登場する石川貞清（「備前守」）は尾張犬山の城主であるが、併せて秀吉直轄領たる信州木曽の代官を勤めていたという。石川貞清が木曽から伐り出し「榑木」として製材したものを、美濃国内に領知をもつ諸大名が受け取って近江朝妻に運ぶのであろう。ついで八月五日には、秀吉の奉行衆が、次のように舟改めを行なっている。

秀次并木村常陸舟之事、江州諸浦被相改、書付可被上候、恐々謹言、

（文禄四年）八月五日

長束大蔵大輔　正家（花押影）

増田右衛門尉　長盛（花押影）

石田治部少輔　三成（花押影）

富田左近将監　水西（花押影）

宮部法印　継潤（花押影）

民部卿法印　玄以（花押影）

（内閣文庫「楓軒文書纂」・国立公文書館内閣文庫刊『楓軒文書纂』下巻所収）

◇秀次および木村重茲（常陸介）が琵琶湖に所持していた船について、近江の諸浦で調査を実施して、その結果を書付にして提出するようにしてください。

琵琶湖の諸浦で秀次とその家臣木村重茲（常陸介）が支配していた船々の改めを、秀吉の奉行衆が行

なっている。写しの文書だが、ここで舟改めの実施主体となった者は、既述した起請文の充所に符合しており、内容としては真正なものであろう。換言すれば、三成以下これらの連署状に名を連ねる面々が、秀次事件後の段階で、豊臣家奉行衆の中枢に位置づけられたとみてよい。そうした一方で、秀吉の相婿であり、豊臣家奉行衆のなかでも最有力者であった浅野長吉（のちの長政）は、ここに登場していない。

さらに、彼ら奉行衆のうちの四名が連署し、八月八日付で次のような書状を高野山の木食応其に充てて送った。

秀次より雀部淡路妻子ニ被下候金子三枚、其方御手前より請取候、以上、

文禄四年

八月八日　民部卿法印（花押）

長束大蔵（花押）

増田右衛門尉（花押）

石田治部少輔（花押）

木食

興山上人　まいる

（東京大学史料編纂所所蔵影写本「日下文書」）

◇秀次から雀部重政（淡路守）の妻子へ下された金子三枚を、木食上人から確かに請け取った。

雀部重政（淡路守）は秀次の近臣であり、秀次に従って殉死した五人のうちの一人として知られる。死に臨んで秀次は、雀部重政の遺族へ遣わす金子を高野山の木食応其に託したのであろう。この連署状は、四奉行による金子の請け取りである。

浅野長吉・長継（のちに「長慶」さらに「幸長」を名乗る）父子は、朝鮮で没した加藤光泰の跡をうけ、文禄二年（一五九三）十一月に甲斐一国を与えられていた。このとき長吉には、伊達政宗・南部信直・宇都宮国綱・那須資晴・成田氏長ら奥州・北関東の諸将が与力として付せられている。そうした関係もあって、氏郷没後の蒲生領仕置を進めるため、この時期の長吉は会津に下向しており、在京してはいない。

秀次の追放が、浅野長吉の不在を狙って断行されたものなのか否かは定かではない。しかし、結果的に長吉は、秀次との与同を疑われることとなる。秀次の謀反に荷担したと疑われたのは、長吉のほか、最上義光・伊達政宗・細川忠興らに及ぶ。また、現職の右大臣である菊亭（今出川）晴季の越後配流が決定される。晴季の娘は秀次の正室であり、晴季の配流も秀次の没落と関連するものであろう。『御湯殿の上日記』の七月二十五日条には、菊亭晴季の配流を、三成が前田玄以とともに伝奏へ伝えたという記事がみえる。内大臣も不在で、秀次に代わる左大臣も任じられなかったため、晴季の配流によって、朝廷の大臣は秀吉の太政大臣のみとなった。豊臣政権が形式的な部分もあったにせよ、朝廷の権威や官制など、その存在自体に依拠してきたことを考えると、こうした事態はかなり「異常」なものといわざるをえない。

八月二日には秀次の妻妾・子女・家臣らも処刑されるが、秀次一類の粛清後に、徳川家康・前田利家・宇喜多秀家・毛利輝元・小早川隆景・上杉景勝の六大名が連署して、「御掟」「御掟追加」を発している。これらは豊臣政権下唯一の体系的成文法とも言われるものである。ここで諸大名の婚姻を規制し、公家・門跡、寺社に対し家職と学問に励み、公儀へ奉公するように命じた。条文の中には、普遍的法令とは見なしがたいものも含まれるものの、政権下の有力大名が連署して、武家のみならず公家・寺社といった全領主層を対象に規制を発したことの意味は大きい。

いずれにせよ、「関白」が公武を束ね、「叡慮」を推戴するという国制の中核部分は、秀次事件を契機として大きく変容する。現実的には、天皇や朝廷に代わって、秀吉から秀頼へ世襲される「豊臣家」が国制上の比重を高めていく。秀次事件に際して提出された諸大名の起請文が、三成ら豊臣家の奉行衆を充所としたことは、その何よりの顕れであろう。しかしながら、秀次への与同を疑われた浅野長吉に昔日の存在感はなく、実質的には石田三成・増田長盛といったところが豊臣家奉行衆を束ねる立場につく。

朝鮮半島で駐留を続ける諸大名には、秀次を高野山へ追放した段階で、秀吉の朱印状が発せられていた。さらに在朝鮮の諸大名は、秀吉の罹病という事態をうけて、八月二十日付の起請文をしたためている。内容は、秀吉に万一のことがあった場合には、御拾（秀頼）に奉公することを誓約するというものであった。この充所は三成のほか、前田玄以・増田長盛・長束正家らであった。

こうしたなか、三成は小早川隆景の後継問題についても一定の影響力をもつに至る。実子のなかった隆景は、すでに末弟の秀包（ひでかね）（毛利元就九男）を養子としていたが、秀包は筑後久留米に拠って別家を起こし、小早川本家の養嗣子には、北政所の甥にあたる秀秋（実名ははじめ「秀俊」のちに「秀詮」と改める）を迎えていた。文禄三年（一五九四）のうちに養子縁組は整っていたが、領国筑前への入部は実現していない。秀秋に秀次事件への関与も取り沙汰されていたが、文禄四年九月に隆景とともにようやく初入国を果たす。

先度者委細之御懇報、畏入候、仍中納言殿御供申、一両日以前致下著候、遠路乍御造作、御一人被差出、御入国之御祝儀被仰上候て可然存候、何篇御心安可申談之通、治少内証候間、得御意候、来月中旬ニハ中納言殿も先以可為御上洛候、山口玄番（蕃）頭御供候、為御心得候、恐惶謹言、

（文禄四年）九月十八日　　小左衛
隆景（花押）

嶋兵様　人々御中

（大日本古文書『島津家文書』一七二一号）

◇先般は御懇ろなご返事を畏れ入ります。小早川秀秋（中納言）殿の御供をして、一両日以前、筑前に下着しました。遠路ご迷惑をおかけしますが、御家中から御一人お出でいただき、初入国の御祝儀を仰っていただければ幸いです。あれこれと心安く相談するようにと石田三成（治少）から内意を得ておりますので、このように連絡しております。来月中旬には秀秋（中納言）殿もさっそく御上洛されます。山口宗永（玄蕃頭）が御供をされます。御心積もりのため、お知らせします。

小早川隆景は島津義弘（兵庫頭）に対して、秀秋初入国の祝いを開催するにあたって、島津家中からの列席を依頼している。おそらく他の大名家に対しても同様な依頼がなされたと考えられるが、注目されるのはこうした措置が「治少内証」すなわち三成の内々の配慮によっていることであろう。

第五章　豊臣政権の中枢として

一　京都所司代就任と「五奉行」制の萌芽

京都所司代としての三成

秀次事件が落着すると、三成は増田長盛(ました)とともに「京都所司代」に任じられ、従前の領知を改められて、知行を加増されることとなる。この顚末は、文禄四年（一五九五）（推定）八月十六日付の相良頼房(さがら)充ての安宅秀安書状（大日本古文書『相良家文書』七四六号）に、次のように記されていることから明らかである。

将亦、今度治部少御知行一かと拝領申候、御前仕合無残所候、可御心安候、京都諸司代、増田殿・治部少ニ被　仰付候

◇また、今度は石田三成（治部少）が相当の御知行を拝領しました。（秀吉）御前の次第にもまったく問題がありませんので、ご安心ください。京都所司代についても、増田長盛殿と三成にお命じになりました。

公家・寺社などを担当する前田玄以も存在するので、秀次事件ののちは、京都所司代は三人制となる。

京都所司代の職務分掌は、従前どおり前田玄以が権門を担当し、増田長盛・石田三成が京中を担当することとなる（『薩藩旧記雑録』二―一五九〇号）〔補注3〕。さらに、京中については、少しのちの文書になるが、文禄五年（一五九六）三月八日付で「下京」に充てた掟が、「治部少輔」の名で発給されていることから推して（野田只夫編「下京文書Ⅰ―三条烏丸饅頭屋町文書―」二二号・『日本史研究』三五号）、「上京」を増田長盛が、「下京」を三成が専管することとなった。これをうけて三成・増田長盛は、所司代下代を洛中に常駐させることになる。三成の下で所司代下代を勤めたことが確認される石田家中として、柏原彦右衛門と井口清右衛門がいる（伊藤真昭『京都の寺社と豊臣政権』法蔵館・二〇〇三年）。

さらに、三成は京の町衆に対し、文禄四年九月二十九日付で、秀次の妻妾および与党の遺物提出を求めており、所司代への就任にあたっては、秀次事件の後処理を委ねられていたようである。

ところで、権大納言中山親綱の遺した『親綱卿記』の文禄四年（一五九五）十月二十三日条に、「備前中納言内儀煩」という件がある。宇喜多秀家の正室（前田利家の女で秀吉の養女となった「豪姫」）の罹病に際して、秀吉が内侍所（ないしどころ）に神楽を奏請し、平癒を願っている。つぎの十月四日付で三成と増田長盛が連署して、「稲荷社人中」に充てて「憑きもの」退散を命じる書状もこの時のものと判断される。

備前中納言殿御簾中、今般産後御病中、付物恠相見候、兎角野狐之所為と被思召候、付而以　御朱印被相宥候、於日域誰耶軽　公儀乎、一天下之有情無情、何不重　上意、況於畜類其畏不可遁之、速可退去、如此之上、猶付添有恠之故、不慮於出来者、当社則時被破却、其上日本国中狐猟毎年堅被仰付、断其類、悉可被殺果之旨、御意候条、社人被存其旨　砕肝胆可被抽懇祈儀、専一候、恐々謹言、

（文禄四年）
拾月四日

石田治部少輔
三成（花押影）
増田右衛門尉
長盛（花押影）

稲荷社人中

（東京大学史料編纂所所蔵影写本「大西文書」）

◇宇喜多秀家正室（備前中納言殿御簾中）が今度の産後の御病気の間、憑き者・物の怪が現れました。果たして野狐のいたずらと（秀吉が）お考えになり、御朱印状を用いてお宥めになりました。日本のなかで（日域）、誰が公儀を軽んじることができましょう。天下のもとにある生物・非生物で上意を重んじないものがありましょうか。まして野狐などの畜類は、その畏れから遁れることなどできません。すみやかに退去させるように。このように命じられたのち、なお、憑き者・物の怪が原因で不慮の事態が出来した場合には、稲荷社をすみやかに破却し、さらに日本国中で狐猟を毎年お命じになり、野狐の類をことごとく殺戮、根絶します。このことをよく承知して、社人は心を尽くして懇祈することが大切です。

また、この年の十一月二十六日に、三成は前田玄以・増田長盛・宮部継潤との連署で、三井寺公文師らの屋敷家財を安堵している（『新修　彦根市史　第五巻　史料編　古代・中世』・「石田三成関係史料」二八号）。

ところで、これは所司代としての職責というより、島津家との関係を担う奏者としての関与とみられるが、三成は次のような書状を薩摩に下している。

態令啓達候、仍近江(衛)殿薩州為御在国料　上様ヨリ、於薩摩御知行弐千石可進之旨、義久ニ被仰付候、早々御馳走可被申通、義久へ申合候、然間、知行所等之儀、義久ヨリ可被申入候、彼御座所之儀も鹿児島ニ御座候様ニ而、御意ニ付、則義久へ申渡候、幸竜伯下国之事ニ候間、可被仰渡候、此等趣御披露所仰候、恐々謹言、

石田治部少輔

（文禄四年カ）八月廿五日　三成（花押影）

進藤筑後守殿

（東京大学史料編纂所所蔵「島津家文書」『近衛家蔵薩藩関係文書　全』所収）

◇態々(わざわざ)手紙をもって申し入れます。近衛殿の薩州での御在国料として、上様（秀吉）が薩摩国内で御知行二〇〇〇石を手当するよう、義久にお命じになりました。すみやかに御手配なされるように、義久へ申し入れています。そういうことですので、知行所などのことについては、義久から申し入れがあります。近衛殿の御座所についても、鹿児島にお住まいいただくのが（秀吉の）御意ですので、さっそく義久へ申し渡しました。幸いに義久（竜伯）が下国されるので、仰せ渡しがあると思います。これらの趣について、よろしく御披露ください。

なお、ここには伊集院幸侃(こうかん)が発給した「知行方目録」も収録されており、次に掲げておく。

知行方

鹿児島

下伊敷

高、千弐百廿弐石八斗壱舛八合参勺
　川辺
　　野間村
高、六百六拾壱石壱舛壱合六勺
谷山平川
　　南之門　北之門
高、七拾六石参斗五舛壱合壱勺
市来大里名之内
　　川崎之内
高、四拾六石八斗弐舛
　都合、弐千七斛壱合
文禄五年三月廿一日
　　伊集院右衛門大夫入道（花押影）
　進藤大蔵大輔殿

充所となっている進藤筑後守・大蔵大輔は、近衛家の家司（けいし）であり、秀吉の勘気を蒙って薩摩に配流された信輔に近侍していた人物である。秀吉の意向をうけて、三成は近衛信輔への在国料給付を勧め、また在所をこれまでの坊津（ぼうのつ）から鹿児島に移すことを認めている。

秀吉・秀頼への忠誠と血判起請文

三成は文禄五年（十月二十七日に「慶長」と改元、一五九六年）正月二十三日、増田長盛・長束正家・前田玄以らとともに、秀吉と秀頼に忠誠を誓う血判の起請文を提出する。

一、此四人之儀、被成御取立、別而奉蒙御厚恩候間、不混余仁　太閤様・御拾様之儀、所及心底、不存油断　御奉公可申上候、然上ハ此連判者共、諸事申談、無表裏・別心、公儀御為可然様ニ可奉抽忠節事、
一、諸傍輩、大名・小名、縁者・親類ニよらす、ゐこひいきなく、出入等在之共、互之か多んなく有様ニ聞届、道理次第ニ随分異見可申事、
一、私之遺恨を以、諸傍輩相果候儀有之間敷候、自然非分被申懸、背御法度仁於有之者、各御置目をも被申付候衆、相談之上を以、得　御諚可被加御成敗候事、
一、此者共之内、若無分別之儀候者、各相談之上、多分之異見ニ付而、可相済事、
一、以御隠密被　仰出候儀、此衆中外落着之以前ニ他言仕間敷候事、
右、条々之旨、若私曲偽申上ニおいてハ、忝も此霊社上巻起請文御罰深厚可罷蒙者也、仍前書如件、
　敬白天罰霊社上巻起請文事
　　（中略）
文禄五年正月廿三日
　　長束大蔵大輔（血判・花押）　　石田治部少輔（血判・花押）
　　増田右衛門尉（血判・花押）　　民部卿法印（血判・花押）

（大阪城天守閣所蔵「木下家文書」）

◇一、ここに署名する四人は、（秀吉によって）取り立てられ、とりわけ御厚恩をうけてきたので、余人にまして太閤様・御拾様に対し心情の及ぶ限り油断なく御奉公申し上げる。そこで、ここに連署する面々は諸事相談し、表裏・別心なく公儀の御為を思って忠節を尽くす。

一、同僚の諸大名・諸将については、身分の高下・関係の親疎などにかかわらず、依怙贔屓なく揉め事などがあっても、互いに過断なく、有様に聞き届け、道理に従って極力意見を申すべきこと。

一、私の遺恨によって、同僚の諸大名を落とし入れるようなことは、あってはならない。万一、非分な言いがかりを行ない、御法度に背くような人間がいた場合には、統治の実際を委ねられている衆で相談を行ない、（秀吉の）許可を得たうえで、処罰を行なうべきである。

一、この四人の間でもし意見の一致が見ない場合には、談合を行ない、多数決に拠るべきである。

一、（秀吉から）隠密裡に命じられたことは、落着以前に四人以外へ他言してはならない。

内容は五ヵ条に及び、冒頭の箇条で次のように誓約する。すなわち、格段の取り立てを受けた連署の四人は、その厚恩に報いるため、秀吉と秀頼に心底奉公し、今後は四名として「諸事」を申し談じ、別心なく「公儀」のために忠節を尽くす。続く箇条では、互いに依怙贔屓なく、法度・置目（おきめ）を遵守することなどを述べ、最後の箇条では、案件によって奉行間での厳格な秘守義務を定めている。

この起請文から看取されるのは、連署者間の連帯と排他性であろう。秀吉の命を実行する奉行という職責は従前のままだが、少なくとも当事者間においては組織性が高まっており、その上での排他性も強く意識されている。単に秀吉の命令を伝達するという存在から、特権的な「衆」として政策の枢機に関わっていくという意思表示を汲み取ることができる。

秀次の追放、抹殺時に諸大名から起請文を受けた奉行衆の構成に比すると、富田一白（左近将監）と宮部継潤（中務卿法印）が落ちている。細かな理由は明らかではないものの、富田家ではすでに文禄四年二月の段階で、軍役負担の主体は一白の子信高（実名は「知勝」「知信」、受領名は「信濃守」）に移っているようである。宮部継潤もこの文禄五年（慶長元）の年末に家督を嫡子長熙（ながひろ）に譲っている。こうした背景を考えると、富田一白や宮部継潤らの離脱には、年齢的な問題がその一因であった可能性もあろう。とはいえ、宮部継潤は、こののち慶長二年（一五九七）三月七日付の「御掟」七ヵ条発給の奉行衆連署者に名を連ねており、完全に退いたわけでもなさそうである。この間の事情は後考に委ねたい。こうした課題は残しつつ、また、いまだ浅野長吉（長政）の名は見えないものの、後年の「五奉行」制の萌芽をここにみることができる。

公家衆の赦免と明国正使の逃亡

文禄五年（一五九六）の五月に入ると、四歳になった秀頼（御拾）が上洛し、十三日には禁裏への参内を果たす。そうした次第を諸大名に告げ、準備を促す役割も三成ら四奉行によっておこなわれた。ちなみに、この参内にあわせて徳川家康は内大臣に、前田利家は権大納言に昇任する。

同じ頃、薩摩に配流中の近衛信輔や越後に流されていた菊亭（きくてい）（今出川（いまでがわ））晴季（はるすえ）の赦免が決定する。これに先だって文禄四年末には、秀吉が両名の赦免に動き出していた。五月二日には徳川家康と前田利家が参内し、赦免の勅許を願い出た。この参内自体は形式的なものにすぎず、勅許は即座におりた。この間、実際に段取りを調えたのは、奉行衆のひとり富田一白である。その後、菊亭（今出川）晴季は早々に京に戻り、近衛信輔の帰洛はしばらく遅れることとなる。

信輔の叔父にあたる聖護院道澄（しょうごいんどうちょう）（信輔の父近衛前久（さきひさ）の実弟、号照高院）が、五月二十八日付で信輔に充てた書状（東京大学史料編纂所所蔵影写本「斎藤文蔵氏所蔵文書」）によると、宮中への使者となった家康と利家が島津家へ行なった提案が、三成の意向とは相容れなかった。これによって事態がいささか紛糾し、信輔の帰洛も遅延したようである。詳細は不明ながら、この提案の内容が、信輔の帰洛に関わるものである可能性は高い。信輔自身は、経済的な不安から必ずしも帰洛に前向きではなかったとも言われるが、結果的には七月十日に鹿児島を発ち、八月十八日に大坂に到着した。ひと月程度の在坂ののち、九月十五日には京に戻っている。

この間の対明講和交渉についても、三成ら奉行衆が主体となって進めていくことになる。たとえば三月に入ると、島津義弘は朝鮮に在陣している子息忠恒に対し、帰国して上洛するように促している。もとより明国使節の来日に備えてであるが、こうした指示も三成の意向を受けたものであった。

ところが、朝鮮半島では、日本行きを嫌った明皇帝の正使李宗城（リツォンチョン）が釜山（プサン）で逃亡するという緊急事態が発生し、現地の緊張が高まる。不測の事態に対処するため、豊臣政権は諸将の日本への帰還を延期する（『薩藩旧記雑録後編』三—五三号）。この件は、副使であった楊方亨（ヤンファンハン）を正使に格上げすることでほどなく解決し、三成の指示に基づいて、島津忠恒の帰還準備も再開される。残留する将兵の数も七〇〇程度と三成が決定し、国分左京進が忠恒を迎えるために朝鮮に渡った。

しかし、五月二十七日頃に至って、急遽帰還命令は撤回される。諸将はたとえ帰路に就いていても、すみやかに朝鮮半島の持ち場へ立ち戻るようにと命じられている（『薩藩旧記雑録後編』三―六六号）。三成自身も、五月二十八日付で島津忠恒に書状を発し、日本への帰還予定の途次にあっても朝鮮へ戻るように、と指示を与えている（『薩藩旧記雑録後編』三―一二三二号）。

この背景は必ずしも明らかではないが、七月下旬頃にやりとりされた書状には「来春之奥入」「奥入」が取り沙汰されている。「奥入」とは、沿岸部に駐留する軍勢が、再び朝鮮半島の内陸部への侵攻を行なう、ということである。三成ら政権の中枢は、日本にやってくる使節の陣容を承知しており、講和交渉の破綻をある程度予見していたのだろうか。いずれにしろ、すでに日本側は再び戦端が開かれる可能性を強く意識しており、一定の兵力を継続して駐留させることに決したのであろう。突然の軍令変更によって、当事者は大きく混乱する。島津義弘は、みずからが朝鮮に渡るので、忠恒の日本帰還を許すよう申し入れたが、三成の容れるところとはならなかった。

二　近江国佐和山城主

佐和山の預かりから領有へ

この第五章の冒頭にみた、文禄四年（一五九五）（推定）八月十六日付の相良頼房充て安宅秀安書状中の「今度治部少御知行一かと拝領申候」について見ていく。文禄四年（一五九五）九月九日付で、石田家中は、近江国内で知行を充行（あてが）われた（長浜城歴史博物館所蔵文書等・『新修　彦根市史　第五巻　史料編　古代・中世』・「石田三成関係史料」二一五号・二一六号）。これに先立って、三成が新たな領知を近江国に得

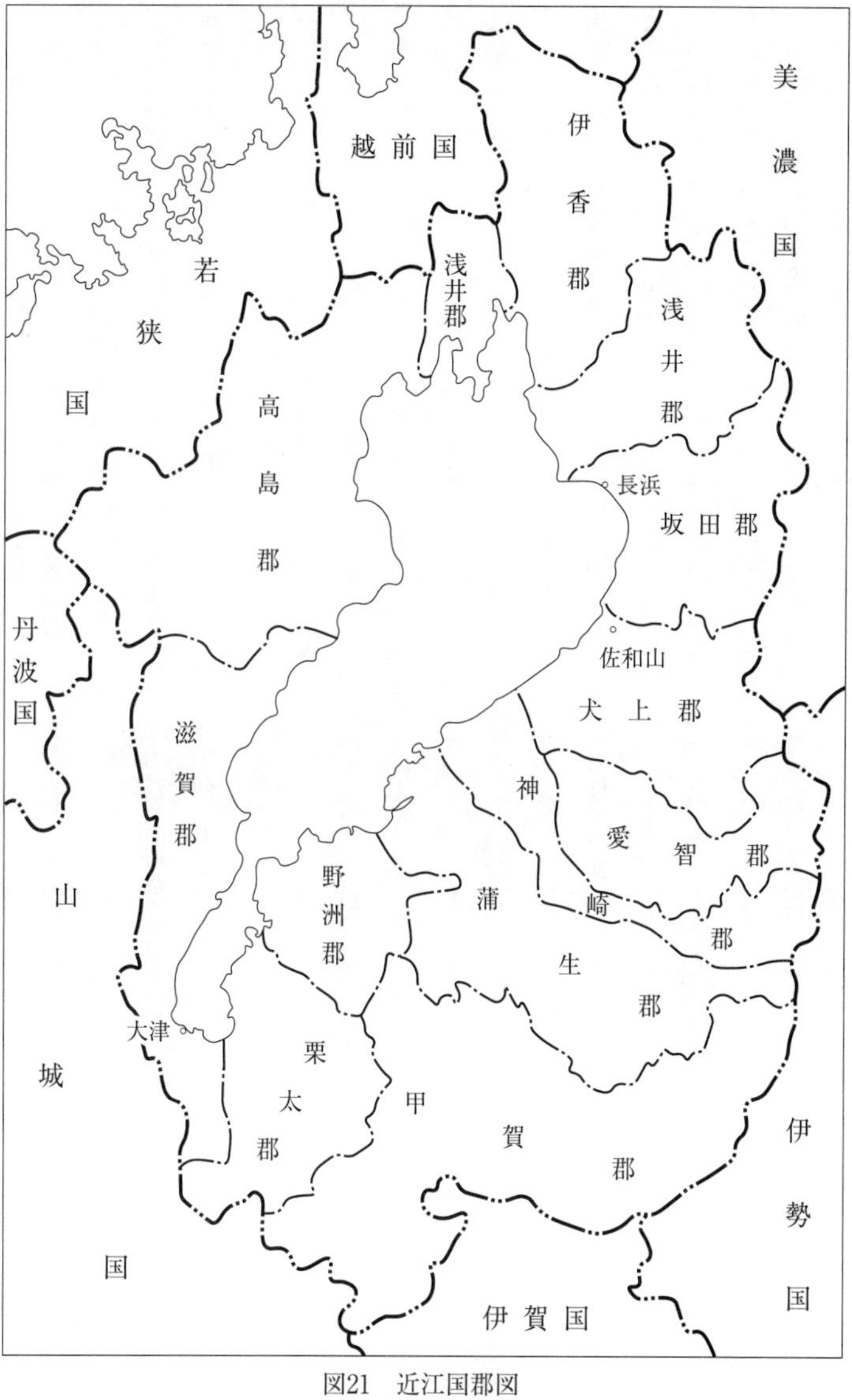
越前国
美濃国
若狭国
伊香郡
浅井郡
浅井郡
高島郡
長浜
坂田郡
佐和山
犬上郡
丹波国
滋賀郡
神崎郡
愛智郡
野洲郡
蒲生郡
山城国
大津
栗太郡
甲賀郡
伊勢国
伊賀国

図21　近江国郡図

た可能性が考えられる。

既述のように、関東平定後、三成は美濃国内に領知を与えられ、その一方でおそらく佐和山を拠点としつつ近江国内の豊臣家蔵入地を代官として支配していたと考えられる。

ところで、先にも言及した文禄四年（推定）七月二十日付「今度御知行御取候かた〳〵事」（佐竹家旧記・『彦根市史　第五巻　史料編　古代・中世』「中世編年史料」八五六）には、注目しておきたい次の記述がある。

一、十万石　石治少跡　近江さわ山　京極殿

既述のように、三成が尾張清須に移ることとなっていたので、近江国佐和山には京極高次が入る予定であった。問題はこの史料にみえる「跡」をどのように解釈するかである。三成が代官支配していた近江佐和山領を「石治少跡」とするのはいささか不自然であり、これ以前の段階で、三成は代官としてではなく、自身の領知としてここを支配していたと考えざるを得ない。とすれば、天正十九年頃から文禄四年前半までの間に、従前の豊臣蔵入地（直轄地）は石田家の領知に改められたことになる。私見では、朝鮮での論功行賞として文禄二年の後半頃に充行われた可能性が高いように感じるが、残念ながら確証となる史料は見出させていない。

いずれにしろ、三成は秀次事件までに、これまで預かりであった佐和山城を改めて与えられ、みずからの居城とすることになった。秀吉発給の充行状などの一次史料を欠くため、その領知高や版図の詳細は不明であるが、次に示す石田家中の須藤通光（権右衛門尉、実名は「道光」とも）の書状に拠って、領知内容が近江国内の四郡であった可能性が指摘される。

尚々先日之上使衆伏見へ罷上、其地御免許之儀、各理運を面々御立候とて、治部少もちと腹立之由候間、各二三人程御出候而、御理尤候、拙子へ各無如在通、柏彦右へ申渡し候、以上、

態申入候、今度佐和山惣構御普請ニ付て、四郡之百姓何も普請を被申付候、然者長浜之内ニも少成共物を作候衆へハ、今度の御普請可申付之由、堅三成より被仰下候、御免許之儀三成も淵底御存知之事ニ候へ共、今度之普請者少之間候事ニ而、いつれも雇可申との御事候、柏原方申分も御入候間、御大義候共、御宿老衆之内二三人程御越候て、様子御談合尤候、為其態と申候、恐々謹言、

（年未詳？）二月十六日　　須権右　通光（花押）

長浜町　御宿老中　御宿所

（京都大学文学部所蔵影写本「南部晋氏所蔵文書」）

◇態々（わざわざ）申し入れます。今度、佐和山城惣構（そうがまえ）の御普請に伴って、近江四郡の百姓すべてに対して動員を命じられました。ついては、長浜町の住人のなかで少分であっても在方で耕作を行なっている者については、今度の御普請への動員に応じるように、堅く三成が仰っています。もとより（秀吉が長浜町人に対する夫役（ぶやく））を御免じなさったことは、三成もよく存知のことですが、今度の普請は短期間のことでもあり、例外なく誰であっても雇い出すようにとのことです。柏原方の申し分もありますので、大義でしょうが、長浜町の御宿老衆のなかから二、三人ほど（佐和山への）御越しを願って、詳細について相談するのがよいと思います。そのために態々こうして申し入れています。

なお、先日は長浜町の上使衆が伏見へ罷り上り、長浜が諸役御免許の地であることを秀吉に

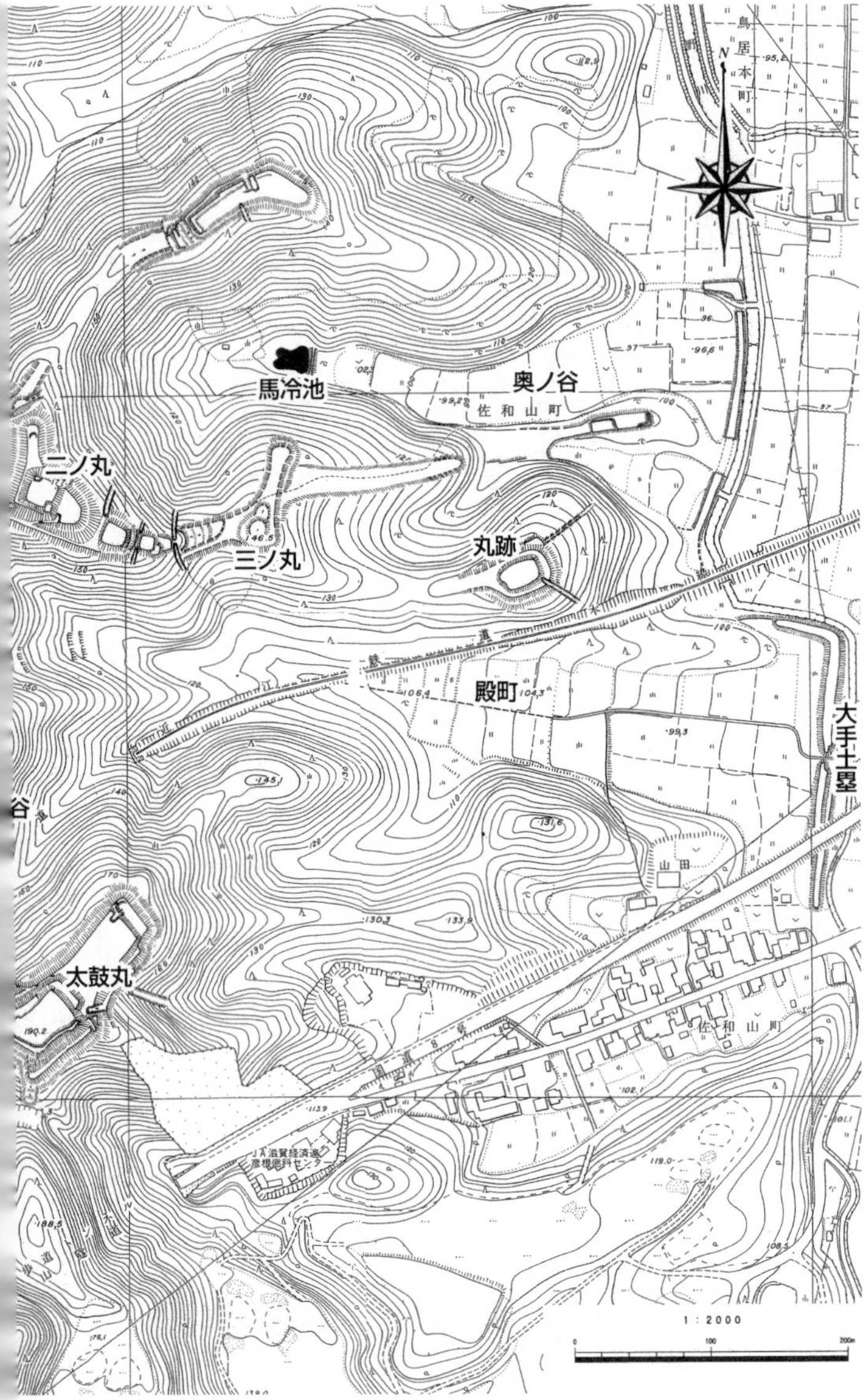

図22　佐和山城跡概要図

佐和山城跡概要図
滋賀県彦根市佐和山町、古沢町
020331、030316、040429 踏査
作図：中　井　均

訴え出たことについて、三成（治部少輔）も少し立腹しているようですので、町から二、三人ほど御出でいただき、御釈明されたほうがよろしいでしょう。わたしに対し、長浜町のおのおのが気遣いしてくれたことは、柏原彦右衛門へ申し渡しておきます。以上。

文書を発給した須藤通光は、主君三成に代わって美濃国神戸の支配を委ねられた人物であった。須藤は美濃時代に引き続いて領国支配を代行したのであろう。この文書は佐和山城の惣構普請に長浜町人の一部を徴用しようとしたものである。ここで留意すべきは、冒頭の「四郡」の百姓に普請を命じるという点である。課役の対象となっていることから推して、この「四郡」が、三成の領知と見なされる。「四郡」とは、佐和山城を擁する「犬上郡」、長浜町の位置する「坂田郡」のほか、後述する「条々」の分布から判断して「浅井郡」と「伊香郡」が想定されよう。ただし、それぞれの郡が一円的に石田領であったかどうかは定かではない。

たとえば、三成退隠後の史料にはなるが、慶長四年（一五九九）十二月朔日付で、徳川秀忠に愛智郡の村々とともに、犬上郡宇尾村が与えられている（大日本古文書『毛利家文書』一一三七号）。ここについては先行する支配関係も定かでなく、したがって、三成領の領知高についても確定的な史料はない。すなわち、「当代記」所載の「惟時伏見普請役之帳」には「十九万四千石　石田治部少輔」とみえる。また、「多聞院日記」文禄四年の条は、次のように伝えている。

石田治部少輔へハ、江州ニテ卅万石ノ知行被与之、増田右衛門尉へ郡山ノ城被下、当国ニテ廿万石被下之歟云々

◇石田三成（治部少輔）へは、江州で三〇万石の知行が与えられた。増田長盛（右衛門尉）へは（大

和）郡山の城を下され、大和国にて二〇万石を下されたと云うことである。

このほか、三成には七万石の預かり地があったとする史料も存在している。たとえば、近江国浅井郡尊勝寺村の領主・代官を跡づけた「平埜荘郷記」には、次のような記事がみえる。

尊勝寺村其後ハ佐和山之城主石田治部少輔ニ渡ルトミエ、佐和山十八万石ノ中ナラズ、預リ七万石ノ内トミエタリ

◇尊勝寺村はその後、佐和山の城主石田三成（治部少輔）に渡されたようである。（ただし、これは）佐和山一八万石の内ではなく、預かり領の七万石の内と見える。

このように、秀次没落後に尊勝寺村が三成の支配下に入るとある。ただし、それは三成の知行地ではなく、預かり領（秀吉直轄領の代官支配地）七万石の一部であるという。ちなみに、この史料によると、文禄五年（一五九六）以降、尊勝寺村は三成の領知となってその蔵入地となり、石田家中の青木市左衛門、ついで上坂二郎右衛門が代官として支配したとある。

いずれも参考資料といった程度のものだが、伝聞とはいえ、唯一の同時代史料である「多聞院日記」の記述が優先されるべきであろう。既述の「今度御知行御取候かた〳〵事」でも、増田長盛の一五万石に対して、三成には尾張清須で二一万石が与えられることになっており、この時期における三成の領知高は、増田長盛のそれを越える可能性が高い。とはいえ、「多聞院日記」のいう三〇万石の内に、代官支配地などを含む可能性は否定できまい。ちなみに、秀吉の右筆として知られる大村由己（「梅庵」）も相良頼房（宮内大輔）に充てて、「石治少なと今度御扶助過分候」と書き送っている（文禄四年（推定）九月十三日付相良宮内大輔充梅庵法印由己書状・大日本古文書『相良家文書』七四九号）。

秀次没落後の大名再配置によって、大和郡山には増田長盛が、近江国水口には長束正家が入る。このあたりは、文禄四年七月二十日付の「今度御知行御取候かた〳〵事」とも符合するが、そこでは近江八幡山への入城を擬せられていた前田玄以には、丹波亀山が与えられることになる。また、共に連署状に名を連ねた宮部継潤はこれまでどおり因幡・伯耆などを領して鳥取城にあり、富田一白には新たに伊勢安濃津城を与えられた。三成の場合も、従前の美濃国における領知高も不明なため、この際の加増がどの程度のものなのか推量すべき材料もないが、「今度治部少御知行一かと拝領申候」に、領知の加増が含意されることは論を待たない。

旧秀次家中の三成家臣団への吸収

領地加増をうけて、三成の家臣団も拡充することになるが、ここで注目すべきは旧秀次家中の吸収である。若年の頃の秀次は、三好康長（笑巌）の養子となっており、「三好孫七郎信吉」と名乗っていた。当時の三好家は河内国の若江城を本城としたため、康長から秀次に引き継がれた家臣に「若江八人衆」あるいは「若江七人衆」と称される集団があった。三好康長の家臣からとりわけ武勇の士を、秀吉が選りすぐって秀次に配した者たちである。三成はこれら「若江衆」の大半を引き受けて、みずからの臣下とした。大場土佐守（三左衛門）、大山伯耆守、高野越中守、牧野伊予守成里、森九兵衛、前野兵庫助忠康（苗字は「舞」、あるいは「舞野」とも）らの面々である。三〇万石程の身代を得た大名として、三成は軍事力の充実が急がれたのであろう。しばらくのちのこととなるが、彼ら「若江衆」は、いずれも関ヶ原合戦で華々しい活躍をみせる。

三成は家中に対して、文禄四年（一五九五）九月九日付で近江国浅井郡内に知行充行状を発している。確認されるのは藤林三右衛門尉・同善二郎に充てた二通のみであるが、貴重な事例でもあり、つぎに紹介しておこう（『新修　彦根市史　第五巻　史料編　古代・中世』・「石田三成関係史料」二五号・二六号）。

其方知行方、江州浅井郡之内、三田村・須村・山本河原村・かうけんじ村、右於四ヶ所　合五百石令扶助畢、全領知不可在相違之状、如件、

文禄四年

九月九日　　三成（花押）

藤林三右衛門尉殿

其方知行方、江州浅井郡之内、三田村・須村・山本河原村・かうけんじ村、右於四ヶ所　合弐百五拾石令扶助畢、全領知不可在相違之状、如件、

文禄四年

九月九日　　三成（花押）

藤林善二郎殿

知行高は異なるが、知行地はすべて重なっており、両者は父子あるいは兄弟と見なしてよかろう。このうち五〇〇石を与えられた藤林三右衛門尉は、既述の佐竹領検地の実施者として名を残している。ただし三成は、八月の後半から、大和国内の検地をみずから指揮しており、充行状発給の時期に三成自身は在国していない可能性が高い（相良頼房（長毎）充ての九月八日付安宅秀安書状・大日本古文書『相良家

文書』七四八号)。旧郡山豊臣家領に関わる重要な検地であったためか、島津・佐竹領などとは異なって、三成がみずから該地に赴いていたようである。枢要の度合いが異なると認識されたことのあらわれであろう。

大名としての三成

文禄五年(一五九六)三月朔日付で、三成は領内の村々に掟書を下す。現在確認されるものは、十三ヵ条から構成されるものと、九ヵ条のものとに大別される。十三ヵ条のものは三成の蔵入地(直轄地)に充てられたもので、九ヵ条のものは石田家中への知行地(給人知)を対象として発せられたものである。少々長くはなるが、三成による領国支配の本質を知る重要な史料となるので、それぞれについて一例ずつをあげることとする。

坂田郡之内しやうほだい院村掟条々

一、[1]千石につめ夫一人とあいさたむるなり、このほかつかふ事あらば此ゐんはんニて、いくたりいたし候へと、申つかハすへく候、然者奉行人を申付おくへき間、十二月廿日ニ当村のいちばんの書物あつめあげ可申候、すなわち、はん米をつかハすへき事、(石田三成黒印)

一、[2]地下ありきにいたつて、代官下代やとい中事あらバ、そのさい所、里どなりなとへは、やとハれ可申候、それも作にさしあひ、いらさる儀にめしつかひ候ハヽ、いたし申ましき事、

一、[3]田はたけ、さくしきの儀ハ、此さき御けん地の時、けんち帳にかきのり候者のさばきにつかまつり、人にとられ候事も又むかし我かさくしきと申て、人のをとり申事もちやうじの事、

一、(4)蔵納田地きう人がたの百姓作り候ハヽ、壱石に壱升の夫米いたすへし、又給人かたの田地蔵納の百姓のつくり候ハヽ、夫米壱石ニ弐升あていたすへし、しぜん此村へ入作多候て、夫米つめ夫のざうようにあまり候ハヽ、此地下のとく用ニいたすへきなり、此地下の内ニ田はたつくり候て、夫に出候事ならぬ者ハ、夫米・出米なミにいたすへき事、

一、(5)出作にあき候とて申たきまゝに申なし、田地をあげ候事くせ事たる也、又当村の田地をよの村よりあげ候とも、是又あげさせ申ましき事、

一、(6)来秋より只今遣す我等判の升にて取りやり仕、ふる升もちゆべからす、先年けんち衆いたされ候升ニ、ふとき・ほそきある間、とりあつめ、そのなかにて中をとり、(あら)ためつかハし候事、

一、(7)小田原御ぢんの年より以後、ざい〳〵の百姓、地下を出、奉公人・町人・しよく人に成申やから候ハヽ、あり所をきゝ、すなはち代官ニ申候て、我等へ可申上候、御はつととの事ニ候間、とり返し可申候、但家中ニ候ハヽ、くるしからす候、よの家中ニハをき申ましき事、

一、(8)何たる儀にようす、その村の百姓はしり、当村へまいり候をかゝへ候ハヽ、そのやとぬしの事ハ申ニおよはず、地下中くせ事にせしむへき間、かねてそのむねを存、よの村の百姓かゝへ申ましき事、

一、(9)ぬか・わら以下ニいたるまて、我等用所にて代官より取儀あらば、少なりともさん用ニ不相立候ハヽ、めやすにて可申上候事、

一、(10)もし此村給人づきに成候ハヽ、さいぜんより給人の村へつかハしをき候法度書をもちい、これハほんごたるへき事、

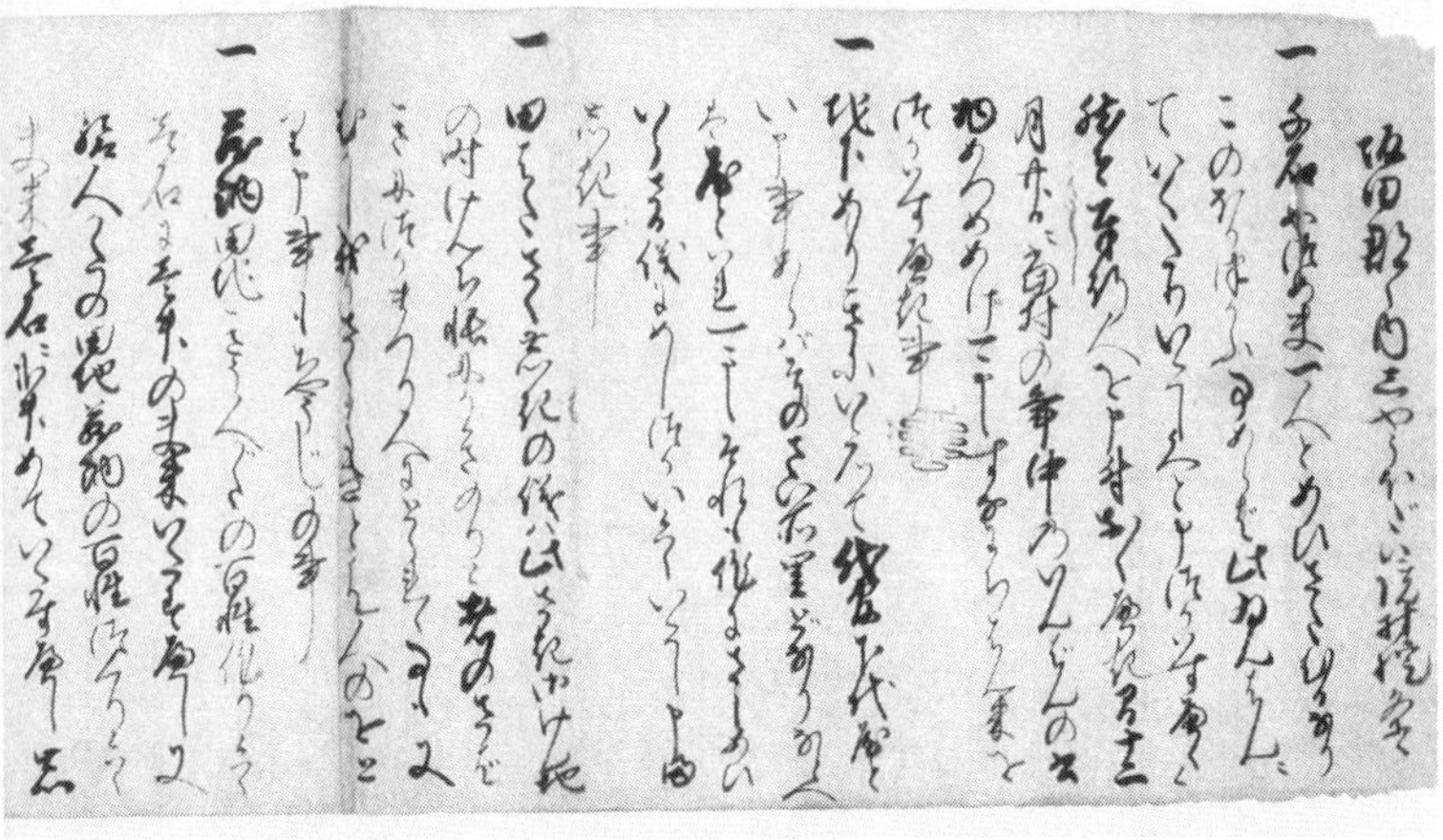

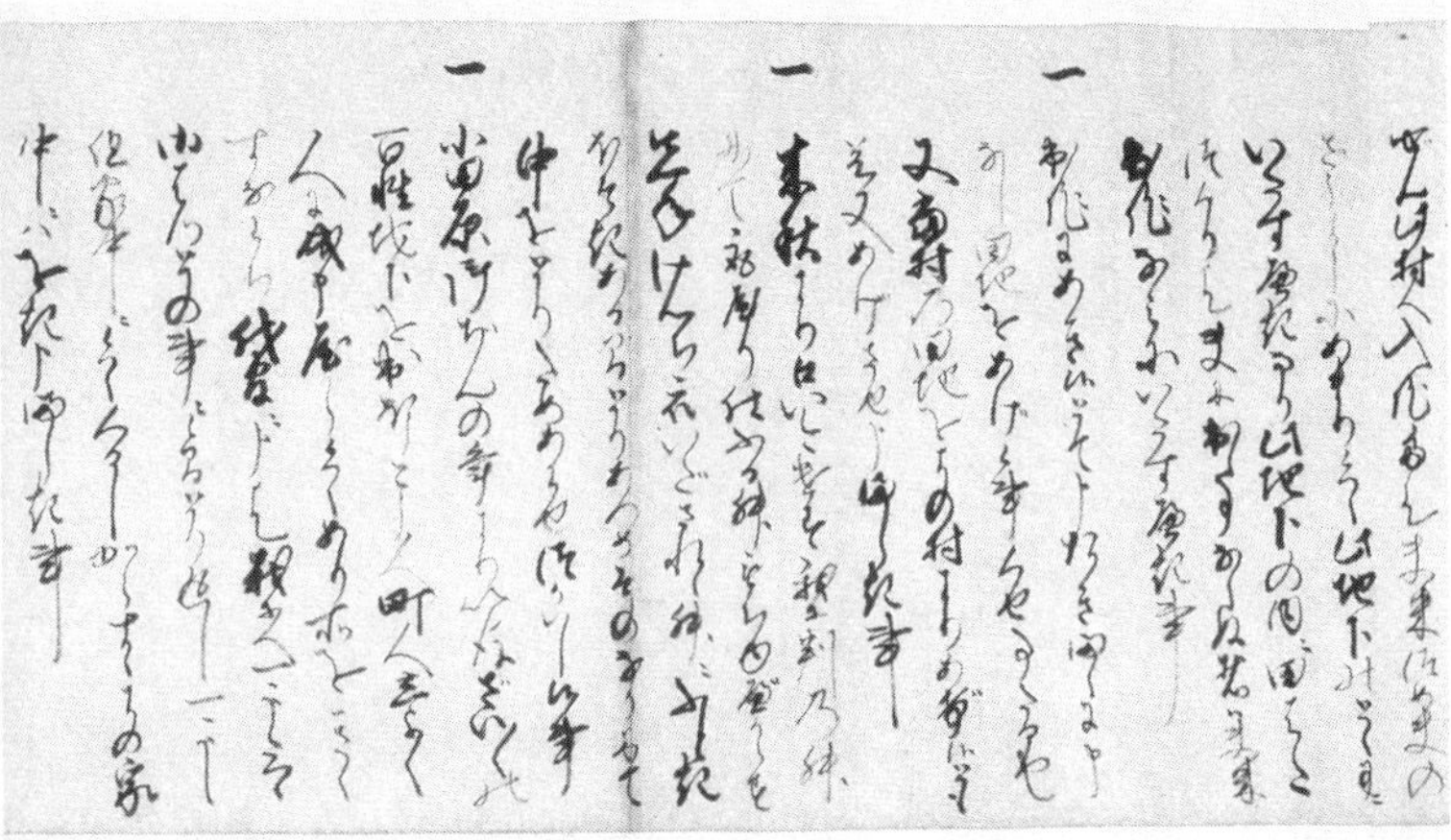

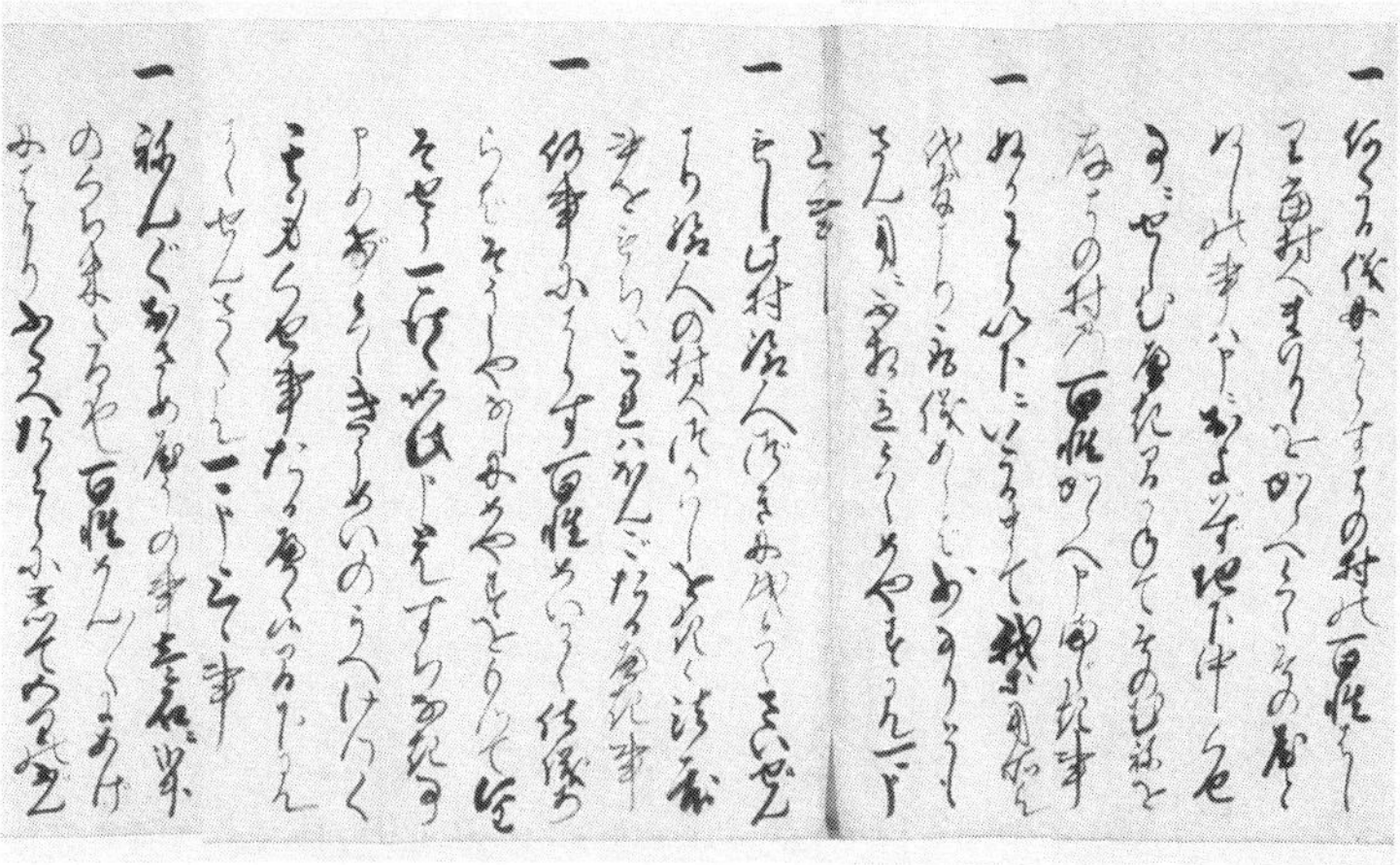

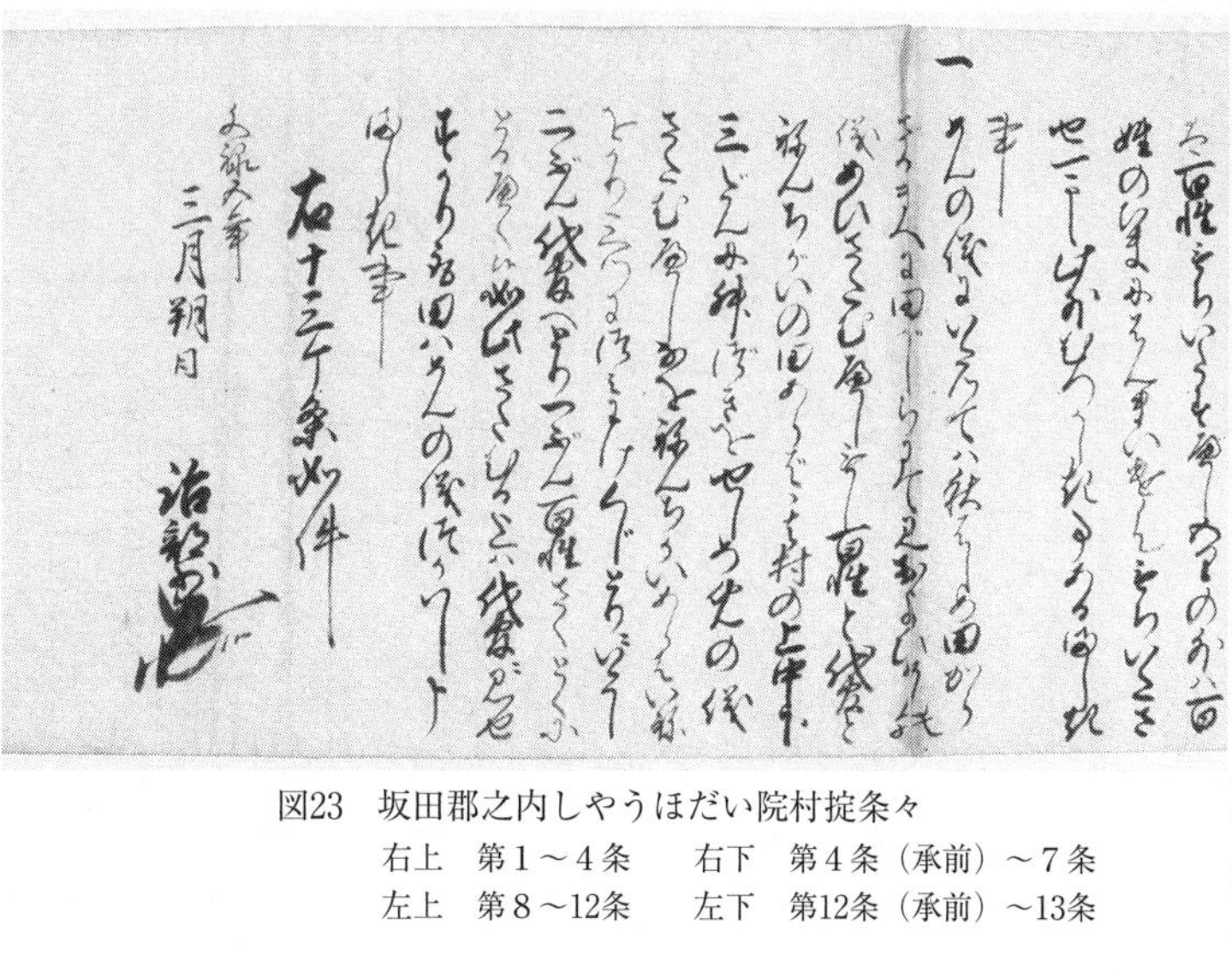

図23　坂田郡之内しやうほだい院村掟条々
右上　第１～４条　　右下　第４条（承前）～７条
左上　第８～12条　　左下　第12条（承前）～13条

一、⑾何事にようらす、百性めいわく仕候儀あらば、そうしやなしにめやすをもつてにわそせう可仕候、如此申とて、すちなき事申あげ候ハヽ、きうめいのうへ、けつく其身くせ事たるへく候間、下にてよくせんさく候て可申上候事、

一、⑿ねんぐのおさめやうの事、壱石ニ弐升のくち米たるへし、百性めん〳〵にあげにはかり、ふたへたわらにして、五里のぶんは百性もちいたすべし、五里の外ハ百性のひまに、はん米遣候て、もちいたさせ可申候、此外むつかしき儀あるましき事、

一、⒀めんの儀ニいたつてハ、秋はしめ、田からさるまへに田がしらにて見をよひ、めんの儀あひさたむへし、もし百性と代官と、ねんちかひの田あらば、その村の上中下三だんに、升づきをせしめ、免の儀さたむへし、なをねんちかいあらは、いねをかり、三つにつミわけ、くじとりにいたし、二ぶん代官へとり、一ふんは百性さくとくにとるへき事、如此、さたむる上ハ、代官に見せす、かり取田ハめんの儀つかハし申ましき事、

右、十三ヶ条、如件

文禄五年
三月朔日　　　　治部少（花押）

（「成菩提院文書」・『新修　彦根市史　第五巻　史料編　古代・中世』所収「石田三成関係史料」三一号）

◇　坂田郡成菩提院村掟の条々

第一条、（詰夫は）高一〇〇〇石に一人の割合と決定する。人足については、規定を超えて負担してはならない。詰夫の外に夫遣いが必要な際には、どのくらいの人足を出しなさいと、この印判（この箇条の末尾に据えてあるもの）のある文書で指示を出す。規定を超えて印判状で徴発した夫

役については、毎年十二月二十日に積算して奉行人に報告すれば、負担人夫分に対応する飯米を支給する。（石田三成黒印）

第二条、代官とか下代の地下の触れ歩きに雇われる場合は、その在所、あるいは隣村までとする。それも耕作に支障のない場合に限り、不必要なことに多くの雇いだしがあるようなときは、応じてはならない。

第三条、田畠の作職は、先年の検地のとき、検地帳に登録された者に属す。人からその作職を取り上げられることがあってはならないし、また、かつて以前に自分が作職をもっていた土地だと言って、人の作職を奪うことも許さない。

第四条、給人方の百姓が蔵入地の田地を入作したときには、一石について一升の夫米を出させ、また、蔵入地の百姓が給人方の田地を出作したときには、一石について二升の夫米を納める。この夫米は詰夫の雑用にあてるが、もし入作が多くて夫米が余ったときは、村の収入にする。なお、田畠を作りながら夫役を勤めることのできない者は、出作なみに夫米を出させる。

第五条、出作している者が、勝手にあきたといって、田地をあけることは曲事である。また、当村に入作している者が、田地をあけるといっても、勝手にあけさせてはならない。

第六条、来秋からは、今度遣わす（三成の花押を据えた）枡を用いて収取や支給を行なうので、古い枡を使用してはならない。先年の検地の際、用いられた枡に大小の出入りがあったため、各所の枡を集めて、ちょうど中間のものを（公定の枡と）した。今回こうして改めて遣わすこととする。

第七条、関東平定戦（小田原の陣）以後、在々の百姓が村を離れて奉公人になった者があれば、その在所を聞きだし、代官を通じて三成に報告するように。これは御法度であるから、ただちに連れ戻させる。石田家中への奉公は構わないが、他の家中にはおくことは許さない。

第八条、いかなる理由があるにせよ、他村から逃亡してきた百姓を召し抱えれば、その宿主のことは勿論、地下中を処罰する。あらかじめその趣旨を承知して、他所の村の百姓を抱えることのないように。

第九条、糠や藁などに至るまで、(三成の)所要によって、代官より上納を命じた場合には、もし少量であっても年貢との相殺を行なうように。もし代官が算用に応じない場合には、目安をもって申し上げるように。

第十条、当村が給人知行地になった場合には、給人知行地に発令している「法度書」が有効になり、ここでの(蔵入地用の)規定は無効となる。

第十一条、何事によらず、百姓が迷惑することがあれば、用捨なく目安をもって訴え出るべし。ただし筋目のないことを訴え出たときは、その身を罪科に処する。したがって、よく調べたうえで訴え出るようにすべきである。

第十二条、年貢上納については、一石について二升の口米と定める。少々多め(「あげ」)に計量し、二重俵を用いて搬入するように。五里以内のところは百姓の負担で運搬し、五里以上のところは農民に飯米を支給して運搬させる。この外に複雑な規定は設けない。

第十三条、年貢として収取したのちに村方に残す米(免)については、秋の初めに、稲を刈らない以前に、田頭で検分して決定する。もし村方と代官と見込違いの田があるときは、その村の田地について、上・中・下の三段階ごとに収量を試験して年貢率を決定する。なお、それでも意見の合わないときは、稲を刈ってこれを三分し、その二分を代官に、一分を村方の得分とする。したがって、代官に見せず（勝手に）田を刈り取った場合には、村方の徳分を認めない。

同じく十三ヵ条の「条々」であっても、規定には異同がある。ここではより詳細かつ具体的な内容をもつ系統のものを例示した。

ついで九ヵ条の「条々」を見ていく。こちらは石田領のうちでも、給人知行地のなった村に充てられたものであり、右の「条々」の第十条に言及された「法度書」に他ならない。

坂田郡之内、八条村掟条々

当村家数、弐拾九間内

一、八間　寺庵　やもめ

一、弐間　庄屋　あるき

一、拾九間　役人

以上

右、用ニたゝす引、此拾九間として詰夫六人相つめ可申候、此村へ他郷より出作又ハ地下ニ田作候て、夫不仕ものより出す夫米ハ、右四人のつめ夫の入用ニ可仕候、出作多候て、夫米あまり候ハヽ、地下のとく用たるべし、

以上

一、(1)ねんぐのおさめやうの事、田からさるまへに、田かしらニて見はからい、めん之儀あひさたむ

へし、もしきう人・百姓念ちかいの田あらは、升つきいたし、めんさため可申候、なをそのうへ、きう人・百姓ねんちかいあらは、その田をみなかり候て、いね三ツにわけ、くじ取ニいたし、二ふん給人、一ふん百姓さくとくにとり可申候、壱石に弐升のくち米あげにはかり、ひとへたわらにし、そのぬし〳〵はかり申候か又其身はかり申事ならぬ者ハ、中のはかりてやといはからせ可申候、升は只今つかはす判の升ニてはかり可申候、さいせんけん地衆の升ふとき・ほそき候間、中をとりため合つかはす也、五里はもちいたし可申候、五里の外二三里ハ百姓のひまのすきニ、はん米をきう人つかハしもたせ可申候、此外むつかしき儀あるましき事、

一、(2)此村定夫之事、今度家をつけ夫役仕り候ものかきぬき、如此つめ夫さため候、此外給人申とて、いたし候ハヽ、百姓もくせ事、又きう人もくせ事ニ候間、きゝつけ次第、百姓之儀ハ申ニおよハす、給人その人〳〵により、それ〳〵にくせ事にいたすへき事、

一、(3)此村の田、よの村より作り候ハヽ、壱石に弐升の夫米とり可申候、当郷よりよの村の田作り候ハヽ、壱石ニ弐升ツヽ、つかはすへし、又我等の蔵入之田を当村より作り候ハヽ、壱石ニ弐升ツヽ、つかはし可申候、しせん此村へ入作多候て、夫米詰夫のさうようにあまり候ハヽ、地下のとく用にいたすへき也、又此地下の内に田はた作り候て、其身夫ニ出候事ならぬ者あらは、夫米出作なミたるへき事、

一、(4)出作之儀にいたつてハ、他郷よりあけ候儀も無用たるへし、又他郷の作り来候をあけ候儀も、たかいにちやうしの事、

一、(5)当村の百姓之内、さんぬる小田原御陣の後、ほうこう人・町人・しよく人に成、よそへまいり

候ハヽ、返し候へと、御はつとに候間、きゝたて、給人に可申候、たとい、よの里へまいり田を作り候とも、もとの村へめし返し可申候、又よその村の百姓罷越ゐ候とも、地下中にかゝへ申ましく候、しせんかゝへ申者候ハヽ、その者の事ハ申にをよはす、地下中くせ事たるへき事、

一、⑥何事ニよらす、百姓めいわくの事候ハヽ、めやすにてそうしやなしにそせう可申候、又如此申とて、すちなき事を申たきまゝに申候ハヽ、きうめいのうへ、けつく其身くせ事たるへき間、かねて下ニて、よくせんさくせしめ可申上事、

一、⑦定夫之外にも、地下中又ハ里となりあるきなとには、給人ニつかハれ可申事、

一、⑧此村、もし我等蔵入に成候ハヽ、前かとより蔵入の村へつかはしをき候法度書をもちい、是をほんこたるへき事、

一、⑨さくしき之儀にいたつてハ、此さき御けんちの時、けん地帳にかきのり候者のさはき二仕、人にとられ候事も、又むかしわか作しきと申て、人のを取申事もちやうしせしむる也、付給人に見せす、かり取田ハ免つかはし申ましき事、

右、九ヶ条如件

文禄五年

三月朔日　　　　　　　　　　治部少（花押）

（「中川文書」・『彦根市史　第五巻　史料編　古代・中世』所収「石田三成関係史料」四一号）

◇坂田郡八条村掟の条々

当村の家数は二九軒で、その内の八軒は「寺庵」あるいは「やもめ」、二軒は「庄屋」お

よび「あるき」であり、結果一九軒が「役人」となる。村の中で、寺や後家（「やもめ」）および庄屋とその補佐役（「あるき」）など夫役負担を免れる者を引いた一九軒が、「役人」として詰夫六人の役負担を勤める。当村へ他郷から出作している者、あるいは当村で耕作していて夫役免除となっている者が出す夫米については、右の内の四人の詰夫の入用に充てる。他村からの出作が多く、夫米が過剰となった場合は、村方の収入としてよい。

第一条、年貢として収取したのちに村方に残す米（免）については、秋の初めに、稲を刈らない以前に、田頭で検分して決定する。もし村方と代官と見込違いの田があるときは、その村の田地について、上・中・下の三段階ごとに収量を試験して年貢率を決定する。なお、それでも意見の合わないときは、稲を刈ってこれを三分し、その二分を代官に、一分を村方の得分とする。年貢上納については、一石について二升の口米と定める。少々多めに計量し、一重俵を用いて搬入するように。納め主が直々にか、あるいはそれが叶わない場合は、計り手を雇用して計量するように。升は、今度遣わす三成の花押を据えたものを用いて収取を行なう。先年の検地の際、用いられた枡に大小の出入りがあったため、取り集めてちょうど中間のものを（公定の枡）とした。五里以内のところは百姓の負担で運搬し、五里以上のところは二、三里については、飯米を支給して運搬させる。この外に複雑な規定は設けない。

第二条、この村の定夫については、今度負担する家を特定して記録を作成した。こうして詰夫の負担を決定した上は、給人が規定以上の負担を要求した場合、応じた百姓も曲事であるし、また、給人も曲事となる。（三成が）聞き及び次第、百姓は言うまでもなく、給人もそれぞれ厳罰に処す。

第三条、この村の田に、他村からの入作がある場合は、一石に二升の夫米をとる。この村から他村への出作がある場合には、一石に二升ずつの夫米を負担する。また、三成の蔵入地の田を当村から出作を行なう場合は、一石に二升ずつを遣わす。もし、この村への入作が多く、夫米詰夫の経費（「さうよう」＝雑用）に余剰が生じた場合は、村の入用とする。また、この村方の者で、田畑を耕作しながら自身は詰夫に出ないような者がいれば、夫米は出作の場合と同様とする。

第四条、他村からこの村に出作に入って来ている（百姓が勝手に）耕作を放棄すること、また、この村から他村への出作を放棄することも、いずれも禁止する。

第五条、当村の百姓の内で、関東平定戦（小田原の陣）ののち、村を離れて奉公人・町人・職人になった者があれば、連れ戻すことと定められている。たとえ他村へ移動して耕作に従っていたとしても、元の村へ召し返すこと。また、他村の百姓がこの村に居住している場合も、村方として抱えてはならない。万一、村方で抱えた場合は、その者は言うに及ばず、村方として曲事に処す。

第六条、何事によらず、百姓が迷惑することがあれば、用捨なく目安をもって訴え出るべし。ただし筋目のないことを訴え出たときは、その身を罪科に処する。したがって、よく調べたうえで訴え出るようにすべきである。

第七条、定夫の外にも、村方内および隣村の触れ歩きについては、給人に遣われることは許容する。

第八条、当村が三成の直轄領に組み入れられた場合は、蔵入地に発令している「法度書」が有効になり、ここでの（給人知行村用の）規定は無効となる。

第九条、田畠の作職は、先年の検地のとき、検地帳に登録された者に属す。人からその作職を取り上げられることがあってはならないし、また、かつて以前に自分が作職をもっていた土地だといって、人の作職を奪うことも許さない。なお、代官に見せず（勝手に）田を刈り取った場合には、百姓の徳分を認めない。

右、九ヶ条の通りである。

給人知行村充ての「条々」は、条規が四ヵ条少ない。こちらの第一条が、蔵入村充て「条々」の第六条、第十二条、第十三条などと重複していることからもわかるように、内容はほとんど重複している。大きな相違点は夫役の賦課基準で、蔵入地の場合は村高を基準とし、給人知行地の場合は戸数に拠っている。また、細かな点になるが、年貢米の俵拵えは、蔵入地の村が「ふたへたわら」、一方の給人知行地の村が「ひとへたわら」と、区別されている点が注目される。前者は、おそらく遠隔地への移送を前提に欠米を極力防ごうとしたものと考えられるので、蔵入地の年貢については遠隔地、具体的には京・大坂での移送・販売を想定したものであろう。

双方の内容を整序すると、領主側の夫遣い制限、検地帳記載者に対する耕作権の保証、年貢率の決定プロセスの明示化、升の公定と統一、関東平定戦（「小田原御陣」）を契機とする武家奉公人・農・商などの身分確定と居住地の固定化、「目安」というかたちでの百姓訴訟権の保証、などとなる。総じて、領民として認められる権利、およびそれと表裏をなす義務負担の適正化と明確化が果たされた意味は絶大である。当時の大名のなかで、自己の所領内にこれほどまでにきめ細かく、綿密な規定を発した例は他になく、三成の大名・領主としての手腕は高く評価されよう。巧妙といってしまえばそれまでであるが、豊臣政権の中枢にあって、民政の充実に尽くしてきた三成の面目躍如といえよう。

さらには両種の「村掟」ともに、仮名を多用していることが注目される。三成が、掟の内容を正確に百姓に伝えるべく、腐心した様子がうかがえる。また、蔵入地と給人知行地との間に異動がある場合に備えて、条規上に互換性が規定されていることも注目できよう。しかしながら、本来であれば一定の独立性が担保されるべき給人知行権に、制限を加える結果となっている。やや敷衍した議論となるが、豊臣政権の中枢に位置する三成は、ともすれば諸大名の領国支配に対し、過度に干渉的な態度をとる。政権の強固な集権制を標榜する三成の志向性が、大名としての政治姿勢にも反映したのではなかろうか。

ついで三成は、三月二十三日付で家中に対して知行充行状を発給している（『新修　彦根市史　第五巻　史料編　古代・中世』・「石田三成関係史料」五〇号・五一号）。

為新恩、坂田郡於国友村之内、百石令扶持訖、全知行不可有相違者也、
文禄五年
三月廿三日　　三成（花押）
（充所欠）

為新恩、坂田郡於国友村之内、百石令扶持畢、全知行不可有相違者也、
文禄五年
三月廿三日　　三成（花押）
国友　与作とのへ

この場合も確認される事例はわずかに二点だが、双方とも「新恩」としての充行である。ちなみに前

者について、『改訂　近江国坂田郡志』では充所を「国友藤二郎」とするが、現状では確認されない。また、この年十一月下旬には、近江国佐和山領内の寺社に充行状を発している（『新修　彦根市史　第五巻　史料編　古代・中世』・「石田三成関係史料」六一号〜六三号）。

さて、くわしい年紀は不明ながら、三成の領国支配をみる上で重要な内容をもつ史料を、次に提示する。充所の今井清右衛門尉は石田家中で、近江国伊香郡の三成直轄領の代官を勤めていたと目される人物である。

免相之事ハ嶋左近・山田上野・四岡帯刀両三人ニ申付候、右三人之儀勿論誓詞之上、可為順路候間、任其旨可相納候、三人方へも右之趣申付候也、

八月廿三日　　三成（花押）

今井清右衛門尉殿

（長浜城歴史博物館所蔵文書）

◇年貢率（免相）については、嶋左近・山田上野・四岡帯刀に命じている。この三人も当然（私に）起請文（誓詞）を出して（忠実に職務を行なうことを誓って）いるので、正しい道理に従う（順路）ことは間違いない。ということなので（安心して）年貢収納を行なうように。このことは、彼ら三人にも伝えている。

秀吉に近侍する三成が領国支配に専念できないため、嶋左近以下の三名が三成に代わって領国支配を委ねられたのであろう。彼らは三成に誓詞を出して、領国支配を支配を適正に進めることを誓っていたことがわかる。

直轄領の年貢については、既述した十三ヵ条の掟条々の最後の箇条に規定がある。年貢率は、秋の初

めの刈り取り以前に田頭で検分して決定することになっているが、この文書は八月下旬のものである。今井清右衛門尉は、管下の村における年貢収納に関して、何らかのトラブルを抱えていたと考えられる。こうした事態に対して、三成は今井清右衛門尉に、領国支配を任せた嶋左近以下の指示に従って、年貢収納を進めるよう命じる。誓詞を出した以上、左近らの裁定は「順路」に違いないとするあたり、三成の政治姿勢がうかがえて興味深い。

石田家中の台頭

三成が政権のなかでの立場を高め、余人をもって代え難い存在になるのと並行して、本来は陪臣であるはずの石田三成の家中が、従前にもましてその政治的比重を高めていくことになる。たとえば、従来「三郎兵衛尉」を名乗っていた安宅秀安は、「三河守」を名乗り始める。管見の限り、文禄五年（一五九六）（推定）三月十日付の島津又八郎忠恒充ての島津義弘書状にみえる「安三州」が初見のようだが（『薩藩旧記雑録後編』三―三五号）、最も確実な事例としては、文禄五年（推定）卯月五日付で島津義弘が正室「宰相殿」に充てた書状にみえる「安佗（宅）三州」であろうか。いずれにしろ、安宅秀安は文禄五年の前半に、名を「三郎兵衛尉」から受領名の「三河守」に変えたようであり、島津家や相良家に発する指示は、この前後から単に三成の命を伝達するだけでなく、彼自身の裁量が大きく加わるように見受けられる。ちなみに、ここで言及した卯月五日付の「宰相殿」書状で、島津義弘は伊集院（いじゅういん）幸侃（こうかん）からの依頼であろうか、女子（通称「御下」、のちに「桂樹院」）を幸侃の子源二郎忠真に娶すよう、安宅秀安に指示されたと告げている。

安宅秀安は、島津領内に設けられた三成の領地の代官としての差配も委ねられており（「文禄四年分石田治部少輔殿蔵入目録之事」『薩藩旧記雑録後編』三―九一号、三―九二号）、従来は三成自身が行なっていた役割も、徐々に秀安に委譲されていった。すこし時間がさかのぼるが、文禄四年（一五九五）に比定される二月二十五日付の相良頼房充て書状に、秀安は「上様へ漆御進上ニ付而、則被成　御朱印候事」と記しており、大名から秀吉への進上品の取次なども所管しているようである（大日本古文書『相良家文書』七四一号）。重要な案件は三成の処理にかかるとしても、安宅秀安は島津家と豊臣政権中枢を結ぶ重要な、そしておそらくは実質的に唯一のパイプとして機能することになる。

六月に朝鮮から帰還して大坂へ到着した相良頼房は、安宅秀安に対してさっそく上洛して三成と面談することを求めた。頼房出兵中に相良家では重臣らの対立が顕然化し、三成に調停をもとめたのである。取次を求められた秀安は、みずから普請を課せられていて動きがとれないことや三成の都合などを理由に、六月二十日を期して伏見に上るように頼房に伝えている。さらに、この時は秀吉への拝謁以前なので、忍びで伏見に上るように助言まで行なっている（大日本古文書『相良家文書』七六七号）。また、秀安はようやく文禄五年に実施される相良領検地に際しても諸々の指示を与えている。

のちのことになるが、慶長三年（一五九八）六月二十四日付で長寿院盛淳は「京都ニて礼物進上候覚」（『薩藩旧記雑録後編』三―四一九号）として、島津忠恒上洛時の諸支出・諸経費をまとめている。ここでの最高額は、三成への進上銀（「銀子三佰廿壱匁、但七枚、此外びた弐貫」）である。注目されるのは、それに次ぐ安宅秀安（三郎兵衛）への進上銀（「銀子弐百六拾八匁、但六枚、此外びた一貫」）であり、この厚遇は細川幽斎（「銀子五拾四匁、但巻物一ツノ代」）や石田正澄（「銀子廿目、但びた弐貫ノ代」）などを、はるかにしのぐ。これは秀吉晩年の状況ではあるが、この段階ですでにこのような傾向を看取することも不可能ではない。

史料的な関係から、島津・相良氏からの要請を取り次ぐ安宅秀安を中心に取り上げた。ここからは、三成が政権中枢に確固たる地位を占めるのにともない、秀安に代表される三成家中が、諸大名との関係において権限をより強めていったことがうかがえる。島津家や相良家にとって、その存在は生殺与奪すら握られているような強大なものと映ったのではなかろうか。しかしながら、本来は陪臣である存在の台頭は、三成と諸大名との関係に微妙な影響を与えつつあることも看過できない。

石田家中の存在性が高まったとしても、政権中枢に位置を占める三成が、もとより諸大名領との関わりをなくすわけではない。三成は島津義久・義弘と連署して、七月四日付で島津領内に対し、当給人への年貢収納を命じる書状を発している（『薩藩旧記雑録後編』三―七九号）。

また、七月十二日には領内所替えの件で、岩城（いわき）家臣佐藤貞信（大隅守）に書状を発している。

御懇札令披閲候、今度者其許所替ニ付て、貴所知行方可然様承候、於拙者ニ珍重ニ候、随而為祝儀金子壱枚御懇切之段、満足不浅候、仍御上洛之刻、期面候間、書中不能委細候、恐々謹言、

猶、遠路態示給候、別而祝着ニ候、以上

石治少

（文禄五年？）
七月十二日　三成（花押影）

佐大隅殿
御返報

（『秋田藩家蔵文書』三五　佐藤八十郎所持分（『茨城県史料　中世編Ⅳ』））

◇御懇ろなお便りを拝見しました。今度は岩城領内の知行所替で、思い通りの成果を得られたとのこと、私も喜ばしく存じます。ご挨拶として金子壱枚をいただき、大変満足しています。御上洛の時にお会いしてお話をいたしたく存じますので、書中では委しく述べません。

遠路のところ態々（わざわざ）ご厚誼をお示しいただき、喜んでいます。

奥州の岩城家では、天正十八年（一五九〇）に没した常隆（左京大夫）のあとを、佐竹義重三男の貞隆（義宣実弟能化丸（のうげまる））が継いでいた。岩城常隆には実子政隆がありながら、豊臣政権の強い意向で、佐竹家から継嗣を入れたという経緯がある。以後、実質的に岩城家は佐竹家の傘下に入り、佐竹一門の北（きた）義憲（よしのり）が岩城貞隆の後見を行ない、岩城家譜代の佐藤貞信らと家政を行なった。この年、岩城領では、北義憲主導の下で検地と知行安堵が進められており、それをうけてこの三成書状が発せられた。この書状に先んじて、豊臣政権・佐竹家に近い佐藤貞信が、みずからの思惑どおりに岩城領の知行再編が進んだと、三成に報じたのであろう。右の三成書状はその返書となる。岩城領の検地とそれをうけた知行配当にも、佐竹家の指南にあたった三成が関与したのである。

このほか、三成は毛利一門の吉川広家（蔵人）から雪舟筆跡の屏風一双を贈られており、その懇意を謝している（大日本古文書『吉川家文書』九三一号）。同時に、広家は「御ひろい」に対して馬を贈っており、この文書も元服して秀頼を名乗る以前のものであることが分かる。「関ヶ原」合戦における吉川広家の動きを考えると、非常に興味深いエピソードであるが、三成と吉川家の間にも篤い好誼が交わされていたことがわかる。

第六章　晩年の秀吉と三成

一　講和交渉の破綻

秀吉と明国勅使の引見

文禄五年（一五九六）四月下旬、明国の正使李宗城（リツォンチョン）の意をうけた遊撃将軍沈惟敬（シェンウェイジン）が釜山（プサン）に入り、小西行長との間に面談をもつ。ここで明国皇帝の使節派遣が、正式に日本側に告げられたと考えられる。これをうけて、日本側として講和使節を受け入れる準備がはじまる。

為　御意申入候、遊撃伏見へ被召寄候、然者いかにも静成こにた馬ニ結構なる乗鞍を被為置、慥成中間、馬一疋ニ二三人充被相付、馬数合拾五疋、寺沢可被相添候、異国仁之儀候間、自然落馬候てハ、可為越度候条、能々可被入御念、恐々謹言、

（文禄五年）六月十六日　　　徳善院　玄以（花押）
長束大蔵　正家（花押）
増田右衛門尉　長盛（花押）
石田治部少輔　三成（花押）

（充所なし）

（東京大学史料編纂所ボーンデジタル資料「三渓園所蔵文書」）

◇秀吉の御意として書状を送達します。明の遊撃将軍（沈惟敬）を伏見へ召し寄せることになりましたので、できるかぎり穏やかな小荷駄馬にいい意匠の乗鞍をお置きなされ、しっかりした中間（ちゅうげん）を馬一疋につき二、三人ずつを付け、馬数合せて一五疋を寺沢正成に伴わせてください。異国の人物なので、万一落馬などさせると、大きな過失になります。十分入念にお願いします。

閏七月に入ると、明・朝鮮の使節が海路を堺に到着する。当然、三成もその対応に従ったと考えられる。

こうしたなか、閏七月十二日に京坂地方を大地震が襲い、洛中や伏見でも数多くの家々が損壊した（大日本古文書『相良家文書』七七一号）。伏見城も天主などが大きな被害を受けた。幸いに、石田家の伏見屋敷は大きな被害を受けなかったようである（『薩藩旧記雑録後編』三―九五号）。三成は事態の復旧と事後処理に従うこととなるが、使節引見の場はやむなく伏見城から大坂城へ変更となり、三成らは九月一日の引見に備え、諸大名に対して前日の八月晦日までに大坂に入るように指示を行なっている。

来一日、於大坂、大明人に被成御対面候、いつものことく御装束にて、晦日に至大坂可被罷下旨、被仰出候、不可有御油断候、恐々謹言、

（文禄五年）八月廿六日　　徳善院　玄以（花押）

長束大蔵　正家（花押）

増田右衛門尉　長盛（花押）

石田治部少輔　三成（花押）

藤堂佐渡守殿
同　宮内少輔殿
御宿所

（『高山公実録』所収文書）

◇来る九月一日、大坂において（秀吉が）大明人と御対面をされます。ついては礼に基づいた御装束の上、晦日に大坂まで御越しあるようにと仰せになりました。油断なく対応してください。

秀吉は、九月一日に至って明国皇帝の勅使を引見する。上述のような次第から、大坂城で行なわれた明国使節応接の場には三成も臨んでいたものと考えられる。大坂城での接見そのものは問題なく終了するが、その後、秀吉は態度を硬化させて、戦闘の再開と再派兵を決定する。明が朝鮮半島の割譲に応じず、朝鮮王朝からも人質の王子が差し出されないことが判然としたためである。

大坂での和議交渉が破綻したのちも、主力の軍勢が朝鮮半島に渡海するまでには、しばらく時間があるため、政権中枢では講和交渉の継続を模索している。九州の諸大名には、いち早い再渡海が命じられるが、こうした措置も、あるいは武力による威嚇を背景に、何らか交渉の実を得ようとするためのものであったのかもしれない。いずれにせよ、政権は再渡海に向けた準備に入り、三成もこれに大きく関わっていく。

サン・フェリペ号事件・二十六聖人殉教

しかしながら、すでに政権の中枢にあった三成が上方を離れるわけにはいかなかった。三成はこの時期も引き続き、京都所司代として洛中「下京」を所管していた。折柄、この年（文禄五＝慶長元年、一五九六）九月、マニラからメキシコへ向かったスペイン船サン・フェリペ号が、土佐国の浦戸湾に漂着するという事件が起きる。秀吉は増田長盛を土佐に派遣し、船の検査を行ない、船員の名簿と積荷などの目録を作成させた。船載品の内訳は、一般的な交易品といえるものが意外に少なく、武器その他の軍事物資が多かったとされ、さらにスペインによる日本侵攻の意図が露見したともいう。報告を受けた秀吉は激怒したとされる。かねてからキリシタン国による日本侵攻を危惧していた政権中枢も、現実的な危機感を覚えることとなる。

秀吉の強硬外交は、明・朝鮮に対してのみではない。「琉球国」はいうまでもなく、「印地亜」「小琉球」といった地域にも、服属を求める使節を派遣している。「印地亜」はポルトガルのインド副王、「小琉球」はスペインの勢力下にあった現在のフィリピンを指すと考えられる。こうして曲がりなりにも、日本とフィリピンとの間に、使節の往来が実現することとなる。天正十五年（一五八七）六月の「伴天連追放令」以降、日本布教の機会をうかがっていたスペイン系のフランシスコ会は、フィリピン総督の使節などとして来日し、そのまま留まって布教につとめた。彼らの布教活動は、次第に活発化して、京や大坂に教会や病院を建てることになった。

こうしたフランシスコ会の活動は、先行するイエズス会との間に熾烈な対立関係を生じることとなる。サン・フェリペ号の船員が漏らしたスペインによる日本侵攻計画なるものも、フランシスコ会の排斥をねらったイエズス会の策動とする見方も存在する。それはさておき、当時のキリシタン史料に徴すると、フランシスコ会の洛内における動静を厳しく監察する三成の様子がうかがえる。

慶長元年（文禄五年は十月二十七日に改元）十二月八日、秀吉は京都と大坂で、フランシスコ会宣教師バプチスタら六人の捕縛を命じ、さらに日本人イエズス会士三名、その他の日本人信者一五人も捕らえられた。捕縛に先立って、京都所司代の任にあった石田三成の手許には、キリシタン信者の名簿が提出されていたが、三成は捕縛者を多く出さないように名簿を厳しく精査したという。京都での伝道師・信者の捕縛や投獄も、三成の手によってなされた。秀吉は彼らに対して死罪を要求したが、三成は穏便な措置に変更されるよう、前田利家らとともに努めたようである。「公務」と「私情」との間で板挟みになる三成の苦衷に、想いをいたすべきであろうか。

捕縛された二四名は、京都で片耳を削がれ、牛馬に乗せられてなぶり者にされて、市中を引き廻される。片耳のみがそぎ落とされることになった経緯には、三成の配慮があったようである。「イエズス会年報」には、次のようにみえる。

翌朝（一月三日）、二十四名（大坂で捕縛された十七名、京都での七名）全員が後ろ手に縛られて、上京のある辻まで徒歩で連行され、そこで皆は左の耳たぶをそぎ落とされた。国王（秀吉）は鼻と一緒に両方の耳も切り落とすよう命じたが、（石田）治部少輔は皆が釈放される幾らかの希望をつないでいたので、その時には片耳だけがそがれることにしたのであった。

（一五九七年二六殉教者報告・松田毅一監訳『十六・七世紀イエズス会日本報告集第Ⅰ期第3巻』）

秀吉の命令を絶対的なものとしながら、三成はそれに抗って、なんとか彼らの命を救おうと穏便な途を模索したようである。しかし、結局は三成の想いも実らなかった。捕縛されたキリシタンたちは、見せしめとして京・伏見・大坂・堺と引き廻されたのち、陸路大坂から下関へ至り、博多・名護屋を経て、長崎の浦上に連行される。ここを刑場として、途中に加えられた二名を含め、二十六名が処刑された。のちに彼ら二十六名の殉教者は、「聖人」の位を与えられることとなる。

堺奉行に就任した頃の三成は、イエズス会宣教師からも非難される立場にあったが、この段階になると、イエズス会の三成評は著しく好転している。たとえば、イエズス会宣教師であったクラッセの『日本西教史』などには、「諸師を愛顧する奉行治部少輔」といった表現で三成が登場する。三成には、フランシスコ会とイエズス会を峻別すべきであるとの意識もあったようだが、彼らの三成評が転換していく背景は詳らかにしえない。

再派兵へ向けての体制整備

海上輸送能力の拡充を期した造船は、再派兵の成否を分ける重要な案件となる。三成は、石田家中の川東善左衛門尉を島津領に下し、公儀の造船を督することとなる。この顚末を報じた島津義久の文書からは（『薩藩旧記雑録後編』三―一四〇号）、政権によって命じられた造船（京儀）と、みずからの軍用に資する造船との遂行に、板挟みになる島津家の苦衷がうかがえる。さらに、諸勢の再渡海にあたっても、三成の「内存」が関わっている。相良頼房充ての小西行長書状を、次にみておこう。

猶以、治少書中御覧候て、此ものに可返給候、かしく、

態中入候、至名護屋罷着候、順風次第、其許可罷渡候、其元永々御逗留、可為御退屈与推量申候、加主事、今度被召出、重而朝鮮へ可罷渡之旨、被　仰出候、さ候ハヽ、貴殿も可為御渡海哉と存候、其ニ付而、治少内存之通、此者口上ニ申含候、治少より我等への書中、懸御目候、加主事も一両日

以前、下関より国元へ帰宅之由候、恐々謹言、

小摂

行長（花押）

（文禄五年）
十月七日

相良宮内太輔殿　御宿所

（大日本古文書『相良家文書』七七三号）

◇態々（わざわざ）連絡します。名護屋に到着したので、順風次第にそちらへ渡ります。そちらでの在陣が永々と続き、さぞご退屈かと推量します。加藤清正（加主）は、今度（秀吉の御前へ）召し出され、再び朝鮮半島へ罷り渡るべしと（秀吉が）お命じになりました。そうなれば、貴殿もまた御渡海ということになるでしょう。そこで三成（治少）の内存を、この者からの口上として申し含めておきます。あわせて三成（治少）から私への書簡も御目にかけますので、ご参照ください。加藤清正（加主）も一両日以前に下関から肥後へ帰ったようです。

なお、三成（治少）の書状を御覧になったあとは、この者へ御返しください。

この小西行長の書状だけからは、具体的な三成の指示が判然としない。しかし、これには村尾弥七が相良頼房に充てた副状も残っており（大日本古文書『相良家文書』七七四号）、そこから三成が頼房の国許への帰国と再渡海を指示していたことが明らかとなる。実際に相良頼房は、三成の「異見」に従って、いったん領国の肥後人吉に下り、そこから朝鮮へ再渡海することとなる（大日本古文書『相良家文書』七七五号）。三成が、島津家に対しても出兵準備を促していることが確認されるが、上方（かみがた）にいた義弘も同様に、三成の指示でいったん国許に下り、ここから名護屋へ出勢することとなった。

領国への帰還を前にした島津義弘に対し、三成は九月十七日付の書状を発して、領国内の支配につい

て指示を与えている（『薩藩旧記雑録後編』三―一一九号）。内容は、島津家中に対する知行加増のことであった。竜伯（島津義久）付き家臣の加増については、義久と相談して決したいとする義弘の申し出を、「尤も」とするものであった。ここで三成は、長引く朝鮮在陣や上洛への動員などで、家中も困憊しているであろうから、義久と相談の上、必要に応じて勘否を考えて知行加増を進めるように伝え、詳細については安宅秀安と話し合うように指示している。

既述のように、文禄三年の後半から、三成は島津領と佐竹領の検地を主導している。東国に位置する佐竹家には、再渡海の軍令は下っていない。一方の島津家としては、この再渡海にあたっては前役のような失態は、どうしても回避しなくてはならなかった。前役の際には、島津義久は疾病を理由に渡海をひかえ、次弟の義弘が軍勢を率いることとなったが、動員命令を受けつつも島津家はまったく兵を集めることが出来ず、また渡海用の船も揃えることができなかった。加えて、家臣の梅北国兼が名護屋に向かう途中の肥後佐敷で軍役拒否を理由に謀反を起していた。

政権の枢要人物として、領国の立て直しに関わった三成にとっても、検地後の島津家が朝鮮再渡海という軍役にどのように対応するかは、非常に重要な関心事であった。先の義弘書状に指示されているように、個々の案件については、安宅秀安が管轄することになっていた。朝鮮での駐留を続ける島津忠恒は、自軍の見苦しさ、みすぼらしさを訴え、家臣に対する知行加増を安宅秀安に懇願している（十月二十三日付安宅秀安充て島津忠恒書状〈『薩藩旧記雑録後編』三―一二四号〉）。しかしながら、こうした懇願は、なかなか容れられることにはならなかった。意のままにならないことにしびれを切らした忠恒は、独断で島津忠長（図書頭）と鎌田出雲を帰国させ、新たな加増を期して、独自の知行割りを実行させる（十

二月五日付安宅秀安充て島津忠恒書状〈『薩藩旧記雑録後編』三―一五三号〉、十二月十九日付島津義弘充て安宅秀安書状〈『薩藩旧記雑録後編』三―一五八号〉)。

さて、三成は安宅秀安から朝鮮駐留の島津勢の苦衷を知らされ、家中に対する知行加増についても内々の相談をうけている(『薩藩旧記雑録後編』三―一七一号)。島津領では、文禄四年(一五九五)の検地によって、大名一門が家臣団を統御する体制を創り出した。具体的には、一定規模の「浮地」を担保し、軍功をあげた家臣に、これを原資として知行加増を進めていく、というものである。家臣の忠節を引き出すためには、この「浮地」の維持が大きな前提をなす。ところが、朝鮮駐留の島津勢の状況は惨憺たるものであり、忠恒は士気を高めるため、在朝鮮将兵への知行加増を懇願している。

これに対し安宅秀安は、目立った軍功もない家臣に知行加増を行なえば、いたずらに「浮地」が漸減することとなり、文禄検地の意義そのものを否定することになってしまうので、三成の同意をうることは難しいであろう、と忠恒に回答している。

伏見再築城

慶長元年(一五九六)閏七月に地震で倒壊した伏見城を再建するため、同年十二月には諸大名に対する課役の指示が下される。慶長二年になると正月十一日付で、三成は長束正家・増田長盛・徳善院前田玄以ら奉行衆とともに、近江国芦浦(あしうら)観音寺に対して連署状を発し、伏見城の普請用材を拠出するように命じている。再構築される伏見城の城地は、以前の指月から木幡山に移っている。三成は正月二十四日には秀吉の京屋敷造営のために入京しているが(『言経卿記(ときつねきょうき)』)、基本的には伏見にあって、築城の指揮を含む政務に従っていたと推察される。

「真田家文書」などに徴すると、三月一日を期して普請工事が開始されることになっている。これに先立つ二月十五日付の書状で、三成は長束正家・増田長盛・徳善院前田玄以らと連署して、日用取（「日傭取」とも、日雇を業とする者）の停止を令する。

為　御意、急度申入候、

一、日用取之儀、従去年堅被成御停止候処、諸国之百姓等田畠を打捨、罷上候ニ付て、被加御成敗、所々ニはた物ニかけおかせられ候、然者向後日用取召仕候族於有之者、とらへ可申上候、則召仕候者之跡職、訴人ニ可被下旨被　仰出候条、可被得其意候事、

一、御知行其々ニ被下候処、人を不相拘故、日用をやとい候儀、曲事ニ思召候事、

一、御代官・給人対百姓、若非分之儀申懸故を以、百姓於逐電仕者、以御糺明之上、代官・給人可為曲事旨候、恐々謹言、

（慶長二年）
二月十五日

増右　長盛（花押）
長大　正家（花押）
石治　三成（花押）
徳善　玄以（花押）

堀尾帯刀殿　御宿所

（成簣堂文庫「堀尾文書」）

◇　秀吉の御意として申し入れます。

一、日用取のことについては、去年から堅く禁じられているところです。諸国の百姓らが田畠の耕

作を放棄し、京・伏見に上ってくる場合は厳罰を加えられ、所々で磔の刑に処せられています。されば今後、日用取を召し仕う族がいたら、その身柄を拘束した上で、その者の跡目・財産を没収し、訴え出た者（訴人）に下し与えることとします。（秀吉がそのように）仰せられましたので、承知するように。

一、（大名・直臣にはそれに見合う）御知行を下されているのに、（相応の）家臣を召し抱えずに日用取を雇わざるをえなくなっているとは、とんでもなくけしからぬことです。

一、御代官や給人が百姓に対し、もし道理に外れた言いがかりをしたりして、百姓が在所を出奔したりすれば、きちんと事実関係を調査したうえで代官や給人を厳罰に処することにします。

はじめの箇条から、この日用取の禁令は、前年（慶長元年）に出されていたものの再令であることがわかる。また、奉行衆が、農民の逃亡と耕地の荒廃を非常に危惧していたこともわかる。同内容の文書は、近江坂田郡の西上坂村の上坂正信（八右衛門尉）に充てても出されており（市立長浜城歴史博物館「上坂家文書」、用字には若干の異同があり、二箇条目の冒頭は「知行」とあって「御」の敬称を欠いている）、日用取の禁令は堀尾吉晴（実名は「可晴」とも、帯刀先生）などの様な大名のみならず、小身の秀吉直臣をも対象としたことがわかる。

ついで、三成・長束正家・増田長盛・徳善院前田玄以・宮部継潤（けいじゅん）ら五名が連署して「御掟」およびその令達をつげる書状を発する。

御掟

一[1]、辻切・すり・盗賊之儀付而、諸奉公人・侍は五人組、下人ハ十人組ニ連判を続、右悪逆不可仕

旨、請乞可申事、

一、⑵侍五人、下々拾人より内のものは、有次第くみたるべく候、

一、⑶右之組に、きらはれ候もの、事、小指をきり可追放事、

一、⑷右之組中悪逆仕もの、組中より申上候者、彼悪党加成敗、組中ハ不可有異儀事、

一、⑸組の外より申上候者、悪党一人付而金子弐枚充、彼悪党の主人より訴人為褒美可遣之事、

一、⑹今度　御掟ニ被書立候侍・下人、自今以後、他之家中江不可出、但本主人同心之上者、可為格別事、

一、⑺咎人成敗之事、夜中其外猥不可誅戮、其所之奉行江相理可申付、至于時すまい不及了簡族者、則刻可相届事、

右之条々、堅被　仰出候所、如件、

慶長二年

三月七日

長束大蔵大輔（花押）

増田右衛門尉（花押）

石田治部少輔（花押）

宮部法印（花押）

徳善院（花押）

上坂八右衛門尉殿

御宿所

（市立長浜城歴史博物館保管・長浜市西上坂町自治会蔵「上坂家文書」）

◇

御掟

一、[1]辻切・すり・盗賊の取り締まりを行なうので、諸奉公人・侍（若党）は五人組、下人は十人組をつくり、一通の文書に連判をして、これらの悪逆を行なわない誓約をするように。

一、[2]侍（若党）で五人未満、下人で十人未満しか数が達しない場合は、できる人数で組をつくること。

一、[3]それぞれの組の内部で嫌がられた者は、小指を切って追放すること。

一、[4]悪逆を行なった者を、組の中から訴え出た場合は、問題の悪党は厳罰に処するが、他の組中には何のとがめも行なわない。

一、[5]組外の者が悪逆を訴え出た場合は、悪党一人について金子二枚ずつを、悪党の主人から褒美として訴えた者（訴人）に与える。

一、[6]このたび、御掟に従って誓約を行なった侍（若党）や下人は、今後他の家中へ奉公先を変えてはならない。ただし、本来の主人が納得し同心した場合には、格別のこととして認める。

一、[7]咎人を成敗する場合、夜中あるいは道理が立たないような誅戮を行なってはならない。その地の奉行へ事情を説明して成敗を実施しなければならない。咎人の居所がわからない場合には、ただちに最寄りの要路者に届けること。

右の条々が堅く命じられた所、前記記載の通りである。

辻切・すり・盗賊人之儀ニ付而、被仰出一書進之候、然者御家中侍五人、下人十人組之連判、急度被仰付、可被上之条、彼盗賊人之儀、申上候訴人被下候金子、為主人可被出之旨、高札被立置候条、無御由断可被仰付候、恐惶謹言、

慶長二年
三月七日

長束大蔵正家（花押）
増田右衛門尉　長盛（花押）
石田治部少輔　三成（花押）
宮部法印　継潤（花押）
徳善院　玄以（花押）

常陸侍従殿　人々御中

（新田英治監修『千秋文庫所蔵　佐竹古文書』一二三号）

◇辻切・すり・盗賊などの取り締まりについて、（秀吉の）命に基づく「一書」を差し上げております。ついては御家中（若党の）五人組、下人の十人組を編成し、誓約の連判作成をしっかりとお命じいただき、差し出してください。また、これらの盗賊人を訴え出た者に下される褒美の金子についても、それぞれの家の主人として間違いなく下げ渡す旨、高札を立て置かれる件についても御油断なくご指示ください。

後者の連署状は、前者と同じ「上坂八右衛門尉殿」充てのものも確認できるが（東京大学史料編纂所所蔵影写本「上坂文書」）、こちらには年号の記述がない。ここに引いた佐竹（常陸侍従）充てのものも、年号は後筆の可能性が高い。それはともかくとして、一連の指示は、辻切・摺（すり）・盗賊などの取り締まりのため、武家奉公人については五人組、それより下層の下人については十人組を組織して、相互監察を

強めようとするものである。これら一連の指示については、政権の発令する一般法令のように位置づけられてきたが、注目すべきは、この指示に対して徳川秀忠が三月十日付の書状で応じているという事実である。つぎに秀忠の「請書（うけしょ）」と評すべき文書をあげておく。

就辻切・盗賊人之儀、御掟之書付幷御添状、具ニ拝見存知其旨候、御諚之通堅申付候、恐々謹言、

（年未詳）三月十日　　江戸中納言
秀忠（花押影）

徳善院
宮部法印
石田治部少輔様
増田右衛門尉様
長束大蔵大輔様

（東京大学史料編纂所所蔵写本「中村不能斎文書」）

◇辻切・盗賊人などの件で送達された「御掟」の書き付けならびに御添状、詳らかに拝見し、趣旨を諒解しました。御指示の通り堅く申し付けます。

秀忠のすみやかな対応から、上方在住であったことが確認される。おそらく他の諸大名と同様に、伏見築城に動員されていたのであろう。すなわち、二月に出された日用取を厳禁する指示や、三月の犯罪防止のための「五人組」「十人組」編成の指示は、伏見築城に関わって発令された可能性が高い。築城に伴って、多くの労働力が伏見やその周辺に殺到することになるが、彼らのなかにはいわゆる無頼の輩も含まれよう。こうした危惧を前提として、治安維持を徹底する目的から、三成ら奉行衆は、彼らの責

任として、武家奉公人や下人など諸大名の管下にある者たちの編成を命じたのである。さらに、伏見城の築城に関連しては、次のような三成・増田長盛・徳善院らの連署状が残る。

為御意申入候、先年於聚楽被仰付候侍屋敷、何も被召上候、然者御手前屋敷早々可被明渡旨候、

恐々謹言、

（慶長二年カ）三月廿六日　　増右　長盛（花押）

石治　三成（花押）

徳善　玄以（花押）

青木紀伊守殿　御宿所

（『佐賀県史料集成』古文書編第二十一集所収「鶴田家文書」六〇号）

◇秀吉の御意として書状を送達します。先年聚楽廻りで与えた侍屋敷については、今般すべてを召し上げることとなりました。あなたの屋敷についても早々に明け渡してください。

秀吉の意向として、聚楽付近に存在した侍屋敷は、ことごとく没収することとなった。ここにあげた文書は、青木一矩（紀伊守、実名は他に「秀以」「重吉」「秀政」なども称す）に充てられたものだが、「侍屋敷、何も被召上候（めしあげられ）」という以上、他の諸大名についてもすみやかな退去命令が出されたことになる。聚楽近辺の武家屋敷の遺構を、再築城する伏見城の用材として転用する意図でだされたものであろう。ちなみに、三成や増田長盛ら秀吉の近臣達は伏見城の郭内に尾敷地を与えられたようである。

三成と真田信幸の好誼

信州の「真田家文書」には、次のような真田伊豆守（真豆州）充ての三成書状が残る。真田伊豆守は、昌幸の長子信幸（実名はのちに「信之」）である。真田信幸は昌幸の信州上田領とは別に、上野国利根・吾妻郡（あがつま）（二郡一円ではなかったらしく、一般には「沼田領」と称される）を与えられていた。「真田家文書」に残る口宣案（くぜんあん）によると、文禄三年（一五九四）十一月二日付で信幸が従五位下・伊豆守に叙任されたようなので、「伊豆守」充ての文書もそれ以降のものとなる。本文中に「御手前御普請」なる文言があるが、これについては上記の再建伏見城に関わるものと解釈しておきたい。したがって、次の文書もひとまず慶長二年（一五九七）に比定しておく。

「（端裏）
　　　　　　　石治少
　　　　　　　　　三成
　真豆州
　　人々御中　　　　　　　　」

態申入候、貴所御下国之儀、各へ申候処、時分柄之儀候間、早々有御下、用所可被仰付旨候、御手前御普請今少之儀候者、誰成共慥成人被仰置候歟、房州へ被仰置御下尤候、拙者煩能候間、以面拝可申入候、恐々謹言、

（慶長二年カ）
九月廿五日　　　　　三成（花押）

（真田宝物館収蔵品目録『長野県宝　真田家文書（3）』一三一―二号）

◇わざわざ申し入れます。貴所が御下国されることを、おのおの（他の奉行衆であろう）へ告げまし

たが、時分柄でもあるので早々に御下国されて用事をすまされますよう。御手前の御普請は、今少しで完了するのですが、誰なりとも慥かな人物に後事を託されているのでしょうか。真田昌幸（房州）にあとを任されて御下国されるのがよいでしょう。拙者の体調は回復しましたので、お会いして話をしましょう。

真田信幸は伏見城普請のさなか、領国の上野国沼田へ戻らざるを得なくなった。信幸は下国の可否を照会するにあたって、石田三成を窓口としたことがわかる。結果的に、しかるべき人物、具体的には実父昌幸（安房守）に後事を託すことで、信幸の下国は許されたようである。それはともかく、信幸は三成を介して照会を行ない、一方の三成も病が癒えたとして、信幸との面談を申し入れている。

これとは別の時のものと判断されるが、やはり領国へ戻ろうとする信幸は、三成へその意向を申し入れている。

「（端裏）いつさま御報　　石治少　より」

返々、此中ハ度々御たつね、かしこまり入候、以上、

御札拝見申候、拙子煩之事、はやすき候、よく御座候、やとをいたし申候より、ちとくたひれ候て、い申候、一両日中ニまかり出可申候、又御帰国の事、心へ申候、ミな〳〵大さかへ被下候、今日中帰そろハれ候へく候間申候て、相済これより可申入候、謹言、

（年月未詳）廿一日　（真田宝物館収蔵品目録『長野県宝　真田家文書（3）』一二三―一三号）

◇御書状を拝見しました。拙子の病はもう回復したので大丈夫です。宿を出て、すこし草臥（くたび）れていま

す。一両日中には出仕するつもりです。また、御帰国のことについては承知しました。皆々（他の奉行衆か？）は大坂へ下っていますが、今日の内に伏見へ帰り揃うはずなので、こちらから申し入れます。諒解がとれたら、こちらから連絡します。

なお、罹病中にはたびたびお見舞いいただき、恐縮の至りです。

この書状は竪紙（たてがみ）の結び封で、さらに日付に月を欠くことから、三成も信幸も至近の間にいたことがわかる。おそらくは伏見であろう。あいにくと皆々、事を諮るべき同僚の奉行衆が大坂下向中だが、今日のうちに揃って戻るであろうから、その旨を三成から報告し、下国の許しがでれば、それもまた三成から信幸に伝えるとある。三成が、政権中枢と真田信幸との仲介役を果たしていることがわかる。

既述のように、三成と真田家の縁故は、天正十三年（一五八五）十月頃にはじまる。両者の間には姻戚関係もあり、その好誼も単に公的なものにとどまらず、三成は昌幸はもとより信幸とも親しくなっていったようである。美濃岐阜の織田秀信が罹病して上野草津での湯治を望んだ時、三成は草津を領していた真田信幸に充てて、次のような書状を発している。

「（端裏）
石治少
三成
真豆州
人々御中」

以上

近日者手前忙敷故、不申承候、然者岐阜中納言殿御煩ニ付て、貴殿御領分草津へ御湯治有度之旨候、

就其彼地御無案内之事ニ候間、乍御無心、御留守居衆へ馳走候様ニとの折帋一通御所望ニ候、拙者
ニ被懸御目をニ付て、貴所・我等半被及聞召、右之通ニ候、御馳走候て可被遣候、於拙者可為本望
候、度々如此之儀申入、御心中迷惑ニ候、委曲使者可得御意候、恐々謹言、
（年未詳）六月九日　　三成（花押）

（真田宝物館収蔵品目録『長野県宝　真田家文書（3）』一二三—八号）

◇最近は当方の多忙で挨拶もしておりません。ところで織田秀信（岐阜中納言）殿がご病気になられ、あなたの御領分にある草津へ御湯治にいらっしゃりたいそうです。織田家はそちらのことに不案内なので、御無心にはなりますが、国許の留主居衆に（織田秀信への）馳走を命じるよう、（信幸の）書状（折紙）を一通御所望です。（かねてから秀信は）私に御目を懸けられており、あなたと私の間柄をお聞きになって、このような仕儀となりました。（秀信の）お世話をしていただければ、私としても本望です。たびたびこのようなお願いをし、ご心中では迷惑とお考えでしょうが、委しいことは使者からお聞きになってください、

織田秀信は、石田三成と真田信幸との親交を知って、信幸が上野沼田領に充てて書状を発給してくれるように、三成に依頼した。三成と真田信幸は頻繁に書状を取り交わし、また親しく交わる仲であり、この関係は広く知られることであった。取り立てて具体的な用件を踏まえたやりとりではないので、年紀比定が困難なものが大半ではあるが、つぎに両者の親密さを示す書状をいくつか見ておこう。

「（端裏）さいつ様　石治少」
御報

尚々、此中ちと〳〵中不承、御ゆかしく候、以上

先日御札にあつかり候つる、早々御返事可申処、御使ミられ候ことく、路次ニ候て、おそなわり申候、又此中ハ不承候、御城御番にて、はなし申事もなり不申候、もはや御番も明候間、めんはい候て、□んし申可承候、恐々謹言、

（年未詳）八月廿日　　三成（花押）

（真田宝物館収蔵品目録『長野県宝　真田家文書（3）』一三一一〇号）

◇先日は御書状をいただき、早々に御返事を申すべきでしたが、御使者が御覧になったように、行路の途中でしたので失礼しました。また、最近はご様子をうかがうこともありませんでした。御城御番に従っておりまして、御話申しあげることも出来ませんでしたが、もはや御城御番も明けますので、面拝の上、ご様子をうかがいと思います。

尚々、最近はご様子をうかがうこともなく、御目にかかりたいものです。

充所の「さいつ」は、真田伊豆守を略したものである。渡辺世祐著『稿本　石田三成』（一九二九年、雄山閣）の巻頭には、「石田三成の筆蹟」として口絵写真を掲げている。この口絵の「さいつ様」充て三成書状（東京・朝吹英二氏所蔵）について、渡辺氏は「宛名のさいつは真田伊豆守信幸の事ならんか」としているが、これも明らかに真田信幸に充てた三成の自筆文書とみなされる。

なお、ここにみえる「御城御番」が、大坂城への詰番か、伏見城の詰番かの断定は控えるが、三成にとっては「御城御番」が最優先の職務であったようである。これ以外にも、「御城御番」を理由に、信幸に対する無沙汰を詫びた書状がある。内容的には重複するが、やはり三成の日常をうかがう貴重な史

料でもあり、つぎにもう一点紹介しておこう。

「　さいつ様　　　石治少
　　　御報　　　　　　　」

　仍、此中ハなにかと候て、申不承候、以上、
御札拝見仕候、如承候、此中御城御番ニて候、やとへ帰候事も無之候間、御意得申候事もなく候、御城之御番も近日ニあき可申候間、一夕相つもり事共申可承候、もしきうの御用に候ハヽ、なんときものりつけ御状にて可承候、恐々かしく、
（三成花押）

（真田宝物館収蔵品目録『長野県宝　真田家文書（3）』一二三―四号）

◇御手紙拝見しました。仰る様に最近は御城の御番の為、屋敷に帰ることもできず、お話を伺うこともできません。御城の御番も近々には暇ができますので、一晩かけて積もる話など致しましょう。若し、急用などがあれば、何時でも「のりつけ御状」などを御請け致します。
　なお、最近はいろいろあり、お話を聞くこともできません。

さて、三成が鷹狩りを好み、大いに鷹を愛でたことは「プロローグ」で紹介したが、真田信幸との間にも、相互に鷹の贈答があった。

「（端裏）
　さいつ殿　　　石治少
　御報　　　　　　　」

御むつかしなから、此書状を中書江被遣可給候、さきニこれへ御返事可申候を、御使ニ参候ろし尓て拝見申候、いさいハ御使者被存候、以上

先ニハ御やくそくのたかすへ被下候、此方よりすへニ可進候を、少も尾羽つき候やらて候、おそハり申候キ、さても〱見事の御たかニ候、忝候〱、昨夕御たつね之由、拙子もちと御目ニかゝり申度候へ共、とかくニ御前ひまなく候間、そのキなく候、御煩ニより、少も候ハねは、御たつねニ候間、やとへ帰候事もなく候、又本中書も御たつね之由、右之仕合ニ候間、申不承候、御心へ候て可給候、かしく、

六日　　三成（花押）

（真田宝物館収蔵品目録『長野県宝　真田家文書（3）』一二三―九号）

◇先般は御約束頂いていた鷹をお贈りくださいました。こちらからも（鷹を）進上するつもりなのですが、なかなか尾・羽の着きがうまくいかず、遅れております。（頂いた鷹は）なんと見事な御鷹でしょう。大変ありがたく存じます。（ところで）昨夕は御訪ねいただいたそうで、私も少しでも御目にかかりたかったのですが、なにやかと（秀吉の）御前に仕えて割くべき時間もなく、お会いすることができませんでした。（秀吉が）御病気で、短時間であっても私が不在だと、お探しになられますので、屋敷へ帰ることもできません。また、本多忠勝（本中書＝本多中務大輔）も御訪ねになったそうですが、右のような事情でやはり御逢いできませんでした。御諒解いただいておことづけ頂ければと思います。御面倒でしょうが、この書状を本多忠勝殿へお廻し頂けないでしょうか。

先に本多殿へ御返事を差し上げるべきところ、（本多忠勝からの来状を、秀吉の御用をうけて）御使に参った途次で拝見致しました（ので、返事を書く時間がありませんでした）。詳しい事は御使者が御存じです。

三成は、信幸から贈られた鷹のすばらしさを讃える一方で、自身が贈る予定の鷹についてはまだ準備が整っていないと悔やんでいる。文書の後半では、面会の叶わなかったことを詫びるが、秀吉の御前に近侍する三成には、知り合いとの面談の時間もなかったことがわかる。とくにこの時は、体調を崩した秀吉が気弱になっていたのであろうか、片時も三成が側を離れることを許さなかったようである。さらに三成は、徳川家の重臣本多忠勝とも親しかったことがわかる。本多忠勝は、家康四天王の一人であり、また真田信幸には岳父にあたる（信幸正室「大蓮院殿」通称「小松殿」は、本多忠勝の娘であり、家康の養女として真田家に嫁した）。本多忠勝も、自ら三成の屋敷を訪ねるような親しい関係にあったことがわかる。

田方麦年貢の賦課令

つぎに例示するように、田方麦年貢の賦課を命じる奉行衆連署状には、三成も名を連ねている。ここでは、「五人組」「十人組」の編成を命じた連署者から宮部継潤が落ちており、三成ほか四奉行の連署となっている。

この連署状は、慶長二年（一五九七）の夏から、田方の麦についても、収穫の三分一を領主に収めさせようとするものである。田の裏作となる麦は、本来は課税対象ではなかった。検地の実施に際して、裏作可能な田方については、その分を勘案して、田品や石盛（こくもり）を上げるなどの措置がとられることがある。この場合は、すでに裏作分を含んだかたちで田方の石高が策定されており、ここに改めて年貢を課すのは、貢租を二重に賦課することになる。いずれにしろ、ここで打ち出された田方麦年貢の賦課は、これまでに前例のない政策であった。

為　御意急度申入候、在々麦年貢事、田方三分壱納所可被申付旨、被　仰出候条、其方知行分、遂内検、帳を作可有納所候、右帳面ニ若麦田分隠置候者、御給人可為越度旨、被　仰出候条、可被入御念候、恐々謹言、

（慶長二年）卯月二日

増右　長盛（花押）
長大　正家（花押）
石治　三成（花押）
徳善　玄以（花押）

上坂八右衛門尉殿　御宿所

（市立長浜城歴史博物館保管・長浜市西上坂町自治会蔵「上坂家文書」）

◇秀吉の御意として書状を送達します。在々の麦年貢事について、田方（裏作）の麦を三分一、年貢として収納を命じるべく、（秀吉が）仰せ出されました。したがって、其方の知行分についても内検を実施し、帳面を作成して、田方麦年貢の収納を進められますよう。この帳面に、万一麦を裏作とする田を書き載せず、隠し置く者がいれば、御給人の越度（おちど）とすべき旨も仰せ出されましたので、御念を入れられ、対応してください。

同内容の連署状は、大名領に充てても発せられた。洛内の寺社に対しては、四月十二日付徳善院（前田）玄以書状として令達されている。知行形態を越えた普遍的指示であったことがわかる。さらに半月ほど遅れて、三成は四月二十日付で、単独発給のかたちで、近江国内の村々にも田方麦年貢の徴収を命じる印判状を発している。

当なつより、しょこくむぎ年貢田方三分壱納可申旨御意ニ付て、可納やう、又おさむまじき田畠之覚之事

一、田にむぎをまき申分ハ、其田〳〵の麦毛のうへにてミおよび、三分壱きう人ニ納をき、すなはち其地下にくらに入あつけおき可申事、付升ハ我等判のます也、

一、むぎまかぬ田にハ、いらん申分あるましき事、

一、はたけ・屋しき尓ハ、たとひむぎまき申候共、いらんあるましく候事、

右、如此安宅三河ニ申付候間、もし此外ひぶんなる儀、これあらハ此方へ可申上者也、

慶長弐年

四月廿日　　治部少（黒印）

あさい郡

上八木村百姓中

（個人蔵・市立長浜城歴史博物館『石田三成』展図録掲載）

◇当年の夏から、諸国の麦年貢として、田方（裏作）の麦三分一を年貢収納すべしとの（秀吉の）御意に従って、年貢の納め方ないし納める必要のない田畠についての覚

一、田に（裏作として）麦を作っている場合は、それぞれの田の麦の実り具合を見て、三分一を給人に納め置き、其の村々の蔵に入れ、預け置くこと。また、収納にあたっての升は、私（三成）の花押を据えたものを使用すること。

一、麦を作っていない田については、問題とはならないこと。

一、畠・屋敷地には、たとえ麦を作っていても、問題にはならないこと。

右の規定通り、安宅三河に指示を下したので、万一これ以外に非理なことがあれば、この方（三成）まで申し上げるべきである。

秀吉の命により田方裏作の麦三分一を年貢として収納することとなったと、例によって仮名主体の三成らしい丁寧な指示を下している。現在確認される「掟」は、わずか三例である（『新修　彦根市史　第五巻　史料編　古代・中世』・「石田三成関係史料」五八号〜六〇号）。具体的な充所をみると、浅井郡上八木村・坂田郡ちくま村・伊香郡落川村である。このうち浅井郡上八木村百姓中に充てたものは、麦年貢を給人に、他の二例は代官納にすべし、とある。代官納を指示する後者の二例は、三成の直轄領（石田家蔵入地）に充てられたものであろう。したがって、一連の四月二十日付の「掟」は、近江国石田領を対象としたものと考えられる。

具体的な麦年貢の収納の実務は、個々の村ごとに家臣に委ねることにしており、三成自身が領国に下って、「掟」を発給したとは考えられない。朝鮮半島への再派兵が眼前に迫ったこの時期に、三成が京・伏見あたりを離れる暇はなかろう。このとき委細を任されたのは、浅井郡上八木村が安宅三河、坂田郡ちくま村が喜多某、伊香郡落川村が日岡帯刀である。僅少な例からの判断は避けるべきであろうが、三成家中の面々が郡ごとに麦年貢の収納を管轄した可能性は高かろう。薩摩島津家との交渉を担当してきた安宅秀安（三河守）が、こうした局面では領国の農政に従っていることがわかり、興味深い。

三成は、政権中枢の奉行として、豊臣家の直轄地および個々の大名・給人領を超えた上位の指示たる連署状に名を連ねる一方、近江国に領知を有する一大名として、単独発給にかかる「掟」を発給したと考えられる。同様の例としては、徳善院前田玄以が、洛中の寺社に対して同様の指示を下していることが確認できる。この年五月になると、三成は神龍院梵舜（しんりゅういんぼんしゅん）に『源平盛衰記（げんぺいせいすいき）』の書写を依頼している。それなりに知られたエピソードであるが、政策執行に忙殺される慌ただしい日常の慰めであろう。

二　朝鮮半島への再派兵

軍勢の再渡海

再征に関わる陣立書は、慶長二年（一五九七）二月二十一日付で発令されるが、小西行長・加藤清正らはこれに先行して朝鮮半島に再渡海している。肥後人吉の相良頼房も、昨冬のうちに壱岐まで着陣しているので（大日本古文書『相良家文書』七七九号）、改年までには朝鮮に達していたものと推察される。ただし、三成がこの頃に朝鮮半島の島津忠恒に充てた書状によると、諸勢の朝鮮半島への集結は五月中旬から六月上旬と予定されており、実際に戦端が開かれるのはしばらく先のこととなる。

三成が最も気にしていた島津家の場合は、忠恒が継続して朝鮮在陣を続けているため、他の九州大名ほど慌ただしくは再渡海をしてはいない。いったん国元に戻っていた義弘は、二月中の再渡海を企図し、忠恒のほうは義弘の到着をまって日本に戻り、上洛して秀吉に拝謁することになっていた。こうした流れも、逐一三成の指示に基づくものである（『薩藩旧記雑録後編』三―一九九号〜二〇一号）。当時、島津義久（竜伯）は伏見におり、三成からこうした連絡を受け、忠恒の帰還と上洛を心待ちにしていた。実母たる義弘正室（園田氏の女で、広瀬助宗の養女という。久保・忠恒の実母で当時は「宰相」と称されていた）も忠恒を迎えるため、三月二十一日に大隅の帖佐を出立している。ところが、肝心の義弘勢の朝鮮渡海は、いたずらに時間をとってしまう。三成との約束どおり、すでに二月二十一日には薩摩川内に到ったようだが、ここから名護屋に向かう乗船に事欠き、ようやく壱岐に着いた時には四月の上旬となっていた（『薩藩旧記雑録後編』三―二一九号）。

義弘は三成に対して、すでに朝鮮への途上にあるのだから、みずからの到着以前に忠恒が日本へ戻ることを許容するように訴えた。四月十九日に、義弘はようやく対馬の小浦に着岸したが、島津家の陣所がある加徳島に到着したのは四月三十日のことであった。事前帰還に関して、三成の諒解が得られなかったため、忠恒はここに至るまで朝鮮での在陣を余儀なくされていた。義弘は、わずかな日数であっても忠恒を日本に帰すつもりであったが、切迫する事態のもと、忠恒の日本への帰還は次第に困難なものとなっていく。

ここに至る三成の態度は、一貫して原理的であり、島津義弘・忠恒父子に対する姿勢は、非妥協的なものであった。親族や家中との関わりに「情」をもって臨もうとする島津父子と、三成との間に、不協和音のようなものが生じはじめたことは否めない。

朝鮮半島では、加藤清正が明国の遊撃将軍沈惟敬と最後的な交渉を進めていた。しかし、その交渉も慶長二年（一五九七）五月末までには決裂する。総大将に擬せられる小早川秀俊（のちの秀秋、秀詮）も、五月下旬に大坂を発して、渡海を前提に九州へ下っている。

ところで、この頃には浅野長政（弾正少弼、前名は「長吉」であるが、慶長二年四月までに実名を「長政」と改めている）について、復権の兆しが認められる。浅野長政と長慶（初名「長継」、のちの「幸長」、左京大夫）父子は、秀次事件に関わったとされ、その後の奉行連署状などからも弾正少弼長吉（長政）の名は落ちていた。しかし、朝鮮半島への再派兵に伴う「陣立書」（慶長二年二月二十一日付）には、浅野左京大夫長慶が見え、釜山浦城に入る小早川秀秋を支えるため、三〇〇〇の軍勢を率いて西生浦城をかためることになっている。また、慶長二年に比定される三成と長束正家の連署状に、次のようなものがある。

明日十七日　太閤様・秀頼様御移徙之為、御祝儀御礼可被申上之旨、被　仰出候条、如例装束にて明日早々可有御参候、恐々謹言、

（慶長二年）五月十六日　長束大蔵　正家（花押）

石田治部少輔　三成（花押）

浅野弾正少弼殿

御宿所

（東京大学史料編纂所所蔵影写本「蓮生寺文書」）

◇明日五月十七日、秀吉様・秀頼様の御移徙を祝し、祝儀を催すと（秀吉が）仰いました。あらかじ

め定められた装束を調え、明日早々に参上されますよう。

『義演准后日記』の慶長二年五月十四日条に「伏見城へ従大坂城、秀頼様御移徙」とあり、この日、秀吉は秀頼を伴って大坂城から伏見城へ移る。十七日にそれを祝う賀儀が行なわれるのであろう。長束正家・石田三成は、浅野長政に対しても、この賀儀へ連なるように命じている。

さて、釜山の加徳島に所在する島津家陣所からは、義弘と忠恒が五月二十三日付の書状を伏見の義久（竜伯）に発して、再侵攻の日限が眼前に迫っているため、忠恒の帰還を見送ることを告げている。義久は、さっそく三成に対して状況を上申し、三成もこの判断を了承している。同時に義弘・忠恒は、渡海してきた島津勢が規定の軍役人数には遠く及ばないことを告げており、義久に対して自軍の無勢を三成に直接訴えてくれるようにも懇願している。三成は、伏見にいる義久はもとより、忠恒に逢うために薩摩から上ってきた義弘の正室（忠恒実母）にも懇ろに応じており、三成家臣の安宅秀安もしばしば見舞いの使者を遣わしている。ちなみに安宅秀安はこの時期、梅北一揆に連座して滅ぼされた島津歳久の後継袈裟菊（歳久の女婿で養子となった忠隣の嫡子、のちの常久）の家名復興問題や、島津家の借銀返済など、さまざまな課題に関わっている。島津家の人びとの上方（かみがた）でのつきあいや振る舞いについても、安宅秀安も細々とした指南を行なっているようである。しかし、肝心の島津勢立て直しの鍵となる家中に対する知行加増には、容易には応じてはいない。三成は七月中旬に至ると、慶長の役に際しての島津勢の体制について、義久と相談を重ねている（『薩藩旧記雑録後編』三―二五四号・二五五号）。

戦闘の再開と目付衆の派遣

さて、小早川秀秋をはじめとする諸将は、七月にかけて続々と朝鮮半島に上陸し、巨済島（唐島）付近での海戦を嚆矢として大規模な戦闘が再開される。七月十五日夜半に唐島沖で海戦が行なわれたこの海戦については、翌十六日付で顚末を知らせる連署注進状が発せられた。この報せは八月九日に秀吉のもとに到着。また、南原城陥落を知らせる八月十六日付の連署注進状は、九月十三日に到着する。注進状の充所は徳善院前田玄以・増田長盛・石田三成・長束正家ら四名の奉行衆である。戦況は、彼らから秀吉に披露され、それぞれの内容をうけて秀吉が朱印状を発することとなる。

秀吉は、講和交渉で朝鮮半島の割譲を目論み、これを果たすために慶長の再派兵に踏み切った。領土切り取りを目指す戦闘は、現地の判断に委ねられていたといってよい。したがって、明国征服を目的とした従前の朝鮮派兵とは、戦争目的が大きく異なる。秀吉自身はもとより、奉行衆ら政権中枢が朝鮮半島に赴くこともない。三成も引き続き京坂の間にあって、秀吉の下で諸政務に従う。

朝鮮半島の戦況を把握するため、秀吉は目付衆を朝鮮半島に派遣し、現地の将兵に対する監察を行なった。これら目付衆の顔ぶれをみておくと、総大将格の小早川秀秋に付けられた太田一吉（飛驒守）のほか、毛利重政（豊後守）、竹中隆重（源介、実名は「重利」とも）、垣見一直（和泉守）、毛利友重（民部大輔、実名は「高政」とも）、早川長政（主馬首）、熊谷直盛（内蔵允、実名は「重利」「直陳」とも）、福原長堯（右馬助）らとなる。いずれも、大友吉統（義統）改易後に、豊後の諸地域を与えられた面々である。目付衆のうち、福原長堯と熊谷直盛は三成の縁者とされる。

秀吉および政権中枢は、実際に戦闘を行なう諸大名からの注進と併せて、彼らを監察する目付衆からの報告をうけることになる。戦況の客観的把握と公正な論功行賞を意図したものであった。こうした体制を前提としつつ、島津義久は朝鮮にいる義弘・忠恒に充てた書状で、三成自身に対して逐一戦況報告を行なうべく令している（『薩藩旧記雑録後編』三―三〇五号）。立場の相違から、現地の諸大名と目付衆との間に戦況認識のズレが生じる可能性を内包するものであったが、実際に戦況が進むと、目付衆が諸大名に指示を下すような展開を見せることになる。そうした推移は推移として、奉行衆はこうした戦況把握の体制をつくりつつ、国内の諸政務をみることとなる。

慶長二年十月、下野国宇都宮城主であった宇都宮国綱（弥三郎、下野守・木工頭）が突如改易され、その身柄は宇喜多秀家に預けられることとなった。国綱の実母は佐竹義昭（佐竹義宣の祖父）の女子であり、佐竹義宣の叔母にあたる。宇都宮国綱に対する咎めは類縁の佐竹家にも及び、佐竹家自体の改易も危惧された。この危難を前に、予て義宣と昵懇であった三成は秀吉の御前を取り成し、漸くにその累を免れることになる。事態を告げるため義宣は国許にいる父義重に十月七日付の急便を発するが、そこにはつぎのようにみえる。

急度、以早飛脚申入候、宇都宮殿御不奉公有之に付而、欠所に被仰付候、千本・伊王野是も欠所に被仰付候、就之我等身上などへも上様より仰出之儀も御座候、治部被入御念被仰分候間、身上相続候て満足仕候、（下略）

（「佐竹第二十一世　義宣家譜」・原武雄校訂『佐竹家譜』、東洋書院）

◇確実を期し早飛脚を以て申し入れます。宇都宮国綱殿が奉公不充分の咎により、闕所となりました。千本家や伊王野家（伊王野資信）も同様に闕所が命じられました。これにより、我が佐竹家の身上

について も、上様（秀吉）から何らかの命が下されることを恐れていましたが、石田三成（治部）が意を尽くして（秀吉に）事情をご説明になり、（何とか大名としての）身上が続くこととなり、（とりあえず）満足しております。

なお、この文書の後半で義宣は速やかな義重の上洛を促している。もとより、佐竹家に対する秀吉の疑念が完全に払拭されたわけではないからである。三成は殊更に慎重な対応を求めており、改易に伴う宇都宮家の荷物が「一駄」たりとも、佐竹領内を通過することのないように厳命している。さらに、興味深いのは、検使として宇都宮に下る浅野長政（浅野弾正方）に義重の上洛を決して知られる事の無いよう、三成が内々（「治少御内儀」）に指示している点である。この時期の三成は浅野長政に対してある種の不信感を抱いていたようである。いずれにしろ、佐竹家に対する措置は決して楽観できるものではなく、さまざまな指示・命令のなかに三成の緊張感を認めることができよう。

このの ち、改易された宇都宮国綱は身上回復を期し、慶長の再派兵に際して朝鮮半島へ渡ることとなる。もとより秀吉の軍令によるが、その背景には三成や増田長盛の配慮があったようにもみうけられる（「宇都宮高麗帰陣軍物語」）。

蔵入地算用への関与

三成は、十一月十一日付で加藤清正に充てた書状に、増田長盛・長束正家・前田玄以らとともに連署し、次のように文禄四年（一五九五）算用分の年貢運上を督促している。清正のほうは、講和交渉の破綻によって、慶長元年（文禄五年は十月二十七日に「慶長」と改元）の十一月上旬頃には居城熊本を発し、肥前名護屋を経て、正月中旬に朝鮮半島への上陸を果たす。朝鮮半島在陣中であれば、脇付も「御陣所」といった表記をとる可能性が高く、この文書は出勢前清正が国内にいることを前提に発せられたと考えられる。したがって、年紀は欠くものの、この文書は慶長元年のものであろう。

急度申入候、文禄四年分御算用、于今不相究候、如何之儀候哉、度々申入候へ共、如此延引之段、不及是非候、来廿五日相過候者、高千石ニ付銀子壱枚充、為過怠可運上旨、被仰出候間、可有其御心得候、恐々謹言、

（慶長元年）十一月十一日　増右　長盛（花押）
長大　正家（花押）
石治　三成（花押）
徳善　玄以（花押）

加藤主計頭殿
御宿所

（東京大学史料編纂所所蔵影写本「今井文書」）

◇確実を期して申し入れます。文禄四年分の（蔵入地の）御算用が、今に至るまで済んでいません。どうなっているのでしょうか？　たびたび決済を催促していますが、このように延引してしまうようでは、どうしようもありません。来る二十五日を過ぎると、高一〇〇〇石について銀子一枚ずつを過怠銀として運上すべしと、（秀吉が）仰せ出されましたので、そのように心得られますよう。

清正は、肥後熊本に領国を与えられ、同時に肥後国内に設けられた豊臣家蔵入地（くらいりち）の代官を任されていた。ここで言及されている文禄四年度分の「御算用」とは、そうした蔵入地に関わる部分である。この

段階で前年分の年貢算用を済ませていない代官・加藤清正に対して、三成ら奉行衆は、きわめて厳しい態度で臨んでいる。十一月二十五日までに算用が行なわれない場合には、過料として一〇〇〇石につき銀一枚を追徴する、として年貢納入を進めさせている。

朝鮮半島への再派兵が決定したことを受け、政権中枢として、財政基盤を安定・強化することを期した政策であろう。したがって、清正以外でも、豊臣家の蔵入地を代官として管轄する諸大名には、同様の強制的な厳命が下されたとみてよい。豊臣政権の蔵入地算用の実務は、長束正家と増田長盛の二名が行なってきた。文禄年間の半ばまでに、これに浅野長政（当時は「長吉」）と前田玄以が加わるが、ほどなく浅野長政は秀次事件に関連して失脚する。したがって、秀次事件ののちに諸国に置かれた政権蔵入地の算用は、長束正家・増田長盛および徳善院前田玄以によって担われてきた。したがって、この加藤清正充ての書状において留意すべきは、連署者として石田三成の名が見えることである。とはいっても、こののち慶長二年（一五九七）三月までに発給された蔵入地算用状は、長束正家・増田長盛・徳善院前田玄以の三名連署のかたちをとっており、この段階の三成の関与は補助的であった可能性も残る。

四奉行による執政

しかしながら、こののち三成の所管する案件や事項は徐々に拡大していくようである。たとえば、相国寺蔵の「西笑和尚文案」に所収される、慶長二年七月二十八日付の長束正家充て書状案には、相国寺内の施設営繕につき「石治（石田三成）へも御理可申（もうすべく）存候」との内容が見え、これを踏まえ八月三日付で石田三成に充てられた書状が残っている（『相国寺蔵　西笑和尚文案　自慶長二年至慶長十二年』・思文閣出版、以下

『相国寺蔵　西笑和尚文案』と略記、同書二号および四号文書）。さらに、蔵米処理や算用に関する詳細な規定をまとめた浅野長政（弾正少弼）充ての慶長二年九月七日付九箇条々書は、増田長盛・長束正家・石田三成・徳善院（前田玄以）の四名連署で発給されている。すなわち、この間に三成が蔵入地算用に正式に関わることになったのである（東京大学史料編纂所架蔵写真帳「竹内恒三氏所蔵文書」）。さらに、この四名は連署して次のような指示を発し、既述の田方麦年貢の徴集を徹底することとなる。

為　御意急度申候、最前被仰出候麦年貢之帳不被上候、曲事之旨御諚候、早々此者ニ麦之本帳与被納置候有麦書付可被上候、遅候手前可被加御成敗通、御意候、恐々謹言、

（慶長二年）九月九日　　長束大蔵　正家（花押）
増田右衛門尉　長盛（花押）
石田治部少輔　三成（花押）
徳善院　玄以（花押）

山内対馬守殿
御宿所

（山内神社宝物資料館所蔵「山内家文書」）

◇秀吉の御意として書状を送達します。先般仰せ出された麦年貢の帳が提出されていないのは、けしからぬことと仰せです。すみやかに、この者に麦田の帳面と収納済みの麦の書付を差し出すよう。提出が遅延する向きには処罰を加えるとの御意です。

こののち、三成ら四奉行は、豊臣家蔵入地で実際に収納された田方麦年貢の管理にも関わっている。例えば、丹波国氷上郡の下代中に対し、十月二十一日付で四奉行の連署状を発給し、その売却を指示し

ている（東京大学史料編纂所所蔵影写本「岡本文書」）。

さらに、慶長二年十一月から十二月にかけて作成される蔵入地算用状は、長束正家・増田長盛・石田三成・徳善院（前田玄以）の四名を発給者とする。具体的には慶長二年十一月二十七日付の「秋田内御蔵米御算用状」（「秋田家文書」）、同年十二月二十五日付の「摂州芥川郡内御倉米御算用状事」（大日本古文書『浅野家文書』六九号）、同年十二月二十七日付の「山城国宇治内御蔵米御算用状」（「上林家文書」）、同年十二月二十九日付の「近江国志賀郡・蒲生郡・栗太郡内御蔵米御算用状」（「芦浦観音寺文書」）などである。

かつての文禄五年（慶長元年）正月二十三日付四奉行連署起請文に「此連判者共、諸事申談、無表裏・別心、　公儀御為可然様ニ可奉抽忠節事」という文言があったが、一定期間を経てこうした体制に帰着したものであろう。

ところで豊臣家蔵入地の算用にあたる三成ら四奉行の職権はそれのみにはとどまらない。彼らは秀吉の命令を諸大名に伝達し、その回答を公式にうけることになる。つぎに示すのは、徳川家康が四奉行に充てた書状であり、慶長三年三月を期して「御普請」に応じるため規定の人数を京着させることを告げている。

就御普請之儀、　上意之段被仰下候、委細存其旨候、然者如　御下知半役人数、三月朔日以前京著之事、聊不存由断候、此旨可然之様御取成頼入候、尚近々令上洛候之間、不能一二候、恐々謹言、

正月廿一日　　　家康（花押）

徳善院

増田右衛門尉殿
石田治部少輔殿
長束大蔵殿

（奈良県立美術館所蔵文書・徳川義宣編『新修　徳川家康文書の研究　第二輯』）

◇御普請に就いて、上意（秀吉の命令）を頂きました。委細承知しましたので、ご指示通り半役の人数を三月朔日までに京に上せること、油断無く進めます。以上のことについて、（秀吉への）御取り成し宜しくお願いします。なお、近々上洛致しますので、詳しいことは控えさせていただきたい。

この文書が発せられる前提として「御普請」に応じるべしとする秀吉の「上意」が発せられた。その返書となるのが、この四奉行充ての書状である。実際の文書によると、家康は「上意」「御下知」の箇所で改行する「平出（へいしゅつ）」の作法を用いている。もとより、真の充所たる秀吉に対する敬意を表したものであろう。加えて、書き留めの文言から家康は自らの意志を秀吉に伝達してくれるよう四奉行衆に依頼を行っていることが分かる。

僅少な事例ではあるが、政権下最大の大名であり実力者と目される徳川家康ですら、こうした様式の文書を発せざるをえなかった事の意味は大きい。三成ら四奉行が政権の中枢に体制的に位置づけられたことの反映であり、そこでは徳川家康であっても政権下の一大名に過ぎない扱いをうけることとなる。

そうした四奉行執政体制を前提としつつ、慶長三年（一五九八）六月十三日付で、三成家中の黒川右近ら四名の奉行の家臣が連署し、吉川広家家中の井上左馬之允に充てて次のような証文を発している。

請取銀子之事

但、伯州日野郡銀山御公用、但慶長弐年分之内
合五拾五枚者
右分預り置申候、御朱印相調次第此墨付取替可申候、以上
慶長三年
六月十三日
徳善内
宮木忠図　墨判
長大内
志野勝右衛門　墨判
増右内
高田小左衛門　墨判
石治内
黒川右近　墨判
吉川侍従殿内
井上左馬之允殿
（東京大学史料編纂所所蔵写本「吉川家中幷寺社文書」）

伯耆国日野郡に所在する銀山産出の銀子に関する預かり証文である。当時、この「日野銀山」は、吉川家の管理下にあった。慶長二年の分の「御公用」とあり、この銀子は豊臣家の蔵入方に納められたことがわかる。正式な請け取り証文は、秀吉の「御朱印」というかたちで発給されるので、この証文はそれまでの暫定的なものになる。そうした性格の証文であることから、奉行衆の家臣ら——おそらく実務

に関わる者たち――による連署証文として発給された。換言すれば、豊臣家の蔵入方算用には、この段階まで三成ら四名の奉行衆が関わっていることが明白となるのである。

朝鮮半島における戦局の推移

十二月になって毛利輝元が伏見に上り、二十三日には秀吉に拝謁する。まず、ここに至る経緯について略述する。この年（慶長二年）六月十二日に小早川隆景が備後三原で急死する。このため、輝元は後事の処理に忙殺される。そうしたこともあって、秀吉は輝元に朝鮮半島には渡らず、名護屋か博多で後詰をするように命じた。しかし、輝元は九月に入ると、みずから朝鮮に渡海すべく領国を発してしまう。輝元の身体を気遣う秀吉は、渡海には及ばぬとすみやかな帰還を命じ、やむなく輝元は壱岐から引き返してきた。この時の輝元上洛は、一連の配慮に対する御礼言上のためである。

秀吉に親しく拝謁した折の様子を、輝元は細かに家臣榎本元吉（中務大輔）に書き送っている（十二月二十五日付毛利輝元書状写・『萩藩閥閲録』巻十八・榎本織衛分）。これによると、輝元は伏見城内の御座の間に召し出されたのだが、「御前ニハ治少・増右はかりにて候」とあって秀吉の身近に三成と増田長盛の両名が近侍していたと伝えている。さらに、この書状には次のような件があって興味深い。

一、国替之さたもやミ候、治少被申事ニ、人かなにと申候共、気ニかけ候ましく候、うつけ共か色々事申候ハ、不入事候、高麗か日本之様ニおさまり、九州衆もありつき候ハてハ、九州之知行上む(表)ハ候ましく候、さて上む(表)候上にてこそ、国ふりニより備前・中国之衆、其心得も可入候、それハさたまらぬ事候、其上二年・三年ニさ様おちつき候事ハ候ましく候時ハ、国替之心得も以来

不入物にて候ニ、人かわるき推量候て中事うつけにて候と被申候、
◇国替えも中止になった。（これについて）石田三成（治少）が次のように言っている。人が何を言おうと、気にすることはない。愚か者が色々言っても無益なことである。朝鮮半島が日本と同様に治まり、九州の諸大名の（朝鮮半島への）転封先が決まらなければ、九州（大名）の知行収公はない。知行収公がなされた上で転封先が決定すれば、宇喜多家（備前）・毛利家（中国）の衆にもその覚悟が必要となる。（しかし）朝鮮半島の状況は安定しないし、さらにこれから二、三年は落ち着かないであろう。（したがって）国替えの覚悟など今後は不必要であり、人の悪意ある推量による発言など意味がない。

このなかに、慶長の役に関する三成の「肉声」が残されている。三成は国替えを憂慮する輝元に対して、戦況を踏まえつつ当面その心配は不要であると述べている。慶長の再派兵は、朝鮮半島南部を実力で奪取するためのものであった。三成ら政権中枢は、征服後の朝鮮半島に、九州大名を転封させる心算であった。さらにその上で、宇喜多家や毛利家をその跡の九州へ移すことを計画していた。しかしながら、三成はすでに朝鮮半島の戦況を悲観的にみており、九州大名の朝鮮転封はいうまでもなく、宇喜多家・毛利家の転封も、数年間はあり得ないことを告げたのである。いささか後年の伝聞史料にはなるが、日本に抑留された朝鮮の儒者である姜沆（カンハン）が遺した『看羊録』（ここでは平凡社刊東洋文庫四四〇を使用）によると、石田三成はつねづね「六六州で充分である。どうしてわざわざ、異国でせっぱつまった兵を用いなくてはならないのか」と言っていた、とある。

三成が朝鮮半島における困難な戦況を輝元に告げたのとまさに同じ頃（慶長二年末）、明・朝鮮軍が日

本側の蔚山城の包囲を開始する。加藤清正・浅野長慶（「長継」「幸長」、左京大夫）らが籠もる蔚山城は、陥落寸前にまで追い詰められるが、日本の諸将が救援に駆けつけ、年明けにようやく危機を脱する。島津義弘は西部方面に展開し、泗川に在城していたため、自身は蔚山救援には参加していないものの正月六日付で三成に充ててかなり詳細な戦況報告を送っている（『薩藩旧記雑録後編』三―三五五号）。

蔚山城の救援そのものには成功するが、この間の作戦およびその後の軍事展開をめぐっては、目付衆の間に亀裂を生じた。たとえば、既述のように、島津義弘は泗川に留まったが、これは目付垣見一直（和泉守）の指示に基づくものであった。しかし、同じ目付衆でありながら、竹中隆重（源介）・毛利友重（民部大輔）・早川長政（主馬首）らは、別の指示を下していたようである。

のちに、垣見一直・熊谷直盛（内蔵允）・福原長堯（右馬助）らは上洛し、五月二日に秀吉に拝謁する（『薩藩旧記雑録後編』三―四一四号）。福原らは蔚山城の救援に駆けつけた蜂須賀家政（受領名は阿波守、初名「一茂」）と黒田長政（甲斐守）が明軍と戦うべき状況にありながら敢えて戦闘を避けたと報告し、竹中隆重・毛利友重・早川長政らについては秀吉の命に反して戦線の縮小に同意したと糾弾している。この報告をうけた秀吉は蜂須賀・黒田の両名を「臆病者」と断じて激怒したという。この段階で、黒田長政はまだ朝鮮の陣中にあったが、日本へ戻っていた蜂須賀家政は領国阿波での謹慎を余儀なくされる。竹中隆重・毛利友重・早川長政らについても本来なら成敗すべきであるが、とりあえずは領国豊後での謹慎が命じられた。のちに、竹中・毛利・早川らは領知も減封されることとなり、蜂須賀・黒田についても一部の領知を減封された可能性が高い。

一方の垣見一直・熊谷直盛・福原長堯らについては厳正な報告に対する論功行賞として豊後国内での

加増が約束された。秀吉による裁定の内容は、たちまち権門・諸大名の間にも拡がった模様であり、蜂須賀家政と黒田長政は「御せつかん（折檻）」にて、秀吉の御前へ出ることも叶わないであろうと取り沙汰されている（五月二十日付前田利家充て書状案・『相国寺蔵　西笑和尚文案』七一号文書）。ちなみに、同じ書状で、福原長堯（右馬助）への四万石（おそらく豊後国内）の加増が伝えられている。残念ながら、垣見一直・熊谷直盛については詳細が承知されないが、ここで加増を許された熊谷直盛（内蔵允）と福原長堯（右馬助）は三成の縁者であり、彼らが三成に近い立場にあったことは留意すべきであろう。

蒲生家の宇都宮転封と上杉家の会津入部

越後の上杉景勝は、秀吉から慶長三年（一五九八）正月十日付で、奥州会津への国替を命じられる。蒲生秀行の宇都宮への減転封をうけたものである。宇都宮国綱改易により、下野国宇都宮は闕所となっていた。この転封を進めるため、三成は奥州に下ることとなる（『言経卿記（ときつねきょうき）』慶長三年正月十日条）。正確な奥州発向の期日は明らかにできないが、二月十六日付で三成と上杉家家老の直江兼続と連署して、会津領に「掟」などを発給している（『上越市史』三七二六号文書。耶麻郡「ヒハラ」村充てのものが『新編会津風土記』に所収されている）。さらに、この両名は連署して、蒲生家重臣蒲生郷安（四郎兵衛尉）の引き移りに関わる伝馬・人足の規定を定めている。

　一、蒲生四郎兵衛幷家来荷物伝馬人足事

　　簗沢村　　伝馬廿疋

　　川井村　　同　八疋

桑山村　人足廿人
金谷村　人足廿人
長手村　人足十三人
　伝馬　合廿八疋
　人足　合五拾三人

右之伝馬・人足、那須之内芦野迄程可届候、上下之飯米・馬之飼料者蒲生四郎兵衛分者可取候、自然人足・伝馬何程申不出候歟、又途中より罷帰人足・伝馬有之者、後日改急度可加成敗事、

一、百姓申度儀、雖有之候、先方衆送届、其以後目安を以可申上、跡高札之旨に有之於出入者唯今にも可申上候事、

（慶長三年）三月四日　山城守
治部少輔

（『覚上公御書集』上、所収文書）

◇

一、蒲生四郎兵衛ならびに家来荷物伝馬人足のこと。

（中略）

伝馬　合せて二十八疋
人足　合せて五十三人

右の伝馬・人足によって（下野国）那須の内芦野まで送り届け、往復の飯米や馬の飼料は蒲生郷安（四郎兵衛）の分から受け取られたい。万一言い訳がましいことを述べて人足や伝馬を出さなかったり、途中から帰ってしまうような人足・伝馬があったりすれば、後日調査を行なっ

　　て厳しく処罰する。

一、百姓の側に何か言いたいことがあっても、まず旧主一行を送り届け、そののち目安を以って申し上げるように。しかし、高札の趣旨に問題がある場合には、すみやかに申し出てよい。

蒲生郷安（四郎兵衛尉）は出羽米沢城を預かる重臣であった。この転封にあたって、直江兼続（山城守）と三成（治部少輔）が連署して、伝馬・人足の賦課を進めている。簗沢村以下は出羽国長井郡の村々であり、人足・伝馬には新封地たる下野国までの輸送が命じられた。蒲生郷安に対してのみ、かかる対応を示したとも思えないので、他の重臣についても同様の手配を行なって、伝馬・人足の徴発を定めたと考えてよかろう。

これに先だって、他の石田家中が会津領に入っていたようである。たとえば、慶長二年六月十二日付で作成されていた「御新座衆へ相渡ル物成指引御算用状」といった資料が、蒲生源左衛門尉郷成・小倉作右衛門尉良清・蒲生左文郷可ら三名連署のかたちで、慶長三年（一五九八）二月二十一日に、八十島助左衛門尉充てで提出されている（国立公文書館・内閣文庫「古文書」）。蒲生郷成らは氏郷以来の家臣でいずれも支城を与えられるほどの重臣である。一方、後述するように、充所となる八十島助左衛門尉は三成の九州下向に伴われており、石田家中の重鎮である。秀吉が上杉景勝に越後から会津への転封を命じて間もなくから、三成の家中が奥州へくだり、領国移譲に伴う諸準備を進めていたのである。

上杉家の旧領に対しては、二月十日付で直江兼続が、三成の家臣今城次右衛門尉・本村造酒丞らに充て、上杉旧領の北信濃に位置する海津（かいづ）城（のち松代城）・長沼城の両城引き渡しに関わる覚書を発する（「信州河中嶋海津・長沼両城、治部少輔殿奉行衆へ可相渡覚」『信濃史料』巻十八所収。『覚上公御書集』上、所収文書。『上越市史』三七二四号文書)。さらに、四月十五日には三成が越後国刈羽郡の藤井堰に関する条書を発している。「白川風土記　越後国之部」(今泉省三・真水淳編『越佐叢書』第十七巻)によると、「慶長三年、景勝奥州会津ヲ賜ハリ得替ノ時、前田徳善院玄以・石田治部少輔、国改メノ為メ京師ヨリ下向アリ」とあり、会津に上杉家を迎えたのち、三成はその旧領越後に向かったようである。同じく「白川風土記　越後国之部」は「中納言景勝奥州会津へ移封、其迹ヲ大塚助右衛門・桑原勘右衛門此両人豊臣家ノ臣ナルヘシ検地竿入アル」と述べており、あるいは検地を進めるために、三成は越後入りを果たしたとも考えられよう。いずれにしろ、次に紹介する条書は、会津発足後、三成が越後に入ったことを示していよう。

藤井堰之事

一、川せき普請人脚之儀、最前直江如被申付、在々申談せき可申事、

一、せきくゐ柴等之儀も是又可為如最前之事、

一、近年彼せき下在之百姓等不可他出之事、

已上

右此旨、急度可申付者也、

慶長三年卯月十五日

治部少　書判

(「白川風土記　越後国之部」、今泉省三・真水淳編『越佐叢書』第十七巻)

◇藤井堰のこと

一、川堰の普請に動員する人足の事は、以前直江（山城守兼続）が定めた通りに命じ、在々で相談して行なうこと。
一、井堰の杭・柴等もやはり以前の決定通りとすること。
一、近年、かの堰の下流に居住しはじめた百姓らが、他の地域に転出することは認めないこと。

已上

右の旨を厳しく申し付けるものである。

この条書は、刈羽郡藤井村の大肝煎高橋甚左衛門家に伝わったものを「白川風土記」が採録したものである。同家には、文禄四年（一五九五）二月九日付で直江兼続が発した「藤井堰掟」も伝えられている。この三成条書は、上杉時代に行なわれた先例を遵守すべきことを改めて確認した内容となっており、新規のものではない。とはいえ、長くこの地に君臨した上杉家の転封をうけ、在地の動揺を防ぐ上で大きな意義を有したと考えられる。これら一連の事実から、上杉家の転封は、石田家中との共同で進められたことがわかる。三成は、上杉家の会津転封を直江兼続とともに進めると、上記の如く越後を経て、五月三日に佐和山に帰着し（『義演准后日記』の五月四日条）、五日には入京したようである（『言経卿記』）。

大きく領知高を削られて会津から宇都宮に移った蒲生家からは、かなりの大量の家臣が浪牢している。三成はこうした蒲生氏郷系旧臣を多く召し抱えており、それらのなかには、蒲生頼郷（本来の名は「横山喜内（きない）」、奥州塩川城主）ら城主級の者たちも含まれている。

三成による旧小早川領の代官支配

朝鮮半島での働きを終えた目付衆が、三成の不在中の五月二日、秀吉への御目見えを果たす。そのなかの一人福原長堯（右馬助）が、さっそく三成に対して次のような詳報を送る。

返々御目見へ仕、一段之仕合候、御きつかい有ましく候、将又かうらいより書状とも、ことつかり候、この方ニて可懸御目と存、ひきやくニても候間、かた〳〵不申候、以上、

態以飛札令申候、

一、高麗請取之儀、普請出来仕間、大飛・熊内蔵・垣泉致同心候て、帰朝候、

一、昨日二日ニ於伏見御目見へ仕処ニ一段仕合能候、内々万得貴意、御目見へ可仕と存候処ニ、御留すニ候て、無計方候つる、去共増右申談罷出、右之仕合ニ候、我等へハ色々忝御諚共ニ候、外聞実儀大慶此□ニ候、於様子ハ□□□□□、定而、御機つ□□有之と存令申候、残御普請衆も近々可為帰朝候、

一、扨々至相津御越之段、遠路と申、万ニ付而御苦労無申計候、はや御隙明、近日御帰洛之由候間、致満足候、以面拝万々相積儀可申達候条、わさと不能一二候、恐惶謹言、

（慶長三年）五月三日　　福右 長（花押）

石治様□□

（「福岡市博物館購入文書」・『新修　福岡市史　資料編・中世1』・「福岡市博物館購入文書」四〇号）

◇態々（わざわざ）、急ぎの手紙によって申し入れます。

一、朝鮮半島の一部割譲については、（日本勢駐留のための城郭）普請が出来ましたので、太田一吉（飛騨守）・熊谷直盛（内蔵允）・垣見一直（和泉守）と同道して、日本へ帰還しました。

一、昨五月二日、伏見において（秀吉に）拝謁しましたが、大変良い具合でした。（本来なら事前に）内々ご相談の上、御拝謁するところですが、ご不在でしたので協議もできませんでした。しかしながら、増田長盛（増右）に相談して、（秀吉の御前に）出で、右のように次第となりました。私に対しましては、ありがたい決定を下され、表向きも実際もこの上なく悦んでおります。細かなことは（意味とれず）ですが、きっとご配慮いただいた結果と存じております。朝鮮半島に残って御普請にあたっている諸将も、近いうちに日本へ戻ることと思います。

一、さてさて奥州会津（相津）に御越しとのこと、遠路といいながら諸々の御苦労申しあげる言葉とてございません。（しかしながら）すでに務めを終え、近日中に御帰洛とのことですので、満足いたしております。拝見していろいろと積もる話も申したく思いますので、委しいことはここに記しません。

返々（かえすがえす）申しますが、（秀吉への）拝謁も終え、すべて順調ですので、ご心配には及びません。なお、朝鮮半島の諸将から書状なども言付かっておりますが、こちらで御目に懸かれると思い、飛脚などで送達することはいたしません。以上。

既述のように、ここで福原長堯（右馬助）らは、秀吉に対して竹中隆重・毛利友重・早川長政を糾弾し、同時に蔚山の戦いで「卑怯」があったとして蜂須賀家政（受領名は阿波守、「一茂」とも）と黒田長政（甲斐守）を秀吉に訴えることとなる。逆に、文書の発給者たる福原長堯（右馬助）は、おそらく豊後国内で四万石ほどの加増を受けることとなる。文書中に見える「色々忝御諚」とは、この件であろう。福原長堯は、こうした恩恵の背後には石田三成の配慮があったと認識しており、礼を述べている。ところで、福原長堯・太田一吉・熊谷直盛・垣見一直らが、秀吉への拝謁を果たしたという一件は、別のかたちででも三成の許に報じられた。

態致言上候、
一、秀頼様御船入之御殿ニ被成御座候、右衛門尉殿・大蔵殿・掃部殿・備前殿在番なされ御詰候、西丸御作事相済迄ハ、御船入ニ御座候由申候、
一、昨日福原□馬助殿・熊谷内蔵殿・太田飛驒殿・懸樋和泉殿被成御目見へ候、一段機嫌よく御座候由候、上様何かたへも御成之御沙汰無御座候、□替儀候者、近々可申上候、右之通御披露所仰候、恐々謹言、
（慶長三年）五月三日　柏原彦右衛門尉　永正（花押）
黒川右近　□□（花押）
渡辺□物　□□（花押）
八十嶋助左衛門尉殿

（『新修　福岡市史　資料編・中世1』・「福岡市博物館購入文書」四一号）

◇
態々言上します。
一、秀頼様は伏見城御船入の御殿にいらっしゃり、増田長盛（右衛門尉）殿・長束正家（大蔵）殿・石川頼名（掃部、初名は「一宗」）殿・石川貞清（備前、初名は「光吉」など）殿が在番として御詰

めになっています。西丸の御作事が済むまでは、御船入にいらっしゃるとのことです。
一、昨日、福原長堯（右馬助）殿・熊谷直盛（内蔵助）殿・太田一吉（飛騨守）殿・垣見一直（和泉守）殿に（秀吉が）拝謁されました。大変機嫌よかったとのことです。上様は、どこへ御成（おなり）とのお話もでていません。何か変わったことがあれば、近々に申し上げます。右の通り（三成に）御披露のほどお願いします。

この文書の発給者たる柏原彦右衛門尉（苗字の表記は「樫原」とも）や黒川右近らも、充所の八十嶋助左衛門尉も、ともに三成の家臣である。既述のように、八十嶋助左衛門尉は、蒲生旧領の会津領検地にかかわっており、ここでは三成に従って帰洛の途次にあったものと推察される。したがって、この連署状は、伏見にいる三成の家臣が、秀吉や秀頼の動静を三成側近に充てて報じたものと考えられる。こうしたかたちで、石田家中による書状のやりとりが確認されることは稀だが、内容から推して、この時が特例とも考えられない。三成が上方を離れる場合には、このようなかたちで、石田家中が三成へ秀吉・秀頼の日常を報じていたと考えられよう。

こうしたなか、筑前・筑後を領する小早川秀秋が、越前北庄へ転封されることとなった。これをうけて三成が、旧小早川領国を監察することとなる。五月二十六日付で福原長堯・垣見一直・熊谷直盛が連署して、島津義弘・忠恒に充てた書状には、次のように記されている（ちなみに、この文書については目付衆による蜂須賀家政・黒田長政らの糾弾という話題で先にも言及している）。

幸便之条、令啓上候、帰朝之刻者色々得其意、快悦至極候、
一、我等三人之事、去二日ニ御目見仕、翌日於朝鮮去年以来之儀、御尋被成候条、具申上候、

（中略）

一、最前者、筑後・筑前、石治へ可被下と被仰出候つるが、石治関東ヨリ被罷上候て、被仰聞候ハ、右之国可有御扶助と思召候へ共、左候へは金目ニ思召沢山（佐和山）ニ可被為置別人無之候、但御国被下度思召候ても、明所無之候へハ、今迄之体候間、両国之明候社、幸ニて候間、可致拝領かと、御たつね被成候、治少被申上様者、御諚承候へは、拝領仕同前候間、如今迄江州ニ有之而、御奉公申度候、於其分者、不相替沢山ニ有之而、彼両国御代官可仕、御諚候、至于一両日、名嶋へ可被罷下由候、

一、両三人事、前後之様子聞召届、為御褒美、於豊後新地致拝領候、於仕合者可御心易候、兼又、来年御人数被相渡、赤国之筋都河迄働被仰付、蔚山のかたへ打入候様ニとの御有増候、羽左太・石治・増右、為大将被相渡、我等体も如去年可罷渡旨　御諚候、其外御働之様子、色々　御諚之通候へ共、来年之儀ニ候へは、又様子も可相替候間、先大形右之通候、猶日本之様子追々可申述候、恐惶謹言、

（慶長三年）五月廿六日　　福右馬　長堯（花押）

垣和泉　一直（花押）

熊内蔵（花押）

羽兵庫殿

島又八郎殿

人々御中

（『薩藩旧記雑録後編』三―四一四号）

◇よい序でがありますので書状を差し上げます。日本帰国に際してはいろいろお世話になり、この上なく悦んでおります。
一、我ら三人のこと、去る二日に（秀吉に）御目見え仕り、その翌日には朝鮮における去年来のことどもをご尋ねになったので、委しく申し上げました。
（中略）
一、少し前に（秀吉は）筑後と筑前を三成（石治）に与えると仰ったのですが、三成が東国から戻って（三成に）言い聞かされるに、これらの国々を（三成に）扶助したいとお思いになったのですが、そうなると、要（金目）と考える佐和山（沢山）に配すべき別の人物がおりません。一国規模を下し与えようと思し召されても、しかるべき「明所」（空き所、すなわち大名のいない領国）がなかったのが、これまでの状況でした。それが今回（筑前・筑後の）両国が（小早川の越前転封によって）空いた事こそ幸いに思い、拝領いたすかと御尋ねになりました。（それに対する）三成（治少）の申し上げようは、そうした御下命を得ることは拝領したのも同然ですので、これまで通り近江にあって御奉公申したい、というものでした。そういうことであれば、以前と変わらず佐和山（沢山）にあって、筑前・筑後の両国を御代官として支配するのがよいとご命令になりました。（そういうことですので）一両日に、（三成が）名嶋へお下りになると思います。
一、我々の（朝鮮半島渡海）前後の様子をお聞きになり、御褒美として豊後国内に新地を拝領いたすこととなりました。（島津家）の今後についても、御安心いただいて結構かと存じます。かねてまた、来年には軍勢を（朝鮮半島に）催されますが、全羅道（赤国）方面から漢江（都河）付近まで押し出すため、蔚山方面に上陸と予測しております。福島正則（羽左太）・石田三成（石治）・増田長盛（増右）が大将となって、朝鮮半島に渡られると思います。我々に対しても、前年のように渡海をお命じになると思います。その他、軍事上のことなどは、いろいろ（秀吉）の軍令通りであります。来年のことについては、また状況も変わっていきますが、大略右のような次第です。なおまた、日本の状況を追々お伝えします。

秀吉はかねてから三成に一国規模の知行を与える所存であったが、しかるべき「明所」もなく、また転封となっても枢要の地である佐和山に入るべき人物もいないという状況であった。そこに小早川秀俊の北庄転封という事態が生じたため、旧小早川領国の継承者として三成の存在が浮上したようである。このように、秀吉は当初、三成に旧小早川領を充行う意向であった。結果的には、この文書にあるように、三成は代官として筑前・北筑後の旧小早川領を預かる方向が示されることとなった。これをうけて三成は、現地視察のため九州へ下向する。

また、引用した最後の箇条にあるように、慶長四年（一五九九）にもさらなる朝鮮派兵が計画されていたことがわかる。これは軍勢を蔚山に上陸させ、全羅道（赤国）を攻略したのち、漢江（都河）にまで迫ろうとするものであった。この派兵計画では、福島正則（羽柴左衛門大夫）・石田三成（石田治部少輔）・増田長盛（右衛門尉）の三名が大将に擬せられている。三成に筑前・筑後を与えようとする思料は、こうした派兵計画とも関係するのかもしれない。

三成が上方を離れて九州に下ることで、政権官房の弱体化が危惧されたものか、あるいは将来的に三成と増田長盛には朝鮮への渡海が計画されていたためか、復権の兆しがみえていた浅野長政が奉行としての復職を果たす。朝鮮半島への再派兵には、子の左京大夫長慶（実名は「長継」とも、のちの「幸長」）が出陣し、長政も慶長二年（一五九七）の末には、秀吉の上使（じょうし）として宇都宮へ派遣された。会津蒲生家の宇都宮への転封を監察するためとみられる。こうした経緯を前提としつつ、慶長三年の夏には、再び浅野長政が奉行衆の一角を占めることとなる。

この間の経緯について、イエズス会のフランシスコ・パシオは、イエズス会総長に充てた書簡のなかで、「太閤様はその後、四奉行に五番目の奉行として浅野弾正を加え、一同の筆頭とした。次いで太閤様は、奉行一同が家康を目上に仰ぐよう、また主君（秀頼）が時至れば日本の国王に就任できるよう配慮すべきこと、すべての大名や廷臣を現職に留め、自分が公布した法令を何ら変革することのなきようにと命じた。また確固たる平和と融合――これなくしてはいかなる国家も永続きできぬ――が諸侯の間に保たれるようにと、一同に対し、旧来の憎悪や不和を忘却し、相互に友好を温めるように命じた」と、書き送っている（一五九八年度年報・松田毅一監訳『十六・七世紀イエズス会日本報告集第I期第3巻』）。

少し後のものだが、この年七月十五日付で島津義弘に充てた、増田長盛・浅野長政・徳善院（前田玄以の連署状がある。ここでは長束正家が検地のために越前に逗留、三成も九州へ下向という理由から、奉行三名による発給となったことをわざわざ理（こと）わっている。この段階ですでに五人連署が本来の姿であるとの認識が成立していたことがわかる。いわゆる「五奉行」の構成が最終的に定まったのである。

さて、三成は島津義久（竜伯）との連署で、五月二十二日付の島津家の「算用場」に関わる規定および「於上方之覚」「台所方入用之覚」を発給する（『薩藩旧記雑録後編』三―四一二号・四一三号）。「算用場」に関わる規定には充所がないが、「於上方之覚」「台所方入用之覚」は本田公親（与左衛門尉）・新納（にいろ）

教久（孫右衛門尉）・河上忠智（三河守入道）・河上久国（左近将監）に充てられている。彼らは、文面から島津家の「上方算用聞」と見なされる。これらの規定・覚は、摂津・播磨に設けられた島津領の支配と、大坂における島津家の年貢売却、金銀収支の詳細を定めたものと判断される。連署のかたちをとって、島津義久（竜伯）の関与を建前にするあたりが、巧みなところであろう。こうして三成は、島津家の財政運営そのものに大きく干渉しようとしている。義弘と継嗣の忠恒は朝鮮半島に在陣中であり、そうした虚を突いたともいえよう。

三成は、「廿二日」と日付のみの書状で、在近江の家臣に九州下向を報じている（「大阪城天守閣所蔵文書」。渡辺世祐『稿本　石田三成』（口絵写真およびその解説）は、この三成文書の充所を端裏の記述から「大音新介」とするが、現状では充所の確認ができない）。そして翌五月二十三日には、嶋井宗室に充てて、博多での宿所を嶋井邸とすることを告げている（福岡市総合図書館「嶋井家文書」）。三成は五月二十九日に京を発し、筑前に下向する。六月十七日頃に博多入りした三成は、二十六日までここに留まる。同行した是斎重鑑の「覚書」には、「国のをきての事共により」とあり（阿保文書『是斎重鑑覚書』・新城常三編九州史料叢書『近世初期　九州紀行記集』・九州史料刊行会編）、博多で小早川旧領に対する支配政策の基本を定めた。

たとえば、三成は慶長三年（一五九八）六月二十二日付で、全九ヵ条にわたる「条々」を発する。このうち前半の七ヵ条は年貢収納の詳細を定めたものであり、三成がみずからの領国である近江国佐和山の村々に充てた「条々」に共通する。現在、確認される事例は「筑前国志广（志摩）郡在々」充てのものであり、同様の「条々」は旧小早川領の郡を単位にして発給されたものであろう。その三日後、六月二十五日付で糟屋郡下の相島に対しても「条々」を発する。こちらは相島を上下して航行する船に関する規定になる。相島に充てられた「条々」によると、諸々の問題が生じた場合には、名島へ訴え出るように規定されており、三成の代官支配下でも、政庁は引き続き名島城に置かれたことがわかる。

ここで三成は、さまざまな陳情を受けたようである。この時期、筑前博多は一貫して豊臣政権の直轄支配をうけていたと考えられるが、小早川秀秋を支える家老山口宗永（玄蕃頭）は、博多津・博多商人に対する干渉を強める傾向にあったようだ。領主交替を期に、津中は諸々の権限回復に努めようとしている（「原文書」、『新修　福岡市史　資料編・近世1』・豊臣期史料二四三号）。

三成は六月二十六日頃から、筑前と北筑後を巡る。域内巡検に先立っては、次のような規定を公にし、領民の負担明瞭化につとめている。

一日分
一、くさ四荷　馬弐疋分
一、た□、　三荷
一、ぬか　弐斗
一、ざうじ　十六人分
一、人夫　五人
以上
右之外、一せついだすましく候、但、さしあふ儀あつて同村ニとうりうの日ハ、りんかうわつふにして、右之分可出なり、右村をくりの夫丸之儀ハ、とうりうの日ハいだすましき也、

慶長三年六月十七日　　　治部少輔（花押）

（東京大学史料編纂所所蔵影写本「南部（晋）文書」）

◇

一日分

一、くさ四荷　　　馬弐疋分

（中略）

以上

右の外には一切拠出しないように。ただし、差し支えがあって同じ村に逗留が続く日には、隣郷の村々で負担を分担して右の分を拠出するように。村からの送り夫丸は、逗留の日については拠出してはならない。

七月三日付で島津又八郎忠恒に充てた書状から、七月二日までに三成が博多に戻っていたことがわかる（『薩藩旧記雑録後編』二―一五五二号）。三成は大宰府での竹木伐採を禁じ、博多湾岸に拡がる「箱崎松原」での枯れ木・枝木の採取を認めない「禁制」を下し（『筑前国続風土記附録』所収文書）、博多に戻って四、五日後すなわち七月十日以前には筑前を発って伏見に帰る予定であった。

三　秀吉の死と三成

秀吉の病状悪化と大坂城拡張普請

三成が急いで帰洛せざるをえなかったのは、秀吉の深刻な病状によるものだった。慶長三年（一五九八）六月中旬に体調を崩した秀吉は、回復もおぼつかない状況となっていた。秀吉の病症が次第に深刻化していくなか、朝鮮半島では戦争継続についても、さまざまな憶測が飛び交うこととなる。島津家の重臣伊集院幸侃（いじゅういんこうかん）の書状（『薩藩旧記雑録後編』三―四三〇号）などを見ると、三成が筑前に下向して政務の中枢にいないことが、事態の不透明感をさらに助長しているようである。病床の秀吉を見舞い、さらに朝鮮半島での戦争を継続するか否かについての決断に参画すべく、三成は慌ただしく筑前を発つ。三成が上方へ帰還した時期は確定できないが、七月中旬には京にいたことが確認される。

七月中旬、秀吉の死は現実の問題として意識されることとなる。七月十五日付で、徳川家康・前田利家・毛利輝元の間に起請文が取り交わされ、秀頼に対して、秀吉の時と同様に、奉公を尽くす旨の誓約がなされる（大日本古文書『毛利家文書』九六二号）。また、「西笑和尚文案」所収の書状案によると、七月下旬には秀吉の遺物分けが進められている（『相国寺蔵　西笑和尚文案』七九号・八〇号・八六号文書）。

こうしたなか、三成は忙しく伏見と大坂の間を往来する。大坂への下向は、城普請に具体的指示を与えるためである。この年六月末の段階で、大坂城普請は「来年」、すなわち慶長四年（一五九九）からと計画されていたが、秀吉の病症が深刻化することで前倒しとなったのであろう。「大坂ニハ秀頼様御居城之由候」（『相国寺蔵　西笑和尚文案』七七号文書）とあるように、大坂城は秀頼の居城に予定されており、そのための整備が急がれることとなった。さらに、七月二十四日付の小河土佐守充て西笑承兌書状案には、三成の動向に関わって次のような記事を見る。

（前略）

一、□□□・増右御前にて被加御詞、其後一段入魂ニ候、是又珍重之儀候、大坂御普請之趣者、西

者安芸中納言殿屋形之辺まて不残家をのけられ候、町屋もすてに御のけなされ、地ならし之儀被仰付候、大坂にて残り候屋形ハ備前中納言殿・増右・石治まてに候由候、伏見普請衆過半大坂へ被遣候、

（中略）

一、□弾・石治・増右過し夜大坂へ可為下向之由候、浅弾ニ昨晩逢申候、其由御雑談候、浅弾も江州ニて御加増分五千石被下之由物語候、御煩之様体一段よく御座候而、昨日までの趣少も相違之儀無之候間、爰元之様子可被御心安候、期拝顔□□□、恐々謹言、

（慶長三年）七ノ廿四日

小河土佐守殿

（『相国寺蔵　西笑和尚文案』八六号文書）

◇

（前略）

一、□□□（徳善院カ）・増田長盛（増右）は、（秀吉の）御前において御詞を加えられ、そののちひときわ懇意に致されました。これまた非常に珍しいことです。大坂御普請のことについては、西は毛利輝元殿（安芸中納言殿）の屋敷あたりまで残らず家屋が撤去され、町屋もすでに撤去されて地均し（じなら）を御命じになりました。大坂で残っているのは、宇喜多秀家殿（備前中納言殿）・増田長盛（増右）・石田三成（石治）の館くらいです。伏見で普請に従っていた衆も、過半は大坂へ移っています。

（中略）

一、浅野長政（□弾）・石田三成（石治）・増田長盛（増右）は、前夜大坂へ下向したとのことです。

浅野長政に昨晩逢った折、そのような話などを雑談しました。浅野長政も、近江国で御加増分五〇〇〇石を下されたと物語っていました。御煩いの様子もひときわ能くなっており、昨日までの様子では少しも問題はないようですので、こちらの様子については御安心ください。拝顔の時にまた委しく話をします。

ここでも三成の大坂下向が確認されるが、やはり大坂城普請に関わることが重要であったであろう。実際、このときの大坂城拡張工事は、かなり大規模なものと推察される。町屋や大半の大名屋敷が解かれるなか、大坂城下に残るのは、宇喜多秀家・増田長盛・石田三成らの屋敷だけだと伝えている。増田・石田屋敷が残されたのは、現地の普請を指揮する必要からと判断されよう。いずれにしろ、大坂城は秀頼の居城たるべく増強を施されたのであり、秀吉没後の状況を想定した政策が、矢継ぎ早に施行されることになる。

浅野長政・石田三成による旧小早川領代官支配

八月四日付で、浅野長政（弾正少弼）充ての筑前国御蔵入目録が、秀吉朱印状のかたちで発給された（大日本古文書『浅野家文書』三二七号）。これは、筑前国内の九郡（糟屋・席田・御笠・宗像・鞍手・穂波・嘉麻・夜須・上座）を浅野長政に代官支配させる、というものである。秀吉の死が眼前に迫るなか、三成が旧小早川領一円を代官支配するという従前の計画は、変更されたのである。しかしながら、これで三成の筑前・筑後への関与がなくなったわけではない。浅野長政充ての目録は、あくまで筑前蔵入地の一部を対象としたものにすぎず、これと同時に、三成にも御蔵入目録が発給されたとみてよい。

筑前国
遠賀郡
宗像郡
鞍手郡
豊前国
糟屋郡
名島
席田郡
穂波郡
嘉麻郡
志摩郡
博多
早良郡
大宰府
下座郡
怡土郡
那珂郡
御笠郡
夜須郡
松浦郡
基肄郡
御原郡
神崎郡
養父郡
上座郡
肥前国
小城郡
佐嘉郡
三根郡
竹野郡
御井郡
山本郡
生葉郡
久留米
佐賀
三瀦郡
上妻郡
筑後国

図24　北部九州要図

状況から考えて、三成が管轄したのは、浅野長政の担当から外れた筑前国の怡土・志摩・早良・那珂および下座郡と筑後国の御井・御原・山本・竹野・生葉郡と考えられる。実際、現状で石田三成による旧小早川領代官支配の徴証が残るのは、怡土・志摩・早良・那珂・下座の各郡であり、上の推察を裏づけている。浅野長政充ての目録には遠賀郡（筑前国）も見えないが、同郡については毛利秀元による代官支配の可能性も否定できない。

秀吉没後の指示となるが、後述のように、徳川家康・前田利家らは、朝鮮に留まる日本勢の撤退を進めるため、毛利秀元・浅野長政・石田三成を九州博多に下す。明確な指示が発せられるのは、八月も下旬のこととなるが、政権中枢はそうした準備に入っていた可能性が高い。したがって、石田三成に続いて、浅野長政が筑前・筑後を代官支配するのは、朝鮮半島からの撤兵を支えるという意味合いが想定される。毛利秀元の場合は、領国自体が北部九州に隣接するため、取り立ててこうした手当には至らなかったと考えられる。ただし、筑前国のうちで遠賀郡が浅野長政の担当する九郡にも含まれておらず、とはいえ三成の所管する地域からは隔絶しているので、ここではひとまず毛利秀元の代官支配に委ねられたものと推察しておく。

秀吉の遺言

秀吉は八月五日付で、秀頼の後事を徳川家康ら五名の有力大名へ託すため、遺言となる文書をしたためる。

返々、秀より事たのミ申候、五人のしゆたのミ申候、〳〵、いさい五人の物ニ申わたし候、

なこりおしく候、以上、

秀より事、なりたち候やうに、此かきつけ候しゅとして、たのミ申候、なに事も此ほかにわ、おもひのこす事なく候、かしく、

(慶長三年)八月五日　秀吉御判

いへやす
ちくせん
てるもと
かけかつ
秀いへ
まいる

(大日本古文書『毛利家文書』九六〇号)

◇秀頼のことが成り立つように、ここに書き付けた皆に頼む。この外には何事も思い残す事はない。かえすがえす、秀頼のことを頼む。五人の衆を頼みにする。委しくは五人の者に申し渡している。名残惜しいことである。

この、いわゆる遺言状に「此かきつけ候しゅ」「五人のしゅ」として登場するのが、充所でもある徳川家康・前田利家・毛利輝元・上杉景勝・宇喜多秀家である。彼らは政権下の諸大名のなかで隔絶した官位を許され、秀次事件ののち秀吉によって一定の職権を与えられ、「御掟」・「御掟追加」を連署して発給した面々である。しかしながら、ここに至る間に彼らが組織的に政務に関与した形跡はない。小早川隆景は既に没しており、この五名がのこった。彼ら有力大名は「五大老」とも称されるが、この呼称

は例えば山鹿素行の『武家事紀』などに見えるものであって同時代のものではない。したがって、本来用いるべき適当な概念ではないが、ここで徳川・前田・毛利・上杉・宇喜多の五家が豊臣家・豊臣秀頼の後事を託されたと考えられるので、以下便宜的に彼らについては「大老」という呼称によって記述を進める。一方、袖書に登場する「五人の物」が浅野長政・石田三成らの奉行衆を指す。すでに死の床にあった秀吉は、三成らに「委細」を告げ、家康らに秀頼の後事を託した。さらに、秀吉は同日付の「覚」において、彼らの職務分掌を定めている。

覚

一、内府
　　利家
　　輝元
　　景勝
　　秀家　　此五人江被仰出通、口上付縁辺之儀互可被申合事、
一、内府三年御在京事、付用所有之時ハ中納言殿御下之事、
一、奉行共五人之内、徳善院・長束大両人ハ一番ニして、残三人内壱人充伏見城留守居之事、内府惣様御留守居之事、
一、大坂城、右奉行共内弐人充留守居事、
一、秀頼様大坂被成御入城候てより、諸侍妻子、大坂へ可相越事、
　　以上

（慶長三年）
八月五日
覚　（早稲田大学図書館編『早稲田大学所蔵荻野研究室収集文書』一〇九四号）

一、徳川家康（内府）・前田利家・毛利輝元・上杉景勝・宇喜多秀家、この五人へ仰せ出された通りである。この口上に添えて（五つの家が）婚姻を互いに申し合せるべき事。

一、徳川家康（内府）は三年の間、御在京すべき事。（万一、領国に）用件が生じた時は、秀忠（中納言殿）が関東へ下られる事。

一、奉行ども五人の内、前田玄以（徳善院）・長束正家（大蔵大輔）両人を一組とし、残る三人の内から一人ずつを伏見城の留守居とすること。徳川家康（内府）が伏見城全体の御留守居となること。

一、大坂城には、右の奉行どもの内から二人ずつが留守居となること。

一、秀頼様が大坂城へ御入城なされたのちは、諸侍の妻子も大坂へ引越すべきこと。

以上

◇一ヵ条目で、五名の「大老」は、それぞれ口頭で伝えられる秀吉の遺言を護って、互いに縁辺を結ぶべきことを、二ヵ条目では、家康（内大臣、「内府」）はむこう三年間在京すべきで、領国に要件が生じた場合は秀忠（中納言）を江戸に下すこととし、三ヵ条目・四ヵ条目で奉行衆の勤番について定めている。これによると、前田玄以（徳善院）と長束正家（大蔵大輔）と残り三名のうち、一名が伏見城に詰め、残る二名は大坂城の留守居を勤めることと定められた。

この翌日、八月六日付で三成ら奉行衆は、次のような連署状を発する。充所は播磨国龍野（たつの）の城主石川光元（紀伊守）である。

猶以、餝東郡壱万石、あほし半分之事、御同名掃部へ被仰付候間、可被成其意候、以上、

其方御代官所之儀、前より被仕候分者、取沙汰不及是非候、重而可被　仰付分儀、御煩ニ付て、御朱印不相調候、然者時分柄之儀候間、先当納之儀被取納、物成被入御念可有御運上候、追而得御諚可申入候、恐々謹言、

慶長三
八月六日

徳善　玄以（花押）
長大　正家（花押）
増右　長盛（花押）
石治少　三成（花押）
浅弾少　長政（花押）

石川紀伊守殿
御宿所

（大阪城天守閣所蔵文書）

◇其方の御代官所の儀について、以前より支配してきている分は、所務についてもあれこれと議論す

る必要もない。しかし、今回重ねて代官支配を命じる分は、（秀吉が）御病気なので御朱印状を調えることが出来ない。そこで、すでに収穫時期を迎えているので、まずは当年の年貢を収納し、代官として上納すべき物成について御入念に御運上いただきたい。なお、追って（快癒ののち、秀吉の）命を下すであろう。

なお、（播磨国）餝東郡の一万石のうち、網干あたりの半分については、石川掃部に代官を仰せ付けられるので、その旨諒解するように。以上。

文書の内容自体は、奉行衆が石川光元に充てて、その代官地（豊臣政権直轄領）の貢納について、指示を与えたものである。問題は、秀吉が病気で朱印状発給ができないので、とりあえず当面の年貢収納をすすめるように、この奉行衆連署状は通告している。暫定的とはいえ、奉行衆の連署状が秀吉朱印状の機能を代行していると考えてよかろう。秀吉の死を現実のものとし、奉行衆はみずからの連署状の権威上昇を企図したものとも考えられる。

遺言のかたちで「委細」を告げられた奉行衆は、それを根拠として、秀吉の没後にもその権限を維持し、継続して政策実現の主体たるべきことを企図したわけであり、奉行衆連署状の権限上昇も、そのためのひとつの布石と見なすべきであろう。ちなみに京都醍醐寺の座主義演は、その日記（慶長三年八月七日条）に次のように記している。

伝聞、太閤御所御不例不快■云々、珎事〳〵、祈念之外無他事、浅野弾正・増田右衛門尉・石田治部少輔・徳善院・長束大蔵大夫五人ニ被相定、日本国中ノ儀申付了、昨日右五人縁辺ニ各罷成云々、是御意也、

◇伝え聞くことに、太閤御所は御病気であり不快という。一大事である。（快癒を）祈念する外にやるべきことはない。（秀吉は）浅野長政（弾正）・増田長盛（右衛門尉）・石田三成（治部少輔）・前田玄以（徳善院）・長束正家（大蔵大夫、正しくは大蔵大輔）の五人を指定し、日本国中のことを申し付けられた。八月六日（昨日）に、この五人の間に婚姻関係を結ぶこととなったという。これは秀吉の意向（御意）であろう。

伝聞記事とはいえ、「日本国中」の儀が秀吉の意向として浅野長政・増田長盛・石田三成ら五名が委ねられた、という。これまでの四奉行に、浅野長政が加わるかたちで「五奉行」制が成立したのである。秀吉が重篤な病症にあるとの噂（雑説）はすでに市中にも拡がっており、世情は大きく混乱していた。このような喧騒のただなか、八月十七日に浅野長政を加えた「五奉行」は連署して諸大名に書状を発し、家中の取り締まりを令している。この八月十七日付の書状は、これ以降に諸大名の家中が武装して移動すること（対〔ママ〕兵具懸付候儀〔兵具を帯し駆けつけ〕）を禁じた。それぞれの大名が自らの屋敷を過剰に警衛することによって、予期せぬ武力衝突が勃発することなどを危惧したのであろう。従って、発見されれば、当事者はいうまでもなく、その主人（諸大名）も罰せられることとなる。この連署状は真田信幸（伊豆守）や分部光嘉（左京亮）充てのものなどが確認されており（『長野県宝　真田家文書（3）』所収二六号文書、大阪城天守閣所蔵文書）、当時伏見にいた諸大名に同様の連署状が発せられたことが推定される。

第七章　秀吉没後の三成

一　奉行衆による政権運営

五奉行による政務継続

慶長三年（一五九八）八月十八日、伏見城において秀吉は没する。秀吉が亡くなった時、三成は三十九歳になっていた。臨終の際、石田三成も他の奉行衆とともに伏見城に詰めていたと考えられる。秀吉の死が秘匿されたこともあって、三成・浅野長政・増田長盛・長束正家・前田玄以の五人の奉行衆は連署状を発し、秀吉存命中とかわらないかたちで諸々の政務に従う。たとえば、八月十九日付で淀川の過書船公用の免除と以前の未払い分運上を命じる（谷徹也「納所村役場文書」『史林』九七—四号）。ちなみに、この連署状の書き出しは「為　御意令申候」であり、秀吉の意向をうけての発給であると断っている。ついで、翌八月二十日付では東寺役者中に充てて連署状を発し、北政所が東寺の堂舎再建を命じ、木食応其に造営奉行を任じたことを告げている（「東寺蔵」、ここでは和歌山県立博物館特別展図録『木食応其』所載写真に拠る）。東寺も文禄五年（慶長元年）の閏七月の大地震で被害を受けていたが、北政所としては秀吉の菩提を弔う意図があったものであろう。さらに、八月二十二日には、慶長二年夏頃から進めてきた田方麦年貢の賦課撤廃を命じることとなる。

諸国御蔵入幷給人方、田麦年貢事可召置之旨、最前雖被仰出候、百性迷惑仕候由被聞召之間、被成御免許之条被得其意、百性共ニ可被申聞候、恐々謹言、

（慶長三年）
八月廿二日

長大　正家　花押
石治少　三成　花押
増右　長盛　花押
浅弾　長政　花押
徳善　玄以　花押

杉原伯耆守殿　御宿所

（東京大学史料編纂所所蔵写本「中村不能斎採集文書」）

◇諸国の御蔵入地と給人知行地で、田方からも麦年貢を徴収すべしとの旨が、先般仰せ出されました。しかしながら、百姓らが迷惑しているとのことで、（今度）撤回されることになりました。この旨を諒解され、管下の百姓らに説明してください。

同内容の連署状は、このほかに常陸の佐竹（東）義久（佐竹中務）充てのものなどが確認される（家蔵文書四「佐竹中務義秀幷家臣家蔵文書」三一号・『茨城県史料　中世編Ⅳ』）。

ところで、三成は慶長三年八月二十三日付で知行充行状（あてがいじょう）を発給し、みずからの家臣前野右衛門太郎に対して近江国浅井郡内で「新恩」五一一石余を充行（あてが）っている（『新修　彦根市史　第五巻　史料編　古代・中世』・「石田三成関係史料」六七号）。とはいえ状況からみて、三成自身が近江国に下った可能性は低かろう。

ついで三成ら五人の奉行衆は、八月二十五日付で在朝鮮の諸将に対して連署状を発し、徳永寿昌（ながまさ）（式部卿法印）と宮木（みやぎ）豊盛（長次）の派遣を報じる。この両名は、内々に秀吉の死を告げ、半島からの将兵撤退を促すために朝鮮へ渡る。しかしながら、機密はあくまで口頭伝達に拠るものであり、連署状には実際は没している秀吉の「御快気」が語られている。奉行衆は、秀吉存生という体裁をとりつつ、渡海する徳永寿昌・宮木豊盛に充てて、「内儀之覚」というかたちで最終的な和平案を提示している。この「内儀之覚」には、ここに至っても、朝鮮王子の来日、あるいは朝鮮からの朝貢が和平条件であることが掲げられているが、これに固執するつもりもなく、しかるべきかたちで和平が実現するなら、現地当事者の責任で、それ以外の条件も容認する、とも述べられている。

一方、上杉景勝を除く家康ら「大老」は、朝鮮在陣中の諸将に充てて、八月二十八日付で連署状を発する。この連署状で、将兵の帰還を迎えるため、毛利秀元・浅野長政・石田三成を博多へ下向させることを告げている。これについては既述したとおりである（三六八頁参照）。

朝鮮半島からの撤兵は急がれる課題ではあったが政務環境が安定しないうちに三成も上方（かみがた）を離れるわけにはいかなかった。同じ八月二十八日に、「大老」のひとり毛利輝元が三成・増田長盛・長束正家・前田玄以らを充所として起請文を発給する（大日本古文書『毛利家文書』九六二号）。この起請文は秀頼に対する忠誠を誓うものであったが、その末尾には「右け（消）したる分、はしめ（初）の案、かた付は治少（治部少輔）より也」とあり、実は三成の手によって原案がしたためられ、さらに加筆までも行なわれたことがわかる。原案と訂正されたものとの違いは次のとおりである。

（原案）

敬白　起請文前書之事

大閤様御他界以後、秀頼様へ吾等事無二ニ可致御奉公覚悟候、自然世上為何動乱之儀候共、秀頼様御取立之衆と胸を合、表裏無別心可遂馳走候、大閤様被　仰置候辻、自今以後不可有忘却候、各半於于時悪やうに申成候共、無隔心、互ニ申あらハし、幾重も半よきやうに可申合候、若於此旨偽者、

◇

敬白　起請文前書の事

大閤様の御他界以後、秀頼様へ私は無類なき御奉公をいたす覚悟です。万一、世上に何かの動乱が起きようとも、秀頼様を御取り立てする衆と気持ちを通じ合わせ、表裏・別心なく（秀頼に）馳走を遂げるでしょう。大閤様が言い遺されたこと、すべてを今後も忘れることなく、おのおの間についいて、時に悪く言うようなことがあっても、隔心なく互いに隠しごとをせず、幾重にも間柄がよくなるように話し合うべきです。もし此の旨に偽があれば……。

（訂正後）

敬白　起請文前書之事

大閤様御他界以後、秀頼様へ吾等事無二ニ可致御奉公覚悟候而、もし今度被成　御定候五人之奉行之内、何も　秀頼様へ逆心ニハあらす候共、心々ニ候て、増右・石治・徳善・長大と心ちかい申やからあらハ、於吾等者、右四人衆と申談、秀頼様へ御奉公之事、胸を合、表裏無別心可遂馳走候、大閤様被　仰置候辻、自今以後不可有忘却候、各半於于時悪やうに申成候共、無隔心、互ニ申あ

らハし、幾重も半よきやうに可申合候、若於此旨偽者、

◇　敬白　起請文前書の事

大閤様の御他界以後、秀頼様へ私は無類なき御奉公をいたす覚悟です。もし今度御定になった五人の奉行の内で、誰であっても秀頼様へ逆心ではなくとも、内心で増田長盛（増右）・石田三成（石治）・前田玄以（徳善）・長束正家（長大）と意見が食い違うような輩があれば、私（毛利輝元）は右の四人衆と相談して、秀頼様への御奉公のことについて、気持ちを通じ合わせ、表裏・別心なく（秀頼に）馳走を遂げるでしょう。大閤様が言い遺されたこと、すべてを今後も忘れることなく、おのおの間について、時に悪く言うようなことがあっても、隔心なく互いに隠しごとをせず、幾重にも間柄がよくなるように話し合うべきです。もし此の旨に偽があれば……。

原案では、仮定される「世上之動乱」が起請の前提であるが、訂正されたものでは「動乱」のような具体的なものではなく「心ちがい」、それも内心における意見の食い違いが前提となっている。「五人之奉行」が秀頼に異心を抱くのではなく、増田長盛（増右）・石田三成（石治）らと考えが齟齬するだけで、秀頼に対する不忠と見なされている。輝元は「右四人衆」が共同して不忠を糺し、秀頼への奉公を尽くすことを誓約している。

ここでの「右四人衆」とは、この起請文の充所たる増田長盛・石田三成・前田玄以・長束正家である。とすると、「今度被成　御定候五人之奉行」とは、徳川家康・前田利家らのいわゆる「大老」を指すことになる。加筆された表現に従えば、秀頼を頂く政権の中枢には三成らが位置づけられ、いわゆる「大老」はその意をうけて政務を執行する存在となる。すなわち、家康・利家らは政権のいわば「手足」で

図25　前田玄以

あり、したがって彼らは「奉行」と評されている。いずれにしろ、この起請文は、大老のうちに増田長盛・石田三成らと意見を異にする者があれば、毛利輝元が三成らと協力してそれを排除することを約したものとなっている。さらに踏み込んで解釈すると、増田長盛・石田三成らと意見を異にする可能性を有する存在とは徳川家康であろう。また、ともに後事を託された奉行衆ではあるが、増田長盛・石田三成ら四名と浅野長政との間には、いささかの距離があったこともわかる。浅野長政はいわば「帰新参（かえりしんざん）」であり、彼に対する紐帯意識はやや希薄であったのであろうか。

この数日後、輝元の重臣内藤周竹（隆春）が、子の又二郎元家に充てた書状（関係箇所のみの抄録）には、次のような記事が確認される（慶長三年九月二日付内藤周竹書状写・『萩藩閥閲録』巻九九ノ二・内藤小源太分）。

一、太閤様御事、去廿三（ママ）日被成御遠行之由候、然者五人之奉行と家康、半不和之由ニて、当家御操半之由候、安国寺御使之由被仰下候、御手前之御気遣少茂無之由候、御存命中被仰堅候事もはや相違之分ニ候、菜塚大蔵・増田右衛門・浅弾正忠・石田治部少輔・徳善院、右之衆奉行ニて候、

一、筑前をハ当家江預ケ可申之由候、近日人を被差渡けに候、是ハいまた密々にて候、不可有他言

候、

◇一、太閤（秀吉）様は、去る八月二十三日にお亡くなりになった由である。ついては、五人の奉行らと家康との関係が不和であるとのことだが、わが毛利家が巧にその仲介を行なうことが安国寺（恵瓊）の御使によって伝えられた。（そういうことなので）あなたの方で気遣いは少しもいらない。（とはいえ、秀吉）御存命中に堅く言い遺されたことも、すでに破綻している。長束正家（菜塚大蔵）・増田長盛（増田右衛門）・浅野長政（浅弾正忠）・石田三成（石田治部少輔）・前田玄以（徳善院）らが、その奉行である。

一、筑前国を当毛利家にお預けになるそうで、近日使者が差しつかわされる。（ただし）これはいまだ内密なので、他言なきように。

家康と五人の奉行衆との間にはすでに懸隔が生じており、臨終にあたって秀吉が厳命した「大老」と「奉行」との交誼、協力体制はすでに破綻（「もはや相違」）しているとの認識が、毛利家にあったことがわかる。

先にみた起請文における毛利輝元の立場は、明らかに三成ら奉行衆の側にたったものとなっていたが、毛利家としては、むしろ中立的な立場に拠りつつ両者を仲介し、和談をすすめることを望んでいたようである。また、奉行衆は、輝元を与党に組み入れるために、筑前国を毛利家の支配下におくといった優遇策を提示していたようである。しかしながら、輝元の想いと奉行衆の期待との間には一定のズレがあったと考えるべきであろう。

安国寺恵瓊（あんこくじえけい）を用いた毛利輝元の仲介が功を奏したものか、この際の緊張関係は九月初頭にいったんは収束をみせる。慶長三年（一五九八）九月三日付で、徳川家康・前田利家らの五名の「大老」、および三成を含む奉行衆五名との間で、連署起請文が取り交わされることになる（『浅野家文書』一〇六号、『毛利家文書』九六二号）。内容は、「大老」および奉行の一〇名の結束を前提に、秀頼への忠誠を誓うものである。諸事の仕置（しおき）については、事案の「軽重」に従って「十人之衆中多分ニ付而（たぶん）、可相究事（あいきわむべきこと）」と定められた。その解釈は、多数決によって決定すべし、ということであろう。したがって、少なくとも公儀の担い手として、彼ら一〇人は同格の存在であることを相互に認め合ったことになる。特定の人物あるいは勢力によって政務が独占されることを排除した取り決めとして評価されよう。この誓紙は、冒頭に「敬白霊社上巻起請文前書之事」としてはじまることから、こののち「上巻之誓紙」と称され、秀吉没後における政務運営の基軸とみなされることとなる。

こうして秀吉没後における政務運営の基本が確定され、政権中枢での立場が明確となったことで、三成はようやく上方を離れることが可能になった。九月五日付で三成は、博多の嶋井宗室（そうしつ）に充てて書状を発し、九月末には筑前へ下向するであろうことを告げている（『嶋井文書』四一号）。実際には、三成の九州下向はこの見通しよりさらに遅延する。それに伴って博多で将兵を迎える具体的な準備は、ひとまず石田家中の駒井某（権五郎ヵ）や高野越中守によって進められた。

小早川旧臣の石田家中への吸収

小早川隆景の没後、その家臣は養嗣子秀秋（秀俊、のちに秀詮と改名）に引き継がれたが、小早川家の越前北庄転封によって、多くの家臣が小早川家を離れてしまった。その一部は旧縁を頼って毛利本家などに帰参したようである。さらに三成は九州へ下るのに先立ち、小早川家旧臣を自身の家中へ吸収することを決した。

隆景家人共、秀秋へ相続被仕候之処、越前御国替付而、被相放候、然処御方被相抱之由、真御頼敷、於吾等令祝着候、彼者共妻子以下、多分中国ニ［（ママ）］不可有聊爾候、御心安被召仕候ハヽ、可為本望候、尚安国寺可申候、恐々謹言、

（慶長三年）九月八日　　芸中　輝元

石治少

御宿所

（『新修　福岡市史　資料編・近世1』・豊臣期史料二四一号）

◇隆景の旧臣たちは小早川秀秋が引き継いでいましたが、（小早川家の）越前転封に伴って召し放ちがなされました。しかしながら、あなたが召し抱えてくれることとなり、本当に頼もしく思い、私も悦んでいます。彼らの妻子などは、多くが中国の毛利領国にいるようですが、心配をかけるようなことはないので、安心して（隆景旧臣を）召しつかってくれれば本望です。なお、委しいことは安国寺恵瓊に告げさせます。

隆景旧臣の石田家召し抱えは、旧小早川領代官支配を円滑に進めていくための措置であろうが、隆景の本家筋にあたる毛利輝元も、これに謝意を表している。実際、高尾又兵衛尉盛吉・神保源右衛門尉といった小早川家旧臣が、石田家中に加わることとなる。

九月十日には西笑承兌（さいしょうしょうたい）が三成へ、安国寺恵瓊の東福寺入院に関わって書状を発している（『相国寺蔵　西笑和尚文案』九四号文書）。恵瓊は慶長の役でも朝鮮に渡海していたが、秀吉は生前、恵瓊が日本

に戻ればただちに東福寺住持に推すことをしばしば述べていたようで、恵瓊の入院はいわば秀吉の遺命となった。恵瓊の東福寺入寺はこの年十月に実現するが、九州に下る三成には、あらかじめ報じる必要があったのだろう。

三成の九州下向と撤退支援

秀吉が死の床にあった頃、朝鮮半島では明・朝鮮軍が反転攻勢を期して、南下を開始していた。具体的な攻撃対象と定められたのは、蔚山(ウルサン)・泗川(サチョン)・順天(スンチョン)の三箇所である。それぞれの軍勢は、拠点となる慶州(キョンジュ)・星州(ソンジュ)・全州(チョンジュ)に到着する。

明・朝鮮の水軍も、全羅道(チョルラド)の康津(カンジン)湾頭に位置する古今島(コグムド)に集結する。蔚山城攻めを期して慶州に至った東路軍は、前失に懲りて慎重な動きを見せていたが、星州に集結した中路軍は、島津義弘らの拠る泗川城に迫っていた。また、小西行長らの順天へ向かう西路軍は、小西勢との間に和議を模索している。順天攻略を命じられた西路軍を率いる明の将軍劉綎は、小西行長の交渉の場におびき出し、その身柄を拘束する心算であったという。

こうした状況を前に、秀吉の死去をうけ、朝鮮半島からの撤兵を差配するため、三成は浅野長政とともに九州へ下る。九州入りの具体的な時期は不詳だが、予定の時期より随分遅れて、十月下旬のことと推定される。つぎに示すように三成は九州下向の途次、周防富田で博多商人神屋宗湛(そうたん)の書状を受け取っている。これが十月十九日の事である。三成は宗湛からの見舞いに礼を述べ、宗湛の屋敷が毛利秀元(宰相殿)の宿所に充てられることを告げている。

以上

去十五日之飛札、周防之内於富田参着、加披見候、遠路之処懇志殊美酬酒弐樽贈給候、祝着此事候、随而其方宅宰相殿可為御宿之条、弥以掃除已下可念入事専一候、頓而可着候間、可成其意者也、

十月十九日　三成（花押）

宗湛　治少

□返事

（東京大学史料編纂所影写本「神屋文書」）

◇去る十月十五日付の急便が、周防富田に到着したので、拝見した。遠路ながら懇ろなお気持ちとして美酬酒二樽をお贈り頂き、嬉しく思う。ところでそなたの屋敷は宰相殿（毛利秀元）の宿所に充てられるので、いよいよ掃除など念入りに行うことが何より大事である。間もなくそちら（博多）に到着するので、（その折）詳しく話を聞こう。

三成らに先行し、和平案を携えてた朝鮮に向かった徳永寿昌・宮木豊盛は、十月朔日に釜山（プサン）に上陸する。事態が大きく緊迫するなか、順天城にあった小西行長が、石田三成・増田長盛に充てて戦況を報じ、それを踏まえて戦略の具申を行なう。

此表之儀、見及申躰、一書を以申上候、

一、今度御無事之儀、大かた相澄候処ニ、日本之雑説、敵方へ相聞申ニ付てとかく申処ニ、在城衆之人数少々馬以下、国元へたて越申、諸城ニ有之さるミ・てるまのやうなるもの共、押て船への

せ申ニ付て、其所之さるミ共、奥へ走候て、右之様子申ニ付而、さてハ日本之城々可為無人と存、御無事ニ仕、不入儀と存候て、俄ニ取懸候由、生捕之もの共、何も同前ニ申候、然処ニ羽兵手前へ取懸候敵、数万人被討捕、又我等手前へ押よせ候海陸之もの共、手負・死人壱万四五千も可有之候、然間、当時者敵何たる行も成間敷と存候、若又重而取懸候共、別ニ相替儀も御座有間敷候事、

一、御無事ニかゝり、諸城へん〳〵と御置候事、不入儀ニてハ御座候へ共、御無事もなしに、此節一城成共、御引取候者、敵かつにのり、番船から島・釜山浦表へ可押出儀者、案中ニて御座候、此已前ニ相かハり、大明之番船在之儀ニ候、又所々ニ在之大明人一所ニ相集、釜山浦表一里・二里之間ニ陣取候者、日本衆見苦敷仕合も出来可仕候哉之事、

一、只今者日本衆手前ニかちを持在之儀ニ候、今之まゝ諸城被召置候者、此中申ちらす雑説もはげ可申、又敵別ニ珍敷行も成間敷候、さ候時者、御無事ニならてハ可仕様在之間敷と存候事、

一、今までの御無事之儀者、王子之事ニ相さゝハリ申候、御調物にても御すましなさるへきの旨被仰下候間、日本之諸城さへ今迄之ことく於有之者、御無事たやすく相調可申と存候、とかく御無事之上ならてハ御人数被成御引取事、難成相見へ申候、第一日本之御外聞ニて候間、諸城此まゝ被召置可然存候、猶追々可申上候、恐惶謹言、

小西摂津守

十月十日　行長（花押）

増右様

（「大阪城天守閣所蔵文書」）

石治様
人々御中

◇

こちらの状況について見聞したままを一書にして申し上げます。

一、今度の和平（御無事）は、ほとんど成立しそうだったのですが、日本の噂や風説が敵方へ伝わってしまいました。そうこうしている内に、在城の衆が（朝鮮の）人々や馬などをそれぞれの国元へ送ろうとして、城々にいた朝鮮人（さるミ・てるま）達を強引に船へ乗せようとしたようです。（ところが）それらの朝鮮人たちの一部が朝鮮半島の奥地へ逃げ込んで、日本側の様子を吹聴しました。（朝鮮側は）日本側の城郭は無人になっていると諒解し、和平などは不必要であるとして、急に日本側の城を攻撃しはじめたようです。生捕られた者どもの供述は、どれも同じにそう言っています。そうこうしているところに、島津義弘（羽柴兵庫頭）の陣所に攻撃を仕掛けた敵は数万人が討ち捕られ、また、海・陸から私の陣所へ押し寄せた者どもも死傷者は一万四、五千を数えます。大打撃を蒙った現在の敵が、何らかの攻勢をかけてくるとは思えませんし、もし万一重ねて攻撃をかけてきたしても、さほどの大事にはならないのではないでしょうか。

一、和平に向かうということで、城々を辺々と残すのは不必要にも思われますが、和平なしに一箇所からなりとも撤退すれば、敵が頭に乗って軍船（番船）を出し、巨済島（から島）・釜山浦辺りを攻撃することになるでしょう。これまでと異なり、（今では）大明の軍船もいます。さらに、各地に展開している大明人が一箇所に集中して、釜山浦から一・二里の地点に着陣して対峙するようなことにでもなれば、日本側は極めて悲惨な事態に陥ることも危惧されるのではないでしょうか。

一、現在は日本側が優勢な状態にあります。このまま諸城を維持し続ければ、そのうちに、さまざまに流布する噂や風説も立ち消えとなるでしょう。（現状で）敵側が新奇な軍事行動に転じる環境にもありません。となれば、和平の実現以外にすべきことはないのではないかと存じます。

一、これまでの和平交渉では、王子を人質に差し出すべしという条件が支障になっていました。和平条件が御調物（貢ぎ物）でもいいと仰せになったので、日本諸城さえ今までどおりになり、和平の実現は容易と存じます。いずれにせよ、和平を実現することなく軍勢（御人数）を撤退させることは困難に思われます。第一、日本の名誉（御外聞）にも関わることですので、朝鮮半島の諸城はこのままに残し置くべきでしょう。後報についてはまた追々に申し上げます。

冒頭の箇条では、既述した明将劉綎と小西行長とのやりとりの顚末、およびいわゆる「泗川の戦い」「順天の戦い」について報じている。泗川では島津義弘らが中路軍を、順天では小西行長らが西路軍をそれぞれ退けている。このような軍事的優勢という状況を踏まえ、小西行長は和平にむけた独自の展望を述べていく。和平成立は軍勢撤退の必須的な前提だが、秀吉が朝鮮国王の王子来日を執拗に要求したことが、和平交渉不調の要因であると、小西行長は認識していた。ところが、今回の和平案では、人質要求に代えて朝鮮が御調物（貢ぎ物）を出せば良し、と妥協がなされたので、小西行長も今回は和平の成立も可能であろうとしている。あわせて軍勢の撤退を保証し、さらに日本の名誉をまもるためにも、日本勢が構築した各地の要害（いわゆる「倭城」）については是非共に残置すべきと主張する。

さて、筑前に入った浅野・石田両名は、博多および名島城で実務に従う。おそらく、上記の小西行長書状も、三成は博多あたりで受け取ったのであろう。慶長三年（一五九八）十一月二日には、朝鮮に渡海していた徳永寿昌・宮木豊盛の両名を名島に迎えている。朝鮮の詳報を得た三成は、浅野長政と連署して、同じ十一月二日付で、在朝鮮の諸将に対してかなり具体的な指示を発している（大日本古文書『島津家文書』九八九号）。

同時に、三成は博多を拠点にしつつ、西国の諸地域にも、さまざまな指示を下していく。たとえば、膝下の博多津中に対しては、改めて津内が領主権力の及ばない地域であることを確認している。これは、先だって六月に下向した折に、博多津中からうけた諸々の陳情に対するものだが、三成は家中の八十島助左衛門尉を通じて「博多津中」に回答を行なっている。

また、十一月下旬には、島津家中の新納旅庵（休閑斎、はじめ「長住」と称す）が博多に至り、三成との間で島津領国の「算用・免合之儀」について談合をもつ。少しだけ話がさかのぼるが、秀吉の死が眼前に迫っていた慶長三年の夏に、三成は石田家中の橋本平四郎・入江忠兵衛尉を島津領に派遣し、蔵入地経営を監察させていた。しかし、領国運営は必ずしも順調ではなく、結局このときに旅庵みずからが三成のもとを訪れることとなったようである。

島津領国の実情をうけて、三成はさらなる梃子入れをする。十一月二十三日付で三成は、島津家中に充てて（『薩藩旧記雑録後編』三―五八五号）、蔵入地代官を任された家臣が規定水準の物成を収められない場合は、知行地の差し押さえといった強硬手段に訴えるべきことや、京都借銀の弁済方法、さらに薩隅に設定された秀吉の蔵入地から百姓が頻々と逃散している事態をうけ、島津領内での人身売買を厳しく取り締まることなどを、かなり具体的かつ事細やかに指示している。なお、この書状には、島津勢が本来十月十日、十一日頃に朝鮮を発する予定であったが、順天城にいた小西行長らが襲われ、その救援に向かったため帰還が遅れている事情も記されており、三成は気遣いを見せている。

ちなみに、この十一月二十三日付の三成書状には、翌二十四日付の家中の八十島助左衛門尉書状が添えられている（『薩藩旧記雑録後編』三—五八六号）。先の博多津中とのやりとりも、八十島助左衛門尉を通じたものであったことを踏まえると、三成がこのたびの筑前下向に際して伴ってきた家中のなかでは、この八十島助左衛門尉が最上席に位置するようである。

さて、朝鮮に渡っていた諸将は、次々に釜山へ集結した。小西行長の救出に成功した島津義弘・忠恒・立花宗茂らの軍勢も、十一月下旬には釜山に到着し、博多への帰途に就く。十二月十日には島津勢が、翌十一日には小西行長や寺沢正成も博多へ帰還する。三成らは明・朝鮮側の反攻に留意しつつ、帰還する将兵を迎える（大日本古文書『島津家文書』一六九〇号）。結果的に、三成の筑前駐在は十二月十日すぎまで続き、年末の二十四日には島津忠恒らを伴って大坂に到着している（『薩藩旧記雑録後編』三—六二二号・六二三号）。

これに先だって三成は、十二月十三日あるいは十二月二十五日の日付で、管下の筑前各郡の村々に年貢皆済状（かいさいじょう）を与えている。管見の限りで確認できるのは、慶長三年（一五九八）十二月十三日付の「なかの郡の内下村百姓中」充て、および「下座郡白鳥村・富永村百姓中」充ての皆済状（写）（いずれも『筑前国続風土記附録』に収録）と、同年十二月二十五日付の「志摩郡板持村中」充て皆済状（「朱雀文書」・『新修　福岡市史　資料編・近世1』・豊臣期史料二四五号）である。発給の時日から判断すると、すでに三成は筑前を離れているとみなされ、在国していないことを前提に、これらはいずれも印判状のかたちをとっている。

三成と浅野長政（弾正少弼）が朝鮮半島からの将兵撤退に目途をつけ、彼らの帰還・上洛が間近に迫ってくるころ、西笑承兌（さいしょうしょうたい）は十二月十九日付で山口宗永（玄蕃頭（げんばのかみ））に充てた書状に、次のように記している（『相国寺蔵　西笑和尚文案』一一三号文書）。

一、浅弾・治少ハ大半当節廻可為上洛候、両人より朝鮮衆へ被申越之趣案文、御奉行衆・長男衆上り候、其趣ハ扱之儀慥ニ候者、人質をも被取、扱之仁はかり釜山浦ニ被残、しいの木島をも被持、其外之衆へ当年中渡海可然候、実成儀候者無之候者、何れも帰朝可然之由被申越候、朝鮮先以珍重成儀候、

◇一、浅野長政（浅弾）・石田三成（治少）は、おそらく近々に上洛すると思う。この両人から朝鮮半島在陣の諸将へ伝達したものの写しが、「御奉行衆」「長男衆」から提出されてきた。その内容は、和議が確実なら人質を取り、講和の交渉者だけを釜山浦に残し置き、「しいの木島」は占拠すべきである。それ以外の諸将は、当年中に日本に帰還させてよい。（しかし）何らの成果も期待できないなら、日本の将兵はいずれも帰国してよい。このように申し送ったようである。これでまず朝鮮半島の問題は決着しそうであり、めでたいことである。

西笑承兌の許（もと）には、三成と浅野長政が朝鮮在陣の諸将へ充てて示した撤退方針がもたらされたようである。撤退方針を承兌に示したのは、「御奉行衆」と「長男衆」とある。敬称の有無から判断して、「御奉行衆」が家康・利家らのいわゆる「大老」であろう。一方の「長男衆」は、「おとなしゅう」とでも

呼ぶのだろうか、増田長盛・長束正家・徳善院前田玄以ら奉行衆であろう。承兌も充所の山口宗永（玄蕃頭）も、三成らの立場に近かったことの反映であろう。

二　朝鮮撤兵後の対立と軋轢

論功行賞と大名領の再編

三成は、慶長三年（一五九八）十二月二十四日には大坂に戻り、早速中央での政務に復帰した。十二月二十六日付で他の奉行衆と五名連署で園城寺（三井寺）充て寺領充行状（あてがいじょう）を発している（『新修彦根市史　第五巻　史料編　古代・中世』・「石田三成関係史料」七〇号）。年が改まって慶長四年になると、正月五日付で関一政（長門守）に充てて、三成ら奉行衆の連署状が出されている。これは、羽柴久太郎（堀秀治）へ貸与するため、信州川中島の蔵入地代官を勤めている関一政に対し、米一二〇〇石の拠出を求めるものであった（東京大学史料編纂所所蔵影写本「佐藤行信氏所蔵文書」）。

諸大名からの年頭の礼を伏見城でうけた豊臣秀頼も、この年正月十日には大坂城に移った。写ではあるが、秀頼の移徙をうけて、大坂城の勤番を定めたとみなされる史料がある（徳川林政史研究所所蔵「古案　秀吉」所収）。これによると、五名の「大老」および徳川秀忠・前田利長や他の奉行衆と並んで、三成も「秀頼様御前へ何時に依らず（拝）謁あるべく候衆」として位置づけられている。ちなみに、ここに五奉行以外で名があがっているのは、石川貞清（備前守）・石田正澄（木工頭（もくのかみ））・石田頼明（掃部介）・片桐且元（東市正）といった面々である。

ついで正月十四日には、三成と浅野長政が連署して、豊臣家蔵入地となった越前府中領大井村の百姓に条規を与えている（慶長四年正月十四日付、弾正少弼・治部少輔連署書状〈『福井県史　資料編6中・近世四』所収「木村孫右衛門家文書」第六号〉。なお、本件に関し『史料綜覧』は発給者の「弾正少弼」を「上杉景勝」に比定するという過誤をおかしている）。

元来、越前府中領は青木一矩（羽柴紀伊守）の領知であったが、小早川秀秋が筑前・北筑後へ復領するのに伴い、青木一矩が府中から北之庄へ転封となる。こうして越前府中領が政権の直轄地となり、ここを三成と浅野長政とが代官として支配することとなったのである。こののち、堀尾吉晴（可晴、官途は帯刀先生）が、慶長四年の十月朔日付で越前府中城の「御留守居」に任ぜられて、この地の代官となる。ただし、それに先だって三成は佐和山への退隠を余儀なくされるので、三成の越前府内領への関与は数ヵ月間のことと考えられる。

さらに、時間的に若干前後するが、正月九日付で五名の「大老」が連署し、島津忠恒（又八郎）に少将への任官と領知加増が行なわれる。ついで同日付で三成ら奉行衆五名が連署し、具体的な加増地を示した打渡状を発する。一連の措置は、朝鮮半島泗川の戦に対する論功行賞であり、加増される領知は五万石にも及ぶ。加増地には、文禄四年（一五九五）の検地で薩摩・大隅両国に設定された秀吉の蔵入地や石田三成・細川幽斎領、さらには薩摩出水郡の唐津寺沢家領（約二万石）と対馬の宗家領（約一万石）が充てられた。この代替地として、唐津寺沢家には筑前怡土郡の西部が、対馬宗家には肥前の基肄・養父郡が与えられた。別の言い方をすれば、このことによって、秀吉政権が島津領に対してとった、蔵入地を「くさび」のようなかたちで打ち込むという領知構造は、大きく清算されたことになる。

同じ頃、既述の様に越前北庄に転封されていた小早川秀秋（秀俊、のちに秀詮）の筑前・筑後への復領が内定する。正式な決定は、秀吉の遺命をうけた慶長四年（一五九九）二月五日付の「大老」連署状によるが、すでに正月の段階で、秀秋が復領を前提とした条規を筑前国内に発していることが確認されている。

一方、ここまで代官を勤めてきた三成側も、領国の引き渡しに向けた準備を進めることとなる。まず正月十九日付で、代官として管轄する筑前国内に、慶長三年産米の未進年貢について、すみやかな皆済を求めている。また、正月二十九日付で、嶋井宗室に対して書状を発し、博多津内充ての朱印「御置目」のすみやかな送達を約束している。おそらく、かねてより要請のあった「守護不入」を内容とするものであろう。小早川家の復領をひかえ、三成が改めて直轄都市博多の権益を保護しようとしたものと考えられる。

朝鮮半島からの将兵撤退を完遂したことで、三成や浅野長政らが筑前・北筑後を代官支配することの積極的な意味はなくなった。小早川家の復領にはそうした意味合いもあろう。とはいえ、薩摩・大隅に設置していた領知を失い、また代官として支配していた筑前・北筑後に旧主小早川秀秋が戻ることで、三成の九州における基盤は大きく弱体化する。

毛利秀元領の裁定と前田利家の衰弱

このように、秀吉没後における政権内部の軋轢は、大名領知の再編というかたちで表面化したとも評価できる。三成ら奉行衆も、一方的に劣勢に立たされたわけではない。たとえば毛利輝元・秀元に充て、増田長盛とともに次のような連署状を発する。

秀元江御国割之儀、太閤様被仰出候筋目、御不例之刻付而、寄退互之御為可然様ニ、双方御合点之上被相定事、

一、出雲国　一円
一、隠岐国　一円
一、伯耆国　三郡
一、於南浦、芸州之内廿日市ニ引加、壱万石之事、

右、秀元御領知被相究候所、永代不可有相違候、然者松寿殿為惣領可有御馳走、隆景・元春毛利家如被取立候可有御覚悟候、殊　秀頼様御奉公之段勿論に御座候、仍如件、

慶長四年正月廿三日　石田治部少輔
三成（花押）
増田右衛門尉
長盛（花押）

輝元公
秀元公　まいる

（『山口県史　資料編　中世2』・「毛利家相伝文書」一八号）

◇秀元への御国割については、太閤（秀吉）様が仰せ出された方向性があったものの、ご病気であったので（実現していない）、お互いの進退のため然るべく双方御合意の上（次のように）相い定められること。

一、出雲国　一円

（中略）

右の各所を秀元の御領知と決定し、このことは将来にわたって確実である。しかれば（秀元は）松寿殿を惣領と仰いで忠勤を励み、小早川隆景・吉川元春が毛利家を盛り立てた時の御覚悟をもつよう、とりわけ秀頼様に対する御奉公が重要であることはいうまでもない。

毛利家では、輝元の養子として迎えていた秀元（叔父元清の子で、輝元には従弟にあたる）を継嗣と定めていた。秀元は毛利家の継嗣としての地歩を固め、文禄四年七月には官途も参議に昇っていた。しかし、同じく文禄四年（一五九五）に輝元には実子松寿丸（のちの秀就）が誕生したため、秀元の立場も大きく変容することとなる。輝元は秀吉の諒解を得て、毛利家の継嗣に松寿丸を据え、秀元には相応の領知を割譲することとした。秀吉存命中の決定として、いったん秀元に出雲と銀山をのぞく石見を与え、小早川隆景の旧臣と出雲・石見に知行を有する給人の一部を秀元の家臣団に編入することとなっていた。さらに、備後国三原を中心とする中国地方の隆景領のほうは、吉川広家に継承されることが決まっていた（慶長三年八月十四日付内藤周竹書状写・『萩藩閥閲録』巻九九ノ二・内藤小源太分）。しかし、ほどなく秀吉が没し、この「国分け」は実施されることはなかった。その後、この秀元に対する処遇問題は、単に毛利領という枠にとどまらず、全国的な政局変動のなかの課題に転化し、容易に解決をみるに至らなかった。

右の文書は、その「筋目」をようやくと実行したものに他ならない。この措置は、新たな知行充行などではなく、毛利領国内の知行配分ということから、「大老」の指示という形態はとらなかったのであろう。ここで三成と増田長盛は輝元に対して、出雲一国ほかを秀元に割譲させた。秀吉が提示した案では石見・出雲であったことに比べると、秀元領は随分と縮減された。逆に、当主輝元の立場からすると、秀吉の裁定より有利な内容といえよう。三成・長盛らは、輝元を優遇する裁定を下すことによって、毛利家に対する発言力を保持しようとしたのであろう。

さらに三成・長盛の両名は輝元や秀元に対し、かつて吉川元春と小早川隆景が「両川」として毛利本家をもり立てた覚悟をもって、豊臣秀頼に奉公することを求めている。慶長三年（一五九八）八月二十八日付の奉行衆充て毛利輝元起請文の原案・加筆に示されたように、秀頼を頂く政権の中枢には三成らが位置し、いわゆる「大老」であっても政務を遂行する「五人之奉行」にすぎない。こうした理念が反映して、先のような連署状が毛利家当主に対して発給されたのである。

明確には追究できないものの、こうした経緯の背後には、三成ら奉行衆と豊臣家「大老」の筆頭たる徳川家康との対立を想定する必要があろう。家康の動きを抑制すべき前田利家は、慶長四年（一五九九）正月十日に、秀頼を擁して大坂城に移っている。前田家は宇喜多秀家（正室は利家息女で秀吉養女の「豪」）や細川忠興（忠興嫡子忠隆の正室が利家息女「千世」）と姻戚関係にあり、さらに、ともに尾張を出自とする浅野長政・長慶父子、加藤清正らとも親しい関係にあった。ちなみに、利家五女「よ免」は浅野長慶の婚約者であったが、婚姻前に「よ免」が亡くなったという事情もある。いずれにせよ、利家は彼らとの関係もあって、一定の政治勢力を有し、家康に拮抗する存在であった。しかし、利家の下で豊臣家臣団が一枚岩としてまとまっていたわけでもない。この点、イエズス会宣教師ヴァリニャーノによる観察が示唆的である。

諸事情の大きな交替はまったく目まぐるしくなっている。共同で統治している（十名の）人々の間で固い一致というのは滅多にないからである。そのため（石田）治部少輔（三成）と浅野弾正（長政）は〔彼らはこの時にあって互いに外見上の友情を温めていた〕、ついに心に隠していた憎悪を爆発させた。同様に朝鮮で戦役を指揮していた重立った諸武将たちの間でも、朝鮮軍と和平を締結することについて、および軍勢を日本国へ引き揚げることについて、皆が同意見ではなかったために不和が生じた。そのため国外で疎外と心の離反が起こったことは国内では驚くばかりに増大した。

（一五九九年度年報・松田毅一監訳『十六・七世紀イエズス会日本報告集第Ⅰ期第3巻』）。

このように、ヴァリニャーノは、三成と浅野長政の対立を軸に豊臣家臣団の分裂を読み解いており、三成側の陣営に小西行長・有馬晴信・大村喜前・島津義弘・立花宗茂・小早川秀包・寺沢広高らの名を挙げる。もう一方の浅野長政側には、加藤清正のほか黒田孝高・同長政・鍋島直茂らがついたとする。この後者の面々が前田利家に近しい存在であったと言えよう。

しかしながら、利家は前年十二月の段階で病症を悪化させており、秀吉の遺命による秀頼擁護の体制も次第にほころびを見せつつあった。たとえば、『言経卿記』（ときつねきょうき）慶長四年正月二十四日条には、次のようにみえている。

一、去十九日ニ江戸内府へ縁辺之儀ニ付テ申分有之、加賀大納言・備前中納言・毛利中納言・会津中納言・徳善院・増田右衛門尉・浅野弾正少弼・石田治部少輔・長束大蔵大掾等ニテ使有之、然共廿日ニ大略相済了、

（大日本古記録本『言経卿記』、東京大学史料編纂所編、岩波書店）

◇一、去る正月十九日に、徳川家康（江戸内府）のところへ婚姻のことについて申し立てがあるとし

て、前田利家（加賀大納言）宇喜多秀家・（備前中納言）・毛利輝元（毛利中納言）・上杉景勝（会津中納言）・前田玄以（徳善院）・増田長盛（増田右衛門尉）・浅野長政（浅野弾正少弼）・石田三成（石田治部少輔）・長束正家（長束大蔵大掾）等が使者を送った。しかしながら、二十日にはほぼ決着をみた。

三成ら奉行衆が、秀吉の遺命を奉じて粛々と政務を進める一方で、家康は伊達政宗らとの婚姻を画策していた。秀吉が遺言で勧めたのは、「大老」家間の姻戚関係であり、諸他の大名との縁辺ではない。家康が「大老」家以外の大名家と姻戚関係を企図しようとした行動が、秀吉の遺命に背くとして、三成ら奉行衆が前田利家ら他の「大老」を擁し、糾弾したのである。いったんは家康が謝罪するかたちで事態は収まるが、家康と他の「大老」・奉行衆との対立と軋轢は、徐々に顕然化していく。ちなみに、寛永年間に成立したとされる「当代記」（『史籍雑纂』第二）には、慶長四年（一五九九）の正月中旬に三成が家康を滅亡させる企てをおこしたと伝える。大谷吉継（刑部少輔）までが家康側に荷担したため、三成の企ても潰えたとするが、史実として採用するには問題をのこす。

『義演准后日記』の二月二日条は、「伏見雑説静謐」と、伏見の騒動が収まったことを記している。山科言経は正月二十日の段階で「大略相済」と記していたが、騒動は二月にまで及んでいた可能性が指摘できよう。ちなみに、同日（二月二日）に三成ら奉行衆は、こぞって伏見で剃髪する。秀吉の遺言に従ったものとされるが、こうしたことも奉行衆の連帯を明確にする意図から出たものかもしれない。二月二十九日には前田利家が伏見の家康を訪問し、三月八日までには家康と前田利長、さらに宇喜多秀家との間で和解が成立する。

しかし、政治的混乱はなかなか収束せず、三月九日には伏見で、島津忠恒が宿老の伊集院幸侃を殺害するという事件が勃発する。幸侃は九州平定以後、三成らの指南をうけつつ、島津領国の刷新に努めてきた人物であった。文禄四年検地ののちには、島津義久・義弘にそれぞれ与えられた一〇万石に次ぐ、八万石の知行を許されている。こうした経済的基盤にも裏付けられ、幸侃はときに義弘や忠恒はもとより、義久（竜伯）すら凌駕するような権勢を誇った。三成ら政権中枢の支持に頼り、ときに島津氏の頭越しに政務を進める幸侃の姿勢が、忠恒には許し難い傲慢に映ったのであろう。

政権の代弁者的存在であった伊集院幸侃が、忠恒自身によって殺害されたわけで、この事件が三成に大きな衝撃を与えたことは言うまでもない。ただし、この事件は、島津家が単純に三成勢力を排除しようと企図して画策されたものではない。ここに至る間に、幸侃の「罪科」は連々三成に報告されていたようである。三成は、島津家中の不穏な空気を心配し、慶長四年（一五九九）早々に薩摩へ下ることも考えたようだが（大日本古文書『島津家文書』一六九一号）、結局は実行されなかった。とはいえ、忠恒の幸侃生害は、三成の同意を得たものではなかった。報せを聞いて激怒した三成は、三月十五日付で領国にいた島津義久に充てて、詳細を告げている。結局、幸侃の生害自体は、忠恒の「短慮」によるものとして処理され、三成も穏便に済ませることとした。義久（竜伯）は、国元から謝罪の使者を三成のもとに派遣し（『薩藩旧記雑録後編』三―七〇三号）、一方の三成も島津家との密接な関係の継続を望み、家中の桜木平右衛門尉を差し下している（『薩藩旧記雑録後編』三―七六二号）。

このように身辺が騒々しいなか、あるいは、だからこそというべきか、三成は高野山奥之院の経蔵（きょうぞう）を再興し、ここに「高麗版一切経」を奉納している。経蔵の正面に掲げる木額と背面には、それぞれ次のようにある。

（木額）当輪蔵造営、同一切経奉納之、近江国坂田郡石田治部少輔藤原朝臣三成、為悲母菩提也
（背面）本願木食上人深覚房応其、金剛峰寺奥院経蔵之銘、慶長四年己亥年三月二十一日記之

と、この一切経の奉納には、木食応其（もくじきおうご）の介在があったことが知られる。

襲われた三成

しかしながら、この一切経の奉納からほどなく、中央政界における三成の役割は一旦絶たれることとなる。このころ三成は大坂で政務に従っていた。この年三月二十六日付で、三成はつぎのように書状を博多に発している。ここで言及される朱印状は恐らく従前からの博多の既得権を保証するものと推察される。ここで三成が、秀頼が発する朱印状にも関わっていたことが分かる。

　　　　已上

書状・白砂糖壱桶到来、令祝着候、仍博多□目之御朱印之事、いまた何へも秀頼様出たる事無之候間、遅候とも不苦候、又其方存分之儀者、面ニ可申候、かしく、

　　　　　　　　治部入
三月廿六日　　　　三成（花押）

　　博多
　　宗誕

（東京大学史料編纂所影写本「神屋文書」）

◇書状ならびに白砂糖一桶が到来し、嬉しく思う。さて、博多充て朱印状の事であるが、秀頼様は未だ何処へもそのような文書を発せられてはないので、何も心配することはない。また、そなたの想いについて会った時に聞くことにしたい。

さて、大坂には秀頼の後見を委ねられる前田利家もいたが、前年来の病が癒えることなく、ついに閏三月三日に没する。利家の逝去によって、かろうじて保たれていた政権内のバランスが一挙に崩壊し、翌閏三月四日にはかねてより三成に反感をもち、恨みを抱いていた諸将が三成の襲撃を企てるという事件が起きた。蜂須賀家政（一茂）や黒田長政らが、慶長の役の蔚山（ウルサン）籠城戦の際、糾弾をうけ秀吉の逆鱗にふれたことは、既述したとおりである。このほかにも、秀吉没後の政権中枢にあって政務を進めようとする三成ら奉行衆を、許容できない諸将も多かったようである。「襲撃」とはいえ、実態としては、反三成で固まった諸将が、家康に対して、三成の切腹を要求したともいわれる。危難を脱するため、三成はすみやかに伏見へ逃れた。たとえば『伊達日記』などによると、この逃亡劇には、かねてより三成と入魂（じっこん）であった佐竹義宣の助けがあったとされる。

かつては、三成が徳川家の伏見屋敷に逃れ、家康の庇護を求めたと考えられていたが、笠谷和比古氏による史料批判によって、これが史実ではないことが明らかとなった（笠谷和比古『関ヶ原合戦』・講談社選書メチエ）。大坂から逃れた三成は、伏見城内にあるみずからの屋敷に立て籠もったのである。三成と反三成派とが激しく反目したこの事件は、いったんは北政所の仲裁によって解決に向かうようであるが（『言経卿記』慶長四年閏三月八日条）、決着をみるまでにはさらに数日が必要となる。また、毛利輝元や上杉景勝らも仲裁に乗り出したようである（慶長四年閏三月十三日付、満願寺春盛書状〈『広島県史』古代中世資料編Ⅱ、一三九七号）。毛利輝元は、騒動の経緯を一門の毛利元康に次のように書状で伝えており、具体的な状況が判明する。

「（墨引）　元康まいる　申給へ　　右馬」

昨日、彼方と間、如此相調候、

一、治少身上面むき之あつかい、三人衆へ申渡候、是も此中あつかいかけ有之候由、治少一人さほ山へいんきよ候て、天下事無存知候様との儀候、是ニ可相澄候、増右をもミなゝゝ種々申候へとも、治少一人にて可澄と内意候、さ候とも増右者其まゝにてハ被居候ましく候条、可為同前候、是ほとニ澄候へ者可然候、治少ことのほかおれたる被申事候、長老へふし（文カ）をミ、なミたなかし候、此一通事、家康よりも一段ミつ〳〵候へとの事候、一人ニも御さた候ましく候、よく〳〵その御心へ候へく候、梅りん・渡飛・児若其元へ被召寄候而、ミつ〳〵にて被仰聞可給候、召上せ申候へ者こと〳〵しく候、少も口外候ましく候由、かたく可被仰候〳〵、かしく

（『山口県史　資料編　中世3』・「厚狭毛利家文書」四四号）

◇昨日、先方との間が、次のように相い調（ととの）った。

一、石田三成（治少）の身上について、表向きの対応が「三人衆」に任された。私もこの間の仲裁に関わってきた由である、石田三成（治少）一人が佐和山（さほ山）に隠居させられ、以後は天下のことに関わらないようにとされ、これで一件落着とされた。増田長盛（増右）についても皆々がいろいろと非難したが、石田三成（治少）一人の処分で済ますべしとの内意があった。そうは言っても、増田長盛（増右）をそのままにはしておけず、（三成と）同様（城地である大和郡

山への隠居）の処置がなされるかもしれないが、これ（三成の処分だけ）で済めば、それに越したことはない。石田三成（治少）は、ことのほか消沈した様子で、安国寺恵瓊（長老）への文を見て涙を流した。この報せについては、家康からもとりわけ内密にするように言われている。誰一人であっても書状などを出してはならないので、能々（よくよく）そう御心得あるように。林就長（梅りん）・渡辺長（渡飛）・児玉元兼（児若）らをそこへ召し寄せられて、密々に詳細を伝えて欲しい。自分のところへ召し上せて委細を伝えると、いかにも大事になるので（そうしてほしい）、（彼らに対しても）少しも口外することのないよう、堅くお伝えいただきたい。かしく。

三成の処分を任された「三人衆」が誰なのか判然としないが、前後の状況から、ひとまず徳川家康・毛利輝元・上杉景勝の三名に措定しておこう。『義演准后日記』には「石田治部少輔、江州サヲ（佐和山）山城へ隠居、大名十人トヤラン申合、訴訟云々、内府異見云々」とあり（慶長四年閏三月十日条）、最終的な決定は家康が行なったようである。この書状にある「内意」の主体も家康と考えられる。

これによると、三成の佐和山退隠は決定的であり、加えて増田長盛（右衛門尉）を糾弾する声も強かったことがわかる。輝元は、増田長盛についても、三成と同様に隠居に追い詰められるかもしれないと観測している。秀吉の遺命を護るべく尽力していた三成は挫折を余儀なくされ、安国寺恵瓊（「長老」）へ充てて書状を送ったようである。この書状を見た輝元が落涙に及んだという記事は印象的である。さらに、長束正家が三成を説得して家康に謝罪させ、和議が成立したとの観測もある。いずれにしろ、「天下事無存知候様（てんかのことぞんじなくそうろうよう）」と天下の政治から排除されるという事態は、譬えようもなく無念なことであり、三成にとってはこれ以上ない屈辱であったのだろう。

日付の記載がないので、前後の関係も詳らかではないが、次に紹介する書状は、おそらく右のものに継ぐと判断される。

「(墨引)　元康まいる　申給へ　右馬」

あつかい調、治少ハ佐ほ山へ被罷越、息ハ大坂へ被罷居、秀頼さまへ御奉公候へとの事候、為一礼夕部内府息被罷越候、右之趣不存候てやらん、夜前も所ニより大さわき候つる、安国寺やかて治少へ被罷越候、弥様子可聞之候、内府へも被参候而、万被申談候へかしと申候、気分悪せうし千万候、御気分如形候ハヽ、後刻可有御出候〳〵、かしく

(『山口県史　資料編　中世3』・「厚狭毛利家文書」四七号)

◇(三成の処遇に関する)調停が済んだ。石田三成(治少)は佐和山へ行くこととなり、三成の子は、大坂にあって秀頼様へ御奉公することとなった。調停決着の挨拶として、昨夕、家康の子がやってきた。こうした顚末を知らずしてか、前夜も所により騒動があったようである。安国寺恵瓊が、ほどなく石田三成(治少)のところへ赴き、いよいよ様子を伝えることになる。家康(内府)のところへも出向いて行って、いろいろと相談したいと思っているが、(元康の)体調がよくないとのことで残念至極である。御気分が通常通りであれば、のちほど御出(いで)いただきたい。かしく。

三成に対する最終決定は、安国寺恵瓊によって当人に伝えられたようである。一方、三成との与党を取り沙汰されていた増田長盛の身上はそのままであり、引き続き豊臣家奉行に留まることとなる。三成の佐和山退隠に伴って、三成の子息が秀頼の許に出仕することになる。この子息は、おそらく長男の隼(はや)人正(とのかみ)重家であろう。事態の解決に関与した毛利輝元のもとに、家康の子(結城秀康か)が遣わされて礼

を述べたという点も興味深いが、輝元自身も善後処理のため、家康のもとを訪れようとしている。

結局、三成は慶長四年（一五九九）閏三月十日、伏見を出て近江佐和山へ引き移り、政治の表舞台からの退隠を余儀なくされる。

石田治部少輔、佐和山へ閉口ニ相定、明日可参候、子息昨晩我ら所へ被越候、猶井伊兵部少輔可申候、恐々謹言

（慶長四年）後三月九日　家康（花押）

清須侍従殿

蜂須加阿波守殿

浅野弾正殿

（大日本古文書『浅野家文書』一一〇号）

◇石田治部少輔（三成）は、佐和山へ隠居と定まり、明日佐和山へ向かいます。（三成の）子息は昨晩私の許へ越してきました。なお、委しいことは井伊直政（兵部少輔）が申すこととします。

こうして「大老」筆頭たる徳川家康（内大臣、「内府」）の裁定により、三成が領国の近江国佐和山へ退隠することで事件は決着し、最終的には閏三月九日付の次のような書状によって関係者に伝えられた。

三成が佐和山へ移ったのと同日条の『北野社家日記』には次のようにある。

今朝、石田治部少殿さほ山へ下、治少隠居也、息隼人殿ニ家をゆつり被申候、熊半次・福原馬助なとハ高野へ御参由、風切（説）申候、

◇今朝、石田三成（治部少）殿は佐和山（さほ山）へ下った。三成（治少）は隠居することになり、子息の重成（隼人）殿に石田家に家を譲られた。また、熊谷直盛（半次）・福原長堯（右馬助）らは高

野山へ参られたとの由が噂になっている。

ところで、三成に対する佐和山隠居という裁定を不充分であるとして、肯じない不満分子も存在したようである。徳川家康は途次で三成が襲撃されるのを危惧して、次男の結城秀康を途中の瀬田まで警固に付けたという。この礼として三成は、秀康に対し愛刀の「正宗」を贈った。ちなみに『言経卿記』には「石田治部少輔入道之事、無事ニテ早朝近江国佐保山へ隠遁也云々」とある（慶長四年閏三月十日条）。

三成の引退後、蔚山で卑怯な振る舞いがあったとされた蜂須賀家政（阿波守、実名は「一茂」とも）と黒田長政の嫌疑は晴れ、閏三月十九日付の五名の「大老」連署状によって両名の名誉は回復する（大日本古文書『毛利家文書』九三三号）。逆に、蜂須賀・黒田の両名を秀吉に訴えた福原長堯（右馬助）は、いったん加増されていた領知を削減されたようで、居城の豊後府内も旧主たる早川長政（主馬首）に返付された。姻戚たる三成の退隠が、福原長堯の立場にも大きな影を落としたとみてよかろう。

第八章　「関ヶ原」合戦と三成の最期

一　「三奉行」と家康

家康暗殺計画と浅野長政の失脚

毛利輝元と徳川家康とは、慶長四年（一五九九）閏三月二十一日付で起請文の交換を行なう（大日本古文書『毛利家文書』一〇一六号・一〇一七号）。家康と奉行衆との軋轢を仲介するかたちで権勢を保とうとした輝元の目論見は、三成の退隠にともなって破綻した。いずれにしろ両「大老」の和議によって、政局は小康状態に入る。家康は九月七日、伏見から大坂へ下り、大坂では当初、三成の屋敷に入ったようである（『鹿苑日録』慶長四年九月七日条）。豊臣秀頼に祝詞（しゅくし）を述べた家康は、そのまま大坂に留まる。九月十三日には、家康は三成の屋敷から、三成の実兄の石田正澄（木工頭（もくのかみ））の屋敷に移っている。移転の理由は、三成屋敷が「城外」であったのに対し、正澄屋敷が「城内」にあったことによる（『鹿苑日録』慶長四年九月十三日条）。

この背景には、家康暗殺計画の存在が指摘できる。この企ては、家康の大坂下向を待って、前田利長（肥前守）を首謀者とする浅野長政・土方雄久（ひじかたかつひさ）・大野治長らの一団が、大坂城内で家康を暗殺するというものである。小康状態にあった政局は、こうして再び動き出すこととなる。

家康を迎えるにあたって、石田正澄は城内に移ることを希望したが、果たせなかった。つまり、家康は空き屋敷に入ったわけではなく、正澄がそれなりの便宜をはかったことになる。これに先だつ三成屋敷の貸与についても同様で、石田家の家康に対する協力姿勢の顕れとみてよかろう。その後、家康は大坂城西ノ丸に移るが、木工頭正澄の屋敷には引き続き、家康直臣の平岩親吉が入る。

この家康の動きは、数万の大軍を擁したものであった（慶長四年十月朔日付内藤周竹書状写〈『萩藩閥閲録』巻九九ノ二・内藤小源太分〉）。別の言い方をすると、石田正澄・三成兄弟は、こうした家康の軍事行動を支えたともいえよう。

家康暗殺計画の首謀者と目された前田利長（権中納言・肥前守）は、父利家の没後前田家当主となり、「大老」の任に就いていた。加藤清正ら亡父以来の人間関係を引き継いで、この段階でも一定の勢力を保っていた。この暗殺計画が暴露された時、利長は金沢にいたが、家康はこの暗殺計画を根拠にして、前田勢の上洛・上坂を阻止するための軍勢を北陸方面に展開する。

慶長四年（一五九九）九月二十一日付で島津義弘（法名は惟新）が領国にいる忠恒（少将）に充てた書状には、次のようにある。

一、今度於大坂　内府様天下之御仕置被仰定候ニ付、いかやうの子細候之哉、羽柴肥前守殿当時賀州へ在国候ヲ、無上洛様にと被仰下候、自然強而於上洛者、越前表にて可被相留之由候て、刑少殿の養子大谷大学殿、石治少之内衆一千余、越前へ被下置候事、

（『薩藩旧記雑録後編』三―八八四号）

◇一、今度、大坂において内府様（家康）が天下の政務をみることとなった。どのような子細に拠るのかわからないが、現在加賀に在国の前田利長（羽柴肥前守殿）に対して、上洛することのないように、と命が下った、万一強て上洛しようとすれば、越前国でくい止めるとして、大谷吉継（刑少殿）の養子大谷大学殿と、石田三成（石治少）の家中一〇〇〇余を、越前へ下し置かれることとなった。

このように、家康は前田勢の南下を牽制するため、大谷吉継（刑部少輔）の養子大学（吉治）と石田勢を越前に派兵しようとしている。石田勢派兵にあたっては、隠居したとはいえ、三成の同意が求められたのであろう。ちなみに、右の義弘書状では、前田利長とともに加藤清正（主計頭）の上洛阻止の措置がとられたことに言及している。家康らは、前田・加藤勢による挟撃を警戒していたのである。いずれにしろ、家康暗殺計画を前に、石田家は家康のために便宜をはかって大坂屋敷を提供し、家康の指示に従って、北陸方面に前田勢を牽制するための派兵を行なったのである。

佐和山へ退いた三成の動向を追うことは容易ではないが、基本的に佐和山を居所として自領の統治に関わったと考えるべきであろう。慶長四年九月、三成は実母の菩提をともらうため、大徳寺の春屋宗園とその法弟董甫紹仲・江月宗玩を佐和山に招いて七回忌の法要を催し、城下に瑞岳寺を建立する。春屋宗園と江月宗玩が帰洛したのちも、董甫紹仲は瑞岳寺にとどまり、第二世となっている。

また、十月十八日には、三成は長浜の船方中に充てて書状を発し、炭を佐和山に運ぶように命じている（「石田三成関係史料」七九号）。ところで、『舜旧記』（続群書類従完成会刊行・史料纂集本）の慶長四年十一月二十三日条には「治部少輔」の名がみえる。記主の梵舜は豊国廟の社僧であり、この「治部少輔」が三成であるとすれば、佐和山に隠居したのちにも三成が豊国廟に参詣していたこととなり、興味深い。なお、十二月二十七日には、相良頼房（長毎）に進物の礼状を発するが、これも佐和山からであろう（大日本古文書『相良家文書』八七一号）。

しかしながら、この間も政局は激しく動いており、隠居の身とはいえ、三成が天下の動きとまったくの没交渉でいられるはずもなかった。家康の裁定によって引退に追い込まれた三成ではあったが、結果的には「切腹」といった厳罰は免れたわけであり、微妙ではあるものの、家康と石田家の間には一定の友好関係にあったとみなされる。三成の子隼人正（長子の重家と考えられる）も、豊臣秀頼への奉公を期しつつも、実態としては徳川家康のもとに出仕しているようにうかがえる。平時にあって、三成がみずからの復帰もしくは石田家の存続を託せる存在は、秀吉没後の公儀を実質的に主宰する家康をおいて他にないと思料した結果であろう。

さまざまな布石を打った後、家康は暗殺計画の謀議者摘発を開始する。その結果、土方雄久と大野治長をそれぞれ常陸と下野に配流し、浅野長政には豊臣家奉行の職を解き、国許（甲斐）への蟄居を命じた。首謀者に擬された前田利長（肥前守）に対しては、十月に入って家康みずからが北陸討伐に乗り出すことを表明する。細川忠興は、前田利長と姻戚関係にあって暗殺計画への荷担を疑われ、討伐の対象となる。このため忠興は、利長のために弁明を行ない、あわせてみずからの無実の証の人質として、三男光千代（のちの忠利）を江戸へ下す。結果的には、前田利長も家康に屈服して、十一月には実母の芳春院を江戸に送ることとなった。

こうして前田利長謀反の一件の結果、秀吉の遺命によって設けられた豊臣家の「五奉行」は、三成に続けて浅野長政を欠くことになり、前田玄以・増田長盛・長束正家ら「三奉行」による執政を余儀なくされる。ちなみに、こののちも彼ら「三奉行」の連署状は、従来の「五奉行」連署状と同様の形態で発給される。この事実は、構成員に異動が生じたとはいえ、引き続き政権の正統な権限発動は豊臣家奉行の連署状に拠るべきである、との認識が存在したことを示している。

上杉景勝の上洛問題と会津征伐

こうして家康主導による政務環境の再編が進むなか、慶長五年（一六〇〇）になると、上杉景勝がたびたびの要請にかかわらず、上洛に応じないことが問題となっていく。

話は少しさかのぼるが、奥州会津へ転封されたばかりの上杉家は、秀吉の病状悪化によって、景勝も上洛を余儀なくされた。景勝が伏見に到着したのは慶長三年も十月のことで、すでに秀吉は没していたが、その後も上方にとどまって「大老」の一員として政務に従っていた。この間、景勝は従前の関係から、三成と親しい立場にあったが、増田長盛を仲介として徳川家との縁組みを進めるなど、家康とも友好的な関係を維持している。三成の佐和山引退ののち、慶長四年八月に、景勝は老臣直江兼続をともなって会津に戻り、新領国の支配安定化に努めることとなった。景勝の会津下向も、家康の勧めに従ったとも言われる。

しかし慶長五年三月、上杉家を退去した藤田信吉（能登守）が徳川秀忠へ、景勝謀反を注進したことから、事態は新たな展開をみせる。景勝もいったんは家康の上洛要請に応じようとするものの、実行には至らず、結果的に五月末に至って、政権は上杉景勝の討伐を決意する。

こうしたなか、イエズス会の宣教師らは、上杉景勝が三成らと「密かに気脈を通じて」いたとの観察を残しているが（一五九九―一六〇一年「日本諸国記」・松田毅一監訳『十六・七世紀イエズス会日本報告集第Ⅰ期第3巻』）、ここに至る上杉景勝の動きが、三成らとの連携を前提とするものか否かは、定かではない。

前田玄以・長束正家・増田長盛ら三奉行は六月十五日付で会津出陣の命を下す（六月十五日付兼松又四郎正吉充て連署状・名古屋市秀吉清正記念館所蔵文書）。会津出陣の日時は「関東」すなわち家康が決するとするものの、七月十日以前の出陣は「地下人」に迷惑がかかるとして、それ以後にすべきことを述べている。一旦江戸で態勢を整えて上杉領に向かうことを想定していたのであろう。三奉行は家康に出陣の時日決定を委ね、諸将には家康の軍令に従うべきことを指示している。これをうけて、翌六月十六日に家康は大坂を発する。ついで、六月二十五日付で三奉行は東下する軍勢に対して兵粮・馬飼料の給付を証明する連署状を発する（六月二十五日付連署状・名古屋市秀吉清正記念館所蔵文書）。軍事面での指示は家康に委ねられたものの、「会津征伐」そのものはあくまで秀頼の意志、具体的には「三奉行」の承認を前提としつつ、遂行されたのである。

この派兵は公儀権力の発動であり、家康出陣のあとを追って東下する軍勢も相次いだ。たとえば、丹後の細川忠興が近江国今津を六月二十九日に発し、水路琵琶湖を経て七月一日に朝妻に上陸し、美濃国へ入っている。また、毛利輝元もこれに応じることとなる。輝元自身は、家康の出陣前に大坂を離れ広島に帰還しており、東征する毛利勢は安国寺恵瓊と吉川広家が率いることとなった（慶長五年六月十四日付安国寺恵瓊充毛利輝元書状『萩藩閥閲録』遺漏巻三ノ三）。

また、二次史料ではあるが、この時期に侍医として家康に近事していた板坂卜斎の記録（『慶長年中卜斎記』）には、次のような書状が遺されている。

一筆申入候、今度於樽井大刑少両日相煩、石治少出陣之申分、爰許雑説申候、猶追々可申入候、恐々謹言、

（慶長五年）七月十二日　増田右衛門尉長盛

永井右近大夫殿

（改定史籍集覧本『慶長年中卜斎記』）

◇一筆申し入れます。美濃の垂井（樽井）において大谷吉継（大刑少）が罹病、石田三成（石治少）の出陣に対し、こちらでいろいろと取り沙汰されています。今後のことについては、また連絡をします。

大谷吉継も会津征伐に従うため東下していたが、その途次、美濃の垂井（樽井）で体調を崩してしまう。右の増田長盛書状では、これに続いて三成の出陣に言及があることから、三成も一定の軍勢を率いて、大谷吉継のあとを追って出勢したのであろう。ただし、書状を発給した増田長盛も、三成出陣の真意をはかりかねていたようである。

「三奉行」の動向

はたして事態は急転し、大谷勢ら会津に向かう予定であった軍勢の一部が、踵を返して上方に戻ることとなる。七月十三日、西洞院時慶はその様子を次のように記している。

昨夜ヨリ伏見・大坂物言掻（騒）動ト、可尋之、陣立ノ衆、少々帰衆在之ト、不審也、

◇昨七月十二日の夜から、伏見や大坂の様子が騒がしいらしい、事情を尋ねると、会津へ向かった軍勢の一部が戻ってきているそうである、いぶかしいことである。

（『時慶記』慶長五年七月十三日条）

こうしたなか、大坂で留守を預かる長束正家・増田長盛・徳善院前田玄以ら「三奉行」は、毛利輝元に対し、大坂へ上って秀頼を守護し、政情の安定を期すよう要請を行なう。

大坂御仕置之儀付而、可得御意儀候間、早々可被成御上候、於様子ハ自安国寺可被申入候、長老為御迎可被罷下之由候得共、其間も此地之儀申談候付而、無其儀御座候、猶早々奉待存候、恐惶謹言、

（慶長五年）七月十二日　長大

増右

徳善

輝元様

人々御中

（「松井文庫所蔵古文書」四一五号・『松井文庫所蔵古文書調査報告書』二）

◇大坂の御仕置について、ご相談がありますので、早々に御上りください。詳細は、安国寺恵瓊から申し入れます。（本来なら）安国寺恵瓊長老を御迎として差し下すべきですが、現在恵瓊も多忙でそれも叶いません。早々の（御上坂）をお待ちしております。

秀吉の遺命を根拠とする「三奉行」のみが正統な執政であり、「三奉行」連署状のみが「大老」をも動かす名分を有する正式な文書となる。本来なら安国寺恵瓊が毛利輝元を迎えに出向くべきであるが、

恵瓊は三奉行との協議を継続する必要があったため、今回は広島への下向も叶わないとしている。何らかの事態急迫が予想される内容といえよう。七月十五日、この連署状を得た毛利輝元は、ただちに加藤清正に書状を発し、ともに在坂することを求める。

急度申候、従両三人、如此之書状到来候条、不及是非、今日十五日出舟候、兎角秀頼様へ可遂忠節之由言上候、各御指図次第候、早々御上洛待存候、恐々謹言、
（慶長五年）七月十五日 芸中
加主
御宿所
（「松井文庫所蔵古文書」四一六号・『松井文庫所蔵古文書調査報告書』二）

◇確実を期して申し入れます。（大坂の）両三人から、このような書状が到来しました。やむを得ないので、今日十五日に出舟します。とにかく秀頼様へ忠節をとげるべく言上します。各対応は（秀頼の）御指図次第となりますが、すみやかな御上洛をお待ちします。

三奉行が毛利輝元に対して上坂を要請した翌々日となる慶長五年（一六〇〇）七月十四日に、大坂にて「乱劇」が勃発する。大坂にあった諸大名の屋敷が、軍事的に制圧されることとなったのである。これは、在坂「三奉行」によるある種の「クーデター」と言えよう。一定規模の軍事力が裏づけとして必要となることから、毛利家につながる安国寺恵瓊の事前了解が前提となる。

この翌日の七月十五日付で上杉景勝に充てた島津義弘（惟新）の書状が、控えとして残されている。

雖未申通候、令啓候、今度内府貴国へ出張ニ付、輝元・秀家を始、大坂御老衆・小西・大刑少・治

部少被仰談、秀頼様御為ニ候条、貴老御手前同意可然之由承候間、拙者も其通候、委曲石治より可被申候、以上、

（慶長五年）七月十五日　　羽兵入
　　　　　　　　　　　　　惟新

景勝　人々御中

（『薩藩旧記雑録後編』三―一一二六号）

◇いまだ書信のやりとりはございませんが、ご連絡いたします。このたび内府（徳川家康）が会津へ出陣された件で、毛利輝元・宇喜多秀家を筆頭に大坂の御年寄衆、小西行長・大谷吉継・石田三成らで御談合なされ、秀頼様の御為には（家康ではなく）あなた様との連携こそがとるべき途との結果に至りました。拙者もその通りと考えます。委しいことは、石田三成から連絡があると存じます。

ここにみえる「大坂御老衆」とは、長束正家・増田長盛・徳善院前田玄以らを指す。この書状から、彼ら「三奉行」による家康排斥は、毛利輝元・宇喜多秀家という二人の「大老」、および小西行長・大谷吉継（刑部少輔）・石田三成（治部少輔）らとの与同によるものであったことがわかる。引退し、奉行職も退いた三成に、表立った活動があるわけではない。しかし彼らには、このまま政局が推移すれば、徳川家康による「天下」簒奪が不可避である、との危機感が共通してあったのであろう。この政変は、実質的に「公儀」権力を掌握しようとする家康を廃することを企図したものであった。

奉行衆による家康糾弾

毛利輝元自身の大坂到着は、七月十九日のことである。しかし、輝元上坂の確報は、それに先立つ十

七日には「三奉行」のもとにもたらされた。これをうけて毛利秀元は、家康の留守居を排除し、大坂城西ノ丸を占拠する。また、同じく七月十九日付で「三奉行」は、「内府ちがひの条々」をまとめ、次の連署状を添えて全国の諸大名充てに発する。

急度申入候、今度景勝発向之儀、内府公上巻之誓紙幷被背　太閤様御置目、秀頼様被見捨出馬候間、各申談及鉾楯候、内府公御違之条々、別紙ニ相見候、此旨尤と思召、太閤様不被相忘御恩賞候者、秀頼様江可被成御忠節候、恐惶謹言、

（慶長五年）七月十七日　長大　正家判
増右　長盛判
徳善　玄以判

薩摩宰相殿
人々御中

（『薩藩旧記雑録後編』三―一一二七号）

◇確実を期して申し入れます。このたびの上杉景勝討伐の件は、家康（内府）公が上巻の誓紙ならびに秀吉（太閤様）の御置目（おきめ）に違背し、秀頼様を見捨てられての出馬です。そこでおのおので相談し、家康を追討することとなりました、「内府公御違之条々」については、別紙にまとめております。これらの廉々（かどかど）を尤もと考え、秀吉（太閤）様の御恩賞をお忘れではないなら、秀頼様への御忠節を果たされるべきです。

同内容の連署状および「内府ちがいの条々」は、複数の大名家文書に残されている。三奉行の指示は、全国の諸大名に充てて発せられていたのである。徳川家康の行動を厳しく非難する「内府ちがいの

条々」は、全一三箇条に及び、概要をまとめると次のようになる。

一、五人の「御奉行」と五人の「年寄」で、上巻の誓紙を取り交わしたのに、いくばくも経たないうちに、「年寄」の二人を逼塞に追い込んだこと。

一、五人の「御奉行」のうち、前田利長（肥前守）は潔白を示して誓紙まで指し出し、事が決着しているにもかかわらず、上杉討伐を実行に移すため、あえて人質を取り、追い込んだこと。

一、上杉景勝は何の咎もないのに、秀吉の遺命に背いて、今回討伐しようとすること。

一、知行充行の権限を独占し、秀吉の遺命に反して、忠節も果たしていない者どもに領知を充行ったこと（細川忠興や森忠政らを指す）。

一、伏見城から、秀吉の定めていた城番を追い出し、徳川家の兵を入れたこと。

一、五人の「御奉行」と五人の「年寄」のほかには、誓紙交換を認められていないのに、勝手に多くの誓紙をやりとりしていること。

一、北政所のお住まいに居住していること（大坂城西ノ丸に入ったことを非難している）。

一、大坂城西ノ丸に、本丸と同様の天守閣を建てたこと。

一、諸大名の妻子は人質であるはずなのに、贔屓を行なって勝手に国許に帰したこと。

一、私の婚姻は秀吉の遺命に背くものであるにもかかわらず、数多くの婚姻を進めたこと。

一、若い衆を煽動し、徒党を結ばせたこと。

一、「御奉行」五人で政務を処理すべきところを、家康一人で専断を行なったこと。

一、内縁の関係に拠って、石清水八幡宮領の検地を免除したこと。

かねてから奉行衆には、秀頼を頂く彼らのみが正統な権力を行使しうるとの意識が存在した。みずからを政権の中枢にあると位置づける豊臣家奉行衆にとっては、いわゆる「大老」であっても、政務を遂行する「奉行」にすぎない。この「内府ちがいの条々」のなかでも、いわゆる奉行衆は「五人之年寄共」、徳川家康・毛利輝元ら「大老」は「五人之御奉行」という表現になっている。

これより数日後の史料になるが、上方における騒擾の報せをうけた家康は、最上義光（よしあき）に対して七月二十三日付で、次のような書状を発する。

急度申入候、治部少輔・刑部少輔以才覚、方々触状を廻付而雑説申候、御働之儀先途令御無用候、従此方重而様子可申入候、大坂の儀は仕置等手堅申付、此方と一所に付、三奉行の書状為披見、進之候、恐々謹言、

（慶長五年）七月廿三日　家康判

出羽侍従殿

（内閣文庫『譜牒余録』所収文書）

◇確実を期して申し入れます。石田三成（治部少輔）・大谷吉継（刑部少輔）の画策によって、方々へ触状が廻り、いろいろな風聞が拡がっています。（そこで）御働（会津征伐）については、これ以降御無用とします。状況については、こちらから重ねて申し入れますが、大坂の儀は政務以下、手堅く進めており、家康（此方）と大坂奉行衆とは一体です。三奉行からの書状を進覧します。

家康は、このたびの自身に対する糾弾を、三成と大谷吉継の策略に拠るものと論断する。ひとまず、会津征伐の軍は止めるが、家康の立場と大坂「三奉行」の立場に齟齬はないと強調する。三成・大谷吉継と大坂「三奉行」との与同を否定することで、みずからに正統性があることを認めさせようとしてい

る。家康自身も、秀頼を擁する大坂「三奉行」の存在が、政務・軍務の正統性を保証する前提と、意識していたことがわかる。

丹後征伐の決定と伏見城攻撃

毛利輝元・宇喜多秀家が「三奉行」の要請をうけることが明確となり、「三奉行」は秀頼の立場を脅かす家康を廃しうる環境を得た。ここにいたって、「会津征伐」は秀吉の遺命に背いて秀頼を見捨てる行為であると見なされ、連署状にあるよう同日付で「内府ちがひの条々」を発し、「三奉行」は家康を厳しく追及していく。「三奉行」は同じ七月十七日付で、秀頼に対する忠節の証として、細川家の追討を命じる。写しであるが、別所吉治（豊後守）に充てられた連署状を次に示す。

羽柴越中守事、何之忠節も無之、太閤様御取立之福原右馬助跡職、従　内府得扶助、今度何之咎も無之景勝為発向、内府江助勢、越中一類不残罷立候段、不及是非候、然間従　秀頼公為御成敗、各差遣候条、可被抽軍忠候、至于下々も、依動可被加御褒美候、恐々謹言、

（慶長五年）七月十七日　長束大蔵
増田右衛門尉
徳善院
別所豊後守殿

（「松井文庫所蔵古文書」四二三号・『松井文庫所蔵古文書調査報告書』二）

◇細川忠興（羽柴越中守）は、何の忠節もないのに、太閤様御取立の福原長堯（右馬助）の旧領（豊後

国速見郡）を家康（内府）から扶助され、さらに今度は何の咎もない上杉景勝を追討するため、内家康に助勢して、細川一門は残らず会津征伐に赴いています。仕方のないことです。秀頼公より御成敗のため、（丹後に）軍勢を差し向けることとなりましたので、軍忠を尽くすよう。下々に至るまで、その軍功によって、御褒美を与えられるでしょう。

三成の佐和山退隠後、福原長堯（ながたか）（右馬助）が豊後国内でいったん加増されていた領知を削減されたことは既述の通りである。豊後府内は旧主たる早川長政（主馬首（しゅめのかみ））に返付されたが、このほか豊後国速見・国東（くにさき）郡は改めて細川忠興に加増された。慶長四年（一五九九）二月のことである。細川忠興は杵築（きつき）城を松井康之（佐渡守）と有吉立行（四郎右衛門尉）に委ね、豊後領六万石の支配を進めていた。この新知充行が、「内府ちがいの条々」で指弾されるもののひとつとなり、豊臣秀頼を推戴する大坂の三奉行は、細川忠興を家康擁立の首班と位置づけることにつながっていく。三奉行は、秀頼の名で忠興の罪を責め、近隣の諸大名に丹後の諸城請け取りを命じることとなる（「松井文庫所蔵古文書」四二四号・四二五号〈『松井文庫所蔵古文書調査報告書』二〉）。

また、杵築城に拠って豊後領を預かる細川家中の松井康之（佐渡守）に対しては、大谷吉継が次のような書状をする。

態申入候、仍此許之御仕置相改候て、御肝つふし察申候、然ハ御身上之事、御奉行衆へ理申処ニ、則御ふれ折紙幷内府ちかいの条々下申候、よく〳〵御覧し候て、太閤様連々の御恩賞段忝事、無御忘却候ハヽ、早々此方へ御上候て、盛法印ニ御入候ハん事、尤存候、随分馳走可申候、尚追々可申入候、恐々謹言、

（慶長五年）七月廿日　大刑少入　在判

松佐州様

人々御中

（「松井文庫所蔵古文書」四一七号・『松井文庫所蔵古文書調査報告書』二）

◇態々（わざわざ）申し入れます。上方の御仕置（おしおき）が急変したことで、大変に驚かれたことと推察します。ついては御身上のことについて、大坂御奉行衆に相談したところ、奉行衆の連署状と「内府ちかいの条々」を送り下すので、よくよく御覧いただいて、太閤様の連々の御恩賞の段忝（かた）じけなく思い、御忘却なくば、早々に上方へ御上りになって、盛法印のところに身を寄せられることが尤もでしょう。（私としても）しっかりと尽力するつもりです。なお、追って申し入れます。

大谷吉継の立場は、大坂の三奉行とは異なるものであり、どちらかというと内々に懐柔を進めているようである。吉継が身を寄せるように促した「盛法印」とは、京の医家として著名な吉田盛法院であろう。松井康之の妹は盛法院に嫁しており、吉継はこの縁に因って上洛を促したものと考えられる。

伏見城は上方における徳川方の拠点であり、家康の臣である鳥居元忠らが護っていた。「内府ちがいの条々」では、この状況を「伏見之儀　太閤様被仰置（おおせおかれ）候留守居を被追出（おいだされ）、私（わたくし）に人数被入置（いれおかれ）候事」と非難していた。大坂奉行衆は伏見城の奪還を指示し、七月二十一日から宇喜多・島津・小早川らの軍勢が攻撃を開始する。

毛利輝元の立場

このように大坂奉行衆の陣営が攻勢をかけるなか、七月十八日に石田三成が、「内々」に豊国社へ参詣している（『時慶記』）。いろいろ取り沙汰もされているが、この前後に三成は京坂の間にいたことがわかる。すでに隠居していた三成は、表立って活動することはなく、奉行衆連署状の発給者に名を連ねることもしない。ただし、家康に従って「会津征伐」の途次にあった真田昌幸（安房守）に充てた三成の文書が、七月二十一日までには届いている。三成は、「三奉行」による輝元への上坂要請、あるいはそれに対する輝元の対応が明らかになった段階、すなわち換言すれば、家康排除を実行にうつす環境が整った時点で、与党と頼む諸大名に対して、私的な通信を開始したのである。

七月十九日に、毛利輝元が大坂城に入る。輝元の大坂入城自体は、徳川家康の不在を補い、政情を安定させるとして歓迎する向きもあった。たとえば豊前中津の黒田家では、「三奉行」による大坂屋敷の制圧から逃れるため、黒田如水（孝高）の室と長政の室とを密かに大坂から脱出させていたが、如水は毛利輝元治下の大坂であれば改めて人質を上せるといっている。輝元の大坂入城は、それほどまでに期待をもたせるものであった。

しかし、ほどなく輝元の立場は、家康と対立するものであることが明らかとなる。上坂した輝元に対し、三成が豊臣秀頼のために是非とも与同すべきことを説諭したのであろう。すでに安国寺恵瓊が「三奉行」とともに、家康を「公儀」から排除すべく働いており、また、細川氏を攻める「丹後征伐」の軍勢も、伏見城奪還の軍勢も、すでに動いていた。こうした状況のもとでは、もはや毛利家としての路線転換も手遅れであり、すでに不可能であると、輝元が判断したのかもしれない。七月二十三日には、伏見城攻撃に毛利勢も加わっている。

細川忠興が豊後杵築にいた松井康之（佐渡守）・有吉立行（四郎右衛門尉）に充てた書状によると、「会津征伐」軍の陣内では、毛利輝元と石田三成が語らって騒擾を起こしているとの理解が拡がっていたことがわかる（「松井文庫所蔵古文書」四三一号〈『松井文庫所蔵古文書調査報告書』三〉）。

さらに七月二十九日には、家康が大坂の「三奉行」の「逆心」を知るところとなり、「会津征伐」軍の陣中に大きな衝撃が走る。家康の行軍は「公儀」権力の発動であり、豊臣秀頼に近侍して政権中枢に位置する「三奉行」の支持は、その大きな前提であった。「三奉行」が輝元や三成らに与するということは、とりもなおさず家康の行動が正統性を失うことを意味する。正統性を喪失した家康の軍勢は「賊軍」に転落し、史料上にも「徒党」と評されることとなる。

二　三成の復権と公儀への参画

三成の奉行職復帰

一方、輝元を自陣営に迎えた三成は、七月二十七日までに居城近江佐和山に戻っている。挙兵が現実のものとなったことをうけ、軍勢を整えるためであろう。七月二十九日付で三成は、近江国友村に対して、鉄砲の新儀吹き替えを禁じる判物を発している

国友鉄炮はり之事、新儀ニふきかい立候儀、仕間敷候、天正三年長浜ニ太閤様御座候已来之可為法度者也、

慶長五年
七月廿八日　　三成（花押）
（「国友助太夫家文書」・『新修　彦根市史　第五巻　史料編　古代・中世』・「石田三成関係史料」八八号）

◇国友の鉄炮製造について、新しく吹き替えを行なうことを禁止とする。天正三年（一五七五）に秀吉が長浜に在城していた頃以来の法度である。

この文書には充所がないが、『改訂　近江坂田郡志』によると、本来は「富岡藤太郎殿」を充所としていたようである。秀吉が長浜に在城した頃以来の「法度」がどのようなものか判然とはしないものの、国友村が鉄砲の生産体制を新たに組織することを、差し止めたことはわかる。おそらく国友の鉄炮は、「公儀」の用所にのみ応じることを要求したものであろう。

佐和山を発した三成は、七月二十九日までに伏見に到着する。既述のように、伏見城は徳川家康の臣である鳥居元忠らが護っていたが、七月二十一日から宇喜多・島津・小早川らの軍勢が攻撃を開始していた。さらに二十三日には毛利勢が加わり、二十九日には三成の軍勢もこれに合流した。この七月二十九日、豊臣家奉行とともに豊臣秀頼を推戴する「大老」の二人、すなわち毛利輝元と宇喜多秀家が、それぞれに家康を糾弾する文書を正式に発給する。次に掲げるのは、宇喜多秀家が真田昌幸に充てた書状である。

態啓達候、去年以来、内府被背御置目、誓紙被違、恣之働無是非候間、今度各相談及鉾楯候、上方之事一篇ニ申合、妻子人質悉相卜候、景勝申談上者、関東之儀可属平均事、案之内候、貴台連々太閤様御懇意於無忘却ハ、此節　秀頼様へ御忠節肝要存候、猶自石治少可被申入候、恐々謹言、

備前中納言
秀家（花押）

（慶長五年）七月廿九日
真田安房守　御宿所

（「真田家文書」〈真田宝物館収蔵品目録『長野県宝　真田家文書（1）』四八号〉）

◇態々(わざわざ)書状を啓達します。去年以来、家康（内府）は秀吉の御置目(おきめ)に背き、誓紙を反故にしています。恣(ほしいまま)の所業は是非もないことです。今度おのおの相談して戦端を開くこととなりました。上方のことは一円に制圧し、妻子は悉く(ことごとく)人質と定めました。（こののち）上杉景勝と連携して、関東を平定させることを想定しています。あなたも引き続き太閤様の御懇意をお忘れなくば、このときこそ秀頼様への御忠節が肝要に存じます。なお、委細については、石田三成（石治少）から申し入れます。

同日付で、ほぼ同じ内容の文書を毛利輝元が発する。二通に分けられた所以は、宇喜多秀家が伏見攻城戦の陣中にあり、輝元が大坂城にあったためであろう。ちなみに輝元の書状では、書き留めの文言が「此節　秀頼様へ御忠節肝要存候、猶従年寄衆可被申入(としよりしゅうよりもうしいれらるべく)候、恐々謹言」と改められている。一通は、伏見城攻撃中の三成が、ともに同じ陣中にあった秀家の意を受けて副状を発したものである。もう一通は、在坂の「三奉行」（史料上の表現は「年寄衆」）が、輝元の書状をうけた副状を発したものであることがわかる。

したがって、この時点で三成は、「三奉行」と同様の職権を得ていると見なされ、三成が豊臣家の奉行に復職していたと考えざるを得ない。これに先だって、三成は大坂城で秀頼に拝謁し、親しく豊臣家奉行職への復帰を認められたのであろう。

会津上杉家との連携

復権を果たし、豊臣家奉行職に復帰したとみなされる三成は、ここに至る経緯を説明するため、七月三十日付の書状を真田昌幸（安房守）に充てて発する。

去廿一日ニ両度之御使札、同廿七日於江佐ニ到来、令拝見候、

一、(1)右之両札之内、御使者持参之書ニ相添覚書幷御使者口上得心事、

一、(2)先以今度意趣、兼而御知も不申儀、御腹立無余儀候、然共内府在大坂中、諸侍之心いかにも難計ニ付而、言発儀遠慮仕畢、就中貴殿御事迚　公儀無御疎略御身上ニ候間、世間如此上者、争とゝこほり可在之哉、いつれも隠密之節も申入候ても、世上不成立ニ付てハ、御一人御得心候ても無専儀と存思慮、但今ハ後悔候、御存分無余儀候、然共其段も、も志や不入事ニ候、千言万句申候ても、　太閤様御懇意不被忘思食、只今之御奉公所希候事、

一、(3)上方之趣、大方御使者見聞候、先以各御内儀かた大形少馳走被申候、可御心安候、増右・長大・徳善も同前ニ候、我等儀者、使者如被見候、漸昨日伏見迄罷上躰ニ候、重而大坂御宿所へも人を進之候而御馳走可申候事、

一、(4)今度上方より東へ出陣之衆、上方之様子被承、悉帰陣候、然者於尾・濃令人留、帰陣之衆一人〳〵之所存、永々之儀　秀頼様へ無疎略究仕、帰国候様ニ相卜候事、

一、(5)大略無別条、各々無二之覚悟ニ相見候間、御仕置ニ手間入儀無之事、

一、⑥長岡越中儀、太閤様御逝去已後、彼仁を徒党之致大将、国乱令雑意本人ニ候間、即丹後国へ人数差遣、彼居城乗取、親父幽斎在城へ押寄、二の丸迄討破候之処、命計赦免之儀、禁中へ付而御侘言申候間、一命之儀被差宥、彼国平均ニ相済、御仕置半候事、

一、⑦当暮・来春之間、関東為御仕置可被差遣候、仍九州・四国・中国・南海・山陰道之人数、既八月中を限、先江州ニ陣取幷来兵粮米先々へ可被差送之御仕置之事、

一、⑧羽肥前儀も、対　公儀毛頭無疎意覚悟ニ候、雖然老母江戸へ遣候間、内府へ無疎略分之躰ニ先いたし候間、連々　公儀如在不存候条、各御得心候て給候へとの申され分ニ候事、

一、⑨ヶ条を以蒙仰候所、是又御使者ニ返答候、又此方より条目を以申儀、此御使者口上ニ御得心肝要候事、

一、⑩自此方三人使者遣候、右内一人ハ貴老返事次第案内者そへられ、此方へ返可被下候、残弐人ハ会津へ之書状共遣候条、其方より慥なるもの御そへ候て、ぬまた越ニ会津被遣候て可有候、御在所迄返事持来帰候者、又其方より案内者一人御そへ候て上着待申候事、

一、⑪豆州・左衛門尉殿、以別帋雖可申入候、貴殿御心得候て可被仰達候、委曲御使者可被申伸候、

恐惶謹言、

（慶長五年）七月晦日　　三成（花押）

真房州

御報

（「真田家文書」〈真田宝物殿収蔵品目録『長野県宝　真田家文書（1）』五二号〉）

◇去る七月二十一日の二通の御使札（使者に持たせる書状）が、七月二十七日に近江佐和山（江佐）に到着し、拝見しました。

一、(1)この二通の使札の内、御使者が持参された書状に添えられた覚書、ならびに御使者の口上についても諒解しました。

一、(2)まず最初に、今度のなりゆきについて、あらかじめ御知らせもいたさず、御腹立ちも無理ないことです。しかしながら家康（内府）が大坂にいる間は、諸侍の心もなかなかに計り難く、お知らせも遠慮いたしました。あなた様とて公けにも重要な御立場ですので、世上もこうなってきますと、どうしてお知らせしないというようなことがあるでしょうか（決してありません）。いずれにしましても隠密にお知らせしたとて、世上が（豊臣秀頼を頂いて）成り立たなければ、御一人だけが御納得されても意味のないことと思い改め、今は（逐一を知らせなかったことを）後悔しております。（説明をうけなかったことに対する）御不満は仕方のないことです。しかしながら、そのような心配ももはや不必要です。千言万句を要することもありませんが、太閤様の御懇意をお忘れなく思し召され、これからの御奉公を願うところです。

一、(3)上方の状況は、ほぼ御使者が見聞されている通りです。何はともあれ、各御内室方については大谷吉継（大形少）が世話をされておりますので、御安心ください。増田長盛（増右）・長束正家（長大）・前田玄以（徳善）も同然に奔走しております。わたしは使者から報告があったように、ようやく昨日に伏見まで罷り上ってきました。（わたしも）重ねて、大坂の真田屋敷へ人をあげて御世話をいたします。

一、[4]今度上方から奥州へ出陣の諸将も、上方の様子を聞いてことごとく帰陣しております。そこで軍勢を尾張・美濃辺りに留め置させ、帰陣してきた諸将ひとりひとりの秀頼に対する忠節（所存）が永遠のものであることを、秀頼様へ道理を尽くして説明し、（その上で）帰国するように定めました。

一、[5]大きな問題もなく、おのおのも比類なき覚悟のように見えますので、一連の処置にも手間はかからないと思います。

一、[6]細川忠興（長岡越中）は、太閤様御逝去ののち、徳川家康を徒党の大将に担ぎ出し、国を乱れさせた本人です。そこで丹後国へ軍勢を派遣し、宮津城を陥落させ乗っ取り、親父幽斎の田辺城を取り巻き、二の丸まで討ち破ったところで、（幽斎が）命だけは助けてくるよう朝廷に謝罪を行なったので、幽斎の一命を赦し、丹後国の平定は完了しました。（現在は）戦後処理の過程にあります。

一、[7]今年の暮れから来春にかけて、徳川家康（関東）追討の軍勢を遣わすことになります。そこで九州・四国・中国・南海・山陰道の人数は、すでに八月中にまず近江まで陣を進め、また、将来の兵粮米を優先して差し送る手筈をすすめています。

一、[8]前田利長（羽肥前）は豊臣秀頼（公儀）に対し、まったく疎略にする気持ちもないのですが、実母（前田利家正室）を江戸へ人質として差し出していますので、まずは家康（内府）をぞんざいに出来ない状況にありますが、引き続き公儀を尊重する覚悟なので、各も御納得されるようにと仰っています。

一、(9)箇条書によってご諮問ありました件は、これまた御使者に返答しております。また、こちらからも条目によって、申しあげることがあります。この御使者に口上を言付けますので、御納得いただくことが肝要と思います。

一、(10)こちらから三人の使者を遣します。この内の一人は、あなたの返事次第に案内者を添えられ、こちらへ下されるように。残りの二人は上杉景勝（会津）へ書状とともに遣しますので、そちらから確実な者を御添えいただき、上野国沼田を経由して奥州会津に遣したく思います。会津からの返事をあなたのところまで持ち帰ったならば、またそちらから案内者を一人御添えいただきますように。会津からの返事が上着することを、お待ち申しております。

一、(11)真田信幸（豆州）・信繁（左衛門尉殿）へは、別の書状でご連絡を差し上げますが、あなたからも御得心の上、この趣旨をお伝えください。委しいことは御使者に申し述べさせます。

冒頭に言及された二通の使札とは、上方の状況について事前に何の相談もなかったと、真田昌幸が三成に不満を述べたものと判断される。三成は昌幸に対し、事前に計画を相談しなかったことを詫び、理解を求めている。三成は、細川忠興こそが家康を「徒党」の大将に戴き、国乱に巻き込んだ張本（ちょうほん）であるとして、「丹後征伐」の経緯を述べる。家康が指揮する軍勢を「徒党」とすることで、「会津征伐」の名分を剝奪し、それに代えて「丹後征伐」を「公儀」による新たなる正義の派兵と位置づけることになる。大坂にいる妻子の安否にも言及するが、真田信繁の正室は大谷吉継の女子であり、真田家と大谷家とは姻戚関係にあった。ことさらに刑部少輔吉継の名を出しているのは、そうした配慮によるものであろう。

さらに、慶長五年（一六〇〇）の年末から六年の初頭にかけて、関東への出勢計画があったことがわかる。

三成は、真田昌幸を仲介者として、会津の上杉景勝との間に連絡を取ろうとした。かなり詳細かつ具体的な指示であり、やはりここに至る一連の決定には、三成の意向が強く働いているとみて大過なかろう。三成と上杉景勝およびその老臣直江兼続の間に、事前の連絡があったか否かについては定かではないが、いったん挙兵となった以上は上杉家を友軍と見なしており、これとの連携は必須のものとなる。年齢こそ離れてはいるが、真田昌幸と三成とは相婿の関係であり、上杉との連携をはかる上で、三成が真田昌幸に絶大な期待を寄せていたようである。

新たな「公儀」の成立

八月一日には伏見城が陥落する。伏見城を落とした後、宇喜多秀家・石田三成らは大坂城へ入る。ここで豊臣秀頼を推戴する二人の「大老」と四人の奉行衆が一堂に会する。八月朔日付で毛利輝元と宇喜多秀家の二大老、および長束正家・増田長盛・石田三成・徳善院前田玄以という四人の奉行衆が、揃ったかたちで連署状が発せられる。

其方之儀、勢州城々へ為加勢被遣候間、明日・明後日有御用意、来五日ニ可有御越候、人数有次第可被召連候、所之儀者、追而可申候、恐々謹言、

長束大蔵

八月朔日　　正家（花押）

増田右衛門尉

長盛（花押）
石田治部少輔
三成（花押）
徳善院
玄以（黒印）
輝元
秀家

蒔田権左殿

（廊坊篤氏所蔵文書・大阪城天守閣『特別展　五大老』図録所収）

◇その方には伊勢方面の攻城戦に加わってもらうので、明日・明後日のうちに出陣の御用意を済まされ、来る五日に大坂に御越しありたい。人数は出来る限り召し連れられたい。具体的な場所については追って連絡する。

この連署状によって、充所の蒔田広定（左衛門権左）は伊勢口へ派遣される軍勢に加わることを求められ、準備を整えて参陣することを命じられた。

ついで、翌二日付で同じ六名の連署状が発せられる。この連署状では、ここに至る経緯を踏まえつつ、伏見城陥落の戦果と丹後征伐の状況が具体的に説明される。

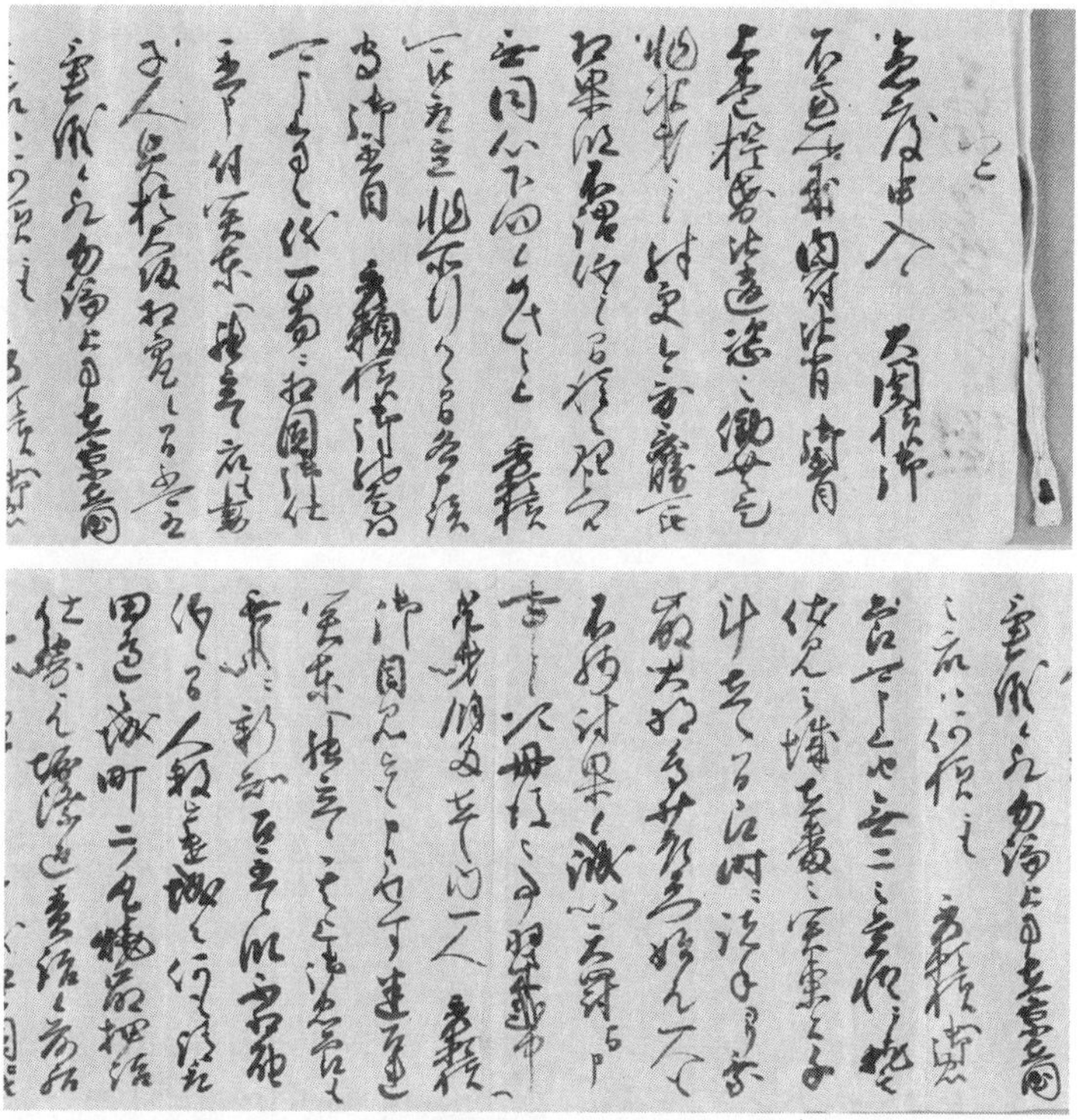

図26　慶長５年８月２日付真田安房守宛二「大老」四奉行連署状

急度申入候、太閤様御不慮以来、内府被背　御置目、上巻誓帋被違、恣之働無是非次第ニ候、殊更今度景勝可被相果段、不謂儀ニ候間、種々理申候へ共、無同心下向候、如此之上、秀頼様可被取立、非所行候之間、各申談、守御置目、秀頼様御馳走為可申、上方之儀一篇ニ相固、御仕置申付、関東へ罷立候衆も妻子人質於大坂相究候間、不可有異儀候歟、勿論上方在京在国之衆ハ、何様ニも、秀頼様へ御忠節可申上由、無二之覚悟ニ候、就之伏見之城在番ニ関東ニ千計在之間、即時ニ諸手ヨリ乗崩、大将鳥井彦右衛門始候て、一人も不残討果候、誠以天罰与申事ニ候、次丹後之事、羽柴越中兄弟余多在之内、一人　秀頼様へ御目見をも申させす、悉召連関東へ罷立候、其上御忠節も無之ニ、新知召置候段、不相届儀候間、人数を遣城々何も請取、田辺之城町二ノ丸焼崩押詰仕寄候て、堀際迄責詰候、落居不可有程候、其表之儀堅固ニ被仰付、秀頼様へ御忠節此時候、左候者各々被相談、御外聞も可然様ニ可申談候、恐々謹言、

（慶長五年）
八月二日

長大
正家（花押）
増右
長盛（花押）
石治
三成（花押）
徳善
玄以（黒印）

芸中
輝元（花押）
備中
秀家（花押）
真田安房守殿
御宿所

（「真田家文書」〈真田宝物殿収蔵品目録『長野県宝　真田家文書（1）』四六号〉）

◇確実を期して申し入れます。太閤様が亡くなって以来、家康（内府）は（秀吉の）御置目に背き、上巻の誓帋に違犯して、恣の所業を進め、是非なき次第です。ことさらに今度は上杉景勝を討ち果たそうとしていますが、いわれのないことであり、（景勝が）種々弁明を試みたにもかかわらず、納得せずに（結局会津へ）下向しました。このようなことは、秀頼様のご成長を育む行いではないので、おのおの申し談じ、御置目を守り、秀頼様の御世話を申すべきため、上方のことは一円に制圧し、東国へ出勢した諸将の妻子は大坂の人質と定めました。この措置に異議ある者はいないのではないでしょうか？。勿論、在上方や在京・在国している諸大名はとにかく、秀頼様へ御忠節申し上げることを二心なく覚悟しています。そこで徳川勢二〇〇〇ばかりが護る伏見城を即時に陥落させ、大将鳥居元忠（鳥井彦右衛門）をはじめ、一人も残さず討ち果たしました。誠に天罰と言うべきは、このことです。つぎに丹後国については、細川忠興（羽柴越中）に兄弟が多く居るにもかかわらず、誰一人として秀頼様へ御目見をもさせずに、ことごとく召し連れて関東へ出勢しました。

図27　鳥居元忠

さらに御忠節もないのに、新たな知行を得ています。不届きであるので軍勢を（丹後に）遣し、すべての城々を請け取り、（幽斎の籠もる）田辺の城内は二の丸まで焼け崩れ、押し詰め仕寄を行ない、堀際まで責め詰めました。もう落城まで少しです。そこの地域の支配を堅固にし、秀頼様への御忠節を顕かにするのはこの時です。そこを理解し、おのおの相談して、御外聞も成り立つように申し談じるようにしてください。

家康の行為を糾弾し、排除に至った経緯、その後の顚末を整合的に説明したものであり、内容としては、これまでに発給されたものと重複する。しかしながら、この連署状は、秀頼を推戴する新たな「公儀」の成立と、その構成者がみずからの正統性を主張するものであり、その意味できわめて象徴的な文書と評価される。

大坂城内では、二「大老」と四奉行が主導するかたちで、西国への対応および畿内近国を制圧して、反転が見込まれる家康以下の軍勢を迎え討つための計画が検討された。細川忠興が討伐の対象となったため、豊後国内の杵築領も収公されることとなる。八月四日付で、三成・増田長盛・長束正家・徳善院前田玄以らは、杵築城などを請け取るため、太田一成（美作守）を豊後にくだす。

急度令啓候、内府去々年以来、太閤様被背御置目、上巻之誓紙ヲ被違、恣ノ働ニ付而、今度各申談、

及鉾楯候、関東之儀も伊達・最上・佐竹・岩城・相馬・真田安房守・景勝申合、色を立候ニ付而、則八州無正躰事候、上方より罷立候衆も、妻子人質於大坂相究候故、是又種々懇望候、就其越中方之事、大勢兄弟之内、一人秀頼様へ御見廻をも申させす、悉関東へ罷立、其上何之忠節も無之、新知召置候儀、不相届ニ付而、丹後之事城々悉請取、田辺一城町二ノ丸まて令放火、責詰仕寄申付候、落居不可有程候、貴所之事、太閤様別而被懸　御目、知行等まて被下候間、秀頼様へ御忠節可在之義候、於様子者太田美作守方へ申渡候て差下候、其郡之事、速可被明渡候、何かと候てハ不可然候、恐々謹言、

（慶長五年）八月四日

長大　正家

石治　三成

増右　長盛

徳善　玄以

松佐

御宿所

（「松井文庫所蔵古文書」四四三号〈『松井文庫所蔵古文書調査報告書』三〉）

◇確実を期して言上します。徳川家康（内府）は去々年以来、太閤様の御置目に背かれ、上巻の誓紙に違犯して、恣の所業を行なってきました。今度おのおの相談し、戦うことに決しました。関東でも伊達政宗・最上義光・佐竹義宣・岩城貞隆・相馬義胤・真田昌幸（安房守）・上杉景勝らも申し合せ（家康に反対する）態度を明確にしましたので、関東の政治は正常に機能しなくなりました。上方から会津に向かった諸大名も、大坂で妻子を人質にされているので、さまざまに大坂方への帰順を懇望しています。（しかしながら）細川忠興（越中）は大勢兄弟が居るにもかかわらず、一人も秀頼様へ御挨拶もせず、ことごとく（会津へ向かうため）関東へ出立しました。さらに何の忠節もないのに、新たな知行を与えられたことも不届なことです。（細川の本国）丹後では、城々はことごとく（大坂方へ）明け渡し、田辺城も二ノ丸まで焼き払い、攻め続けていますので、落城までさほど時間はかからないでしょう。あなたは、太閤様がとりわけ御目を懸けられ、知行等まで下されたので、秀頼様への御忠節心があるでしょう。細かな指示は、太田一成（美作守）に申し渡して（豊後に）差し下しますので、（細川領の豊後国速見）郡をすみやかに引き渡すように。何かと支障を言うことは許されません。

三成らは例によって家康の非をなじったのち、東国の状況を松井康之に告げている。ここには、結果的に大坂方とは敵対することになる諸大名の名も含まれており、三成による情報操作の側面は否定できない。とはいえ、この段階で、最上義光は上杉の大軍勢には抗えないと判断し、偽装とはいえ上杉与党としての立場を示していた。伊達家にしても、当主政宗自身は反三成であったが、家中とりわけ重臣は、必ずしも親徳川というわけではなかった。したがって、彼らについていえば、上杉討伐の動きが、必ずしも活発に進められていたわけでもない。状況はきわめて微妙であった。よく知られるように、家康も全国の諸大名に対して、論功を約した書状を濫発している。すなわち、この段階の三成の観測を、単に真田を自陣営につなぎ止めておくための情報操作とか、希望的観測であるとは言い切れないのである。

これまでも丹後征伐の経緯を公表してきてはいたが、ここでは三成の復権を踏まえ、在坂の四奉行衆が連署して、細川家豊後領の引き渡しを命じている点に意義がある。新たな公儀権力の発動がなされたのである。ところで、この文書には、より上位のものとして、同日付の毛利輝元・宇喜多秀家連署状が存在する。

其郡之義、為可請取、大田美作方指下候、於様子者、従年寄衆可被申入候間、早々明可被渡候、恐々謹言、

（慶長五年）八月四日　　輝元　在判

　　　　　　　　　　　秀家　在判

松井佐渡守殿

（「松井文庫所蔵古文書」四四四号・『松井文庫所蔵古文書調査報告書』三）

◇その郡を請け取るため、大田一成（美作守）を豊後に派遣します。詳細は「年寄衆」が申し入れられますので、早々に明け渡してください。

ここで注目されるのは、三成ら先の連署者をやはり「年寄衆」と評していることであろう。三成らは豊臣家の年寄衆として、天下の政務に関わる正統性を認められる。ここで使者として派遣される太田一成は、同じく豊後の海部郡臼杵城主太田一吉（飛騨守）の実弟である。こののち一成は、いったん臼杵

に入り、そこから杵築（きつき）城の松井康之・有吉立行に対して、城明け渡しの交渉を進めることとなる。ちなみに、「欠国」となった豊後杵築領は、秀頼の意を体した大坂の奉行衆によって、豊後国の旧主大友吉（よし）統（むね）に充行（あてが）われることとなる。

また、毛利輝元や三成ら奉行衆は、豊前小倉城主毛利吉成（壱岐守）を九州へ下している。肥後の加藤清正に対して、奉行方に与（くみ）するよう説得するためである。吉成が肥後熊本に到着するのが、八月十八日と知れる。太田一成の豊後下向命令と同じ頃、毛利吉成の肥後派遣も決定されたと推察される。

一方、畿内近国の制圧に関しても、八月五日までには戦略が整う。具体的には、軍勢を「伊勢口」「美濃口」「北国口」などに展開することが決し、さらに近江国瀬田の在番衆と大坂城留守居衆の面々も定められた。ここで決定した具体的な陣容は「備之人数書」として知られる。「美濃口」の主将に任ぜられた三成は、「六千七百人」を率いることとなっている。また、三成とともに「美濃口」への進軍を求められたのは、岐阜の織田勢のほか、小西行長・島津義弘らの諸将である。

佐和山での出陣準備

三成は大坂城を出て、いったん佐和山に戻り、出陣の準備に従う（『義演准后日記（ぎえんじゅごうにっき）』慶長五年八月五日条）。のちにしたためた三成書状（九月十二日付増田長盛充書状〈「古今消息集」所収文書、『愛知県史　資料編一三　織豊3』一〇一九号〉）に拠ると、人の召し抱えなどで、蓄えた金銀米銭をほとんど使い果たしたと述べており、三成はまさに乾坤一擲の覚悟をもってこの戦いに臨もうとしていた。さらに、三成は佐和山城から、ほぼ毎日のように長文の書状を発する。味方の優勢を伝え結束を固めるため、確実な送達を期したものであろうが、ある種の情報操作という側面も否定できない。大坂城にも頻繁に飛脚を遣わしていたようであるが、真田家に充てたものも今日なお多く確認される。三成にとって、信州上田と上州沼田を抑える真田父子は、それ自体重要な位置を占めるが、加えて会津の上杉家との連動を実現する上でも大事な存在と認識されていた。

三成は八月五日付で、真田昌幸（安房守）とその子息信幸（伊豆守）・信繁（左衛門佐、一般には「幸村」として知られる）に充てて次のような書状を発している。

已上

態申入候、

一、(1)此飛脚早々ぬまた越ニ会津へ御通し候て可給候、自然ぬまた・会津之間ニ他領候て六かしき儀在之候共、人数立候て成共、そくたく(嘱託)ニ成共、御馳走候て御通しあるへく候、

一、(2)先書ニも如被申候、貴殿事早々小室・ふかせ・川中嶋・すわの儀、貴殿へ被仰付候間、急度可有御仕置候、可成程御行此時ニ候事、

一、(3)とかく物主共、城々へ不罷帰御才覚肝要ニ候事、

一、(4)会津へも早々関東表へ御行被仰談、行ニ可被及之由申遣候、貴殿よりも御入魂候て、可被仰遣候事、

一、(5)従越後も無二ニ秀頼様へ御奉公可申旨、申越候間、妻子も上方ニ在之事候条、偽も在之ましく候、羽肥前儀、母江戸へ遣故候か、未むさとしたる返事候、剰無二ニ上方へ御奉公と申羽柴五郎左へ手前へ人数を出候間、自越後越中へ人数可被出旨申越候、定相違有間敷候事、

一、⑥関東へ下上方勢、漸尾三内へ上り、御理申半ニ候、それ〳〵ニ承候儀究候て相済候事、
一、⑦先書ニも申候伏見之儀、内府為留主居、鳥居彦右衛門尉・松平主殿・内藤弥次右衛門父子、千八百余にてこもり候、七月廿一日より取巻、当月朔日午刻、無理ニ四方ヨリ乗込、一人も不残討果候、大将鳥井首ハ御鉄砲頭すゝき孫三郎討捕候、然而城内悉火をかけ、やきうちにいたし候、鳥井彦右衛門尉ハ石垣をつたい、にけ候よし、誠かやうなる儀、即座ニ乗崩候段、人間之わさニて無之と各申合候事、
一、⑧先書ニも申候丹後之儀、一国平均ニ申付候、幽斎儀者一命をたすけ、高野之住居之分ニ相済申候、長岡越中妻子ハ人質ニ可召置之由申候処、留主居之者聞違、生害仕と存、さしころし、大坂之家ニ火をかけ相果候事、
一、⑨備之人数書、為御披見進之候、此方之儀可御心安候、此節其方之儀、公儀有御奉公、国数可有御拝領儀、天之あたふる儀候間、御由断在之間敷候事、
一、⑩拙者儀、先尾州表へ岐阜中納言殿申談、人数出候、福島左太只今御理申半ニ候、於相済者、三州表へ可打出候、もし於不済者、清須へ勢州口一所ニ成候て、可及行候、猶言事可申承候、恐々謹言、

（慶長五年）八月五日　　三成（花押影）

真田房州
同　豆州
同　左衛門介殿

人々御中

（「真田家文書」〈真田宝物館収蔵品目録『長野県宝　真田家文書（1）』五四号〉）

◇（以下について）態々（わざわざ）申し入れます。

一、(1)この飛脚を早々に上野沼田経由で会津へ御通しなられたい。たとえ沼田と会津の間に他領があって困難であっても、軍勢を動員するなり、金品をもって依頼するなりして、御世話いただき御通しくだされますよう。

一、(2)先書でも申しましたように、貴殿にはさっそく小諸・深志・川中嶋・諏訪などを与えられることになりました。確実に支配を進めてください。できる限りの軍勢を出すのはこの時でありますこと。

一、(3)とにかく真田家の頭立つ者々も、みずからの城々へは帰らないとの覚悟が肝心でありますこと。

一、(4)会津の上杉家へも早々に関東表への出兵計画を申し談じ、上杉家も関東へ兵を出すように申し遣しました。貴殿よりも上杉家へ、親しく仰っていただくこと。

一、(5)堀秀治（越後）も偏（ひとえ）に秀頼様へ御奉公申す事を伝えてきました。妻子も上方に居ることですので、その意向に偽りはないでしょう。前田利長（羽肥前）は、実母を江戸へ遣しているからか、いまだにいい加減な対応です。その上、ひたすらに上方へ御奉公する丹羽長重（羽五郎左へ）へ軍勢を差し向けています。越後から前田領の越中へ軍勢を出しますので、きっと（前田利長も）間違いなく味方となりますこと。

一、(6)関東へ下った上方勢もようやく尾張・三河辺りに戻り、この間の事情説明を行なっています。

それぞれの説明を聞いて、善後処理を終えますこと。

一、(7)先書にも申しました伏見のこと、徳川家康（内府）が鳥居彦右衛門尉・松平主殿・内藤弥次右衛門父子らを留主居（るすい）として、一八〇〇余の軍勢で立て籠もっていました。七月二十一日より包囲を開始し、八月一日の正午頃（午刻）、強引に四方より攻め込み、一人も残さず討ち果たしました。大将の鳥居元忠の首は、御鉄砲頭鈴木孫三郎が討ち捕りました。その後、城内ことごとくに火をかけ、焼き払いました。鳥居元忠は石垣を伝って逃亡を図りました。このような状況でしたので、すみやかに攻め崩すこととなりました。まったく人たるものの行ないではないと、おのおので話し合いましたこと。

一、(8)先書にも申しました丹後のこと、一国すべてを平定しましたが、細川幽斎については一命を助け、高野山に入ることで決着しました。細川忠興（長岡越中）の室は人質として身柄を確保するように命じましたが、留主居の者が聞き違って、自害すべきだと勘違いし、（忠興室を）刺し殺し、大坂屋敷に火をかけて果てましたこと。

一、(9)軍勢の配置を書き出した書を御覧にいれるため進上します。こちらのことは御安心されたい。公儀へ御奉公されて、数ヵ国を御拝領されるのは天与のことですが、この後、御油断のなきこと。

一、(10)拙者はまず尾張へ出て、織田秀信（岐阜中納言）殿と相談し、軍勢を出します。福島正則（福島左太）は只今弁明を行なっている途中です。首尾よく進めば三河へ打ち出します。もし不首尾となれば、勢州口の軍勢と合流して福島正則の居城たる清須を攻めます。なお、ご意見があれば承ります。

ここで、三成は信濃一国の支配を真田家に委ねるとしている。さらに、越後春日山の堀秀治が、大坂方に与するとの目論見が語られており、注目される。情報操作である可能性もあるが、こののちの三成文書にも、堀秀治の与同についてはしばしば言及がある。そこでは、家康の討滅後には論功行賞として、堀秀治に上方での知行充行を行なうとしている。

また、尾張清須を領す福島正則（左衛門大夫）が大坂方となる可能性が、どの程度のものであったのかわからない。しかしながら、この段階で三成らの軍勢は、あくまで「公儀」として秀頼を推戴するという名分をもっており、秀吉の子飼いであった福島正則の説得も、充分に見込みがあると考えていたようである。いずれにしろ、正則が服従するようならそのまま三河に進軍するし、また抵抗するようなら「勢州口」の軍勢と合流して、正則の居城である尾張の清須城を攻撃すると述べている。「勢州口」とは、先の「備之人数書」における「伊勢口」の面々であり、伊勢方面の制圧を任された宇喜多秀家・長宗我部盛親・小早川秀秋らの軍勢を指す。

三成は真田昌幸に充てて、八月六日付でも書状を発している（「古今消息集」所収文書〈史料纂集『歴代古案』一二八二号〉）。内容の半ばは五日付のものと重複する。三成はさらに、尾張方面には昨日すでに吉川広家・安国寺恵瓊・長束正家らが出発していること、自身は明後日に尾張方面に出てそこで織田秀信と協議を行なう予定であること、佐和山城には九州勢を入れて必要次第に出陣させること、家康が西上して浜松あたりに達した時には毛利輝元が伊勢に出勢すること、近江国内の徳川家領一〇万石を収公して当面の褒賞に充てる心算であること、などを告げている。

三　関ヶ原の戦い

三成の大垣入城

三成が常陸水戸の佐竹義宣に充てたと目される八月七日付の書状に、次のような箇条があり、家康との決戦場所が示されている（史料纂集『歴代古案』一一四号）。

一、万ヵ一も、家康うろたへ上候ハヽ、尾州・三州之間ニ而、可討果儀案中ニ候、然間被遣人数之備書立、為御披見進之事、

◇一、万一、家康が慌てふためいて西上するような場合は、尾張・三河のあたりで討ち果たすべき所存である。具体的な陣容をしたためた書き付けを進上するので、御覧いただきたい。

三成は、尾張から三河あたりで家康の軍勢と衝突することを想定しつつ、八月八日に佐和山城を発する。九日に美濃国垂井（たるい）に達した三成は、十日に大垣城に入る。佐和山に領知を得る前の段階で、三成が美濃安八郡神戸（ごうど）を本拠として美濃の一部を領国支配していたのではないかと述べたが、神戸はこの岐阜城の北に隣接する地域である。したがって、このあたりは石田家中にとっては、ことさらになじみのある地域であった。三成の大垣入城には、故地に拠ることで、戦況を優位に進めようとする戦略があったのだろう。

三成は大垣城から友軍の諸将に書状を発する。現在確認されるのは、例によって、信州上田の真田昌幸（安房守）・信繁（左衛門佐）に充てたものである。

去五日之御状、今日於濃州大垣令拝見候事、
一、⑴度々爰元之様子、其地之儀申越候、未無参着候哉、只今の御書中無御心元候事、
一、⑵羽久太儀、何様ニも　秀頼様次第と度々到来候間、羽柴肥前老母并家老之人質、江戸へ遣取、未御事請不申、剰加州小松表へ人数を出なと〻風説候条、急度越中へ乱入可在之旨、度々申遣候、定而早々彼面へ可及行候事、
一、⑶石玄番事ハ大坂ニ妻子其上兄弟在之事候間、致推量ニ　公儀慮外難成身上候間、石備前を以巨細申候キ、定而別条在之間敷歟難計事、
一、⑷羽右近事、定而菟角ニ内府儀無二ニ可存候、新知拝領候、其上上方ニ妻子一人ならて無之、菟角貴所より早々可被及御行事、
一、⑸石玄事も済候へハ能候、不済候ハ丶、是又其方より可被及御行候、越後より之道明候へハ、会津へ之通用共ニ自由候事、
一、⑹信州之儀ハ不及申、甲州迄も貴所御仕置可在之旨、輝元をはしめ各被申候事候、拙□より能申候へとの事、此段先書ニ申候、早々人をも御拘候て、方々へ之御仕置此時候、拙子儀しかと濃州ニ在陣候、長大勢州ニ在陣候、此口之儀、家康ほとの者十人上り候共可御心安候、討果候より外他事不可在之候、今度関東へ罷立めん〳〵、尾・三州の間ニ集居候て、懇望申族も候、又江戸にて人質をしめられ、致迷惑族も在之事候、味方説ニ申候哉らん、家康急度上ルなと〻申成候由候、あわれ上り候へかしと念願迄候事、
一、⑺菟角早々会津へ使者を被立、　公儀無御如在、拙者と被仰談候由、可被仰合候、不及申候へ共、

国ならひにて物のそかどを申方□候間、如此御入魂之上ハ、少々出入ハいらぬ事候間、物やわらかに、彼方気ニ入候様ニ被仰越、御入眼此時候事、

一、(8) 先書にも如申、臥見(伏見)之城、家康留守居鳥居彦右衛門をはしめ七頭歟千八百余残置候処、此時宜候間、関東へ明退候へと申候へ共、りくつ申候間、去朔日四方より乗入、一人も不残討果候、鳥彦右首ハ御鉄炮頭鈴木孫三郎討捕候、此間、御殿中雑人はらふミけがし候間、不残焼払候、大垣(大坂)之儀も西之丸ニ人数五六百ほと残置候を追出、臥見へ追入、輝元被入替候、是又臥見ニて同前ニ討果候、臥見にて各手を砕乗崩候、九州なとの衆別而手柄を被仕候、大坂ニハ増右被居候、輝元在城候、臥見ニも六七千にて、掃除・普請以下申付候、然間京都・大坂静ニ候、勢州江安国寺・吉川壱万余召連、長大同道にて罷越候、尾・濃へハ拙子罷越候、島津其外九州衆佐和山へ被参候、人数入次第、尾・濃之間へ可打出候、丹後之事はや一円平均ニ申付候、幽斎事可被成敗ニ義定候処、自 叡慮色々被 仰出、命之事相助、九州中流罪之躰候、則諸方へ之備書立進入候、此備書立之内ニ在之面々□、無二 秀頼様可抽忠節覚悟候、せいしニまて相究候、此外先手ニ在之衆、此書立ニ不乗衆も可在之候、右之段先書ニ雖申候、不相届候哉、又申入候、恐々謹言、

(慶長五年)八月十日　　三成(花押)

石治少

真田安房守殿

同左衛門尉殿　御報

(大日本古文書『浅野家文書』一一三号)

◇去る五日の御状を、今日美濃の大垣で拝見しました。

一、[1]たびたびこちらの様子を知らせ、そちらへの指示を行なってきましたが、こちらからの書状は、いまだ到着していないのでしょうか。今回いただいた返信の内容に（こちらの書状が反映されておらず）心元なく思いますこと。

一、[2]堀秀治（羽柴久太郎）が、いずれにしろ秀頼様次第と、たびたび書状を送ってきます。前田利長（羽柴肥前）が老母と家老を江戸へ人質として遣していますから、いまだ味方することを承知もせず、それのみか、加賀小松に軍勢を出して（丹羽長重）を攻めるといった噂があります。必ず（堀秀治に）越中へ攻め込むようにたびたび申し遣わしていますので、早々に（堀秀治が）前田領へ出陣することになりますこと。

一、[3]石川三長（玄番頭）は、大坂に妻子のみならず兄弟も居りますので、推量するに公儀に対して慮外な対応はできないでしょう。石川貞清（備前守）から詳細を伝えておりますので、おそらく問題はないと思われますが、予断はできないこと。

一、[4]森忠政（羽柴右近大夫）は、何はともあれ家康（内府）を裏切ることはないでしょう。新しい領知を与えられ、そのうえ上方には妻子の一人も居りませんので、とにかくあなたから早々に攻められるべきこと。

一、[5]石川三長（玄番頭）のことは問題なければそれでよいですが、敵対するようであれば、こちらについても、あなたが攻めていただきたい。越後への道が確保できれば、会津への行き来も思い通りになりますこと。

一、[6]信州のことは言うまでもなく、甲州までもあなたの支配に委ねますことは、毛利輝元をはじめ、おのおのが言っていることであり、わたしよりもよく伝えるようにと言われたことは、前の書状でも伝えました。すみやかに人を御抱えになり、各方面の支配を進めるのは、この時をおいてございません。わたしが美濃に在陣し、長束正家（大蔵）が伊勢に在陣していますので、こちらは家康程度の者が一〇人襲来したとしても御安心ください。討ち果たすより他はないでしょう。このたび関東へ出勢した諸大名の面々も、尾張・三河のあたりに戻り集ってきています。（なかには大坂方への帰順を）懇望する族もいますし、また、江戸で家康に人質をとられ困惑している族もいます。味方として留まるように説得するためでしょうか、家康が急いで西上することを決したようです。是非とも上ってきてほしいもの（そうなれば撃破できるので）と、念願するまでのこと。

一、⑺とにかく、すみやかに会津へ使者を遣わされ、公儀の意向を疎略にしないよう、わたしと連携なされることをご相談ください。申すまでもないことですが、独特の価値観のある方なので、このように親密な関係が結ばれている上は、少々の出入も望みませんので、穏やかに事を進め、上杉家の納得いくように仰ってください。念願の成就は、まさにこの時ということ。

一、⑻先書にも申しましたが、伏見城には、徳川家康（内府）が鳥居彦右衛門尉をはじめとして、一八〇〇余を残し置いていきました。城を明け渡して関東に移るように言いましたが、抗うばかりでしたので、八月一日に四方より攻め込み、一人も残さず討ち果たしました。大将の鳥居元忠の首は、御鉄砲頭鈴木孫三郎が討ち捕りました。戦闘によって、城内は身分卑しい者たちに踏みにじられましたので、城は残らず焼き払いました。大坂城にも西ノ丸に、家康が人数五、六〇〇ほどを残し置いていましたので、これらも伏見城に追い出して、毛利輝元が代わりに入りました。（西ノ丸から追い出された連中も）同じように伏見城で討ち果たしています。伏見ではそれぞれの軍勢が奮戦し、落城に至りました。とりわけ島津などの九州勢の働きには、大きなものがありました。大坂城には、増田長盛が留守居として残り、また毛利輝元も在城しています。伏見にも六、七〇〇〇の軍勢を遣わして、戦後の処理や普請などを命じておりますので、京都や大坂は静謐（せいひつ）です。伊勢は、安国寺恵瓊・吉川広家ら一万余の軍勢が、長束正家とともに制圧します。尾張・美濃へはわたしが向かい、島津そのほかの九州勢が近江佐和山へ入って人数が整い次第に、尾張・美濃方面へ打って出ます。丹後のことは、すでに一国すべてを制圧しました。細川幽斎については処断するつもりでしたが、朝廷の意向もあって、命ばかりは助けることになりました。（いずれ）九州のどこかに配流となるでしょう。諸方面へ遣わしました軍勢の配置書をお送りします。この配置書に名がある諸将・諸大名は、いずれも秀頼様を絶対のものと考え、忠節をつくす覚悟であり、誓紙までもしたためています。このほかにも味方となる諸将・諸大名もあります（のでくれぐれも安心されたい）。これらのことは前の書状にも書きましたが、手許に届いて居ない可能性もありますので、改めて報じるものです。

真田領に近接する越後の堀秀治の動向、および同じ信濃国内の石川玄番頭三長（石川数正の子で松本城主、名乗りは「康長」「数長」とも）や森忠政（川中島飯山城主）らの去就を告げ、真田昌幸に実質的な軍令を下している。森忠政は森可成（よしなり）の六男であったが、兄長可（ながよし）の遺領を継いで美濃金山を領していた。これが、秀吉が没したのちの慶長五年二月に、信濃のうち更科（さらしな）・水内（みのち）・埴科（はにしな）・高井郡などを与えられた。

『寛政重修諸家譜』によると前封地の石高が七万石であったが、信濃では一三万七五〇〇石と破格の加増をうけている。「内府ちがいの条々」でも非難されていた件であり、三成の書状にみえる「新知拝領」とはまさしくこれを指す。三成はこうして想定される信越諸大名の向背を告げ、昌幸には信濃はいうに及ばず、甲斐までも支配下におくことを促している。真田家に旧武田領の支配を保障し、関東の家康を背後から脅かす戦略である。

さらに例によって、会津上杉家との連動にも腐心する。七ヵ条目の「物のそかど」の意味がとれないが、「国ならひ」は「国並び」あるいは「国習い」であろうか。ここではひとまず後者として、解釈をした。いずれにしろ、三成は昌幸に対して上杉景勝の意向を充分に尊重して、連携を進めるように支持しているようである。最後の箇条は、さまざまな内容をまとめて書き込んでいるが、三成自身もいうように、書状の不着を恐れての重言である。

ついで、三成は八月十三日に、尾張国葉栗郡内の曼陀羅寺に充てて禁制を発する（「曼陀羅寺」〈『愛知県史　資料編一三　織豊3』九四二号〉）。このころには、「会津征伐」から転じて西上した軍勢が尾張清須あたりにまで達し、ほどなく大坂方と濃尾の間に対峙するという事態を迎えることになる。家康の軍勢は、会津上杉領に侵攻しないまま転進したため、西上が早まったのである。その結果、三成の想定した主戦場の位置も、尾張・三河付近から大きく西にずれてしまうことになる。しかしながら、徳川家康は前線諸将の向背を懸念し、江戸に止まっていた。三成の書状にあるように、踵を翻して西上する軍勢のなかには、三成ら奉行方への弁明を行ない、そのまま大坂方の陣営に加わる諸将もあると危惧したためであろう。

岐阜城の陥落

この段階では、主君たる豊臣秀頼は、大坂方に推戴されていた。反転してきた諸将が、一枚岩であったとも考えられない。しかし、家康は彼らに対し、行動においてその旗幟を鮮明にすべしと、強要する。これをうけて、福島正則らは八月二十日に清須で軍議を開き、織田秀信の拠る岐阜城の攻略を決定する。幾分かの推論を交えることになるが、正統性を剝奪され「徒党」の汚名を着せられた彼らとしては、中央突破による現状打破のみが、みずからの保身につながる唯一の道と考えたのかもしれない。八月二十三日、福島正則・池田輝政・細川忠興らの軍勢は、岐阜城を陥落させる。岐阜城を落とした諸将は、ついで三成らが籠もる大垣城の水責めを画策するが、家康より自身の到着まで慎重に行動するよう命じられたため、この水責めは実施されなかった。諸将は家康の到着を待つ間、美濃国赤坂の岡山で、陣所普請にあたることとなる。

一方、味方である織田秀信の岐阜城が陥落したことを受け、三成はいったん佐和山へ帰陣する（『義演准后日記』慶長五年八月二十六日条）。理由は判然としないが、敵勢の侵攻に備えて佐和山城の防備を固めるための帰還ではなかったかと考えられる。これに加えて、京極高次（大津宰相）の動向が関係した可能性も指摘できる。

大津の京極高次は、大坂方に与して奉行衆の指示に従い、八月七日に居城大津を発して北国に向かった。しかし、行軍の進路がきわめて遅く、味方の疑惑を招いていた。三成が佐和山に転じた頃、京極勢はようやく伊香郡東野（いかぐんひがしの）に達したが、ほどなく家康方に転じ、海津（かいづ）から琵琶湖上に途をとり、九月三日には大津に戻って籠城の構えに入る。大津攻城戦は、毛利勢や筑後の諸勢に委ねられることとなるが、三成の佐和山帰還は、城の防備を固めるとともに、京極高次の動きを牽制し、これに対応するためのものではなかったろうか。

三成は佐和山を出て、再び美濃国大垣城に入る。三成の大垣再入城と前後して、伊勢方面や越前などに分散していた大坂方の諸将が、美濃国へ集結してくる。宇喜多秀家は、伊勢方面へ向かう途次にあったが、進路を転じて大垣に入城する。相前後して、「北国口」の主将として越前にいた大谷吉継らも、関ヶ原山中(やまなか)村に着陣した。また、毛利秀元や安国寺恵瓊らも伊勢から北上し、大垣城を東に望む南宮山(なんぐうさん)に着陣する。こうして、本来は伊勢方面、北陸方面を担当すべき軍勢も、西美濃に集結することになる。そして、軍陣の指揮は、かねてから「美濃口」の主将をつとめていた三成がとることとなった。

後世、「関ヶ原の合戦」で三成がいわゆる「西軍」の大将に擬せられる背景には、こうした経緯を考える必要があろう。

三成と宇喜多秀家・小西行長・島津義弘(惟新)ら大垣城の諸将は、大垣城にほど近い林村に八月二十七日付で(岐阜県大垣市「顕性寺文書」)、ついで城下の西円寺(さいえん)に九月五日付で、連署して禁制を発している(岐阜県大垣市「西圓寺文書」)。また、三成はこの間、美濃国揖斐(いび)郡の高橋修理に充てて九月二日付の書状を発し、敵勢の背後を脅かすよう促している(「古文書類纂」)。

西美濃での両軍対峙

一方、九月一日に江戸を発した家康は、六日に駿河国西端の島田に達し、八日には三河国白須賀(しらすか)に到着する。こうして次第に西美濃あたりで、両軍の主力が激突する可能性が高まっていく。

三成の想定した当初戦略は、「会津征伐」によって敵の主力が不在となる間隙をついて、畿内周縁の国々を完全に制圧する、というものであった。この作戦計画のもと、大坂城で毛利輝元と増田長盛・徳善院前田玄以らが豊臣秀頼を推戴し、美濃・伊勢・北国の各方面に軍勢を展開させていた。ところが、家康らの軍勢は会津に至ることなく、反転して西上してきた。敵の主力を会津の上杉景勝が釘付けにするという、当初の戦略はここで綻びをみせる。三成が真田昌幸を通じて、しきりに上杉方との連携・連動に尽くそうとしたのは、まさにこうした事態を恐れたからに他ならない。加えて、三成ら奉行衆の期待に反し、弁明を行なって大坂方の陣営に加わる諸将もなかった。本来、家康方との衝突は尾張・三河地域でと想定されていたが、三成も作戦変更を余儀なくされたのである。三成は、大坂城の毛利輝元に、出馬を乞うこととなる。要請は再三に及び、輝元自身も出陣の意を固めたが、大坂城では増田長盛の裏切りが取り沙汰されたため、容易に大坂を離れることができなかった。岐阜城陥落によって士気が沈滞し、思い通りに事が運ばないこと焦る三成は、九月十二日付で大坂城に残る増田長盛に充てて、かなり長文の書状をしたためている（「古今消息集」所収文書〈『愛知県史　資料編一三　織豊3』一〇一九号〉）。

ここで三成は、戦陣に臨みながら、上り下りもままならないような高所に陣取る長束正家・安国寺恵瓊らを詰り、その陣立てを無駄と論断している。そして、近江佐和山から出動した軍勢に、敵方への内通が疑われる者（小早川秀秋らを指すものであろう）があると訝り、味方の諸勢が慎重にすぎて、兵粮確保のための刈田すら行なわないことなどを嘆く。こうした大坂方の沈滞ぶりが、結果的に戦線の膠着状態を生んでいると、三成は実感している。そもそも家康に従った諸大名のなかから帰順者がでないのは、大坂における人質の取り扱いが寛大すぎて、見くびられたからだとして暗に長盛を責め、大坂の人質を毛利領国下の安芸宮島に移すことを促している。

戦意もなく腑甲斐ない味方のなかで、三成が信頼がおけるのは、宇喜多秀家をはじめ、小西行長・島津義弘ら極々少数であった。三成は彼らの態度を賞揚する。同時に、味方を信じ切れない三成としては、やはり毛利輝元に恃むところが大きかった。この書状には、増田長盛と共に大坂城にある、毛利輝元に対する嘆願とみるべきものも多く含まれている。三成は、大坂城から出ようとしない輝元の態度に一応の理解を示すが、それは家康の西上がないことを前提としている。換言すれば、家康が戦陣に出てくる場合には、輝元も出陣してこれに対峙すべしということである。また、前述した味方の内通に備え、毛利の軍勢を五〇〇〇ほど佐和山城に入れることを要請している。

大坂方の作戦に綻びがみえるなか、家康は九月十二日に尾張清須を経て、十四日には美濃国赤坂に入り、本陣とすべく普請が進められていた岡山という山の頂に陣した。さらに、これとほぼ同時刻に、小早川秀秋の軍勢が関ヶ原の南に位置する松尾山に着陣する。松尾山には城砦が設けられており、ここに大坂方に与する伊藤盛正が拠っていた。伊藤盛正は美濃国大垣城主であったが、三成に説諭されて城を明け渡し、松尾山城に仮陣していた。ところが、小早川勢は松尾山の城から伊藤勢を追い、ここを占拠した。

小早川勢は大坂方の一員として伏見城を攻めたものの、当主秀秋の進退についての疑念は払拭されていない。伏見城陥落後、小早川勢は近江国石部から鈴鹿峠へ進んだが、伊勢国への深入りはせず、その後は佐和山にほど近い近江国高宮にしばらく滞陣し、ついで柏原を経て美濃国に入った。ここにいたる不可解な行軍の過程で、小早川秀秋は家康方との間に幾度かの交渉をもったようである。松尾山は、近江国と美濃国とをつなぐ交通路を扼する重要拠点であった。九月十二日の段階では、毛利勢が松尾山に陣取ることになっていたともいう。したがって、この小早川勢の動きは、三成らの知るところではなく、いまだ敵か味方か判然しない小早川勢が、重要拠点となる松尾山を占拠するという事態は、まったくの想定外であった。

両軍主力の激突

大垣城の北、美濃赤坂に家康率いる徳川勢が着陣すると、同じ十四日の深更、宇喜多秀家・小西行長・石田三成ら軍勢は、大垣城を出て西進し、関ヶ原方面へ移動する。旗幟鮮明ならざる松尾山の小早川勢を牽制するためとも言われている。三成は大垣城に、秋月種長のほか姻戚にあたる熊谷直盛（内蔵允（くらのじょう））・福原長堯（ながたか）（右馬助）および垣見一直（和泉守）らを残した。

三成らの軍勢は、松尾山の麓から北方に向けて展開し、北国往還・中山道を塞ぐように布陣する。石田勢の陣所は最左翼に位置づけられ、三成は北国往還の北の笹尾山（ささおやま）に陣取った。石田勢の規模は約六〇〇〇と推察され、このうち一〇〇〇の軍勢を嶋左近清興（実名は「勝猛（かつたけ）」とも）が、さらに別の一〇〇〇を蒲生頼郷（本来の名は「横山喜内」）が指揮したとされている。これに加え、豊臣家の旗本二〇〇〇程度が三成の麾下（きか）に属していた。

これをうけて、家康方も九月十五日の未明に、赤坂から関ヶ原方面への移動を開始する。この日は昨夜来の雨がやまず、霧も立ちこめて、かなり視界が遮られていたという。関ヶ原の西側で三成らが要撃体制を整えていることがわかると、家康方も行軍をやめて布陣を開始する。こうして狭隘な関ヶ原盆地

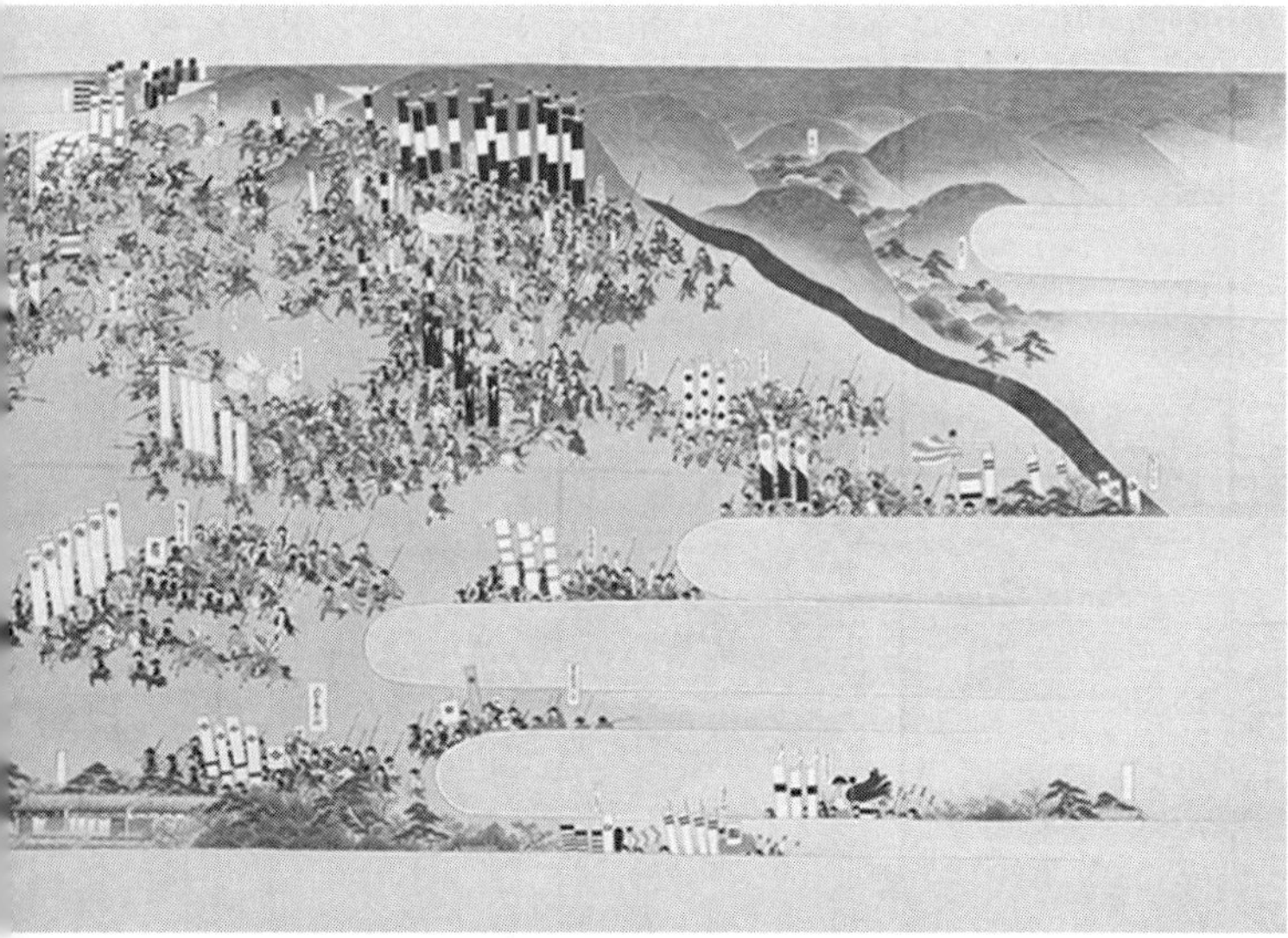

図28　関ヶ原戦陣図屛風（黒田家）（左隻）
中央の山の左側の麓，雲の下に石田三成の陣がある．
左下は三成の陣の部分．

石田治部少輔
大一大万大吉

に、敵味方約一五万の将兵が対峙するという事態が生まれた。大垣城をめぐる攻城戦の様相を呈していた両軍主力の衝突は、関ヶ原付近での野戦というかたちに転じることとなる。

　合戦の経緯を伝える一次史料は、ほとんど残っていない。しかし、幸いに写しではあるものの、石川康通（長門守）と彦坂元正（小刑部）が九月十七日付で松平家乗（和泉守）に充てた連署状が残っている。合戦当時、石川康通と彦坂元正とは、福島正則の尾張清須城を預かっており、のち陥落後の佐和山城に移る。一方の松平家乗は、三河吉田城での在陣を行なっていた。この連署状に合戦の顛末とその後の佐和山城攻撃の様子が、細かに述べられている。

早々御飛脚本望存候、其様子則御耳ニ立申候、然者去十四日赤坂ニ被成御着、十五日巳之刻関か原へ指懸被為及一戦、治部少輔・島津兵庫頭・小西・備前中納言四人ハ、十四日之夜五ツ時分ニ大柿（大垣）外曲輪を焼払、関か原へ一所ニ打寄申候つる、此地之衆幷井兵又福嶋殿、為先手其外悉打続、敵切所を抱有所へ指懸、とりむすひ候刻、筑前中納言殿・わき坂中書・小河土佐父子、此四人御味方被申、うらきりを被致候、則敵敗軍仕、追討ニ無際限うちとり申候、大将分ハ大谷刑部少輔・嶋左近・島津中務・戸田武蔵・平塚因幡此外討取申候へ共、先人之存候衆ハ此分ニ候条、打捨はなをかき候て捨申候間、誰を討捕申候も、然々と不被存候、又十六日ニ佐和山へ指懸とりまき候て、田中兵部水の手をとり、本丸へ押懸申候へハ、石田杢父子・治部少輔しうと父子・同治部おや・妻子一人も不残きりころし、てんしゆニ火を懸、悉焼払落城仕候、其刻城より三百人ほと取□、手前へ罷出候所を一人も不残うちとり申候、皆々小姓共まで高名いたし候間、可御心安候、治部少輔ハ十五日之合戦場より行かた于今聞へ不申候、将又安国寺をハ吉川・むく原両人思食ニからめ出し申候、

輝元事御訴詔被申候由候へ共、如何可有か不被存候、猶替儀候者追々可申入候、恐々謹言、

（慶長五年）九月十七日　石川長門
彦坂小刑部

松平和泉守殿へ

（『新修　福岡市史　資料編・中世1』・「堀文書」五号）

◇早々に御飛脚を差し向けられ、本望に存じます。こちらの様子を御耳に入れます。しかれば（家康は）去る十四日に赤坂に御着きになられ、十五日の巳之刻から関か原に臨まれ、一戦におよばれました。石田三成（治部少輔）・島津義弘（兵庫頭）・小西行長・宇喜多秀家（備前中納言）の四大名は、十四日の夜五つ頃に大垣城の外曲輪を焼き払って、関か原へ一緒に打ち寄せました。此地の衆ならびに井伊直政（兵部少輔）・福嶋正則殿らを先手として、その他の諸将がことごとく打ち続き、敵方が護る要害に攻撃を仕掛けました。戦闘の最中に小早川秀秋（筑前中納言）殿・脇坂安治（中務少輔）・小川祐忠（土佐守）と祐滋（左馬助）の父子、この四人が家康の御味方になると味方を裏切りました。こうして敵方は敗け戦となり、追撃により際限なく敵方を討ち取りました。討ち取った大将分は、大谷吉継（刑部少輔）・嶋左近・島津豊久（中務大輔）・戸田勝成（武蔵守）・平塚為広（因幡守）らです。このほかにも討ち取った諸将はいますが、まず人がその名を知っている衆と言えば、こういうところでしょう。討ち取ったあとも打ち捨てにして、鼻だけを欠き捨てにしたので、誰を討ち捕ったのかも判然とはわかりません。さらに十六日には、佐和山へ向かって城を囲み、田中吉政（兵部大輔）が水の手口を取り、本丸へ侵攻したので、石田正澄（木工頭）父子・三成の舅である宇多頼忠父子・三成の父親石田正継・三成の正室らを一人も残さずに斬り殺しました。天守閣に

火を懸けて、ことごとく焼き払い、佐和山城は落城しました。落城に際して、城から三〇〇人ほどが打って出てきましたが、こちらも一人も残らず討ち取っています。小姓どもまで含め、攻め手の皆が高名をあげていますので、御安心いただきますよう。三成（治部少輔）は十五日の合戦場から姿を消し、今以て行方がわからない。また、安国寺恵瓊の身柄は、吉川広家・福原広俊両人が恭順の姿勢を示し、確保して差し出してきました。毛利輝元は自身の行為を弁明しているようですが、どのような状況かわかりません。なおまた、事態がかわればお知らせします。

両軍衝突の主戦場については「山中」「青野ヶ原」であったとするものもあるのだが、ここでの吟味はしばらく措き、以下ではとりあえず「関ヶ原」での合戦としておく。

この書状によると、関ヶ原合戦は九月十五日の巳の刻、すなわち午前一〇時頃にはじまったようである。家康麾下の井伊直政（兵部少輔）が島津あるいは宇喜多勢の陣地への銃撃を加え、戦端が開かれたという。福島正則・藤堂高虎・京極高知の軍勢が宇喜多秀家勢と戦ったが、その他はこぞって三成の軍勢に襲いかかったという。三成勢は、最右翼の黒田長政勢によって側面を突かれて先手の陣が崩れたが、その後は持ち直して敵の猛攻を支え続けた。石田勢の奮戦は、結果的に味方全体を支えることとなる。ところが、合戦の最中に小早川秀秋・脇坂安治・小川祐忠らの軍勢が裏切って松尾山を下り、大谷吉継勢の側面を突く。これを機に大谷・小西・宇喜多の陣が崩れ、大勢が決したという。戦塵のなかで、大谷吉継・戸田勝成・平塚為広らが落命した。敵の猛攻に何度も耐えた石田勢もついに潰え、嶋左近や大山伯耆らの重臣も討ち死にする。石川康通・彦坂元正連署状にも見えるように、三成自身は再起を期して戦陣を逃れ、美濃と近江との国境となる伊吹山中に落ちのびた。こうして関ヶ原の合戦はわずか一日で終結し、両軍主力の衝突は家康率いる軍勢の圧倒的勝利で幕を閉じた。

佐和山落城と三成の捕縛

関ヶ原合戦ののち、徳川家康は石田三成の居城近江佐和山城を攻めさせる。石川康通・彦坂元正連署状に見える通りである。三成の出陣をうけ、居城の近江佐和山は父兄に託されていた。本丸には父石田正継、三の丸には兄正澄が入り、このほか城内には、三成正室の父宇多頼忠（下野守）とその子頼次（河内守）のほか、赤松則英（上総介）や長谷川守知（右兵衛尉）らも拠っていたという。長谷川守知は石田正継の従弟といわれている。また、既述のように、宇多河内守頼次（実名は「頼重」とも）は、三成の父隠岐守正継の養子となり、「石田刑部少輔」と称していた。

石川康通・彦坂元正連署状には攻め手として田中吉政（兵部大輔）の名がみえるのみであるが、実際には田中吉政（兵部大輔）のほか小早川秀秋・脇坂安治（中務少輔）らが佐和山城攻撃を命じられている。小早川秀秋・脇坂安治はそれまで大坂方に与していたにも拘わらず、戦陣において自軍を裏切ったわけであり、改めてその去就を証明すべく求められたのである。

九月十七日払暁に、小早川・脇坂勢は大手から、田中勢は搦手（からめて）から城攻めを開始する。激しい攻城戦であったが、その日のうちに佐和山城は陥落する。三成の父正継と兄正澄、義父宇多頼忠と義兄弟頼重らは自刃し、正室宇多氏も三成の臣土田桃雲（とううん）によって刺殺され、桃雲も自刃して果てた。

ここまで美濃国における大坂方の拠点であった大垣城では、関ヶ原の敗報が伝わると、三ノ丸に居た秋月種長らが家康方に降ろうとして、十八日に二ノ丸を護っていた熊谷直盛（内蔵允）・垣見一直（和泉守）を誘殺する。佐和山落城の翌日のことである。しかし、本丸に拠る福原長堯（右馬助）はこれに屈せず、家康方水野勝成（日向守）らの猛攻を凌いだ。しかし大勢には抗えず、二十三日にいたり遂に開城を決意する。三成の妹婿（女婿）に擬せられる守将福原長堯も自害を命じられて亡ぶ。

佐和山城攻撃に従う田中吉政（兵部大輔）には、主戦場から逃れた宇喜多秀家・島津義弘・石田三成らの捕縛も命じられていた。三成と同様に、戦場を離脱した小西行長は、九月十九日より以前に、竹中重門（丹後守）の手に捕縛されている。

伊吹山中に逃れていた三成は、二十一日には田中吉政の家中によって捕らえられた。捕らえられた場所については諸説あるが、伊香郡古橋村とするのが有力であり、最近では古橋村の庄屋を勤めていた次左衛門宅の縁の下で生け捕られたとする資料も発見されている。いずれにせよ、三成は北近江の山中で、田中吉政の手勢により捕縛されたことは間違いない。三成の身柄は井口村にいた吉政によって手厚く保護され、数日を療養に費やした。三成は、この間の好誼を謝して、吉政に「石田貞宗」を贈る。かつて三成が秀吉から下賜された銘刀であり、みずからの形見として旧知の田中吉政に贈ったのである。

処断される三成

家康は九月二十日に大津城に入り、しばらくここにとどまった。三成は二十四日、田中吉政にともなわれて井口村を発足し、翌二十五日には大津に到着する。大津で家康は厚礼をもって三成を引見し、三成もまた佐和山城主としての威容を保ってこれに応じたという。

二十五日、大坂城西ノ丸に拠っていた毛利輝元が、木津の毛利屋敷に退去した。増田長盛も居城大和郡山に退いた。これをうけて家康は二十六日に大津を発ち、二十七日に大坂城に入って、豊臣秀頼への拝謁を果たす。関ヶ原の戦いは、あくまで豊臣政権下での争いであり、両軍ともに主君秀頼を仰いでの戦いであった。豊臣家の臣たる徳川家康も、そうした立場から秀頼に対して戦勝を報告したのである。その後、みずからは大坂城西ノ丸にとどまり、世子秀忠を二ノ丸に入れた。

この段階で宇喜多秀家の消息は杳（よう）としてしれず、軍陣の最中の混乱で戦死したものと判断され、捜索もいったん終えることとなった。増田長盛・長束正家・徳善院前田玄以ら大坂城の三奉行は、一転して謀反の張本と位置づけられる。大和郡山に戻った増田長盛は、九月二十五日に高野山に登る。長束正家も居城の近江国水口（みなくち）に戻ったが、九月三十日に自害して果てた。前田玄以には、取り立てて処罰は下らなかったようである。大坂城留守居の任は豊国廟を守護するためにやむを得なかった、と玄以の弁明があったともいう。繰り返し述べてきたように、この戦いは豊臣政権のもとでの争いである。朝廷や寺社と独自の関係をもつ前田玄以を処罰すれば、政権として諸権門との間を取り持つ人物を失うことになり、家康としてはこれを避けたのかもしれない。

図29　増田長盛墓（埼玉県新座市・平林寺）

三成と小西行長、および九月二十三日に洛中で捕縛されていた安国寺恵瓊の身柄は、いったん大坂へ移され、謀反人として大坂・堺で引き廻しの辱めをうける。ついで彼ら三名は京へ護送され、最期の時を迎える。

十月一日、処刑の日である。三成は小西行長・安国寺恵瓊ともども京中を引き廻されたのち、六条河原で斬首された。三成の首は、行長・恵瓊の首、および居城近江水口で自刃して果てた長束正家の首ともども、三条大橋のたもとにさらされる。三成の遺骸は、生前親しかった大徳寺の春屋宗園（しゅんおくそうえん）（慶長五年十二月二十三日「円鑑国師」号を勅賜）が引き取り、同寺三玄院の境内に手厚く葬られた。三成の法名は、宗園が撰んで「江東院正岫因大禅定門（こうとういんしょうしゅういんだいぜんじょうもん）」とされた。

三成子息のその後

関ヶ原合戦の敗北によって石田家は滅亡するため、三成の子女については必ずしも明確ではない。やや奇異な感じがあるが、三成の子息には「隼人正（はやとのかみ）」を名乗る者が複数存在する。嫡子重家・次子重成ともに「隼人正」を名乗っており、白川亭氏によると「庶子を含めると四人に隼人正という通称を名乗らせている」ようである（白川亭『石田三成とその子孫』新人物往来社、二〇〇七年）。あるいは、こうした所伝自体が混乱の結果なのかもしれない。

三成の子息たちは、関ヶ原合戦に際して、佐和山城に籠城していたとも、大坂城で秀頼に近侍していたともいわれている。三成の隠居によって家督を継承した嫡子隼人正重家は、「会津征伐」に従う予定であったともされている。とすれば、軍勢を整えるため佐和山城にいたところで、三成が挙兵に及んだとみるべきであろう。したがって、ここでは重家の居所を近江佐和山と措定しておく。佐和山城が攻撃をうけるなか、重家は九月十七日に城を脱し京都妙心寺の寿聖院(じゅしょういん)に逃れた。寿聖院は、三成が父正継のために建立したものである。隼人正重家を受け入れた伯蒲恵稜(はくほえりょう)は、さっそくに剃髪させて仏門に入れ、そのうえで家康に助命を乞う。家康はこれを許し、重家は法号「宗享(そうこう)」を授けられ、のちに寿聖院の第三世に就く。

一方、大坂城で秀頼に近侍していたとされる三成の子は、次子の隼人正重成であったろう。この人物は、関ヶ原の敗報をうけると大坂城を脱し、奥州津軽に逃れた。津軽では苗字を「杉山」と改め、津軽家に客分として抱えられたという。

第九章　石田三成像の形成

一　江戸期の三成像

徳川光圀の三成観

水戸徳川家の二代目で、家康の孫にあたる光圀が、石田三成を「忠臣」として評価していたことはよく知られている。光圀が没した翌年元禄十四年（一七〇一）に、水戸徳川家の家臣がその行状をまとめた『桃源遺事』には、次のような記事がみえる。

> 西山公御咄し序に被仰候は、真田左衛門佐信仍〈幸村と言は誤なり〉、東照宮へ御敵対仕候、其砌より千手村正の大小を常に身を不離指申候由、其故は村正の道具は当家へたゝり候と申説を信仍聞て当家調伏の心にての事也、士たる者は、平常箇様の事にも忠義を含み真田か如く心を尽し候事、尤に覚召候、又被仰候は、石田治部少輔三成はにくからざる者也、人各其主の為にすといふ、□にて心を立事を行ふ者、敵也共にくむべからず、君臣共に能可心得事也、
>
> （『続々群書類従　第三　史伝部』・続群書類従完成会）

◇西山公（徳川光圀）が御話のついでに仰ったことは、真田左衛門信仍（「幸村」と云うは誤りである）

は、東照宮（徳川家康）へ御敵対し始めた時から「千手村正」（一般には千子村正）の銘刀（大小）を、常に身から離さず帯びていた。その理由は、刀工村正の具は徳川家へ祟るという説を信仍が伝聞して、徳川家を呪詛する意図をもってのことであった。武士たる者は、日頃からこのように忠義の心を心中に抱き、真田のように精魂を傾けることを、（光圀は）当然のこととお考えであった。また仰ったことには、石田治部少輔三成のことは嫌いではないとのことである。武士たる者（人）はおのおの、それぞれの主君のため、義によって発奮し、事を実行する者は、敵であっても憎む必要はない。君臣共に能く理解すべきである。

『桃源遺事』は、この記事に続いて明智光秀に触れ、信長を弑したことを厳しく非難している。それに対して、真田信繁（ここでの実名は信仍、一般に幸村とされる人物）や石田三成は、憎むべき存在ではなく、その「忠臣」ぶりは賞揚に値するとされる。立場の違いこそあれ、主を想う義心に変わりはないということである。儒学を重んじ、「義公」と諡された光圀ならでは、また、徳川将軍家に連なる水戸家だからこそ許された評価とも言えよう。

「佞人」「姦臣」「謀臣」として描かれる三成

光圀のような三成に対する好意的評価が、近世社会の主流であったわけではない。たとえば、「会津征伐」による家康の留守をねらって断行された三奉行による「クーデター」ののち、丹後の細川家は家康を推戴した首魁と目され、細川幽斎の拠った丹後田辺城は大坂方の猛攻をうけた。一方、細川家には九州の豊後杵築に飛び地があり、細川家家老松井康之（佐渡守）・有吉立行（四郎右衛門尉）らの拠る杵築城も落城の危機にさらされた。この杵築城を支援したのが、豊前中津にいた黒田如水であった。戦後の慶長五年（一六〇〇）十月二十九日、細川幽斎が黒田如水の充てた書状（福岡市博物館編集『黒田家文書』二二四号）には「此表事、誠佞人悉相果候、千年万年も可為静謐事、勿論尓候」（上方では、佞人どもが悉く滅んでしまいました。これからは永遠に世の中が穏やかに治まるであろうこと、勿論でしょう。）とみえている。三成らが刑死して約一ヶ月ほどのちの文書であり、ここでの「佞人」は三成らを指すとみて大過ない。敵対勢力にとって、三成らはすでに「佞人」であった。いうまでもなく、「佞人」とは口先がうまく心よこしまな人といった意味であるが、江戸期における三成評は基本的にこのような否定的なものであった。

また「関ヶ原」合戦に際して、大坂方に属しつつ結局は戦闘に参加しなかった吉川広家（蔵人頭）が慶長十九年（一六一四）十一月十一日付でまとめた覚書は十一箇条にわたって「対石治少我等所存之事」を論じたものである（大日本古文書『吉川家文書』九一八号）。その主な内容をまとめておくと次のようになる。

①秀吉が広家に与えた出雲・伯耆を三成は秀吉の死後毛利秀元に渡すべく命じた。

②広家の女が五年にわたって伏見にいたのに一度も秀吉に御目見えできなかったのは、三成が時期を見計らうと称して無為に引き延ばしを行ったからである。

③朝鮮半島で広家は東萊城を五年にわたって守衛することを求められたが、これは極めて過重な負担であった。

④このほか、文禄期・慶長期の朝鮮における様々な軍功は正しく認められていない。

⑤伏見で秀吉の吉川邸書院への御成りを五年間三成に依頼し続けたが、結局は実現しなかった。
⑥秀吉の遺物分配の折、広家にも「御太刀」が与えられていたのに、三成はこれを失念していた。
⑦毛利一門が秀吉の「御意」を得る場合、最初は黒田孝高（如水）や蜂須賀家政が御取り次ぎを行い、万事にわたって黒田孝高の指南をうけていたが、彼らと三成ら奉行衆とが離間するようになって、広家の意向が秀吉のもとに達することがなくなってしまった。

吉川広家は随分と個人的な怨みを持っていたようであるが、この「覚書」は大坂冬の陣の直中に書かれており、かなり政治性の強いものであったと考えられる。すなわち、殊更に三成をあげつらい、自らの権勢をかさに着る極めて嫌みな人物として語られている。

さて、すでに寛永期には成立したとみられる小瀬甫庵（おぜほあん）の『太閤記』がある（以下、甫庵『太閤記』とする）。桑田忠親氏によると、著者の小瀬甫庵は美濃土岐氏の支族といい、池田恒興ついで豊臣秀次に仕えた。秀次が切腹して果てると、甫庵は世を憚って京に蟄居し、著述に専念した。その後、出雲松江の堀尾吉晴に侍医として仕えたが、慶長十六年（一六一一）六月に吉晴が没すると、流浪ののち寛永元年（一六二四）に至って前田利常に招きに応じて、これに仕えた。この間『信長記』や『太閤記』などを著している。

甫庵『太閤記』は「秀吉公の事も、善を善として、悪を悪として」記すとして、秀吉の事績を無批判に賞賛するだけではないとの立場をとる。しかしながら、古文書については創作・改竄の箇所があり、古記録にも簡素化・平易化といったかたちで手が加えられている。要は、史実の穿鑿を目的としたものではない。たとえば、秀吉が関白に任じられた折に「五奉行」の制度が始まったとするような流れは甫庵『太閤記』を嚆矢とする。さらに、奉行それぞれに明確な職務分掌があったとするのも甫庵の創見にかかるが、いずれも史実ではない。さらに、この『太閤記』には「三人之小宿老」なる職制が登場する。これは堀尾吉晴・中村一氏・生駒親正とされ、のちに山鹿素行（『武家事紀』）によって「三中老」と評されるものである。確かに彼らは、秀吉没後に、家臣団の分裂を避けるべく様々な活動をしているが、職制としての「小宿老」「三中老」が存在した訳ではなさそうである。既述のように、甫庵は堀尾吉晴に仕えたという経歴をもっており、『太閤記』のなかの堀尾吉晴は実際以上の存在感をみせている。「小宿老」という概念も、旧主堀尾吉晴にはくを付けるために設定された概念と考えることができよう。いずれにしろ、甫庵『太閤記』は史実を固めるための史料としては極めて価値の低いものであるが、ほぼ編年体の形で整えられていることなどから、これ以前の秀吉伝記本に比べ圧倒的に高い完成度・体系性を誇り、あたかももっとも信頼に足る秀吉伝（秀吉の正伝）であるかのように位置づけられることとなった。

さて、この甫庵『太閤記』には、豊臣秀吉の伝記に加えて、甫庵が自らの儒教的政治論・戦略論を述べた「八物語」なる三巻がある。これには元和二年（一六一六）の甫庵序と跋文が残っているが、ここに三成に言及して、次のような記事が確認される。

天下国家之乱は東西のはて〳〵より起きずして、主君の燕席より多く根ざす事あり。たとえば内に林甫が奸ありて、外に禄山が乱起るが如し。猶近きを云に、羽柴秀頼公に三成が佞有て、東のはてより上杉家の乱をこるが如し。豈つゝしまざらんや。

（新日本古典文学大系『太閤記』岩波書店）

◇天下国家の争乱は、辺境（東西のはて〳〵）で起こるのではなく、多くの場合、主君の宴席（燕席）に根ざす。たとえば、（唐の玄宗の時代）朝廷内に宰相李林甫という奸物がいて、外に安禄山の乱が起こるようなものである。なおまた、近い例を言えば、羽柴秀頼公の側に三成のような佞臣がいて、東国において上杉家の乱が起きるようなものである。どうして慎まないでいられよう。

このように、江戸期の初頭には、すでに三成を豊臣秀頼の佞臣とみる立場があったことがわかる。甫庵『太閤記』における三成の描写は概して淡々としたものである。しかし、文禄の役での行動と、秀次事件に際しての振る舞いに関しては、やや踏み込んだ記述が残されている。前者は、文禄の役の最中の文禄二年（一五九三）に、秀吉の命をうけて朝鮮に渡った浅野長吉と黒田孝高が、囲碁にかまけて三成ら奉行衆との面談を後回しにしたため、両者の間に深刻な亀裂を生じたとするエピソードである。後者は、秀次やその近臣の取り調べや処断を、三成らが中心となって進めたとする記事である。

寛文十三年（延宝元〈一六七三〉）に成立した山鹿素行の『武家事紀』に石田三成の小伝を収めるが、具体的には次のような記事である。

石田治部少輔三成、初名左吉、父ハ隠岐守晴成ト号〈蒲生氏郷家人ノ陪臣也〉、兄ヲ木工頭重成ト云、江州人、元凡賤ヨリ出テ秀吉ニ近侍、賤嶽ノ役ニ七本槍ノ輩ニサシツヽイテ、大谷桂松・石田左吉トモニ力戦ス、口才弁佞ニシテ時宜ニ通ス、小田原役及朝鮮再征、皆三成往テ、諸将ヲ監察ス、後江州佐和山城主タリ〈廿五万石〉、天下ノ大小事ヲ口入シ、五奉行ノ一員タリ、朝鮮在陣中、加藤清政及嘉明・黒田長政・浅野幸長等ト大ニ不和、且又折々譖詐ヲカマフ、因此秀吉薨逝ノ後、諸将一決シテ三成ヲ拉トス、三成不得止シテ大坂ヲノカレ伏見ニ至ル、諸将伏見ニ追カケテ打ツフスヘキノ処、源君和睦ノ儀ヲ命セラレ、ツイニ三成佐和山ニ蟄居ス、而シテ上椙景勝ト示シ合セ、源君奥州征伐ノアトニ逆心ヲ企、コレ乃関原ノ一戦也、三成トラワレテ梟罪セラル、父晴成・兄重成佐和山城ニ自殺、

（山鹿素行先生全集刊行会編『武家事紀』同会刊）

◇石田治部少輔三成、初名は左吉。父は隠岐守晴成と号し、蒲生氏郷家人の陪臣であった。兄を木工頭重成と云う。江州人である。はじめ凡賤から出て秀吉に近侍し、賤ヶ岳の戦いでは、「七本槍」の面々に続いて、大谷桂松（吉継）・石田左吉（三成）も一緒に力戦した。口がうまく、言葉巧みに人に取り入る才能があり、諸般の事情に通じる。小田原役や朝鮮再征などの戦役すべてに三成は赴き、諸将を監察した。後に、江州佐和山城主となって二十五万石を領し、天下の大小事に干渉し、五奉行の一員に加わった。朝鮮在陣中に加藤清正・加藤茂勝（嘉明）・黒田長政・浅野幸長らと大いに不和となり、さらにまた折々に嘘を言って訴え、人を欺き陥れることがあった。これにより、秀吉が薨去した後、諸将は一決して三成を拉（とりひし）ごうとした。三成はやむを得ず大坂を逃れ、伏見に遁れた。諸将は（三成を）伏見に追って討ち臥そうとしたが、源君（家康）は和睦を命ぜられ、終に三成は佐和山に蟄居した。その後、上杉景勝と示し合わせ、源君（家康）の上杉征伐（奥州征伐）の後に逆心を企てた。これが関ヶ原の一戦である。（戦後）三成は捕らえられ、梟罪となった。父の晴成、兄の重成も佐和山城において自殺している。

すでに父兄の実名などには混乱が見られ、三成の戦歴にも錯乱がある。「弁佞（べんねい）」「譖詐（しんさ）」といった悪意のある表現も見られる。関ヶ原合戦も、三成の「逆心」によるとする。しかし、さほど踏み込んだ言い回しにはなっていない。ところが、同じ小伝の小早川秀秋の項（立項は「豊臣秀秋」）には次のような記

事が確認され、北政所の言としながら、三成の行動を非難している。

関原役ニ、政所公秀秋ヲ招、今度石田三成逆心ニ同意アリヤ否ヤト問玉フ、秀秋云、同意ノ志毛頭雖無之、只今手切ヲイタサハ、当分大事出来ト存シテ、同之トノコト也、政所公云、石田私ノ宿意ヲ以テ、天下ヲクツカヘサン事、甚無智妄作ト云ヘシ、汝彼ニ実ニ不与コト尤可然、

（山鹿素行先生全集刊行会編『武家事紀』同会刊）

◇関ヶ原の合戦に際し、政所公（秀吉正室・高台院）が秀秋を招き、今度の石田三成の逆心に同意するのかどうかご質問になった。これに対し秀秋は、「同意の意志は全くありませんが、只今（三成と）手切をすると、直ちに大事が生じると考えて、三成（之）に与しているに過ぎません」と答えた。政所公は「石田は私事によるかねてからの遺恨を以て、天下を覆そうとしている。はなはだ愚かなことであり、考えのなさすぎることである。あなたが三成に対し、真に与しようとしないことは、極めて尤もである」と応えた。

このような石田三成観は、貞享三年（一六八六）に完成した『武徳大成記』によって、いわば官許のものとなる。この『武徳大成記』は、老中阿部正武・堀田正仲が編纂奉行となり、林鳳岡（信篤）・木下順庵らが編集したものである。たとえば、秀吉没後の状況として次のような記事を載せる。

秀吉既薨シテ人心洶々トシテ定ル所ナシ、石田三成・増田長盛間ヲ伺ヒ、智ヲ舞テ謀ヲ逞クセント欲ス、二人潜ニ相謀テ曰、今天下ニ五大老アリトイエトモ内府ト利家ノ右ニ出ル者ナシ、彼二人若シ魚水相和シテ政柄ヲ執ラバ、吾カ輩碌々トシテ役使セラレテ徒ニ屈辱セラレナン、今ノ謀ハ彼二人ヲシテ互ヒニ怨隙ヲ生シメンニシカシトテ□、先声言シケルハ石田・増田各怨恨アリト、既ニシ

テ増田ハ神君ニ媚諂ヒ、石田ハ利家ニ阿附テ、奴顔婢膝至ラスト云コトナシ
（『武徳大成記』）

◇秀吉がすでに薨じたのち、人心は不吉な雰囲気に苛まれ、社会は安定を欠いた。石田三成と増田長盛とは（権力を握る）機会をうかがい、計略を巡らし謀事を逞しくしようとした。二人は密かに謀議を巡らして、「今、天下に五大老があるといっても、徳川家康（内府）と前田利家の右に出る者はない。万一、この二人が非常に親しくして政権を運営すれば、私たちは役立たずのようにこき使われて、ひたすらに屈辱を受けることになるでしょう。今やるべき謀事は、彼ら二人をして相互に怨み合わせ、両者に間隙を生じさせるに越したことはない」と言った。まず、主張したのは、「石田も増田も、おのおの（すでに）怨恨がある」ということであった。まもなく増田長盛は家康（神君）に媚びをうって諂い、石田三成は前田利家に阿諛して従い、奴隷のような顔をして奴婢のように膝を屈することは至らないことがなかった。

三成が前田利家に取り入り、増田長盛が徳川家康に接近し、あること、ないことを耳に入れて、両者の不信感を醸成し、その間を割こうと企てたという。三成が増田長盛と諮って、家康と利家の不和を画策したとする記述は、ここに以外にも散見される。『武徳大成記』の記事によれば、こうした離間策は失敗するものの、その後も三成は、常に家康を害す「野心」を抱きつづけることとなる。前田利長が謀反の疑いをうけることになる顚末についても、「或説ニ曰ク」としながらも、次のような見解を載せている。

三成姦才アリテ邪智多シ、佐和山ニ蟄居シテヨリ以来、密ニ国家ヲ覆サンコトヲ謀リ、増田・長束

ヲシテ前田利長・浅野長政ヲ神君ニ讒ス、（『武徳大成記』）

◇三成は姦才のある人物であり、邪智も多い。佐和山に蟄居して以来、密かに国家を覆そうとして陰謀を巡らし、増田長盛や長束正家を利用して、前田利長や浅野長政のことを家康（神君）に讒言した。

『武徳大成記』は、前田利長の謀反は石田三成の陰謀であった、としているのである。関ヶ原合戦も、三成が密かに上杉景勝と結んで東西に決起する、という文脈で語られ、挙兵後は「逆徒」と評されている。

近世初期の軍記類

近世前期に「軍学」が隆盛することを背景にしつつ、「石田三成」の名を冠する軍記が登場する。最も著名なものは、跋に「元禄十一年戊寅陽春吉旦」（一六九八）とある『石田軍記』である。これに先立つものとしては、天和三年（一六八三）頃に成った『石田治部少輔三成記』（『石田三成記』）がある。この「巻之壱」は「豊太閤之御事　付、徳川殿与諸侍矛盾之事」、ついで「徳川殿奥州発向　付三成謀反之事」という具合に筆を起こしている。

最終の「巻之五」は、「諸侍忠誉之事」「秀忠卿御上洛　付立花降参之事」「九鬼・真田事」「佐竹・長尾降参之事」「秀秋卒　付秀家左遷之事」「光星出現　付大仏殿之事」「徳川殿被任征夷大将軍事　付秀頼公御昇進嫁娶之事」「秀忠卿被任征夷大将軍事」に及ぶ。末尾の巻は、いささか奇異だが、三成敗死後の話のみで、関ヶ原合戦の結末譚となっている。

要するに、『石田治部少輔三成記』あるいは『石田三成記』とは称しつつも、関ヶ原合戦に焦点を絞った内容となっている。ちなみに関ヶ原合戦で激突した双方の軍勢を「西軍」「東軍」と呼称する軍記は、この『石田軍記』を嚆矢とする（白峰旬『新解釈関ヶ原合戦の真実』、宮帯出版社、二〇一四年）。

三成が佐和山への退隠を余儀なくされる経緯は、彼の人生を考える上で大きな転機となるが、これすら史実をまったく踏まえない記述となっている。すなわち秀吉の死後、家康が大勢を握って与党を拡大するなか、三成が頼みとする小早川秀秋も家康に与し、三成は窮地に陥る。家康方の諸将が徳川屋敷に参会して、三成を滅ぼす謀議を行なうなか、三成の知音だった大谷刑部（ここでの実名は「吉隆」）が種々の籌策を巡らし、結局は大谷に諫められた三成が屈服して、以後は天下の事に関わらない旨を約して佐和山へ退隠したとする。三成は、蟄居によって暗然とした日々を余儀なくされるが、鬱憤を散ずべく思案していたところに、上杉景勝の謀反が発覚する。これを僥倖（思いがけない幸運）とした三成は「独笑」して、俄に大谷刑部に使者を派遣し、挙兵を企てることになる。

『石田軍記』の場合は、秀頼の誕生と秀次の失脚から筆を起こし、関ヶ原の本戦および各地の局地戦と戦後の論功行賞に及ぶ。したがって、やはり主軸は関ヶ原合戦となるが、ここで三成が登場する場面をみると、次のような具合である。

我一世ノ後ニ秀頼ガ敵ト作ンズル者ハ関白秀次ナリ、如何ハアラントノ給フ時石田治部少輔三成ト云奸臣折ヲエタル思ヒシテ、早秀次公兼テ逆心ノ風聞有之由、御前近ク馴倚テ、低語シテゾ譏シケル、是ゾ秦ノ趙高ガ権柄ヲ擅ニシ、富貴ヲ極ント欲シテ、扶蘇ヲ上郡ニ弑シ、蒙恬ヲ謀ントスルニ同シテ、後ニ至テ関原軍ノ張本トハナレリケル、

（内閣文庫所蔵『石田軍記』）

◇自分が没した後に、秀頼の敵となるであろう者は関白秀次である。どうすべきか（秀吉が）仰った時、石田治部少輔三成と云う奸臣が今こそと思って早速、秀次公にはかねてから逆心の風聞がある由を（秀吉の）御前近くになれ寄り、ささやくようにして讒言した。これこそ、秦の趙高が権力を擅にし、富貴を極めようとして、扶蘇を上郡に殺害し、蒙恬（もうてん）を謀事で陥れようとしたのと同じである。後になって、（三成は）関ヶ原合戦の張本人となる。

ここに登場する秦の宦官趙高は、始皇帝の死後に丞相の李斯（りし）と謀って、始皇帝の長子の扶蘇を殺し、名将蒙恬を自殺に追い込んで、次子胡亥（こがい）を二代皇帝に据えた。さらに李斯や胡亥をも殺して子嬰（しえい）を三代皇帝とするが、結局は自身も一族共々、子嬰によって滅ぼされる。三成は、中国史に汚名を残すこの佞臣に擬えて語られているのである。それはともかくとして、『石田治部少輔三成記』（『石田三成記』）や『石田軍記』と称しつつも、これらは一代記としての体をとってはおらず、関ヶ原合戦の軍記となっている点には留意する必要がある。

関ヶ原合戦を主題とする軍記については、明暦二年（一六五六）に成立した『関原始末記』（せきがはらしまつき）が嚆矢と考えられる。この『関原始末記』は、三代将軍家光の側近であった酒井忠勝が、林羅山・林鵞峰（がほう）に編纂させたもので、いうまでもなく徳川方の視点から記述されたものである。結果的に「関ヶ原」で決着がつく一連の内紛・戦乱は、慶長五年（一六〇〇）九月十五日の西美濃における一戦以外にも、大小四十余の戦闘を含み、ほとんど全国を巻き込むものであった。したがって、一連の戦乱を「関ヶ原」で代表・象徴されるべきか否かで問題があり、たとえば慶長五年の干支を用いて「慶長庚子（こうし）の役」といった名称もある。『関原始末記』以降は、「関原」「関ヶ原」がすべての過程を表象する名辞として一般化していくようである。

ついで、寛文八年（一六六八）の序をもつ植木悦の『慶長軍記』が登場し、正徳三年（一七一三）の序をもつ兵学者宮川忍斎（尚古）の『関ヶ原軍記大成』に至って、その完成型に達したとされる。時代を経るに従って、家康を神格化する記述や、架空の創作話が増幅されていく。

『石田治部少輔三成記』（『石田三成記』）や『石田軍記』という表題にもかかわらず、三成の全生涯に関心を払うことなく、関ヶ原合戦の首謀・張本としてのみ位置づける書物は、こうした経緯を背景にして成立する。

『黒田家譜』『氏郷記』の三成像

諸大名家に目を向けてみると、『武徳大成記』とほぼ同時期、貞享四年（一六八七）に成ったとされる『黒田家譜』は、三成卒伝のようなかたちで次のような記事を載せている。

就中石田三成は、太閤の寵臣にて、沢山を居城とし、江州にて二十四万石の地を領し、五奉行の第一たりしかば、其権勢天下に肩をならぶる人なし。いかなる大名高家も、手を束ね膝を屈めて、其威をおそれざるはなかりしが、姦悪身につもり、今度罪なき内府公をほろぼし奉らんとて、天下を乱したるが、天罰のがれ難くして、終に囚となり、命を失ひける。行年三十六歳とぞ聞えし。一人の邪謀を以、天下の人を悩ましぬれば、其梟首せられし事は、猶あきたらぬ事なるべし。積悪の家には余殃ありとは、かやうの事をや申べき。

（『黒田家譜』歴史図書社）

◇とりわけ石田三成は、太閤（秀吉）の寵臣であり、佐和山を居城として、近江国において二十四万石の地を領し、五奉行第一の権力者であったことから、その権勢は天下にならべる者もなかった。いかなる大名や高家であっても、手を束ね膝を屈めて、三成の威勢を恐れない者はなかったが、姦悪の度合いを強め、今度は罪なき内府公（家康）を滅亡させようとして、天下を乱した（関ヶ原合戦）が、天の罰は遁れうるものではなく、終に捕らえられ、命を失うこととなる。行年三十六歳と聞いている。一個人の邪謀によって、天下万民を苦しめたのであるから、梟首されても、さらにあきたらぬことである。悪事を積み重ねるところには、さらに悪事の報いとして禍が生じるとは、このようなことをいうのであろう。

貝原益軒の手になる『黒田家譜』は、黒田官兵衛孝高（如水）・長政父子の履歴・勲功をまとめたものである。さきにみた細川家もそうであるように、江戸期に大名家として存続した多くの家は、「関ヶ原合戦」に際し、家康に与して三成らと戦った。また、総帥として「大坂方」に君臨した毛利輝元や、「征伐」されるべき上杉景勝も、結局は家康に屈服し、徳川将軍家の麾下に属することとなった。したがって、藩祖の足跡を語るに際し、三成を徳川家に弓引いた逆賊の張本とし、主君秀吉の寵愛をかさに着る「佞臣」と位置づけざるを得ない。三成は、謂わば諸悪の根源として、悪く謂えば「トカゲのしっぽ切り」のようにして、一切の責任を押し付けられることになる。

文禄の役の最中、黒田孝高は秀吉の激しい不興を買い、成敗の寸前まで追い詰められたことがあった。キリシタンであった孝高は、自刃することもできぬまま、死を覚悟して剃髪することになった（文禄二年〔一五九三〕）。以後、彼は「如水軒圓清」などと名乗ることになるが、秀吉の不興を買うにいたる経緯について、『黒田家譜』は次のように語る。

王城に在し日本の諸勢悉帰陣す。秀家先引退かる。孝高・弾正出向て対面し、太閤より仰越されし趣をのべて、晋州の城攻の事を評定せらる。其日は其所に宿し帰陣の輩を待給ふ。其後三奉行都より引て帰り、孝高の旅館に来り対面せん事をこふ。折節孝高は弾正と共に奥の間に在りて碁を囲まれけるが、三奉行殊に石田が平生権勢にほこる事をにくみて、表なる座敷に待せ置、打かゝりたる碁をしばし打おほせ、石ををさめて後、対面申さん、此方へ此（御カ）通り候へ、と申遣されけれども、三奉行彼囲碁の声を聞、孝高・弾正の早く出合ざる事を怒りて、速に立帰りける。其後両人より三奉行へ使を遣し追かけさせ、是へ帰られ候へと申遣されけれども、三奉行憤りて帰らず。孝高・弾正は既に総大将秀家に逢て、軍の事をば評議しぬ。太閤の命を以て軍評定せんとて使を遣はすに帰らざるは彼等があやまり也とて、ふたゝび使をも遣されず。其後三奉行此事を恨み、孝高・弾正囲碁におぼれ、我等三人行たりしをも知らずといひて、人にあへば必此事を語りそしり、剰後に太閤に此事を訴ける。（『黒田家譜』歴史図書社）

◇ソウル（王城）にいた日本の軍勢は、ことごとく撤退を開始する。宇喜多秀家がまず引き退き、これを黒田孝高と浅野長吉（弾正）とが出向えて対面し、秀吉（太閤）からの軍令を伝えて、晋州城攻めのことを相談した。その日はそこに宿し、後続して帰陣する面々をお待ちになった。その後、三奉行がソウル（都）より引き帰ってきて、黒田孝高の宿所に来て対面を申し出た。ちょうど黒田孝高は、浅野長吉（弾正）とともに、奥の間で囲碁の最中であったが、三奉行、とりわけ石田三成が日頃権勢に誇ることを嫌っており、表の座敷に待たせ置き、打ちかけの碁をしばらく打ち終えて、碁石を片付けた後に、「対面しよう。こちらに御通りあれ」と仰ったのですが、三奉行はこの囲碁を打つ音を聞いて、黒田孝高・浅野長吉（弾正）が早く出て来ないことを怒り、すみやかに立ち帰った。その後、黒田・浅野両人が三奉行へ使者を遣して追いかけさせ、再び戻り帰るように申し遣わしたが、三奉行は憤慨して戻らなかった。黒田孝高・浅野長吉（弾正）は、「すでに総大将秀家と面談し、軍の協議は終えている。『秀吉（太閤）の命に基づき軍評定をしよう』と使者を遣したのにもかかわらず、戻ってこなかったのは彼ら三奉行の誤りである」と、再び使者を遣わされることもなかった。その後、三奉行はこのことを恨み、黒田孝高と浅野長吉（弾正）は囲碁に夢中で、我ら三奉行の来訪にも気づかなかったと、逢う人ごとに必らずこのことを語って二人を誹り、あろうことか、後に秀吉（太閤）にこのことを訴えた。

既述のように、同様の記事は、すでに小瀬甫庵の『太閤記』などにも見えている。貝原益軒は、甫庵の引用する古文書などについて、たとえば「太閤記に此時秀吉公より朝鮮在陣の衆中へ遣される書状あり。此太閤の御書にあらず、偽書也」「凡太閤記に記せる事誤多し。ことごとくに信じ難し」と、甫庵『太閤記』の誤謬性を見事に看破しているが、それにもかかわらず、この一件については、甫庵などの記述を踏襲する。主家の名誉を護らんがためであろうか。

徳川光圀の逸話をまとめた『桃源遺事』とほぼ同時期になったとみなされる『氏郷記（うじさとき）』は、蒲生氏郷の生涯を扱った軍記である。文事にも優れていた蒲生氏郷については、江戸期に数多くの伝記・軍記が著された。蒲生氏郷の伝記や蒲生家の軍記は、一般に七つの系統にわけて整理されている（日野町史編さん委員会『近江日野の歴史』第二巻・中世編・滋賀県蒲生郡日野町）。残念ながら、明確に著者等が判明するものは無い。ここに紹介する『氏郷記』も然りであるが、写本自体の成立は正徳年間（一七一一―一五）と、考えられる。さて、この『氏郷記』には「氏郷逝去之事」なる項が立てられており、蒲生氏郷の死因と三成の関係について、次のように述べている。

爰ニ石田治部少輔三成ハ昔ノ梶原平三景時ニ越タル讒臣ナリ、或時潜ニ太閤へ被申ケルハ、当時御世長久ニ治リ、四海ニ旗ヲ挙ル者一人モ候ハス、乍去会津宰相コソ謀モ勝レ、能侍ヲモ数多持テ候へ、先年九戸一乱ノ砌罷下テ、彼カ計略ヲ見候ニ、軍勢ヲ七日路ニ続ケ、其人数仕ヒ法度ノ品々目ヲ驚シ候ツル、斯ル良将ヲ愛シテ置セ給ハ、、養虎ノ愁不可廻踵トソ申ケル、太閤相国秀吉公モ常々訝ク思召ケルニ、角ク言上シケレハ、彼氏郷ヲ失ハン談合評定取々ナリ、其比天下一ノ大名殊ニ武道ノ勝レシハ江戸大納言家康卿ニテアリシカトモ、家康卿謀ノ達シ給フ故ニ、秀吉公ノ御前ニテハ作テ傍人ニ成給へり、氏郷卿ハ錐袋ニタマラヌ風情ニテ、一言ノ端モ人ニ指ヲ指レシト嗜マレシカハ太閤加様ニ思召モ無余儀ソ覚エシ、去トモ亦忠功第一ノ人ナレハ如何トモスヘキヤウナカリケリ、然ハ只人シレス毒飼セヨトテ、或時毒ヲ飼ヒ玉シトカヤ、此毒ヤ祟リケン、去朝鮮征伐ノ頃モ下血ヲ病レケリ、

（『改定　史籍集覧　別記類』臨川書店）

◇ここに登場する石田治部少輔三成は、かつての梶原平三景時をも超越した讒臣である。ある時、密かに秀吉（太閤）に申すことには、今や（秀吉の）御世は永遠に安泰なように治まり、国中（四海）に叛乱の旗を挙げる者など一人もいません。とはいいながら、蒲生氏郷（会津宰相）こそは知謀に勝れ、良い家臣も数多く抱えている。先年、九戸の乱の時に（三成が）罷り下って、蒲生氏郷の計略を実見しましたが、七日間の行軍をこなし、人のつかい方や発布した法度の条々の見事さは、三

成の目を驚かすものでした。このような良将を愛で育まれると、養虎の愁となる恐れがあります（養虎の愁とは虎を飼うことによって生じる心配をいう。ここでは、将来の禍となるような人物を養うことにもなりますので、ご寵愛を止められるべきでしょうと言ったのである）。太閤相国秀吉も（氏郷のことを）常々訝くお思いになっていたが、このように（三成が）言上したので、氏郷を失脚させる談合や評定があれこれと進められた。その頃、天下一の大名で、ことさらに武道に勝れていたのは、江戸大納言家康卿であったけれども、家康卿は謀事にも優れていたので、秀吉公の御前においては人格を偽って、秀吉にへつらうようにしていた。（一方の）氏郷卿は、錐が袋に入っていても先が突き出すように、その才が表にでてしまう風情があり、言葉の端であっても、他人に指弾されることのないように配慮する慎重な人物だったので、秀吉（太閤）が、このように（氏郷を危険人物だと）お思いになるのも無理ないことである。とはいうものの（氏郷が）忠功第一の人物なのでどうしようもない。そういうことなので、只人知れず毒殺せよとて、ある時に（氏郷に）毒を盛ったようである。この毒が効いたものか、（氏郷は）さる朝鮮征伐の頃にも下血し、体調を崩している。

『氏郷記』の著者は、蒲生氏郷衰弱の原因として、秀吉が密かに毒を盛っていたことをあげている。氏郷の存在が豊臣家の天下を脅かす、との危惧による。そうした秀吉の危機感を煽ったのが、三成の讒言であったとしている。俗言によれば、梶原平三景時は、源頼朝の篤い信頼を良いことに、義経を中傷して退けた人間として知られる。『氏郷記』では、三成はこの梶原景時を超える奸臣に位置づけられている。

このように、江戸期の初頭の段階で、三成を「姦臣」「謀臣」「佞臣」などと、いわば「陰湿」な人物であったとする言説は枚挙に暇がない。『桃源遺事』のように、三成もそれなりに「忠臣」であったというような見方は、きわめて稀であったというべきであろう。

『常山紀談』『忍城戦記』の三成像

近世中・後期に至っても、石田三成を悪意のなかに位置づけるという流れは変わらない。元文四年（一七三九）の自序をもつ湯浅常山（ゆあさじょうざん）の『常山紀談（じょうざんきだん）』は、戦国から江戸期の初頭にかけて活躍した武将たちの逸話を多く集めた書物として知られる。湯浅常山は、備前岡山池田家の家臣として寺社奉行・町奉行などの重職を勤めた人物である。その一方で、江戸に出て服部南郭の門に入り、太宰春台（だざいしゅんだい）らにも学んだ。儒学以外にも国史・国文に通じ、武術にも秀でていたという。江戸期に入ると、戦国の将士の言行を筆録した書物が多く作られるようになるが、それらの内容は時に些末であり、また文章が難解に過ぎたり、あるいは冗漫であったりと、意外と読むに足るものがないことを悟った常山が、それら写本の類を渉猟して再編集し、戦国以降における武人の逸話集成としてまとめたのが、この『常山紀談』である。したがって、ここには常山個人による武人評もさることながら、同時代巷間に流布していた各武人のイメージ、換言すれば当時の「常識的」な人物像が反映していると見てよい。

ここにも、多くの三成の逸話を見出すことができる。後述する三成の出自に関するエピソード以外は、秀次事件および関ヶ原合戦に際しての逸話である。「関白秀次公生害の事　附吉田修理が事」の項では、秀吉が、関白秀次の謀反を疑い、追い詰めていく様が、比較的淡々と述べられている。しかし、その末尾は「是、三成太閤没後、世をくつがへすべきために、先関白を失ひける、と後にぞ人申しける」で結ばれている。あくまで風聞としてであるが、秀次の背後に三成の姦計があったことを匂わせている。

また、「石田三成直江兼続密謀の事」では、秀吉没後に天下を牛耳ることを目論む三成に、直江兼続が共感したとする。両者は、まず家康と親しい蒲生氏郷を廃し、氏郷の会津領を上杉家のものとすべし、と画策した。この項は「終に氏郷を毒害し、後秀行八十万石の地を削て、会津を景勝に秀吉賜りたるは、此謀より事起るといへり」と結ばれている。蒲生氏郷の死は、天下を自分のものにしようとする三成と直江兼続の共謀による毒殺というのである。

秀吉が没してから関ヶ原合戦にいたる過程も、たとえば徳川家康と前田利家の対立は、両者を闘わせて共に滅べば容易に天下を治め得ると、三成が巧んだものとする。三成の「密謀」と、それを公正な立場から阻止しようとする家康の対立、という軸として事態をみている。また、三成は嶋左近の戦略的献策や、宇喜多秀家の戦略を用いなかったとして、軍事的な資質をまったく欠くかのような描き方をしている。

とはいえ、湯浅常山も、三成が部下や僚友に恵まれた人物であったことは記さざるを得なかった。配下としては、嶋左近（『常山紀談』における実名は「昌仲」）や蒲生備中（同じく実名は「真令」とある）らである。彼らはいずれも関ヶ原で勇猛に戦い、華々しく討ち死にをしている。

三成に与し、彼を支えた僚友の代表は、大谷吉継（刑部少輔）や平塚為広（因幡守）であろう。彼らは、家康の仁愛や人徳を三成に説いて、企ての無謀さを諭すが容れられない。加えて、三成が長束正家と謀り、東下する家康を近江あたりで誘殺することを計画していることを知り、志は大なるものがあるが大軍を率いる将略はない、とする。常山は三成を、大谷吉継や平塚為広の評価を借りて「智有りて勇足らず」とする。僚将・僚友の助言を容れることができず、有能・勇猛なる家臣たちを使いこなせなかった三成は、所詮将器に非ずということになろう。

内閣文庫にのこる『忍城戦記』は、天正十八年（一五九〇）の関東平定戦の折、武蔵の忍城に籠もって三成と戦った、今村佐渡守子孫の家に伝わったものとされる。奥付によると、これを寛政十年（一七九八）正月七日、成田左衛門尉泰親から九代目の隆見斎元維が筆写したものである。本来の成立年代は不明だが、今日につながる忍城合戦の通説的理解のもととなっている。三成の関わる合戦譚のほとんどが関ヶ原合戦であることに鑑みると、この『忍城戦記』は非常に貴重な軍記とすることができよう。

忍城を囲んだ三成は、大宮口を担当するが、この書物では、六月七日に近習の兵を率いて小山に登り、忍城の地勢を見て水攻めを決する。さっそく三成は、築堤の夫役に応じた者どもには米銭を与える、との触を発する。城内に籠もる「農人・商夫」のなかには、築堤に従って米銭を得、これで買った米を兵粮として忍城内に運び込む者たちがいた。三成の家臣が、これでは城方の兵粮が枯渇すべくもないので、捕らえて誅殺すべし、と進言する。この進言に対し三成は、どうせ城は水没するので、いくら兵粮が城内に蓄えられようと問題はなく、ひとりでも多くの動員を得て、築堤の完成を急ぐ方が先であると、聞き入れなかった。六月十一日に堤は完成し、三成が利根川の水を引き込むと、城の廻りはほとんど湖水のようになった。こうして、城は水没して城兵がことごとく溺死するはずであったのに、豈図らんや城は水没するどころか、逆に城方は湖水に護られる体となり、甲冑を脱いで寛いだ、と記されている。自らの才におぼれた三成の見通しの甘さ、地勢の見立ての誤りを皮肉るような記述である。

ついで、こうした戦況を見かねた秀吉が、増援として浅野長吉らを忍城に差し向ける。ここでも三成は、浅野らの軍勢によって忍城が陥落するような事態になると、自らの功が無に帰すことを心配して、城に猛攻をかける。攻撃自体はすさまじいものであったが、攻め手の連携ができておらず、『忍城戦記』には次のような体たらくとして記されている。すなわち、もしこの時、寄せ手の総軍が一度に諸方の口々から攻め入っていれば城は陥落していたのに、三成はかねてから諸方との連携を怠り、ただ自分一身の功を立てることのみを欲していたので、攻め手の諸将もいたずらに石田勢の攻撃を見物するだけで、ついには石田勢も多くの損害を出して引かざるをえなかったと。

結局、小田原城の降伏によって忍城も開城するが、攻め手の総大将たる三成は、何の功を果たすこともなかった。このように、自らの軍功にのみ執着し、自軍を統率することすら叶わない愚将として描き出されている。

「三献茶」のエピソードと三成の出自譚

少年だった三成が秀吉に出会い、召し出されることになったきっかけとして、ひろく人口に膾炙していたのは、いわゆる「三献茶」の話である。一般に、このエピソードの初見とされるのは『武将感状記』の「秀吉、石田三成を召出さるゝ事」である。次にその全文を紹介しておく。

石田三成はある寺の童子也。秀吉一日放鷹に出て喉乾く。其の寺に到りて誰かある、茶を点じて来れと所望あり。石田大いなる茶碗に、七八分にぬるく立て持ちまゐる。秀吉之を飲み舌を鳴らし、気味よし今一服とあれば、又立て之を捧ぐ。前よりは少し熱くして、茶碗半にたらず、秀吉之を飲み又試みに今一服とある時、石田此の度は小茶碗に少し許りなる程熱く立て出す。秀吉之を飲み其の気の働を感じ、住持にこひ近侍に之を使ふに、才あり、次第に取り立て奉行職を授けられぬと云へり。

（博文館編輯局編『武将感状記』博文館文庫）

◇石田三成はある寺の童子であった。秀吉が一日放鷹に出て喉が乾いたので、その寺に到って、誰かいるなら、茶を入れて持って来てくれと、所望した。石田は大きな茶碗に七・八分に、ぬるく茶を立て持って出た。秀吉はこの茶を飲んで、舌を鳴らした。心地よいのでもう一服と所望したので、又立て二杯目の茶を差し出した。今度は前よりは少し熱くして、茶碗の半にみたない程度の量だった。秀吉はこれを飲んで、また試みにもう一服と所望したので、石田は次は小さな茶碗に、前よりは熱くして茶を立てて出した。秀吉はこの茶を飲み、三成の気働きに感心して、寺の住持に願い近侍として取り立てた。秀吉のもとでも三成は才能を発揮したので、秀吉が次第に取り立て、やがては奉行職に任じられたという。

『武将感状記』は『砕玉話』とも称され、正徳六年（享保元年〈一七一六〉）に、熊沢淡庵（正興）なる人物が刊行したものとされる。三成の死からすでに一〇〇年以上の歳月がすぎており、もはやこのエピソードを史実とすることはできまい。今日の感覚からすると、このエピソードは、少年時代からすでに三成が才気にあふれた人物であったと、評価することも可能であろう。しかしながら、ここまで見てきたような時代背景や三成像を踏まえると、果たしてそういう解釈は妥当であろうか。三成の出自を寺の童子として貶めたものとも見なしうるし、また、如才なさを武器に主君に取り入って、成り上がっていく鼻持ちならない人物とも評しうる。

実際、さきにみた『常山紀談』は、この『武将感状記』から二十数年後の成立となるが、ここに「石田三成が事」として、三成の出自に関する項を設けている。嶋左近召し出しの件もあるので、次にその全文をあげておこう。

石田治部少輔三成は、近江国石田村の百姓佐五右衛門といふ者の子にして、いとけなかりし時佐吉といひしが、家貧しく近き辺の寺にやりて在けり。在時秀吉彼の寺に行き、佐吉が明敏なる故、呼び出して側に仕へしが、頻に禄を増し、水口四万石与へられける。後三成に、人数多招きたらん、と問われしに、嶋左近一人呼出し候、と申す。秀吉、それは世に聞ゆる者なり、汝が許に小禄にていかで奉公すべき、といはれしかば、三成、禄の半分を分ち二万石与へ候、と答ふ。秀吉聞て、君臣の禄相同じといふ事むかしより聞も伝へず。いかさまにも其の志ならではよも汝には仕へじ。ゆゝしくも計ひたるかな、と深く感ぜられ、嶋を呼出して手づから羽織を与へて、是より三成に能く心を合せよ、といはれけり。三成佐和山を賜りたる時、嶋に禄増与ふべきよし、いひけれども、禄更に不足にも候はず、他の人々に賜はり候へ、と辞しけり。左近が父もと室町将軍家に仕へ、江州高宮の傍にかひなきさまにて隠れ居たりしを、三成招き出しけり。

（湯浅常山著・森銑三校訂『常山紀談』岩波文庫）

◇石田治部少輔三成は、近江国石田村の百姓佐五右衛門という者の子にして、幼時は佐吉という名前であったが、生家が貧しかったので近辺の寺に出されていた。ある時、秀吉はその寺に行き、佐吉が明敏ということを知ったので、召し出して側近で召し使った。（秀吉は）しばしば（三成への）禄を増し、近江水口で四万石をお与えになった。後に（秀吉が）三成に、さぞかし多くの人物を召し抱えているのであろうと問われた時、嶋左近を一人を召し抱えましたと答えた。秀吉が仰るに、嶋左近は世間でも評判の名高い人物である。小禄にもかかわらず、どうしてそなたに奉公するようになったのかと、問われた。三成は、自身の禄の半分にあたる二万石を与えました、と答えた。秀吉はこれを聞いて、主君と家臣の禄高が同じという話は前代未聞である。確かに、そういう高志がなければ、嶋左近がそなたに臣従するようなことにもなるまい、と深く感心され、（秀吉は）嶋左近をお呼び出しになり、手づから羽織をお与えになって、今後も三成とよく心を合せるように、と仰った。（のちに）三成が佐和山を賜った時、嶋左近に加増の話をしたが、今、更には俸禄に不足はありませんので、その分を他の家臣にお与えくださいい、と辞退した。左近の父はもともと室町将軍家の家臣であり、近江国の高宮あたりに（左近が）為すことなく隠栖していたのを、三成が招き出したのであった。

このように、『常山紀談』によると、三成は近江石田村の百姓佐五右衛門の子とされ、生家が貧しかったため、近くの寺に預けられたことになっている。つまりは「口減らし」ということであろう。この寺を秀吉が訪れ、三成の「明敏なる」様を見て、家中（かちゅう）に召し出すことになる。三成の「明敏」さは、すなわち「三献茶」の振る舞いをいうのであろう。それはともかく、江戸期の感覚として、寺の童子であったという設定は、三成の境遇を卑賤・貧困とする効果をもったようである。そこまで踏まえると、「三献茶」の逸話を、三成に好意的なエピソードとみるには依然問題が多いように感じられる。さらにいえば、「ある寺」や「その寺」がどこにあたるのかといった議論に意味があるとは思えない。

ついで、嶋左近召し抱えの一件である。依然、謎の多い人物だが、嶋左近は大和の出身とされ、筒井順慶・定次に仕えていたとされる。したがって、左近の父が足利将軍家の直臣であって、当時は近江高宮に隠栖していたという話にも根拠はない。三成が近江水口を領していたという事実は、まったくの虚構であるが、少なくとも小田原攻めの時期には、すでに石田家中として、嶋左近の名が確認される。とはいえ、知行高の半ばを割いて召し抱えたとする話は荒唐無稽であろう。軍役負担などの実態から考えても、あまり現実的ではなさそうである。こちらも、三成のごとき卑賤の身から這い上がって来た人間が、足利将軍家の直臣であったような家柄の人物を家臣とするには過大な負担もやむを得ないとする言説として、解釈すべきであろう。

　もとより、三成を軍事に疎い人物であると強調するため、高名な武人である嶋左近を側近に配する必要が生じるわけだが、既述のように、嶋左近という人物自体が依然謎多き存在である。嶋左近なる人物が果たして軍事面・戦略面で三成を支えたのか否か、疑問は払拭されない。この点において、ある茶席で、らい病に罹患していた大谷吉継（刑部少輔）の顔から膿が茶碗に落ち、その膿が混じった茶を、三成が飲み干したというような話も同じような性格であろう。「文弱」の徒たる三成を、武事・武略の側面から補完する要素として、大谷吉継との友情が喧伝されることとなる。ちなみに、吉継の膿の入った茶を飲んだのは秀吉であったとするパターンもあり、いずれにしても史実とは考えられない。

　さて、「三献茶」のほかにも、三成の才知を喧伝するエピソードは、いくつか伝わっている。たとえば、秀吉が三成の忠勤に対し、五〇〇石の新恩を与えてこれに報いようとしたとき、三成はこれを断り、代わりに宇治・淀川の両岸に簇生する荻（おぎ）・葭（あし）に対して運上（雑税の一種）を賦課する権利を要求したという。このエピソードは『古今武家盛衰記』などに載せられたものである。三成はこの運上によって、一万石の軍役を果たし、折から進められていた丹波征伐に参加した。信長の下、秀吉は丹波波多野攻め先鋒を命じられたが、このなかに一際（ひときわ）煌びやかな一隊があり、誰の手であるか秀吉が使者に確認させたところ、これが三成の軍勢であったという（『古今武家盛衰記』では、当時の名乗りとして「石田佐吉宗成」を採用）。宇治・淀川の荻・葭がいかに大きな富を生み出すのか、秀吉すら思いもつかなかった先見性を、三成はもっていたのである。

もとより、信長存命の段階で、三成が一隊を率いるような部将であるはずはない。また、秀吉が丹波侵攻の先鋒をつとめたという事実もない。したがって、葭運上のエピソードも、後世の創作にすぎない。『古今武家盛衰記』は、秀吉の病痾を聞いた三成が、心密かにこれを悦んで「薨後天下を奪んと欲す」と述べた件（くだり）もあるが、好意的に記述する箇所も多い。『古今武家盛衰記』の著者は、三成は藤原鎌足の末葉ではあるが、卑賤より身を起こして大名・奉行となるものの、最後は転落してしまうわけで、これこそ「亢竜（こうりゅう）の侮（あなど）り」と評している。「亢竜」とは、天に登り詰めた竜のことである。つまり、もはや落ちる以外に行き所がなく後悔する、というもので、栄達を極めた者は慎まないと失敗する、という譬えである。三成を単に「姦臣」「謀臣」として断罪するという態度ではないものの、卑賤の身から台頭しつつ転落していった人物として、教訓的に位置づけている。葭運上のエピソードも、門地もない人物が才幹によって台頭するというストーリーを支える伏線であり、きわめて教訓的な意味合いをもつ。

三成評の微かな変容

文化六年（一八〇九）から、林大学頭（だいがくのかみ）衡を総裁として、いわゆる『徳川実紀』の編纂が開始される。

歴代将軍ごとの「実録」として精密な修史となるが、その過程で多くの逸事・挿話が採録されていくことも事実である。将軍の言動には、賛辞が連ねられて神格化が進み、崇拝の対象となっていく。

こうした一方で、徳川吉宗治世期以降における修史事業の特色として、古文書の活用という一事があげられ、史料研究や歴史編纂の進展が確認される。ここに、歴史研究におけるある種の客観性、合理性を見いだすことも可能であろう。因果関係を明確にすることは容易ではないが、石田三成を「姦臣」「逆賊」として論断していく単線的評価についても、微かな変容を看取できる。

たとえば、金沢の俳人として知られる堀麦水（苗字は「堀田」とも）は、宝暦年間に著した実録『慶長中外伝』のなかで、三成を秀吉や家康と並ぶ三傑に数えている。三成は、淀殿と結託して秀次を陥れたとするが、秀吉に対して「真忠」を尽くしたなどと、概して堀麦水の三成評は好意的である。

三傑を比較しながら、堀麦水は「此石田三成は、古今の奇才、智勇備る良将也。太閤秀吉公とは、武及ばず文すぐれたり。徳川神君には、智優れり度及ばず」と評し、さらに秀吉があと五年でも長生きすれば、三成は「九州二島の探題」となって、豊臣家の天下を支え続けたであろう、とも述べている。この点、従前の三成評に対して挑戦的ともいえるが、そこに逆説的な論理があったことを見落としてはならない。関ヶ原で家康と戦い、敗れはしたものの善戦した三成を、奸臣あるいは小人物と卑しめてしまうと、彼に勝って天下の覇を握った家康の、あるいは徳川家の「武」を汚すことになってしまうのである。

また、幕末の儒者として知られる山田三川（さんせん）の抄書記録である『三川雑記　軍人立志篇（ぐんじんりっしへん）』は、後年、三川の外孫にあたる東京朝日新聞の記者弓削田精一（ゆげたせいいち）（秋江（しゅうこう））によって整理されたものである。ここにも三成を小西行長と対比しながら、論評した記事がある。

一、石田三成ト小西行長ハ両小人ナレトモ、各長ズル所アリ。小西ハ戦ニ長ジ、石田ハ長ゼズ。サレトモ関原一敗ノ後ニ至リ、小西ノ士卒ハアト方モナク、世ニ知レルモノナシ。石田ノ士卒ハ三代将軍ノコロマデモノコリウカガヘリ。故主ノ恩ヲオモヘバ也。コレ他ナシ。小西ハ節制ノ兵ヲツカフニ長ジテ、石田ハ恩義ヲ以テ賞賜ヲ惜マズ、士卒ヲフカクナツケタルユヘナリ。関原ノ敗ニモ小西ノ兵ハニゲチリ、石田ノ兵卒ハ多ク戦死セシニテ知ベキ也。西山。

（富村　登「三川雑記抄」・伝記学会編『伝記』七四号・一九四一年）

◇一、石田三成と小西行長とは、両人とも小人物だが、それぞれに長所はある。小西は合戦に長じ、石田は長じていない。しかしながら、関ヶ原合戦に敗北したのち、小西の士卒たちは、何の痕跡・印象もなく、後世に名を遺した者もいない。石田の士卒たちは、三代将軍家光の時代まで余栄が残っており、その名を聞くこともあった。故主の恩を想い、士卒が奮闘したからである。これは他でもなく、小西は規律に基づいた用兵に優れ、石田は恩義を大事にして、賞賜を惜しまず、士卒を深く親しく従わせてきたからである。関ヶ原の敗戦に際しても、小西の兵は逃げ散り、石田の兵卒は多くが戦死したことからも、こうした背景は知ることができる。

引用末尾の「西山」は、もともとの話者、ないしは原典の略称であろうが、弓削田精一の段階ですでに不詳である。ここでは、三成は小西行長ともども小人物とされ、加えて戦下手であったとある。しかしながら、三成は家臣を篤く遇し、家臣らも深く三成の恩を感じ、関ヶ原の戦いでも大いに奮戦した。結果、多くの戦死者を出し、さらに生き残った者のなかには、家光の頃まで三成旧臣として名を遺す者すらあったという。小人物・戦下手というかねてからの評価はそのままであるが、従前のような、単純な勧善懲悪史観ではないことは明らかである。とはいえ、三成を否定的に位置づけるという基本的な文脈は、江戸期を通して変わることはなかった。幕末の徳山藩出身の国学者の飯田忠彦が著した『野史』なども然りである。

『日本外史』における三成の描かれ方

ついで、幕末から維新にかけて多くの人びとに読まれ、尊皇攘夷運動に影響を与えた頼山陽の著書『日本外史』を見ておこう。『日本外史』は、文化四年（一八〇七）頃には大略が成立していたと言われ、同八年に論賛が成立する。文政十年（一八二七）には、浄書本が松平定信に献上され、これを底本とした写本が広く流布する。ついで、天保年間（一八三〇—四四）には木活字版が上梓された。『日本外史』は人物中心の武家政治史とされるものの、厳密な考証の成果ではないため、叙述に誤謬も多い。端的に言えば、歴史叙述というより、一種の文学作品とみなすべきである。しかしながら、川越藩が弘化元年（一八四四）に出版し、さらに嘉永元年（一八四八）には、頼家が校正を加えたものが大坂で出版される。これらは広く歓迎されて版を重ね、諸藩の藩校で「教科書」として採用されることとなる。明治以降も数種の本が出版された。『日本外史』は、幕末から明治にかけて多くの読者をもった「歴史書」と見なすことも可能である。

石田三成は、この『日本外史』にもしばしば登場し、ここまでに紹介した三成に関するさまざまなエピソードも、基本的に幕末・維新期に継承されていった。いくつかの事例を挙げると、『日本外史』の三成は、蒲生氏郷の急死には関わっていないが、そのかわりというわけでもなかろうが、朝鮮半島で客死する加藤光泰の死去に関わって、次のように記されている。

三年（文禄）（中略）この年、加藤光泰卒す。初め石田三成、韓都の議合はざるを以て、光泰と隙する甚だ深く、遂にこれを毒せしなり。嗣子貞泰、猶ほ幼し。邑を美濃に徙し、甲斐を以て浅野氏に賜う。

（頼山陽著・頼成一・頼惟勤訳『日本外史』岩波文庫）

◇文禄三年（中略）この年、加藤光泰が卒した。発端は、石田三成と（加藤光泰が）ソウル（韓都）での軍議で意見が合わなかったことにあり、ここから（三成と）光泰とに、甚大な間隙を生じることとなり、遂に（三成が光泰を）毒殺してしまった。光泰の嗣子貞泰はまだ幼小であったので、領知を美濃に移し、甲斐は浅野氏に賜うこととなった。

また、秀次の没落を語った箇所では、秀頼誕生をうけて秀次を失脚させたがっている秀吉の歓心をかうため、増田長盛とともに三成が策をさまざまにめぐらし、結果的に秀次を陥れていく。具体的には次のような件である。

秀頼生るゝに及び、秀次自ら廃せらるゝを疑ひ、益々聊頼せず。石田三成・増田長盛、これと郤あり。秀吉の旨を希ひ、数々これを悪す。初め常陸介木村重茲、秀吉の寵ありしが、三成にその寵を奪はる。乃ち秀次に結ぶ。秀次、自ら怨を取ることの多きを知るや、出遊する毎に、輒ち鎧仗を具へ、また厚く諸侯伯に贈ってこれと誓ふ。三成・長盛、因ってその反形あるを証す。七月、秀吉、三成・長盛及び前田玄以をして、就いてこれを詰問せしむ。秀次大いに駭き、誓書七通を献ず。秀吉、意稍々解く。翌夜、重茲、婦人の車に乗って聚楽に入り、漏を尽して出づ。三成、偵知して以て告ぐ、暁くる比、秀次、徳川氏の嗣子を促して朝参せしめ、因って劫して質となさんと欲す。嗣子、走って伏見に帰る。毛利氏も亦た秀次の擬する所の誓書を献ず、秀吉大に怒り、使をして秀次を召さしむ。秀次の愛将吉田修理、万人を仮り、夜、伏見を襲はんと請ふ。聴さず。遂に赴き謁す。見ゆるを許さず。命じてこれを高野に放ち、僧興山に附して監守せしむ。

（頼山陽著・頼成一・頼惟勤訳『日本外史』岩波文庫）

◇秀頼が誕生するにおよび、秀次は自らが廃されるのではないかと疑って、ますます安閑とはできなくなってきた。石田三成や増田長盛は、秀次とは間隙があったので、秀吉が（秀次を廃する）決断を下すことを期待して、しはしば秀次の悪口を秀吉の耳にいれた。もともと常陸介木村重茲は、秀吉の寵臣であったが、三成によってその寵愛を奪われた。そこで、（木村重茲は）秀次と結びついた。秀次は、自分が相当に怨まれていることを知ると、（聚楽から）出遊するたびごとに武備を固め、また、諸大名との贈答を厚くして、親密な関係を誓っている。三成と長盛は、これらのことが秀次謀反の明確な証拠であるとした。七月に至って秀吉は、三成・長盛および前田玄以をして、これらのことについて詰問させた。秀次は大いに驚き、秀吉に充てて誓書七通を差し出した（委曲を尽くして弁明したので、長文になったのであろう）。秀吉はいささか怒気を和らげた。（しかしながら）翌夜、木村重茲は、女性用の乗り物で聚楽に入り、秀次と密々に面会を行なった。三成は一部始終を偵知し、これを秀吉に告げた。明け方頃、秀次は徳川家嗣子（徳川秀忠）を促して朝参させ、出てきたところを脅し、人質として拘束しようとした。嗣子秀忠は伏見に遁走した。また、毛利氏も、秀次が命じた文案に従って、誓書を献じた。これに秀吉は大いに怒り、使を遣わして秀次を召喚した。

秀次の愛将の吉田修理は、一万程度の軍勢を催して秀吉のいる伏見に夜襲をかけさせてほしいと請願したが、（秀次は願いを聴かず、これを）許さなかった。結局、秀次は伏見に赴き、秀吉への拝謁を願ったが、（秀吉は）謁見を許さなかった。（秀吉の）命によって、秀次を高野山に追放し、興山上人（木食応其）にその身柄を監守させた。

三成の讒言を信じた秀吉は、秀次を高野山に追放する。しかし、秀吉に秀次を殺す気持ちはなかった。しかし、『日本外史』に拠ると、それを無理に殺させたばかりではなく、洛中に首をさらさせたのも、三成が背後で動いたからであり、秀次の寵臣木村重茲（常陸介）を殺したのも三成である。伊達政宗・最上義光・浅野幸長（前名は「長継」「長慶」など）ら、秀次に縁故のあった諸大名は皆、三成に讒訴されたことになっている。また、朝鮮半島の戦いで、小西行長に嫉まれた加藤清正も、三成に讒訴される。その結果、講和・休戦期に日本へ帰還した清正は、秀吉に拝謁することすら許されなかった。謹慎を余儀なくされた清正であったが、文禄五年（一五九六）閏七月に起きた地震の際、秀吉を救うため、いち早く伏見城に駆けつけたという。清正は、こうして秀吉に許されたことになっている。「地震加藤」として喧伝された話だが、史実とは考えられない（拙稿「唐入り（文禄の役）における加藤清正の動向」、山田貴司編著『加藤清正』シリーズ織豊大名の研究2・戎光祥出版・二〇一四年）。

このほか、『日本外史』における三成の描かれ方は、秀吉の没後に家康と利家の離間を謀ったり、細川忠興を取り込んで家康の謀殺を計画したりと、相変わらず奸智に長けたものとなっている。関ヶ原合戦ののち、ねぎらいに訪れた勅使に対し、家康は拝謝して「姦人、事に託して天下を擾乱す。臣家康、諸将吏の力に頼り、以てこれを攘除するを得たり。四方の残党は、当に不日来り降るべし。幸に聖慮を労することなかれ」と、述べたと山陽は記している。江戸期を通じて「姦臣」「謀臣」「佞臣」であったが、ここにきて三成はさらに天皇までをも悩ます「姦人」とされたのである。

二　明治期以降の三成像

近代歴史学と三成像の見直し

明治二年（一八六九）三月に、史料編輯国史校正局が開局し、翌四月には明治天皇による「修史の詔」が発せられ、『六国史』を継ぐ正史編纂事業の開始が宣言された。しかしながら、その後の修史事業が順調に進んでいったわけではない。旧来の国学派と漢学派との対立や財政難などの曲折を経て、明治十九年（一八八六）に内閣臨時修史局が設けられるものの、政府直轄の事業としては困難が予想されたため、修史事業は大学へ移行される。すなわち、同じ明治十九年に帝国大学文科大学が設立されており、二十一年九月にはここに史学科が設けられた。同じく二十一年、帝国大学に臨時編年史編纂掛が設けられ、さらに翌二十二年六月には文科大学に国史科が創設された。こうした官学アカデミズムのもとで、日本における近代歴史学が始動し、史学の実証性・法則性を追及しようとする学問的姿勢が定着し、実証主義が台頭していく。

修史事業の中核を担う重野安繹（やすつぐ）・久米邦武・星野恒（ひさし）らは『太平記』の史料的価値を否定し、さらに、『太平記』に依拠する水戸徳川家の『大日本史』についても、史料批判を進めていく。重野安繹は『太平記』に活写される「忠臣」児島高徳（たかのり）の実在を否定し、久米邦武も明治二十四年（一八九一）に「太平記は史学に益なし」（『史学会雑誌』第一七号・第一八号・第二〇号・第二一号）、「勧懲の旧習を洗ふて歴史を見よ」（『史学会雑誌』第一九号）を著す。重野・久米らは一連の成果で、『平家物語』や『太平記』などの「物語」と「史実」との峻別を主張し、厳密な史料第一主義を掲げ、朱子学的道学史観、あるいは勧善懲悪史観を否定していった。従前の日本史における「常識」は、たとえば『大日本史』や頼山陽の『日本外史』などを基礎的文献として構築されていた。重野・久米らは、こうした「常識」に真っ向から攻撃を仕掛けたのであった。しかし、彼らの急進的な主張は大きな反発を買い、結果として「久米邦武筆禍事件」につながっていく。この事件は、久米の「神道は祭天の古俗」（『史学会雑誌』第二三号〜第二五号・明治二十四、一八九一年）が神道家を刺激し、その攻撃によって久米が帝国大学教授の職を辞せざるを得なくなったというものである。

こうした史料主義・実証主義の台頭という動向のなかで、石田三成の人物像も再評価を余儀なくされていく。江戸期の石田三成について評価は、神君家康に抗したことによって、まさに勧善懲悪史観のなかで形成され定着したものであったから、当然の流れではある。管見の限り、その嚆矢と目されるのは、明治二十三年（一八九〇）に『史学会雑誌』第二号に掲載された、小倉秀貫（おぐらしゅうかん）の「関原始末　石田三成事績考」であろうか。臨時編年史編纂掛の編纂員であった小倉秀貫は、この論稿のなかで、

石田三成ガ旧来伝説ノ如ク、果シテ姦曲ノ佞人ナル歟、又此大事ヲ企ツルハ、公義ヲ仮リテ一己ヲ利セントスルノ意ニ出シヤ否ヲ考ヘザルベカラズ……

家康已ニ（秀吉の）遺命ニ背キ、擅断ノ処置アルヲ見テ、豊臣氏ニ利アラザランコトヲ推知シ、之ヲ除カント計リテ成ラズ、終ニ上杉氏ニ結託シ、名望権威ノ赫灼タル家康ニ向テ大事ヲ企テ、日本

半国ノ諸侯ヲ糾合シテ兵ヲ起セシハ、決シテ凡庸ノ徒ニアラズ…………関白秀次・蒲生氏郷・加藤清正等ハ皆三成ニ讒陥セラルト云伝フレトモ、当時縉紳ノ日記若クハ古文書等ヲ閲スルニ、曾テ徴証アルナシ……

とする。果たして三成は旧来の説のように姦佞だったのであろうか、あるいは家康との対決は私的な欲望を満たすためだったのだろうかとの問いを発し、むしろ家康の存在こそが豊臣家の為ならずとして、これを除くために兵をあげたのだとする。さらに、その挙兵は日本半国の大名を糾合するものだったのであり、三成という人物は決して凡庸ではなかったと評価する。また、三成を悪奸としてあげつらう記録はすべて徳川時代になったものであり、まずこの汚名を雪ぐべしとする。小倉は、当時の日記等の信頼に足る史料に拠りつつ、豊臣秀次の失脚や蒲生氏郷の卒去などへの三成の関与を否定している。清正を秀吉に讒訴したという俗説についても、偽託の「木村又蔵覚書」や『新撰清正記』などに見えるのみであって、史実ではないと退けている。

小倉秀貫には、このほか「石田三成事蹟考の弁」（『史学会雑誌』一三号、明治二十三、一八九〇年）もあるが、こちらも史料主義・実証主義の立場から三成の最期を論じたものである。

上記の近代歴史学の台頭と裏腹にはなるが、幕府が倒壊して、三成を好意的な文脈で語る環境が許されると、関ヶ原の戦場から落ちのびた三成が、密かに出羽秋田に逃れたというような話が顕（あきら）かとなっていく。佐竹義宣は慶長七年（一六〇二）に、常陸の水戸から出羽秋田（久保田）へ減転封されるが、義宣が三成に近かったことから生まれた伝説であろう。この説は、秋田の御南砥斎なる人物によって唱えられたことになっている。これによると、佐竹義宣は三成のために「帰命寺」なる一寺を建立して、そこに僧形の三成を匿ったという。

小倉秀貫は、こうした俗説を退けるために「石田三成事蹟考の弁」を著すが、結果的に秋田には、三成の墓と目されるものが残ることとなった。この説は、その後も好事家の間でそれなりの支持をうることとなり、通俗書というかたちで語られつづけることとなる（たとえば明治期では、不涅廬主人「石田三成の死所に就きての疑」〈『史論』第四巻、一八九三年〉、川崎三郎（紫山）「石田三成の伝」〈『日本百傑伝』第七編、一八九三年〉など）。

参謀本部編『日本戦史　関原役』

石田三成の人物像のみならず、今日における「関ヶ原」合戦のイメージ形成を考える上で、圧倒的な存在感を誇るのが『日本戦史　関原役』である。『日本戦史　関原役』は、明治二十六年（一八九三）に参謀本部によって編纂・刊行された。ちなみに、書名とする戦役名についても慶長五年（一六〇〇）の干支をとって「庚子役（こうしのえき）」ともすべきであるが、すでに広く人口に膾炙していることを理由として「関原役」が採用された。また、関ヶ原の本戦で激突した双方の軍勢を「西軍」「東軍」と呼ぶのは、元禄期の『石田軍記』を嚆矢とするが、一般に定着する上でこの『日本戦史　関原役』の果たした役割は大きい。なお、『日本戦史』は、客観的な「兵学的記述」を旨とするため、戦闘の当事者を「西軍」「東軍」、あるいは「南軍」「北軍」のように定義する。たとえば、『小牧役』では、秀吉軍が「西軍」で、家康軍が「東軍」である。『柳瀬役』では、柴田勝家の軍が「北軍」で、秀吉の軍が「南軍」となる。同じく秀吉麾下の軍であっても、『九州役』では「北軍」とされ、対する島津勢が「南軍」となる。

さて、一般に『日本戦史』は「本編」「補伝」、「附録」としての「文書」「附表」「附図」などから成る。『日本戦史　関原役』も同様である。「補伝」は、「将士ノ言行及烈婦義僕等ノ偉蹟ヲ輯録」したものとあるが、要するに後世（江戸期）の編纂史料を摘録したものである。また、「文書」は、当時の情況をつまびらかにするには古文書よりよいものはないという理由で、一五〇余通を原文のまま謄写して附録にまとめたものである。『日本戦史　関原役』の「本編」における三成像は、次のようなものである。

三成ハ門地アル大名ニ非ス、又豊臣ノ勲旧戚族ニ非ス、然レトモ其材幹アリテ吏務ニ長シタルハ、秀吉ノ深ク信任スル所ニシテ五奉行中勢力最モ強ク、秀吉在世ノ日ハ其権内外ヲ傾ケタリ

すなわち、三成には家柄があるわけでもなく、また秀吉の一門というわけでもない。しかしながら、才智に溢れ、卓越した能力によって奉行中で最も深く秀吉に信任された。秀吉の存命中は、その権勢は内外を傾けていた。三成はその権勢に拠って加藤清正らの「勲旧諸将」すなわち古くから功績のあった諸将を蔑ろにあつかったとし、『日本戦史　関原役』は合戦の一大原因を、三成と加藤清正らとの軋轢・対立に求めている。

実は、頼山陽の『日本外史』などでも、前田利家の没後に三成を襲撃する面々について言及し、また一方で「毛利・浮田・島津・上杉・佐竹の五家、皆三成に善し」といった記述はあったが、双方を党派として把握するには至っていない。これが『日本戦史　関原役』では、秀吉没後の形勢について「徳川・前田二党ノ外更ニ石田ノ党アリ」と、党派形成の視点から整理している。具体的には、徳川党は黒田・池田・蒲生・伊達・藤堂ら、前田党は加藤（清正）・浅野（幸長）・蜂須賀らであり、浅野（長政）・

細川（忠興）・福島および堀尾・生駒・山内らは徳川・前田二党に両属。石田党に属すのが小西・増田・長束・佐竹らであり、宇喜多・上杉・毛利・島津らは、この段階でどの党派にも属さないとする。

徳川・前田の二党に比すると、結合も緩慢で党勢のふるわない石田党は、上杉・宇喜多らへの支援を進め、かろうじて三党鼎立の体を保つ。しかしながら、前田利家の死去によってこの鼎立状態は破綻、三成に対する憎悪から徳川・前田の両党が結合するにいたる。しかしながら、三成は、なお政権のなかで「革新」を進める意志を強くもっており、「薄弱幼稚」なる自らの党派を率いて、「強大有力」な敵党の覆滅を計ろうとする。結果、三成は上杉景勝の重臣直江兼続との間に「異謀」、すなわち反逆のはかりごとをめぐらすこととなり、会津征伐・関ヶ原合戦へとつながる。

『日本戦史　関原役』の戦闘の記述自体は、江戸期の軍記物に拠っており、史実との食い違いが指摘されている。それはそれとして、『日本戦史　関原役』では、この合戦を勧善懲悪的に論じて「姦臣」「佞臣」たる三成を戦乱の首魁とする評価は後景に退き、党派対立という、政局から戦争の原因を分析しようとしている。ちなみに、関ヶ原合戦に際して、三成と上杉景勝・直江兼続との間に、何らかの密約ないしは連携があったとする見解は、これ以後「常識」となっていく。

復権していく石田三成

『日本戦史　関原役』の公刊から七年を経た明治三十三年（一九〇〇）は、関ヶ原合戦から三〇〇年を迎える記念の年であった。関ヶ原の古戦場で戦歿者を供養する法要が営まれた。頭巾をかぶり、矍鑠と髭をたくわえた、彦根市龍潭寺（りょうたんじ）所蔵の三成肖像画は、この折に祭壇に掲げられたものである。幕末の京都画壇に連なる岸勝が描くこの三成像は、右手に書物を持ち、鹿皮の敷物に座っている。その姿は誠に端正なものであり、鷹揚なその佇まいに「姦臣」とか「佞臣」のイメージはない。

さらにその二年後、明治三十五年（一九〇二）十一月に、水主増吉（天姥）が『千古之寃魂石田三成及其時代之形勢』（国光社）を著わす。この書物は、古文書などの一次史料を多く引用し、史実か否かは措いて、諸々の挿話も紹介している。個々の出典は明示されていないが、『日本戦史』の「本編」はもとより、「補伝」および「文書」に依拠しつつ成立したものとみて大過ない。『日本戦史』の成果によることで、関ヶ原合戦にいたる「天下の形勢」を観察し、その上で三成の所行を熟考するという叙述が

図30　石田三成像（岸勝筆）

可能となった。たとえば、「三頭政治」などといった設定は、明らかに『日本戦史　関原役』における、徳川党・前田党・石田党といった理解を踏まえたものであろう。

水主増吉は、三成挙兵の目的を、豊臣家を覆没して秀頼の天下を奪おうとする家康を亡ぼして、豊臣秀頼の天下を保って秀吉の恩顧に報いることに求めている。そして、徳川の世では多くの碩学鴻儒を輩出しつつも、誰一人として三成の冤（ぬれぎぬ）を雪ごうとはしなかったという認識のもと、水主増吉は、好漢石田三成の為に長年の冤枉を晴らして、その「真面目（しんめんもく）」を語ろうとしたのである。三成の立場を高く論評する水主増吉は、島津・毛利など三成の与党として豊臣家の為に戦った「巨族俊豪」の子孫が、仇敵家康の末裔たる徳川幕府を覆滅して「王政維新」を成立させたことを「天運循環」とし、もし地下の三成がこれを識れば、「或は一笑して瞑目せん歟」と独特の歴史観を披瀝する。

さて、焦点となる三成の位置づけだが、この書物では、その出自を藤原氏あるいは桓武平氏としており、零落はしたものの貴種に位置づける。また、秀吉との出会いについても、生家が貧しかったために近郷の寺に預けられていたわけではなく、書を観音寺の僧に学び、その奇才を愛されたため、常にその僧の傍らに近侍していたのだとする。貧農の子が口減らしのため、近郷の寺に預けられたとする近世の言説とは、大きく様変わりしている。さらに、三成を皮肉るかたちで人口に膾炙していた「治部少に過ぎたるものが二つあり嶋の左近と佐和山の城」なる落首についても、知行高に比して佐和山城という宏壮な城壁隍池を経営し、過大な高禄を以て嶋左近のような卓落不羈の豪傑を召致したという挿話も、三成の志の高さを標榜するものとされた。

このように、水主増吉は三成の復権に尽くす。しかし、ここで留意すべきは、三成をあくまで吏僚・

文臣として評価している点である。たとえば、

　誰れか又一城を陥れ、一将を馘きらずして、封を得たるものある乎、独り三成は輒ち然らず、渠れ機智の妙、運籌の奇を以て此の兵馬倥偬の間に立ち、一兵に衂らず、一卒を失はずして、廿有余万石の城主となる、

という具合である。武臣ではない三成は、その欠を補うため、友人として大谷吉継を得、臣下には嶋左近を得たという。しかしながら、これとても所詮限界のあることであり、関ヶ原合戦は、三軍を統率する将帥を得ることができなかった石田方の敗北に結果するのである。

渡辺世祐著『稿本　石田三成』

明治期の三菱・三井財閥で活躍した実業家で、「三井家四天王」のひとりにも数えられる朝吹英二（あさぶきえいじ）（号は「柴庵」）という人物がいる。彼は、「徳川時代その威圧により「乱臣賊子」あるいは「小人」などと貶められた者少なからず」として、その復権・顕彰に尽くしたことでも知られる。とりわけ、石田三成には高い関心をもっていたようである。独自に三成の事蹟を渉猟して、京都大徳寺三玄院に、三成と実兄正澄の位牌を発見し、さらにその墳墓調査にも関わっている。明治三十九年（一九〇六）五月十九日、朝吹英二は時事新報社の協力を得て、大徳寺三玄院内の三成の墓と目されるものを発掘、改葬し、その霊を慰めんとした。

　これに先立って朝吹英二は、東京帝国大学文科大学教授（兼史料編纂掛）であった三上参次（さんじ）に、正確な三成伝の執筆を依頼した模様である。しかし、結局委嘱をうけたのは、文科大学講師（兼史料編纂

掛）の渡辺世祐であり、実際の三成伝研究と執筆は、渡辺が行なうこととなった。研究に資すると考えたのであろう、渡辺は上記の墳墓改葬にも立ち会っている（渡辺世祐「石田三成の墳墓に就いて」・『歴史地理』第一〇巻第一号、明治四十、一九〇七年）。明治四十年十一月、渡辺世祐は『稿本　石田三成』を著わすが、編纂に充分な時間がとれなかったとして、これを決定稿とはしなかった。書名に「稿本」の二文字が冠せられた所以である。

このような経緯から、朝吹英二は『稿本　石田三成』の巻頭に「本書の発刊に就いて」を寄せている。三上参次も、校閲を行った上で、「石田三成に就いて」というかなり長文の序を載せている。東京帝国大学、あるいは史料編纂掛に籍をおく三上参次や渡辺世祐の成果が、論文などではなく、一般の目にも触れやすい書籍というかたちで世に出たことの意味は大きかったと、推察される。

書物の前半は、国内統一戦の過程や、朝鮮出兵における三成の功績を綴り、さらに検地や領内支配などにも及ぶものの、主眼は三成をめぐる俗説の否定である。具体的には、豊臣秀次の失脚や蒲生氏郷の急死、さらに小早川秀秋の越前転封など、かつて三成が奸計を巡らし暗躍したとされてきた事件について、信頼のおける史料を基に、三成の関与を否定していく。また、いわゆる「太閤検地」に関して、「これも著名の事なるが、『古今武家盛衰記』には検地は三成の議によりしものなりとあれども確なる記録には見えず」として、渡辺世祐は俗説を穏やかに否定している。

書物の後半は、秀吉が亡くなって以降、「関ヶ原」合戦にいたる政治過程、さらに「関ヶ原」合戦、および戦後の諸事象が語られる。さらに、「その作善喜捨及び、追悼」「その人物」として三成像を評論し、ついでその一族と子孫に言及し、巻末には「その逸事」としていくつかのエピソードをまとめている。「その人物」では、秀吉の遺命を奉じて豊臣家のために尽くした三成を「奸佞」とするのは、徳川家の自己防衛の政略と、それに阿る衆愚との合作の結果として、三成の不徳も認めつつ、基本的には三成の立場を積極的に支持・弁護するかたちをとる。

官学アカデミズムの中枢を担う三上参次や渡辺世祐の仕事が刊行されることで、石田三成復権の動きはさらに強まることとなる。しかしながら、『稿本　石田三成』に問題がないわけではない。三成の事蹟を語る上で、古文書や日記などの一次史料と、近世に入って創られた軍記や典籍類が混用されている。一方で、三成をあげつらう近世の書物は排除されており、この間に明確な原理は認められない。たとえば、『武将感状記（別名・碎玉話）』『続武将感状記（別名・志士清談）』などに見られる「三献茶」のエピソードについて、渡辺世祐は「この両説共に面白く、三成の幼時より敏捷なる」様を説いたものとする。渡辺は、『武将感状記』『続武将感状記』の史料としての性格を踏まえた上で、「この両書は他の記事に就て考ふるも、随筆としては、や、信用するに足るべきもの多ければ、この三成に関する話も、また信用せらるべきものならん」と述べており、言わば「お墨付き」を与える結果となっている。

刑死を目前にした三成が警固の者に湯を求め、「あまほし」（干柿）を代わりに勧められて、それは「痰の毒」であると断った話は、江戸期の『茗話記』などに見え、参謀本部編『日本戦史　関原役』の「補伝」にも採録されている。もとより、その実否は定かではないが、渡辺世祐はこの挿話を採用し「これをば引かれ者の小歌と嘲るものあれども三成としては、一時一刻も、その生命を惜み最期の時まででも豊臣家のために、その力を致さんとの念切なりしとも亦考へ得らるべし」と評する。末尾の「亦考へ得らるべし」という言い回しは、この話が史実として確定されることを躊躇する渡辺世祐の配慮とも解しうるが、皮肉にもそうした危惧は現実化し、この話も三成の最期を飾る美談として一般に定着していくこととなる。時代の制約と言えばそれまでのことだが、このほか小瀬甫庵の『太閤記』なども積極的に利用されており、今日から見ると史実確定にもいささかの混乱が見られる。

同時代的に見ると、『稿本　石田三成』に採用された記事は、官学アカデミズムの承認を得たものと判断され、その後の歴史叙述における「正統」的な地位を与えられることとなった。その後に与えた影響の大きさという意味で重視すべきは、豊臣家臣団における党派対立に関わる指摘であろう。『稿本　石田三成』は、「第十六章　北ノ政所と淀殿」の一章を設けて、次のように述べる。

古来説をなす者あり、曰く、太閤に縁故深き諸将士の中に両派あり、一は三成及び増田長盛・小西行長等の一派にして、他は加藤清正・福島正則・浅野長政等の一派なり。三成等は武功少なけれど吏才に長じ、所謂、文勲高きを以て重用せられ、清正等は攻城野戦の功に依りて立身せり。即ち共に武将なれども一は文治派にして、他は武断派たり。加ふるに後房、自から党をなして、両派に分れたり。そは太閤夫人北ノ政所は密に加藤・福島等に頼り、太閤側室淀殿は陰に三成・行長等に与みし、両派の軋轢をして、自ら激甚ならしめたるにありと。これ実情なり。

豊臣政権瓦解の原因を北政所と淀殿との葛藤・対立に求める立場は、江戸期にものされた『絵本太閤記』や堀麦水の『慶長中外伝』などにもみえるが、『稿本　石田三成』によってこうした理解が近代歴史学として再認知されたことになる。さらに、これと相関して、諸将士間にも党派対立が存在することとされ、官学アカデミズムの下、それぞれが「文治派」「武断派」と明確に定義されるにいたった。結果、たとえば三成と加藤清正との関係は、抜きがたい対立の構図で語らざるを得なくなり、三成が朝鮮の清正を秀吉に讒訴したという俗説などが、「史実」の如くに復活する。逼塞していた清正が、地震直後の伏見城に駆けつけるという「地震加藤」のようなエピソードは、偽託の「木村又蔵覚書」や『新撰清正記』などにしか見えないと、小倉秀貫が折角退けていたものを、渡辺世祐は「元来、この事件の史料たる清正記等はさきにも述べし如く、稍や疑はしき点あるものなれどもこれを仮りに事実とするも、清正が太閤の譴責を蒙り、屏居を命ぜられしは、当然の事にして」と、いささか煮え切らないかたちで認知してしまうことになる。

三成の復権は、『稿本　石田三成』によって大きく進むことになるが、その復権は、「史実」と後世の「創作」とが明確に弁別されず、ともすれば両者がない交ぜに進められた点に強く留意すべきであろう。

渡辺世祐は昭和四年（一九二九）、大日本経済協会編・刊行の『英傑伝集』第一巻に「石田三成」を掲載する。しかし、これは『稿本　石田三成』のダイジェスト版に他ならない。また、『稿本　石田三成』自体も、同じ昭和四年に再版されている。この間、高瀬羽皐（筆名「羽皐隠史」）が『英雄と佩刀』（大正元、一九一二）に「石田三成は忠臣也」「石田が見た家康」などを書いている。高瀬はジャーナリストで愛刀家・歴史愛好家として知られる（藤本正行氏のご教示）。これらは三成に関する史論というべきもので、「名分」と「事実」の両面から三成が忠臣であったことを説明する。ここでは、いわゆる「五大老」を「枢密顧問」に、執政たる「五奉行」を「内閣大臣」に擬して議論が進められており、当時の時代性を感じることができる。ちなみに、三成の立場は「内務大臣」あるいは「内閣大臣の首班」にあたるとされる。「関ヶ原」の戦いについては、大臣五名と枢密顧問四名が、秀吉の遺命に背いたもう一人の枢密顧問（家康）を罰しようとしたものであり、手続きも名分も、何らの問題はないと断じた。

ついで、すでに学習院教授を退官していた歴史家・大森金五郎が、大正十年（一九二一）に「坂東次郎」の筆名で、文字通り「石田三成の評論」（『中央史談』二巻五号）という題目で史論を書いている。大森は、『日本中世史論考』や『武家時代之研究』などで知られた日本中世史の大家である。大森は三成を、「知略人に過ぎ、尋常一応の人物でなかったことは勿論である」とし、秀吉の恩顧に報いるため、豊臣氏の不利益となる家康を相手に「乾坤一擲の壮挙を仕出かした」という。秀吉没後の協議による政治は、前田利家の死によって破綻し、豊臣家臣団は「文治派」と「武功派」との軋轢がはじまり、家康が両者の間を調停し、恩威を施していくと述べる。

大森金五郎は、秀吉の遺臣を、家康との関係によって、さらに「早決策派」「永遠策派」「時勢順応主義者」に三分する。三成や小西行長を「早決策派」とし、彼らは、豊臣氏のためにならない家康を早く無きものにすべし、という考えであったという。前田利長・池田輝政・浅野幸長・福島正則・加藤清正ら多くの者は、最後の「時勢順応主義者」とされた。いずれも、秀吉の恩顧を忘れてはおらず、また、秀頼の将来を心配はするものの、当面は時勢に従うべきであろう、とする者たちである。彼らは穏健派であり、思慮・分別もあるように見えはするものの、結局は老獪な家康に裏切られることとなったのだという。

大森は「大坂の陣」のことを引き合いに出し、敗れはしたものの、三成に「先見の明」を見出している。二六〇年におよぶ太平をもたらした徳川幕府による支配を、「国家の幸福」と評価する一方で、大森はいったん人心を失なった幕府を倒したのは、「関ヶ原」で三成方に与した薩長（島津・毛利）であったことは、不可思議な因縁であると評する。なお、この「石田三成の評論」は、大正十四年（一九二五年）に大森金五郎が実名で著した『随感随想史伝史話』（交友社）に再録されている。

徳富蘇峰の三成評

ついで注目すべきは、明治期から活躍する言論人徳富蘇峰（猪一郎）の『近世日本国民史』であろう。徳富蘇峰は、大正七年（一九一八）に「修史述懐」を著して修史事業を開始する。『近世日本国民史』は、織田信長の時代から明治維新に至る通史・史論である。第一期から第三期に亘り、全一〇〇巻をもって構想され、まさに蘇峰「畢生の大事業」であった。蘇峰は一次史料のみならず、近世以降の編纂史料も博捜したため、『近世日本国民史』には極めて多くの資史料が盛り込まれている。結果、興味深いさまざまなエピソードによって、歴史事象そのものや関係する人物の特色が明確になった。これは、『近世日本国民史』の大きな魅力であろう。しかし、これらエピソードの実否となると問題は残り、史実として確定するには、個々に検討を要するものも少なくない。したがって、ここでも『近世日本国民史』の本質を「史論」と理解し、その立場から議論を進めていく。

三成は豊臣氏時代にも登場するが、大きな比重を有するのは大正十二年（一九二三）正月に刊行された「家康時代上巻　関原役」である（民友社刊）。蘇峰は「関原役」の「例言」において、「戦闘記事は参謀本部編纂の戦史に負ふところ多し」として、「本書の眼目は、戦闘にあらずして、その局面の暗遷黙移にあり」と述べている。執筆に臨む蘇峰の基本的な理解は「要するに関原役は、家康と石田三成との立合ひ」というものであり、「家康は固より白子で、三成は黒子を握ったが、対局者はこの両人だ。その余は、碁盤の周辺に立ち騒ぐ野次馬であった」というものであった。

そこで、関ヶ原合戦に至る間における、蘇峰の三成評をみておこう。

> 然るに彼(三成)は虎の威を仮る狐で、秀吉の口真似をして、此が為めに其の味方たる可き仲間に、多大の敵を製造してゐた。吾人(蘇峰)は三成に全く準備が無ったとは云はぬ。その身代の全部を挙げて、士を養うてゐた丈でも、彼が志の小でなかったことが判知(わか)る。然も彼は秀吉の在世の時代に、余りに調子に乗り過ぎた。余りに利器を示し過ぎた。余りに偉ら相な顔をした。而して此れが為めに、他の有骨男子を、敵方に廻はさねばならぬ情勢に立ち至らしめた。不用意と云はん乎、不謹慎と云はん乎。兎に角三成たるものは、天下を争ふ丈の気分はあったが、其の準備が不足してゐた。併しながら、何と云うても三成だ。関原役の西軍は、謀将雲の如く、健卒雨の如くあつたが、然も真に家康を相手として、天下を争はんとしたる気魄ある者は、只だ石田三成のみであつた。

家康に三成を対峙させるという基本的枠組みは、江戸期のものである。また、このような蘇峰の三成観も、決して新味のあるものではなく、むしろ前代以来の理解を踏襲したものといえよう。さらに、右の引用箇所に先行して蘇峰は、

> 家康と真に雌雄を決せんと大賭博を打ったのは、只だ石田三成だ。石田三成は、決して家康の敵ではない。此の両人は横綱と前頭との立合で、到底互角の相撲になる可きではなかった。

と断じ、さらに右の引用箇所に続けて、

> 三成が家康に向ふは、脇目から見れば、陽盤魚(ごまめ)が鯨と戦ふの類に似たるも、一寸の虫にも、五分の魂で、三成にはそれ〳〵の成算が出来てゐたに相違ない。但だ仲間が仲間であり、敵が敵であった為めに、遂ひに不覚を取った。然も関原の一戦は、三成に取りて、決して恥辱の一戦でなく、名誉

の一戦だ

と述べて、三成と家康の力の差をことさらに強調し、三成の敗戦を既定のものとして論じている。もとより、三成に決して高評価を与えるわけではないが、さりとて必要以上に貶める立場にもない。そうした意味で、蘇峰の三成評は極めて微妙であり、決して単線的なものではなかった。敢えて言えば、「三百年間、智者からも、愚者からも、賢者からも、昧者からも、憎悪・侮蔑・非難・攻撃の標的となっていた」三成を、これまでの偏った評価から解放しようと努めているように見える。そこに、言論人たる徳富蘇峰のジャーナリズム、および合理主義を見出すことも可能であろう。この「家康時代上巻　関原役」の刊行より三年後の大正十五年（一九二六）、蘇峰は『野史亭独語』（民友社）に「石田三成」という随筆を載せている。そこには次のようにみえる。

従来石田といえば、奸佞、邪智の小人の雛形の如く取り扱はれ居れり。此れは天正年代より、明治年間に至る迄、伝統的の定論にして、凡そ史家と云ふ史家は、何れも石田に向て、若干の悪口を手向けぬものはあらざりし也。そは彼が差したる武勲もなき成上り者として、無暗に威張り散らし、清正一派に排斥せられたるに加へて、蟷螂（かまきり）の斧もて、家康を向ふに廻はし、天下を争はんとしたるより。徳川幕府の御用史家が、彼に向てあらゆる悪評を加へたるは、寧ろ当然と云ふ可く、而してそれに雷同したる、応声虫（奇病を引き起こす虫）の多かりしも、亦免れ難き数なるが故なる可し。明治の末期に迨んで、世論は漸く三成に向て、公平ならんとするの傾向を来たせり。明治四十年の末、故朝吹柴庵の嘱によりて出版せられたる、文学博士渡辺世祐君の『稿本石田三成』の一書の如きは、此の気運の魁と称す可き歟。

こうした発言からも看取されるように、希代のジャーナリストをもって任じる徳富蘇峰は、「悪名の問屋」となっていた石田三成を極力「公平」に評価しようとする立場にあった。「公平」たらんとする蘇峰の立場を支えた文献のひとつが、その魁（さきがけ）ともなった渡辺世祐著『稿本　石田三成』であったのである。官学アカデミズムという「お墨付き」を得ていた三成評・三成観は、蘇峰の作品によって、さらに増幅されていくこととなる。

渡辺世祐『稿本　石田三成』の本質は既述した。あわせて三成を「前頭」「陽盤魚」「蟷螂」に擬える蘇峰の立場は、きわめて予見的であり、三成を「公平」に評価しようとした試みが成功しているようには思われない。しかしながら、こうした評価は今日的なものにすぎず、同時代的には蘇峰の文名もあって、『近世日本国民史』的な三成観・三成評は広く社会に流布し、受容されていった。

実録体小説のような体で三成をあつかったものが登場してくるのも、大正末から昭和初頭のように感じられる。代表的なものとして、大正十四年（一九二五年）の高須芳次郎「石田三成」（『改造』七―一）や、昭和十三年（一九三八）の尾崎士郎「敗将石田三成」（『改造』二〇―六）などをあげることができよう。尾崎士郎は、翌年の昭和十四年に、「関ヶ原合戦」における三成の心情を描いた名作『篝火』を著わす（戦後、昭和二十四年に『石田三成』を発表）。さらにこの間、やや大部なもので史論とも評すべきものとしては、尾池義雄が昭和二年（一九二七）に著わした『石田三成を中心に―関ヶ原大戦の真相―』（春秋社）がある。

民政家・封建領主としての石田三成

渡辺世祐は、その著『稿本　石田三成』第七章に、「その行政」という章立てのもと、検地、佐和山城の修理、その領内の沙汰、非違の取締、駅伝課役の制、建築造営の功、鉄砲鍛冶の保護といった節を設けて、三成の「民政上の手腕」について述べている。しかしながら、渡辺世祐としては、決して満足のいく内容ではなかったようである。たとえば、第一節の「検地」では、三成が関わった島津領・佐竹領の検地に言及しつつ、「この類の事は、他にも多かるべしと雖も、未だ徴証すべき文書・記録等を見ざるにより、詳には知り難し」と結んでいる。

大正期後半になると、労働運動・農民運動・婦人運動など、さまざまな社会運動が活発化する。さらに昭和期に入ると、「日本資本主義論争」がはじまり、歴史研究においても、これまでの政治史偏重の状況から、社会・経済構造や階級問題などに注目しようとする潮流がみられるようになっていく。このような時代背景のもと、昭和期には三成を「民政家」として評価しようとする動きが顕著となっていく。

昭和五年（一九三〇）秋、島津公爵家で行なわれた伝世古文書の曝涼の折、「徳川時代初期の古文書の包紙に木の平板が心となつてゐる（ママ）」のが発見された。この包紙の心に利用されていた平板こそ、島津領検地の際に丈量の基準となった、三成の署名入り「検地尺」に他ならない（相田二郎・児玉幸多「新発見の石田三成書判検地尺」『歴史地理』第六一巻五号、一九三三年）。現物の発見は、いわゆる太閤検地研究上、非常に有益なものであった。「竿口（さおくち）」と称して島津領に下った家臣たちが、この三成署判の「原尺（げんしゃく）」に基準に、その目盛りを竿や縄に移して実際の丈量を行なったことが判然となった。

さて、三成の生国であり、佐和山が位置する近江国（滋賀県）は、いくつもの優れた地方史誌を編纂・刊行した地域としても知られる。そこでの中核的役割を担ったのが、中川泉三である。大正二年（一九一三）に中川泉三が中心となって編纂した『近江坂田郡志』が刊行され、石田三成の佐和山領に関わるものとしては嚆矢となった。

中巻の第九篇が「織田豊臣氏時代」にあたり、その第五十六章が「石田三成」として三成の出自から立身、佐和山城主となるまでの過程、ついで佐和山領の庶政を述べる。また、不在がちであった三成に代わって領国の執政にあたった、実父の石田正継についても触れている。中巻に先立つ上巻は、「古文書之部」となっており、域内の古文書を広く収集、採録する。決して数は多くないものの、ここには三成や正継の発給した文書も収録され、文禄五年（一五九六）三月朔日付で、坂田郡成菩提院村に充てられた十三ヶ条の三成「掟書」も含まれている。

渡辺世祐の『稿本　石田三成』で紹介された三成の民政は、豊臣家の奉行として行なったものと、大名としての政策とが明確に区別されていなかったが、この段階に至って、ようやく「大名」「領主」としての三成が議論されることとなった。ついで、たとえば昭和二年（一九二七）に刊行された『東浅井郡志』は、第七編豊臣時代志の第十二章を「石田三成の治下」に充てた。とはいえ、紙面の大半は、秀吉の薨去から関ヶ原合戦前後の状況に費やされており、三成の佐和山領支配は略述された程度にすぎない。『東浅井郡志』で取り上げられたのは、文禄五年（一五九六）三月朔日付の「掟書」であり、域内に遺る数ヶ村のものを比較して紹介している。

この「掟書」は、三成の農政・民政観をうかがう好史料であると同時に、社会経済史上の重要史料としても注目されるようになる。昭和七年（一九三二）刊行の細川亀市著『農奴社会史考』（白東社）でも、

「第三章　近世に於ける農奴法考」のなかで、「封建支配階級の農奴に対する態度と精神を窺うこと」のできる史料として、十三ヶ条と九ヶ条の両種の「掟書」全文を紹介している。

さらに昭和九年（一九三四）には、三成の民政的手腕に注目するという潮流をうけ、茗溪逸史「石田三成の時代的性格」（『歴史科学』三―一二）が登場する。この論文の立場は、「ここに我々が石田三成を論ずることは、石田三成の時代的性格を説くことである。彼の存在を決定づけた社会の政治経済的性格を説き、且つ支配者の一代表的人物としての時代推移に対する役割を説くこと」というもので、社会構成史的視点に拠って三成を論じた秀作である。ここでも、三成が領内の村々に発した「掟書」は大きく評価されている。茗溪逸史は三成の立場を、封建的支配階級内の傑出した「中央オーガナイザー」であったばかりでなく、所領接収としての「検地奉行」のみならず、農奴制の再定着、農奴制的収取と抑圧のための傑出した「民政長官」的存在であったとしている。さらに、後註というかたちだが、生産力も高く、早く商業資本に侵蝕された「上国」（畿内近国）諸侯のオーガナイザーは三成であった、と評価している。茗溪逸史は、三成は「検地」の遂行を基盤として諸々の民政を進めたが、その歴史的役割は、単に秀吉の側近とか、五奉行の一員といったものにとどまらず、日本社会における封建制再編成の中核的担い手（オーガナイザー）として位置づけるべきと主張した。

文治派・文吏党の中心人物として

茗溪逸史「石田三成の時代的性格」は、昭和初期にいたって、三成の扱いが「戦略家」としての面と「民政家」としての面とに分かたれているようにみえると述べている。「民政家」的側面は、地方史・地域史の成果に依拠しつつ、学術的に大きな展開を見せていくことになるが、一般的な関心は、やはり「戦略家」としての三成にあったと考えられる。近代に入ると、豊臣家臣団間の党派対立を想定し、その延長線上に関ヶ原合戦を位置づけるようになったことは既述した。三成はその一方の旗頭に擬せられ、渡辺世祐『稿本　石田三成』などはこれを「文治派」と称した。徳富蘇峰『近世日本国民史』の「関原役」では、三成・増田長盛らをさらに「文吏党」と評するに至る。

ここに至る流れを祖述すると、渡辺世祐も「文治派」といいながら、三成らをあくまで武将として位置づけ、「九州征伐」「関東征伐」などにおける「功」を追う（『稿本　石田三成』）。また、大森金五郎も、「石田三成はもと身分のあるものではなかったが、豊太閤の目鏡で見出され、給仕同様の低い所から次第に出世して立派な大名に取立てられ、征韓の役などには参謀長とも云ふべき地位に居た」と述べている（「石田三成の評論」）。要するに、石田三成も「武将」、近代的な感覚で言えば「軍人」と考えられていたのである。

こののちも、水野広徳のように、三成を「武将」「軍人」と位置づけて、その才幹を高く評価しようとする史論もないではない。昭和十一年（一九三六）、水野広徳は「悲運の英雄、光秀と三成―日本名将論（二）―」（『中央公論』五一―八）で、豊臣家臣団の党派対立を、「実戦派」と「帷幄派」と呼んで説明している。「帷幄」とは、主君に近侍して作戦の立案を行なう参謀をいう。水野広徳は、「三成は主として秀吉帷幄の参画に与かり、戦陣にの間に立つこと稀であったとはいへ、彼は決して戦国武将としての嗜と心得とを忘れるものではなかった」と述べている。秀吉のあらゆる戦争を、卓越した能力でもって後方で支えた三成を、あくまで「武将」、すなわち「軍人」として評価する。

ところが、徳富蘇峰は『近世日本国民史』で次のように論断する。

秀吉の治下には、概して文吏党と、武将党とがあった。文吏党と云へば、五奉行を中心とする党派だ。武将党と云へば、非五奉行を旗幟とする党派だ。併し誤解する勿れ、文吏党と云うたとて、必ずしも文弱党でなく、武将党と云うたとて、必ずしも武愚党ではない。双方にも文武の名将は少からずゐた。但だ其の中心とする点からして、斯く名けたのだ。而して文吏党は、淀殿に近く、武将党は、北政所に近く、其の結果は更に又た、正室党と、側室党とを生ずるに至った。

秀吉は万機を親らした。五奉行は、其の秘書官か、然らざれば秘書官の毛の生えたものに過ぎなかった。然も天下の政務は、五奉行を透して行はれた。殆んど凡ての利権は此に集った。利権の集まる所は、権力の集まる所だ。（中略）秀吉の晩年に於て、最も枢機に参与したのは、上掲の五名（浅野長政・増田長盛・石田三成・前田玄以・長束正家）であって、特に其の最も有力者は、五人中の石田であった。

蘇峰は、「文吏党」「武将党」という呼称はあくまで便宜的なものであり、「文吏党」にも名のある武将はいると言う。しかしながら、これらの名称は、それぞれの中心勢力にちなんで名づけられたもので、「文吏党」の中核は「文吏」、すなわち三成らの吏僚集団であったとみなされる。さらに、ここにおける「文吏」の対義語は「武将」であり、この文脈に従うと「五奉行」の中心人物とされた三成は、もはや「武将」ではない。

イメージのもつ力は甚大である。三成ら奉行衆は、政権の中枢にあって利権をむさぼるかのように書かれ、さらに閨中の「側室派」に連なるとされた。一方の「武将党」の面々は、「正室党」と結んでおり、この対立に嫡庶、あるいは正統と異端といった価値観の導入をみることも可能となる。必ずしも明示的ではないが、清廉なる忠義の士から成る「武将党」は、利権のなかに身を置く吏僚連中と大きく一線を画すとでも言いたげである。

いずれにせよ、ここで留意すべきは、豊臣政権下に存在した党派対立を、「文治」と「武断」の二項で読み解こうとする言説が、近代歴史学のなかに胚胎し、それが徳富蘇峰の『近世日本国民史』などによって、さらに増幅されていったという点である。近代日本が軍国主義的な膨張を進め、一般にも尚武の気風が高まっていくなかで、「文武」という二項対立は、社会的にも受け容れやすかったのであろう。

周知のように、昭和六年（一九三一）九月に起きた柳条湖事件をきっかけに満州事変が勃発し、翌七年一月には、日本軍が上海に上陸して中国軍と衝突した（上海事変）。これと並行して、国内では軍部や右翼勢力による急進的な国家改造運動が活発化し、クーデター未遂やテロが相次いだ（三月事件、十月事件、五・一五事件など）。

国際的孤立と国内における軍部の台頭と立憲政治の危機的状況のなかで刊行された雄山閣発行の雑誌『歴史公論』の昭和八年（一九三三）新年号は「文武抗争史」という特集を組む（第二巻第一号）。巻頭に渡辺世祐の「国史における文武抗争史概論」をおき、古代から近代にいたる興味深い論稿が並ぶ。近代の論稿では明治期の文武対立、伊藤博文と山県有朋、軍部大臣制などが主題として取り上げられており、緊迫する世情に同調するようなかたちで雑誌の編集が企画されたことがわかる。

さて、「文武抗争史」という特集テーマに沿うべく、北山良治著「加藤清正と石田三成」という論稿が掲載された。加藤清正を「武勲派」の盟主、石田三成を「文治派」の中心と位置づけ、両者の対立を軸に、豊臣政権あるいは秀吉家臣団の末路を綴ったものである。この論稿自体は、豊臣期の日本はいまだ有力封建領主の連邦国家であって、秀吉はその盟主に過ぎなかったとし、日本が中央集権国家となるために、関ヶ原合戦は欠くことの出来ない戦役であったとする。三成の人物評に限ってみると、江戸期の編纂史料などに拠りつつ、既知のエピソードをなぞったような内容であって、取りあげるべきの新規の論点はない。しかしながら、このような言説の再生産が繰り返されるなかで、豊臣政権下の家臣団相互の関係は、「武断派」と「文治派」による対抗・対立というかたちでステレオタイプ化され、同時に、石田三成という存在を「武」に疎い「文治派」の首魁と考える「常識」も定着していくことになる。

さらにいえば、徳富蘇峰の筆致もそうであるように、「武断派」と「文治派」は対等に扱われたわけでは決してなかった。筆者の北山良治は、加藤清正については「融通性のない保守的な武将であった」としながらも「猶後世万衆に喜ばれる所以は其の赫灼たる武勲と共に此の惻々と人に迫る至誠の念があった」ためであろうと賛辞をおくっている。しかし、三成に関しては、その能力や進取の精神を評価しつつも、虎威を借りて専恣を多く行なった結果、諸将の恨みをかったとして、あまり好意的に扱ってはいない。おしなべていうと、「武断派」は才幹という点でやや劣るものの、陽性なイメージのもとで人物像が形成される。もう一方の「文治派」は、知謀あまりあるものの、かえってそれが禍し、陰湿で、ともすれば邪悪な印象を付与されていくことになる。近代に入ってようやく「姦佞」といった曲筆から解放され復権した三成であったが、ここにきて三成は再び「文治派」なる負のレッテルを貼られることになったのである。

昭和十三年（一九三八）刊行の雄山閣史学部編『国史参考叢書　第三』は、「伝記研究参考書」となっており、ここでも「石田三成」が立項されている。渡辺世祐著『稿本　石田三成』を「考証正確、内容精密、あますところなく彼の生涯を記してある」と評価しつつ、渡辺世祐が退けなかった「三献茶」のエピソードや、知行の代わりに宇治・淀川の荻（おぎ）・葭（あし）を欲したという挿話を「人口に膾炙してゐるが、果して何処まで信用していゝか判らぬ。逸話の多い人の伝記はその撰択に充分注意せねばならぬ」と、警鐘を鳴らしている。強く実証研究を推奨するのであるが、この論文でさえ、三成が不評を蒙る理由のひとつとして、次のように指摘している。

> 三成は槍先きの功名で取り立てられた者でなく、悪く言へば舌先き三寸で二十余万石を得た。これが加藤清正など豊臣家の武将たちの気に入らなかった。一体、戦場の功名は、人々の耳目に非常に華やかなものに映り、文治上に相当功労があつたとしても、若し勇将たちと威勢を争へば、一般の同情を失ふのは、古今東西を通じて誤りない事実である。三成は文治の上に功はあったが、武将たちと調和を保ち得なかったので、文治上の功労までも疑はれてしまつた。

三成は「尋常一様の人間ではない」とされながら、詰まるところは「吏務に長じ」た「文治派」として、加藤清正ら「武功派」と対することになる。さらに、

> 刑に臨んでなほ生命に恋々たり、自ら一刻でも生命のある限りは目的を達せんとて自重すると高言したが、これは日本人に喜ばれない。（中略）一敗地に塗れ万為すべからざるに至つても、なほ命を惜しむは我が国民に歓迎されない。桜の散り際を喜ぶ国民に、三成が不人気なのも大きな理由がある

とも評されている。最期にいたって「あまほし」（干柿）を断ったエピソードを言っているのであろうが、

おそらく「文史」と評されたことと無関係ではあるまい。あわせて、ことさらに潔い死を尊ぶ件(くだり)などは、昭和十一年（一九三六）の二・二六事件を経て、翌年の盧溝橋事件から日中戦争へいたる当時の日本国内の世情を、大きく反映させた評価だといえよう。

顕彰される石田三成

一方、三成の故地である旧近江国（滋賀県）にあっては、こうしたものとは別の人物像が、連綿と語り継がれていた。三成を卓越した民政家とみる流れの延長線上に、位置づけることができよう。

昭和十六年（一九四一）十月、三成出生の地、滋賀県坂田郡北郷里村石田において、「石田三成公事蹟顕彰会」が結成される（『読本　石田三成』同編集委員会、一九六六年）。翌十一月には、「石田治部少輔出生地」と刻まれた巨大な石碑が、石田の地に据えられた。その建碑式には、文部大臣代理中村良一図書監修官、近藤壌太郎滋賀県知事、池崎忠孝文部参与官や作家の吉川英治らも列席した。石碑の題額は、東条内閣の文部大臣であった橋田邦彦が揮毫した。石碑の裏面は、『稿本　石田三成』の著者である渡辺世祐が撰した碑文を、滋賀県知事の近藤壌太郎が筆を取って書いた。

碑文は、三成の出自と生涯を略述したのち、

徳川氏ノ覇業二百六十余年ノ間、家康ノ業績ヲ飾ランカ為、故ラニ三成ヲ奸邪ト貶シ、小人ト譏ルト雖、是実ニ事ノ成敗ヲ以テスル俗論ニ外ナラス、三成カ旧恩ヲ念フコト深ク、主家ニ報ユルニ勇ナリシノミナラス、為政者トシテモ亦高邁ナル識見ヲ有シ、治績大イニ見ルヘキモノアリ、郷国ノ有志、其誠烈・偉業ヲ景仰シ、誕生地タル居館址ニ碑ヲ建テ、之ヲ顕彰セント欲シ

と続く（文意を明確にするため、読点を施している）。家康を崇敬するために、三成は不当に貶められていたと江戸期の俗論を廃し、三成の功績を賞揚する。ここでの三成は、主家の旧恩に報いんとする勇健の士、また卓越した為政者として位置づけられており、主家・主君に対する誠烈と、地域社会に対する偉業によって顕彰に値する人物とされた。両者は相関的なものだが、「顕彰」の主眼は、後者にあったとみられる。

それは、この時（昭和十六年十一月五日）に、石田三成公事蹟顕彰会の嘱によって滋賀県大津市で講演を行なった池崎忠孝が、翌昭和十七年に『概説　石田三成』（岡倉書房）を著した際、建碑式の折の内容を敷衍して、次のように記していることからうかがえる。

正しく三成を理解するがためには、たゞ三成の人物及び行蔵を論じて、その佞奸邪智の徒にあらず、その乱臣賊子の業にあらざることを究明しただけでは、決して充分だとは言へない。三成の真骨頂、いはゞ三成の三成たる所以は、断じてさういふ消極的な方面にのみあるのではなく、むしろ積極的に、安土桃山時代における一個の俊傑として、同時に武人の大節に生死し、以て日本精神史の上に一個の光彩を点じた人物として、これを不朽に伝ふべきだといふ点に存してゐる。

戦時下という状況のなかで、官製の論理で三成が「顕彰」されていくことの意味を、改めて問い直していくべきであろう。池崎忠孝は、「赤木桁平（あかぎこうへい）」の筆名でも知られる評論家であり、政治家である。はじめて夏目漱石の伝記を書いた文芸評論家としても知られるが、昭和十一年（一九三六）に衆議院議員となり、第一次近衛内閣では文部参与官に就いており、続く東条内閣でもその立場を保った。『概説　石田三成』に前後して、池崎忠孝は『日米戦はゞ　太平洋戦争の理論と実際』（新潮社、昭和十六、一九四一年）、『長期戦必勝』（新潮社、昭和十七、一九四二年）などを著し、対米戦争を積極的に支持している（戦後はA級戦犯に指定され、巣鴨プリズンに収監された）。

その一方で、このような「忠君愛国」的な価値観とは別の次元で、三成の行なった民政を評価する研究がほぼ同時期に顕れる。第三高等学校教授兼京都帝国大学助教授であった中村直勝の「石田三成の民政」である（初出『経済史研究』二五―四、一九四一年、のちに『中村直勝著作集』第二巻に再録）。滋賀県の出身でもあった中村直勝は、論文の冒頭で北近江における三成に関わる「俚伝」（伝承）をいくつか紹介し、それぞれの村が三成との縁故を誇っている様をたどっている。その上で、

案外世間的に評判の悪い三成も、江北一帯にありては、寧ろ感謝されて居るといふ事が汲み取られたであらう。徳川三百年の施政。天下を悉く葵の御紋章に塗り終へて、大坂方の色彩を一も憶はせじと努めたであらう江戸幕府の役人の折角の努力も、此の地方では大した効果を収め得なかつたらしい。

と、まとめ、この地域にあって如何に三成が篤く支持されているかを説く。中村直勝が具体的に検討し、高く評価したのが、佐和山領の村々に出された十三ヶ条、九ヶ条の三成「掟書」、および慶長二年（一五九七）四月の田方麦年貢の徴収を命じる印判状などである。史料を通観した中村直勝は、

戦国時代にこゝまでの細かい注意―殊に土地よりの収穫ににについての細心の心遣をして居る諸侯はさうざらにあつたとは言へまい。

とする。中村直勝はこの論文の末尾を、次のように結んでいる。最後に煩をいとわずに引用しておく。

かくして江北の地方に、今なほ三成に関する語り草を多く残し、何れの村も彼が自分の村の出身者

であると言はんと努力して居るものあるを惟ふとき、三成の民政策が、深く其の地方民に悦ばれた事を知り、長くその芳流の貽るものあるを尤もの事だと思ふ。民の心を安んずる。それは政治の要諦である。民の生活を保全する。それは民政の極意である。民は政治家の恩義を忘れるものではない。

時の東条内閣は、対中戦争の泥沼化を打破するため、英米との開戦を決し、この年昭和十六年（一九四一）十二月に英領マレー半島の攻略と米国ハワイの真珠湾攻撃に踏み切る。こうした現実の中で中村直勝の発した「民の心を安んずる…」以下の言葉が、どの様な意味を持つのか、改めて考えていく必要があろう。

豊臣家奉行 石田三成の生涯――エピローグ

本編の記述からも明らかなように、若年期の三成は片時も秀吉の側を離れず、活躍期にはいると秀吉の下であるいは秀吉に代わって南に北に縦横に活躍して秀吉が目指した政策の実現に尽くしている。ある人物から珍品を贈られた三成はその礼状に「此間ハ、てまへ（手前）のいそかし（忙し）きにからめ（絡め）られ、御たつね（訪ね）も不申候に忝候」（最近は、こちらの忙さにかまけて、御訪ねもできないでいるにも拘わらず、珍品をご恵与いただき、ありがたく存じます）と書いている（東京大学史料編纂所所蔵影写本「保阪潤治氏所蔵文書」二）。政務に追われて三成は多忙を極めるが、周囲の者達はやはり三成に恃むところがあるのか、日頃の無沙汰にも拘わらず贈答を絶やさない。短い文面であるが、三成をとりまく日常を切り取った風景の様に思える。

本書執筆の目的は、可能な限り関係する一次史料に拠りながら、石田三成という人物の一生を描き出すことにあった。言及すべき史料でありながら割愛せざるをえなかったものも多く、また文化的な素養についても充分には言及できなかった。そうした限界はあるものの、私なりに三成の「実像」に近づけたように思う。加えて、三成に従った家臣たちについても、断片的ではあるが、意識的に書き込んでいったつもりである。その意味で一応の責を果たし得たと考えており、以下本編の内容を略述することで、本書のエピローグとしたい。

石田三成は永禄三年（一五六〇）、近江国坂田郡石田村に生まれたとされる。三成が豊臣秀吉の家臣となった正確な時期は明らかではないが、頭角を顕すまでに、さほどの時間は必要なかったようである。すでに二十代のはじめには、秀吉家中として他にも知られる存在であった。天正十年（一五八二）の本能寺の変ののち、秀吉は柴田勝家と争うこととなる。この段階の秀吉にとって、越後の上杉景勝との連携は、非常に重要な意味をもつ。いうまでもなく、越前北之庄を本拠とする柴田勝家の背後を脅かすためである。三成は、増田（ました）長盛や木村吉清（実名は清久とも）らとともに、この越後上杉氏との交渉を委ねられた。そして、その働きは大いに秀吉を満足させるものであったと推察される。

天正十三年（一五八五）七月、秀吉が関白になると、三成も諸大夫として従五位下・治部少輔に叙任される。秀吉家臣団の序列を計るものは何も官位体系のみではないが、それでも三成の叙位任官は、やはり彼が家中でもひときわ有為な人物として評価されていたことのあらわれであろう。この後も三成は、上杉景勝との関係を軸に、秀吉の信州計略や関東政策にも関わっていく。翌天正十四年、懸案だった徳川家康の秀吉へ臣従が確定すると、三成は上杉景勝に対してすみやかな上洛を促す。自身も迎接の使者として加賀まで赴き、上杉家中の上方（かみがた）での活動をこまごまと周旋している。

秀吉の下でその政治的地位を徐々に高めていく三成は、同じ天正十四年に小西立佐（りゅうさ）とともに、「堺奉行」に任じられた。この時の三成の年齢はまだ二十代の半ばであったが、ほどなく実施される九州平定を見越した抜擢であろう。長途の遠征を支える兵站諸物資の補給を実現する上で、堺のもつ経済力をいかに活用するかは極めて重要な課題であり、それをこなせる人物として秀吉が三成に高い期待を寄せた結果であろう。

九州平定戦に際して三成は、秀吉直轄軍の一員として九州に下向したものと推察されるが、島津義久降伏後は、秀吉の代理として島津領国内に赴き、種々の交渉を進めていく。当主義久が降伏したとはいえ、島津領国内にはいまだ秀吉への服属を快く思わない勢力が盤踞しており、ここに乗り込んでいく三成も、それなりの胆力を備えた剛直な人物であったと考えざるを得ない。また、これを機縁に三成と島津氏との関係がはじまり、島津氏は三成に導かれて近世大名への途を進むこととなる。

一方の東国では、上杉家と並んで、常陸の佐竹家との関係が注目される。三成と佐竹家との交渉がいつ頃からはじまったのか詳らかにし得ないものの、関東平定戦以前から、三成は増田長盛とともに、秀吉のもとで佐竹義宣の奏者をつとめていたようである。また、奥州会津の蘆名家を、佐竹義宣の実弟義広が継いでいたところから、三成は蘆名家とも深く関わった。当時、佐竹・蘆名両家は、出羽米沢を本拠とする伊達政宗と争っており、三成は上杉景勝とともに、佐竹義宣・蘆名義広を支援している。南奥羽の混乱が収まらないなか、天正十八年（一五九〇）から秀吉の関東平定戦が開始される。相州小田原への出兵にあたり、三成は秀吉から軍勢一五〇〇の動員を課されており、これに先だって軍役に見合う領知を充行（あてが）われたと考えられる。残念ながら領知内容の確定はできないが、三成が「大名」身分を獲得したとみてよかろう。

三成は、関東平定戦も側近として秀吉の帷幄（本営）にあったが、その終盤にいたると、北関東勢数万を率いて、上野の館林城についで武蔵の忍城を攻める。三成は築堤を進めて忍城を水攻めにするが、この攻略法は三成の創見ではなく、秀吉の指示に拠ったものと考えられる。大局的にみて、合戦の帰趨はすでに決しており、秀吉は膨大な資材と人力とを投下して城方を圧倒する様を誇示したかったのであろう。こうした物量作戦は、関東・東国の諸士にとって、前代未聞のものであったに相違ない。圧倒的な力の差を見せつけた秀吉は、小田原開城をうけ、宇都宮を経て奥州へ進む。三成もこれに合流して会津に至る。関東・奥羽の統治方針を定めた秀吉が奥州を離れた後も、三成はここにとどまり、実際の仕置を進めることとなる。史料的に確認されるのは、岩城・相馬領の検地であった。

その後、いったん上方に戻った三成であったが、大崎・葛西一揆の報を受け、再び奥州へ下ることを命じられた。大崎・葛西の一揆は、豊臣政権の新たな支配に対する反発であり、三成もこの鎮圧に従ったのである。「検地」などというと、丈量（耕地の測量）のイメージが強く、粛々と進められたような印象があるが、肥後の一揆やこの大崎・葛西一揆をもちだすまでもなく、領主権力と在地勢力との相克・衝突を意味するわけであり、これに従う三成も、決して紙と筆によってのみ任務を全うしたわけではない。島津領国への介入がそうであったように、敵性地へ乗り込むにあたっては、武人として相当の覚悟と準備が要求されたことを忘れてはならない。それはともかく、関東平定後に三成は、新たに美濃国内に領知を与えられたようであり、当然領知高についても加封があったと考えられる。

奥羽情勢の収束は、国内統一が成し遂げられたことを意味する。かねてから秀吉は、対馬の宗氏を仲介として、朝鮮国王への服属要求を行なってきたが、これは「唐入り」、すなわち明国を併呑するための一つの階梯であった。天正十九年（一五九一）十二月、秀吉は関白職を甥の秀次に譲り、翌年三月、自ら大陸へ渡ることを期して九州へ下向し、四月には肥前名護屋城に入る。三成も当初は秀吉に近事していたが、六月にいたって秀吉の渡海が延期になると、その軍令を執行するため、増田長盛や大谷吉継らとともに朝鮮に渡る。

朝鮮半島に上陸した三成らは、漢城（ハンソン）（現在のソウル）を拠点として軍陣を指揮するが、単に帷幄にあったのみではなく、実際の戦闘にも参加しており、文禄二年（一五九三）二月に行なわれた幸州（ヘンジュ）山城の戦いでは、自らも戦傷を負っている。三成らの漢城駐屯は四月までに及ぶが、この間、日明両軍の間で講和への機運が芽生え、日本側は明国の使者を受け入れて、漢城から撤退する。日本側はこの使者派遣を正式な降伏の申し入れと理解するが、その実態は、日本側の状況を実見するためのでっち上げの使節であった。

三成は、増田長盛・大谷吉継・小西行長らと使節を伴って名護屋城に戻るが、とんぼ返りに朝鮮半島へ戻り、日本勢駐留を継続をするための政策を進める。講和交渉がはじまると、日本側は一定の兵力を残して撤兵を開始する。三成も日本へ戻り、再び国内政治へ関与するようになる。三成は秀吉に近侍しつつ、北関東の佐竹領および南九州の島津領の検地を主導する。これらの検地を通じて、政権は大名領国への干渉強めるが、同時に領国内における大名権力は格段に増強されることとなり、他の家臣らとは隔絶するものとなる。こうした謂わば「裏腹の関係」を構築することは、政権の目指すところであり、三成の描く大名権力像でもあった。

検地などの諸政策を通して、政権は統治理念の具体化を進めるが、そうした一方で、関白職を譲った秀吉と譲られた秀次との政治的対峙が、この段階における最大の懸案として浮上してくることになる。

秀吉は伏見を新たな拠点として、聚楽の秀次に圧力を加え、文禄四年（一五九五）七月、ついに秀次は失脚に追い込まれる。高野山に追放された秀次は自決して果てるが、秀吉は聚楽にいた秀次の妻子についても殲滅を命じた。三成と増田長盛には「京都所司代」として、現職関白の追放という未曽有の事態で混乱する京都の支配が任される。

また、同じ頃に三成は、近江佐和山領を与えられることになる。これに先だって、三成は佐和山領の支配に関わっていたが、領知は美濃国内とみられ、佐和山領については代官支配であったと推察される。三成の佐和山領は二十万石を超えるものと見なされるが、三成にはこの他に、蔵入地の代官支配を命じられていた可能性もある。

文禄五年（一五九六）三月、三成は管下の村々に「村掟」の条々を発する。この条々はいずれも仮名交じりの文章で書かれており、広く領民の理解と認識を獲得しようとしたものと見なされる。領民として認められる権利、およびそれと表裏をなす義務負担の適正化を明確に示したものである。巧妙といえば、それまでではあるが、先学も指摘するとおり、当時の大名のなかで、自己の所領内にこれほどまでにきめ細かく綿密な規定を発した例は他になく、三成の大名・領主としての手腕は高く評価されよう。豊臣政権の中枢にあって、民政の充実に尽くしてきた三成の面目躍如というべきである。

秀吉が晩年を迎えるなか、危機感を募らせる三成・増田長盛・長束正家・前田玄以ら四奉行は起請文を提出し、秀吉・秀頼への絶対的な忠誠を誓う。彼らは政権内での地位が特権的であることを強く自覚し、秀吉がもたらした天下の安寧を秀頼に引き継ぐことが出来るのは彼らのみであるという強固な自負心を持っていた。四奉行は相互に連携性を強めるなかで、諸他の勢力には排他的に臨むことで、政権内における立場をより強固に安定化させることを目指した。こうして、慶長二年（一五九七）の遅くとも九月までに政権の執政体制は再編されていく。端的にいうと、三成・増田長盛・長束正家・前田玄以の四名が従前にまして強い権限をもつことになる。もちろん、これ以前にあっても彼ら四名は政権の中枢にあったが、それまでの立場は主君秀吉の存在を絶対的な前提とする「出頭」という性格を濃厚にもっていた。秀吉の信任のもとそれぞれが案件を専管し、個々の人的関係を拡充させるかたちで「政務」を進めてきた。

これが、明確な時期を確定するには至らなかったものの、慶長二年の前半ないし中盤に至って、奉行の立場はそうした属人的な位置づけを超えていくことになる。たとえば、三成の職責に即してみていくと、このころからそれまであまり関わりをもたなかった蔵入地の算用に関わっていく。これは豊臣政権の奉行機構・執政体制の質的転換と評価すべきであろう。結果として、四名の奉行衆は組織的・体制的な取り組みのなかで政務に関わることとなる。

この間、日明間の講和交渉が破綻し、秀吉は朝鮮半島への再派兵に踏み切る。この再派兵を支えることも三成に課せられた重要な政務であったが、自身が朝鮮半島に渡ることはなかった。ちなみに朝鮮の儒者である姜沆（カンハン）によれば（『看羊録』）、三成も少なくとも慶長の再派兵に関してはかなり懐疑的であったと伝えている。さて、この間上杉家が越後から奥州会津へ転封させられるが、三成は上杉家家老の直江兼続とともにこの実務を担う。また、筑前名島小早川家の越前北之庄への転封にも、三成は関わっている。慶長三年（一五九八）正月、上杉家の会津転封に先立って、蒲生家が下野宇都宮に減転封される。年少の蒲生秀行（氏郷の嫡子）に、枢要の地たる会津の支配は難しいと判断されたためであるが、こうした経緯から、三成が蒲生氏郷の死に関わったとする憶説を生じた。

同様に、三成の讒言によって小早川家が越前に移されたかのような邪推を生むことになった。しかし、この転封は朝鮮半島での戦いを支える必要から出たものであった。三成は、こうした減転封によって主家を離れた蒲生・小早川家の旧臣を多く召し抱えており、石田家中の大きな特色となっている。ちなみに、三成は豊臣秀次の旧臣も積極的に吸収しており、とりわけ「若江衆」と評された武勇の諸士は、関ヶ原の戦いにおいて華々しい戦いをみせることとなる。彼らのみならず、三成活躍の背景には多くの有為な家臣たちがいたことを忘れてはならない。

慶長三年（一五九八）八月、ついに主君秀吉が没し、三十九歳になっていた三成の人生は大きな転換を迎えることになる。死を目前にした秀吉の願いは、嗣子秀頼が公儀の担い手として、次の天下に君臨することであった。秀吉の遺志は、徳川家康や前田利家ら大大名五家と、浅野長政・増田長盛・長束正家・石田三成・前田玄以らの豊臣家奉行衆に委ねられた。すでに、秀吉没後を見越して、四奉行が政務主体となる体制が模索されていたが、秀吉は死の直前、浅野長政（初名「長吉」）をここに加えていわゆる「五奉行」制が成立してした。しかし、秀吉の死後間もなくから、家康に専横の嫌いがあり、それを阻むべき前田利家は体調も万全ではなかったため、当初からこの体制は安定を欠いていた。そうしたなか、三成なりに秀吉の遺志を護り、秀頼をもり立てていこうとしたのだが、翌四年閏三月に前田利家が没すると、豊臣家家臣団の分裂を抑えることもかなわなくなる。結果、これまで実質的に政権を担ってきた三成は、反感を一身にうけることとなって攻撃をうけ、ついに引退を余儀なくされる。

隠居して奉行職からも身を引いた三成は、領知のある近江佐和山に退く。こののち、少なくとも表面上は石田家と家康との関係も安定しており、ともすれば友好的であったともみえる。しかし、家康が上杉征伐として上方をあけると、三成は増田長盛・長束正家・前田玄以ら秀頼を推戴する「三奉行」衆を語らって、家康の排斥に動く。この決起は一旦は成功し、家康を除外した新たな公儀権力のもと、三成は再び奉行職に返り咲いて、公儀に加わる。

本来、「関ヶ原」合戦は、毛利輝元・宇喜多秀家・石田三成らから成る新たな公儀が、「賊徒」となった家康率いる軍勢を討滅する戦いであった。しかしながら、結果的に「賊徒」が勝利をおさめ、その後は三成らの目論見と真逆の方向に進む。毛利輝元・宇喜多秀家・石田三成らの戦いは正統性を剝奪され、捕縛された三成は、小西行長・安国寺恵瓊とともに、「謀反人」として京三条河原で処刑されることとなる。

プロローグにも書いたが、本書はでき得る限り一次史料によって「石田三成」を描くことを心懸けた。結果、これまでの三成伝には必須であったいくつかの挿話が全く欠落することとなった。三成が秀吉に見出される「三献茶」のエピソードなどは、さしづめその代表であろう。本編で一切触れない代わり、最終の第九章を設けて、江戸期から昭和戦前期にいたる「石田三成」像の形成過程について整理を試みた。江戸期における基本的な評価は、「太閤」秀吉に阿る奸臣あるいは「神君」家康に刃向かった逆賊というものであり、「三献茶」や嶋左近召し抱えのエピソードも、本来は三成の出自を貶めるものであった。

近代になると、従前の勧善懲悪史観のなかで三成を位置づけようとする動きは薄らぎ、近代歴史学の実証主義のもとで徐々に復権をとげていく。後世に対する影響という意味では、参謀本部編『日本戦史関原役』や渡辺世祐著『稿本 石田三成』などが圧倒的な存在感を示すものの、実証主義の成果としてはむしろそれらに先行する小倉秀貫著「関原始末 石田三成事績考」に注目すべきことを述べた。さすがに「逆行」とまでは言わないが、『日本戦史 関原役』の「本編」は、江戸期の軍記物に拠っており、同様にその人物像に迫る「補伝」についても、江戸期の編纂史料を摘録したものである。換言すれば、いまだ近世的価値観からの脱却は果たされては居ない。渡辺世祐著『稿本 石田三成』は三成の復権を企図したものだが、史料批判に問題が残り、三成を誹謗するエピソードは退ける一方で、比較的好意的なものは採用するという嫌いがある。結果的に「三献茶」の挿話などがここでオーソライズされることになった。

ついで、これらの成果に拠りつつ、徳富蘇峰が『近世日本国民史』の「家康時代上巻 関原役」を著す。かねてから、豊臣家臣団の間に派閥対立を見出す論調はあったが、蘇峰は三成を「文吏党」の首魁に位置づける。文武の二項対立は、当時の社会にも受け容れやすいものだったが、「尚武」を尊ぶ風潮のなかで、文武の立ち位置は決して対等ではなかった。三成は「文治派」「文吏党」の中心人物として、怜悧ではあるが冷徹、さらにともすれば懦弱・陰湿といった形容によって語られていくことになる。三成の民政家としての手腕を高く評価する研究もあるが、歴史小説などの影響もあって、一般的な三成像は、いまだこうしたイメージが強いようである。

この第九章は、附編のような位置づけを脱し切れず、いまだ不充分なものではあるが、既存の「石田三成」研究に対する私なりの距離感の表れである。関連して、これまでの三成評伝の多くは「関ヶ原」合戦に大きな比重をおいて記述されてきたように見受けられる。しかしながら、改めて言うまでもないことであるが、三成は「関ヶ原」で軍陣を指揮するために生まれてきたわけではないし、それを見越してそこに至る人生を費やしたわけではない。また本編で明らかにしたように、三成は「単独」で家康に抗ったわけでもない。したがって、評伝を構成するとしても、「関ヶ原」合戦から遡及すべきではないし、「関ヶ原」を殊更に偏重すべきではないと考える。

補　注

第二刷重版にあたって、本文の該当箇所にそれぞれ下記のとおり追加することとする。

〔補注1〕九八頁

城地はまったく不明であるが、丹波の『湯浅文書』の貞享三年閏三月三日付の喜田玄竹「覚書」に、次のような記事がみえるので、参考までに抄録して紹介しておく。

　　丹州亀山代々城主

一、惟任日向守
一、堀尾山城守
一、御次丸様　此時町出来
一、筑前中納言秀秋
一、石田治部少輔　三重天主五重成
一、前田徳善院
　　　　　　　　（以下省略）

〔補注2〕一四八頁

岩城には、先行して家中の寺田織部正が入っており、岩城家の佐藤貞信（大隅守）とともに事前の調整に従っていたようである。

　（袖書省略）

御書中、今日八日、ミはるニおひて拝見申候、

一、我等事、明日ハミさかまて可参候、明後日十日ニハかならす其地へ可参候事、
一、先書ニ申遣候、寺内おりへ方ニ其地ニ相まち申候へと申遣候へ共、かわる用所も無之候間、いそきうつのミやへ可参之由、御申可有候、此中之ふちかた以下のさん用き、候て可参候由、御申きけ候て可給事、
一、先日やの兵部ニ申候、我等やとのまへ見申候所ニ馬や六七間、御たて候て可給候、又入口番所ニ仕候いへニほこを六つ七つ、たかつなき申候やうニ御いわせ候て可給候、間々ニしきり可有候、恐々謹言、

八日　　　石治
　　　　　三成（花押影）

佐大
　　御返報

（家蔵文書三五・「八木・佐藤・細井・赤坂・信太・寺崎家蔵文書」四号・『茨城県史料　中世編Ⅵ』）

◇御書状を今日八日に（奥州）三春において拝見しました。
一、わたくしは明日三坂まで参り、明後日十日には必ずそちら（奥州岩城）に参ります。
一、先達ての書状で、寺内織部にはそこで（三成を）待つように指示していましたが、特段の用務もなさそうなので、（予定を変え）急ぎ宇都宮へ行くようにお伝えください。（寺内織部らの岩城滞在中の）扶持方等の算用を済ませて出立するように申し聞かせてください。
一、先日、やの（矢野）兵部に申しておりましたが、わたくしの宿所の前の見えるところに厩（馬屋）を六・七軒お建てください。又入り口の番所として使う家に架を六つか七つ、鷹を繋ぐようにお結わせください。（それぞれの）間には仕切りをお願いします。

同じ「家蔵文書三五」には、日付を欠くほぼ同内容の書状（「八木・佐藤・細井・赤坂・信太・寺崎家蔵文書」三号・『茨城県史料　中世編Ⅵ』）が確認される。その三成書状が佐藤の手元に届く以前に、佐藤貞信からの

来信をうけたため、重ねて返書として認めたのがこの書状であろう。いずれにしろ、両者の間に頻々とした書状のやりとりがあったように伺える。

岩城入りの日程を確認した三成は、先行させていた寺内織部正に下野宇都宮に移動するように命じている。岩城での仕置きを終えたのち、三成も宇都宮へ向かうのであろう。それはそれとして、最後の箇条は注目される。三成は自らの宿所前に厩を建てるように求めている。後段から推察するに、鷹野（鷹狩り）をおこなうための馬を飼うためであろう。すなわち、三成は番所の小屋に六・七羽の鷹を据えるためのとまり木（架）を結わせようとしている。さらに鷹同士が争って騒ぐことの無いように、仕切りまで設ける様に指示している。鷹を愛好する三成らしい細かな心配りである。恐らく、岩城領仕置きの多忙な公務の間に、鷹野を楽しむ心つもりがあったのであろう。ともすれば謹厳実直なイメージを持たれがちであるが、三成にもこうした側面があったことは忘れてはならない。既述のように岩城領の仕置きを終えた後は三成も宇都宮に入ると考えられるが、詳細な時日等は詳らかではない。

〔補注3〕二六八頁

相良頼房充て安宅秀安書状が発給された翌日、八月十七日付で洛中突抜町の年寄が町中の家数ならびに諸職人改めの書き付けを作成し、帳面に仕立てたものを三成に充てて提出している（「突抜町文書」・『史料　京都の歴史　第9巻・中京区』所収）。ここに遺漏があれば、町中とりわけ老中（年寄と同義か）は処罰されても仕方ないとする。いうまでもなく、突抜町のみの特例ではなかろう。所司代に就任した三成は直ちに管下の町に対し、家数・職人改めを命じたのである。

あとがき

二〇〇六年度から二〇〇九年度にかけて、科学研究費の交付をうけて実施された「織豊期主要人物の居所と行動に関する基礎的研究」（研究代表者・京都大学教授（当時）藤井讓治）に、研究分担者として参画した。ここで、毛利輝元や小早川隆景らとともにも石田三成を担当したことが、本書執筆の機縁となった。共同研究成果は、二〇一一年六月にいたり、藤井讓治編『織豊期主要人物居所集成』として思文閣出版から刊行されたが、ここから起算しても、すでに五年半の時間が過ぎている。

さて、居所と行動をまとめる過程でなんとなく三成の事が「分かった」様な気になってしまった私は、いざ、一本の伝記として三成の事蹟をまとめ直す段になって、自らの知識・理解は極めて不充分であり、認識がいかに甘かったのか痛烈に思い知らされることとなった。にもかかわらず、三成だけではなく彼を支えた家臣たちについても、どうしても書き込んでおきたいという想いは日を追って強まっていく。こうした、いわば裏腹な状況は最後まで解消することなく続いてしまい、結果、校正の段階にいたっても、なお加筆が続くという体たらくを招くこととなった。真の意味での『石田三成伝』にすこしでも近づきたいという足掻きのようなものであろうか。

本書は当初、「豊臣家奉行　石田三成」という書名・内容として構想し、「三献茶」などのエピソードはもとより、「関ヶ原」合戦にも言及しないつもりであった。一次史料に拠る記述にこだわると同時に、慶長四年の佐和山引退によって三成の豊臣家奉行としての本来の職責は終わると考えていたためである。しかし、種々の曲折を経て、こうした意図は本編の第八章と第九章とに結果することとなった。さらに、当初の書名は、三成を中軸に据えつつ他の奉行や秀吉の家人たちのことも視野に入れることを含意していたのだが、こちらについても、三成の事蹟のみで相当大部なものとなったため、中途で断念せざるを得なくなった。三成の父石田正継や兄正澄についてはもとより、ある意味では三成以上の存在感を示す増田長盛、僚将大谷吉継らについても不充分な記述にとどまっている。彼らについては、他日『秀吉を支えた奉行たち』といったような群像伝をまとめることを考えている。

ここ数年間は、さまざまな公務・校務に時間を絡め取られるような状態が続いている。所詮は言い訳にすぎないが、やや自分史的に述懐しておきたい。二〇〇六年四月に九州大学比較社会文化研究院（当時は比較社会文化研究科）の教授に昇任し、その直後からキャンパスの移転の準備がはじまった。そこの年齢となって部内の様々な委員会を委員長として任されることと、それ自体は仕方のないことであるが、教務・学生委員長の任期中の二〇〇八年度内にキャンパス移転を完了することが決定し、この前後から本来の研究・教育に割くべき時間の確保が自らの大きな課題となっていく。結果的に、『戦争の日本史16　文禄・慶長の役』（吉川弘文館）は、旧六本松キャンパス時代最後の仕事となった。

現在の伊都キャンパス移転後には、所属する部局の組織改編にも深く関与せざるを得なくなった。九州大学の主要部局は、研究組織としての研究院と、教育組織たる大学院学府および学部からなる。このうちの大学院学府について、改組の動きが二〇一一年度の後半から始動し、時間の経過とともに本格化していった。二〇一四年四月に至り、従前の「大学院比較社会文化学府」は「大学院地球社会統合科学府」に改編される。大仰な組織名であるが、要はグローバル化した世界を文理の枠を超えて学際的に研究し、教育することを目指す大学院の謂いである。

新しい学府の開設と並行して、二〇一四年度から国の特別経費による「統合的学際教育を基盤とする高度グローバル人材養成プロジェクト」および九州大学の学内リーディングプログラム「フューチャーアジア創生を先導する統合学際型リーディングプログラム」が始動し、この双方の事業をコーディネーターとして任されることとなった。同時に、九州大学の学内共同利用施設である「韓国研究センター」のセンター長を命じられる。どの役職をとっても、およそ日本史それも前近代を専門とする研究者に似つかわしいものではない。もとより、それぞれに刺激的で新鮮な経験を積むことが出来はしたが、本来の仕事に充てるべき貴重な時間を割かれたことは否定しようもない。せめてもの慰めは、もとより比較すべくもないが、きっと三成も同じように超多忙な日常を送っていたのであろうという根拠のない連帯感であった。

自らを追い詰め鼓舞するために、学外で開催される講演会やシンポジウムなどのさまざまな場面で、三成の伝記をまとめている旨を「公表」してきた。しかし、一向に成果を出すことも出来ず、今や「中野が三成の伝記を書いている」というのは、一種の都市伝説と化しているらしい。刊行のはこびとなり、ようやく証をたてることができた。

多種多様、かつ不慣れな仕事に翻弄される多忙な日常が続くなか、なんとか本来の研究、執筆活動が継続できたのは、多くの方々のご支援のおかげである。とりわけ、「統合的学際教育を基盤とする高度グローバル人材養成プロジェクト」のテクニカルスタッフ笹原純子さんには「プロジェクト」の枠を超え、いろいろな局面でご迷惑をかけ、ご助力を頂いた。この場をかりて、深甚の謝意を申しあげる。

さらに本書に即して言うと、吉川弘文館編集部の斎藤信子さんには構想段階から相談に乗っていただき、種々の貴重なご助言を頂いた。また、同じく編集部の宮川久さんには非常に丁寧に原稿を見ていただき、きわめて精緻かつ適切なご教示を賜った。おふたりのお仕事に支えられて、ようやく本書がなったといっても過言ではない。ここで衷心から御礼を申しあげたい。

二〇一六年一〇月末　再校を終えて

中野　等

石田三成関係系図

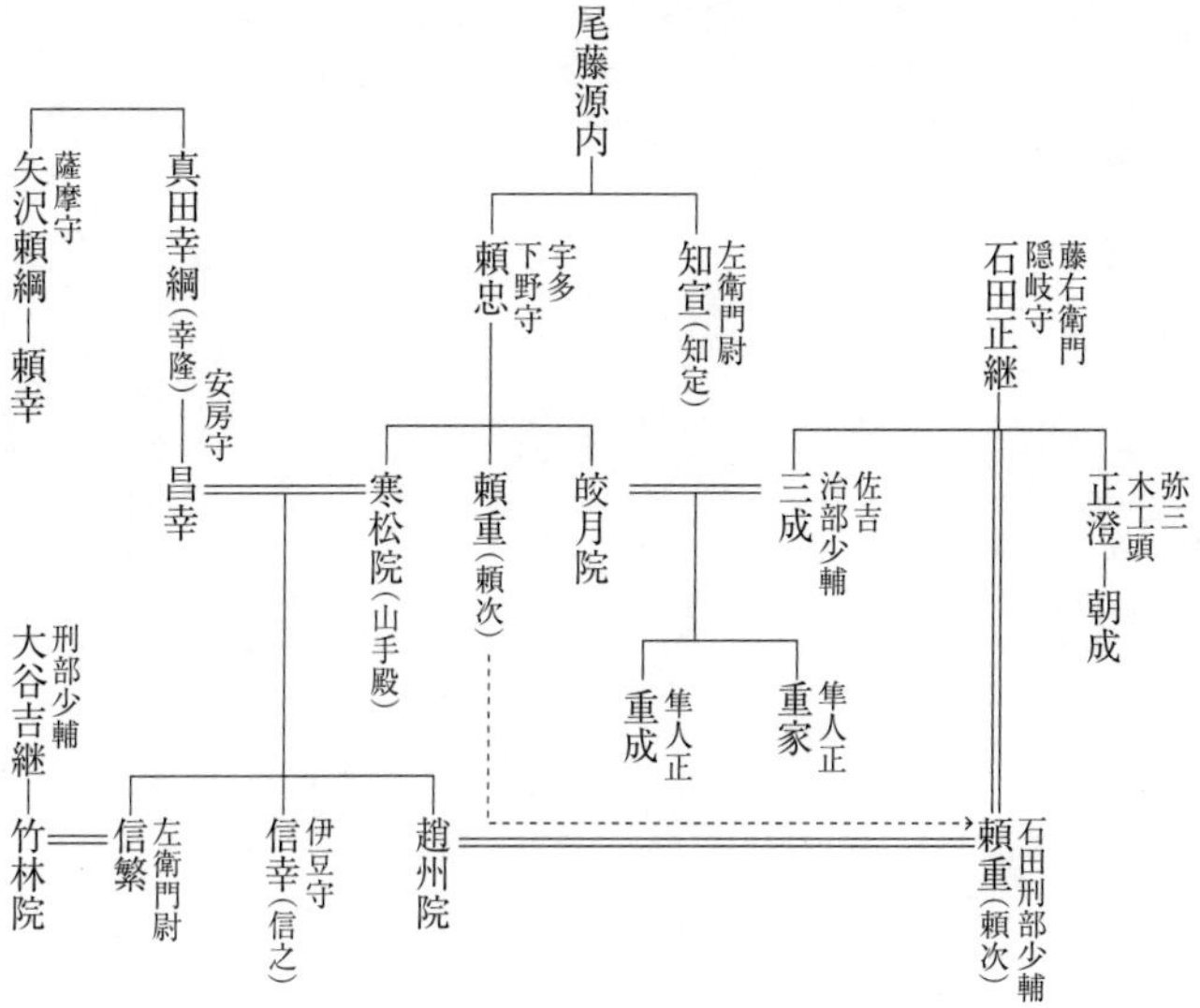
藤右衛門
隠岐守
石田正継
弥三
木工頭
正澄
朝成
佐吉
治部少輔
三成
隼人正
重家
隼人正
重成
石田刑部少輔
頼重（頼次）
尾藤源内
左衛門尉
知宣（知定）
宇多
下野守
頼忠
皎月院
頼重（頼次）
寒松院（山手殿）
真田幸綱（幸隆）
安房守
昌幸
薩摩守
矢沢頼綱
頼幸
趙州院
伊豆守
信幸（信之）
左衛門尉
信繁
竹林院
刑部少輔
大谷吉継

豊臣秀吉関係系図

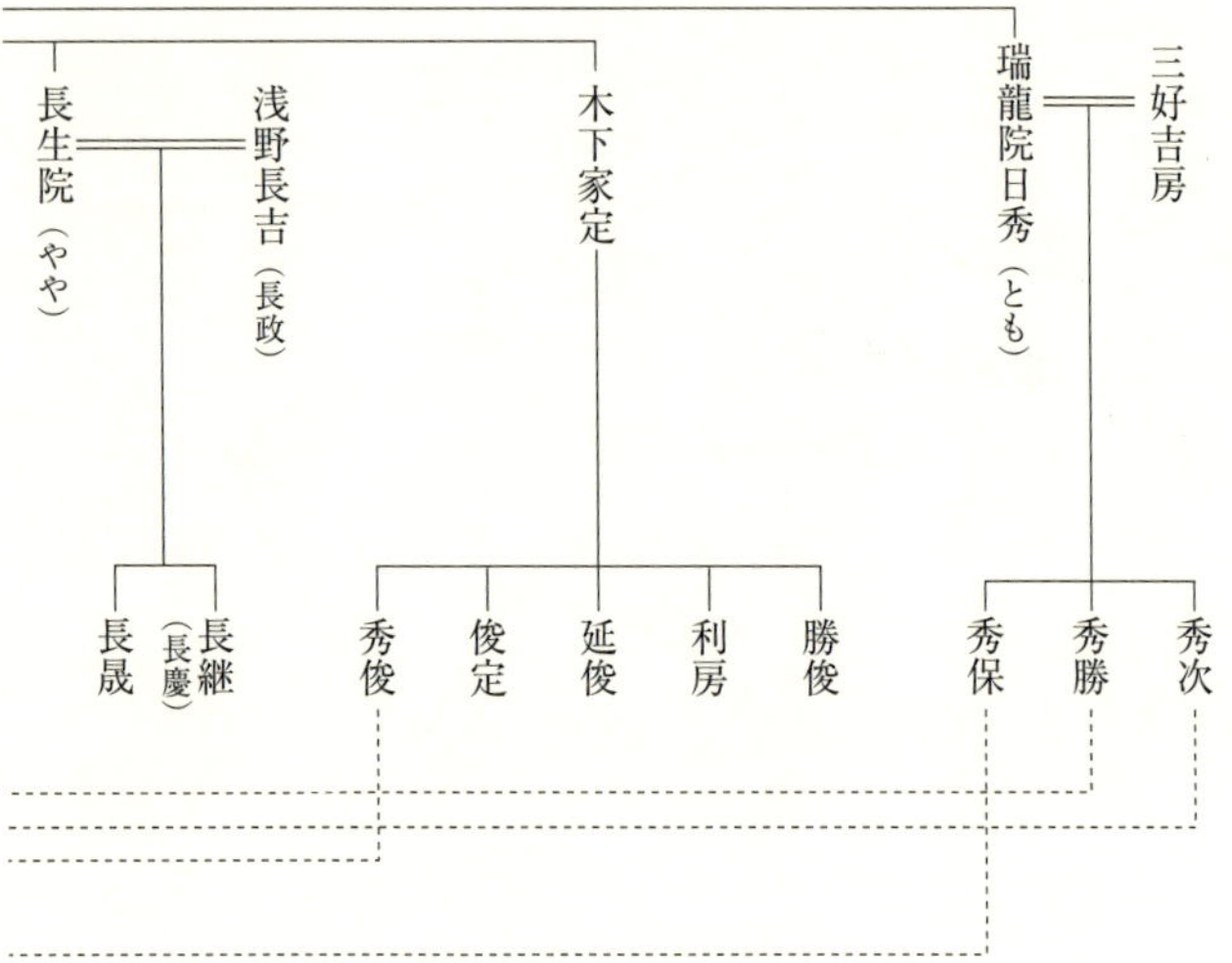

（ご注意）

・この用紙は、機械で処理しますので、金額を記入する際は、枠内にはっきりと記入してください。また、本票を汚したり、折り曲げたりしないでください。

・この用紙は、ゆうちょ銀行又は郵便局の払込機能付きATMでもご利用いただけます。

・この払込書を、ゆうちょ銀行又は郵便局の渉外員にお預けになるときは、引換えに預り証を必ずお受け取りください。

・ご依頼人様からご提出いただきました払込書に記載されたおところ、おなまえ等は、加入者様に通知されます。

・この受領証は、払込みの証拠となるものですから大切に保管してください。

収入印紙
課税相当額以上
貼　　付

印

この用紙で「本郷」年間購読のお申し込みができます。

◆この申込票に必要事項をご記入の上、記載金額を添えて郵便局でお払込み下さい。

◆「本郷」のご送金は、４年分までとさせて頂きます。
※お客様のご都合で解約される場合は、ご返金いたしかねます。ご了承下さい。

この用紙で書籍のご注文ができます。

◆この申込票の通信欄にご注文の書籍をご記入の上、書籍代金（本体価格＋消費税）に荷造送料を加えた金額をお払込み下さい。

◆荷造送料は、ご注文１回の配送につき500円です。

◆キャンセルやご入金が重複した際のご返金は、送料・手数料を差し引かせて頂く場合があります。

◆入金確認まで約７日かかります。ご了承下さい。

振替払込料は弊社が負担いたしますから無料です。

※領収証は改めてお送りいたしませんので、予めご了承下さい。

お問い合わせ　〒113-0033・東京都文京区本郷７－２－８
吉川弘文館　営業部
電話03-3813-9151　FAX03-3812-3544

この場所には、何も記載しないでください。

02 東京 払込取扱票 通常払込料金加入者負担

口座記号番号	金額
00100-5-244	千 百 十 万 千 百 十 円 ※

加入者名	料金	備考
株式会社 吉川弘文館		

各票の※印欄は、ご依頼人において記載してください。

ご依頼人・通信欄

フリガナ ※ お名前			
郵便番号		電話	
※ ご住所			

※

〈この用紙で書籍代金ご入金のお客様へ〉
代金引換便、ネット通販ご購入後のご入金の重複が増えておりますので、ご注意ください。

◆「本郷」購読を希望します

購読開始 [ ]号 より

1年 1000円 (6冊)　3年 2800円 (18冊)
2年 2000円 (12冊)　4年 3600円 (24冊)
(ご希望の購読期間に○印をお付け下さい)

日附印

裏面の注意事項をお読みください。(ゆうちょ銀行)(承認番号東第53889号)

これより下部には何も記入しないでください。

切り取らないでお出しください。

記載事項を訂正した場合は、その箇所に訂正印を押してください。

振替払込請求書兼受領証

口座記号番号	00100-5 (通常払込料金加入者負担) 244
加入者名	株式会社 吉川弘文館
金額	千 百 十 万 千 百 十 円 ※
ご依頼人	おなまえ ※ 様
料金	日附印
備考	

この受領証は、大切に保管してください。

料金受取人払郵便

本郷局承認

4887

差出有効期間
2023年7月
31日まで

郵便はがき

113-8790

東京都文京区本郷7丁目2番8号

吉川弘文館 行

愛読者カード

本書をお買い上げいただきまして、まことにありがとうございました。このハガキを、小社へのご意見またはご注文にご利用下さい。

お買上**書名**

*本書に関するご感想、ご批判をお聞かせ下さい。

*出版を希望するテーマ・執筆者名をお聞かせ下さい。

お買上書店名　区市町　書店

◆新刊情報はホームページで　http://www.yoshikawa-k.co.jp/

◆ご注文、ご意見については　E-mail:sales@yoshikawa-k.co.jp

ふりがな ご氏名　　　　　　年齢　　歳　男・女	
〒 □□□-□□□□　　電話 ご住所	
ご職業	所属学会等
ご購読 新聞名	ご購読 雑誌名

今後、吉川弘文館の「新刊案内」等をお送りいたします(年に数回を予定)。
ご承諾いただける方は右の□の中に✓をご記入ください。　□

注 文 書

月　　日

書　名	定　価	部　数
	円	部
	円	部
	円	部
	円	部
	円	部

配本は、○印を付けた方法にして下さい。

イ. 下記書店へ配本して下さい。

(直接書店にお渡し下さい)

(書店・取次帖合印)

書店様へ＝書店帖合印を捺印下さい。

ロ. 直接送本して下さい。

代金(書籍代＋送料・代引手数料)は、お届けの際に現品と引換えにお支払下さい。送料・代引手数料は、1回のお届けごとに500円です(いずれも税込)。

＊お急ぎのご注文には電話、FAXをご利用ください。
電話 03−3813−9151(代)
FAX 03−3812−3544

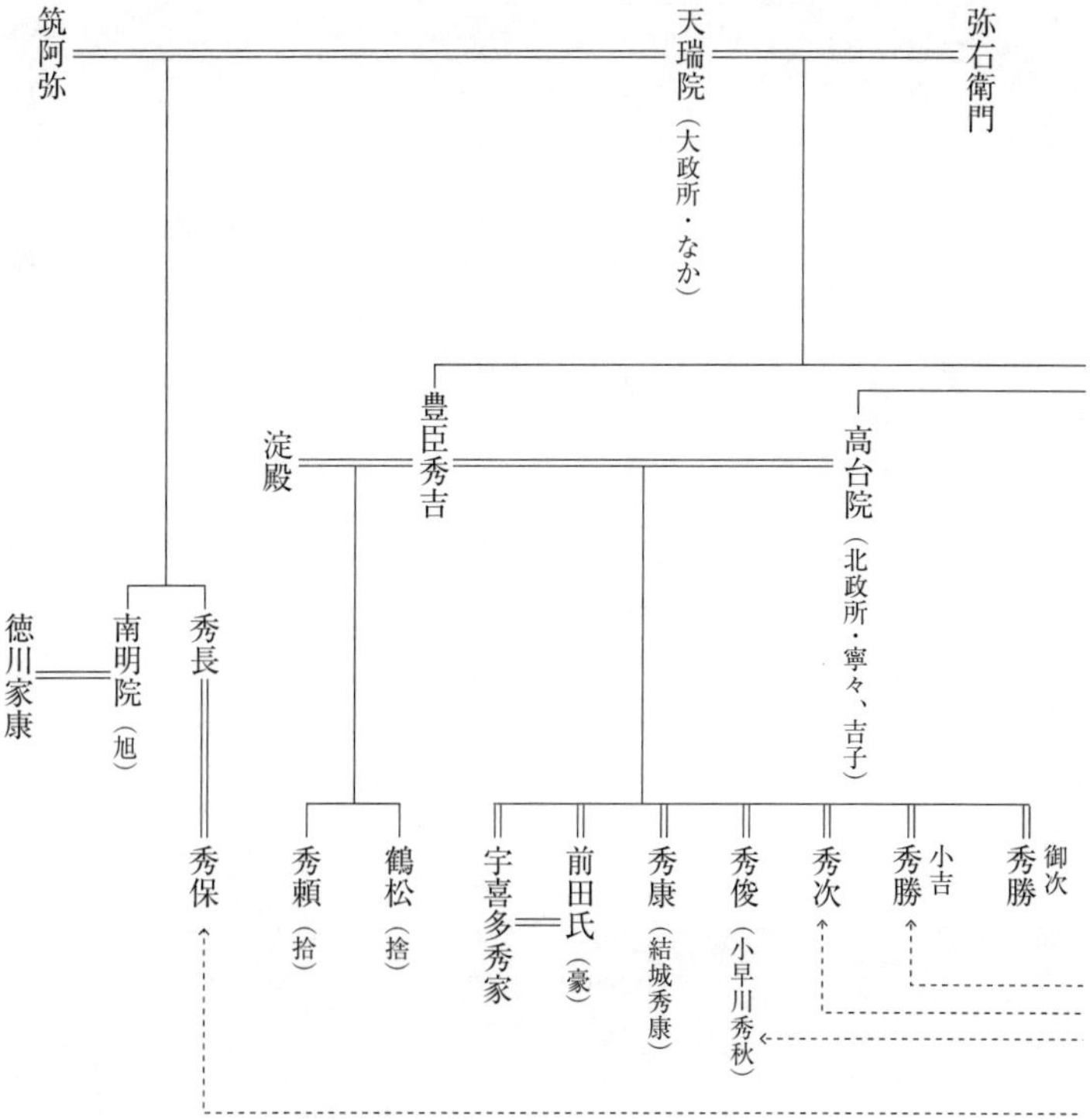
弥右衛門
天瑞院（大政所・なか）
筑阿弥
高台院（北政所・寧々、吉子）
豊臣秀吉
淀殿
秀長
南明院（旭）
徳川家康
御次 秀勝
小吉 秀勝
秀次
秀俊（小早川秀秋）
秀康（結城秀康）
前田氏（豪）
宇喜多秀家
鶴松（捨）
秀頼（拾）
秀保

島津家略系図

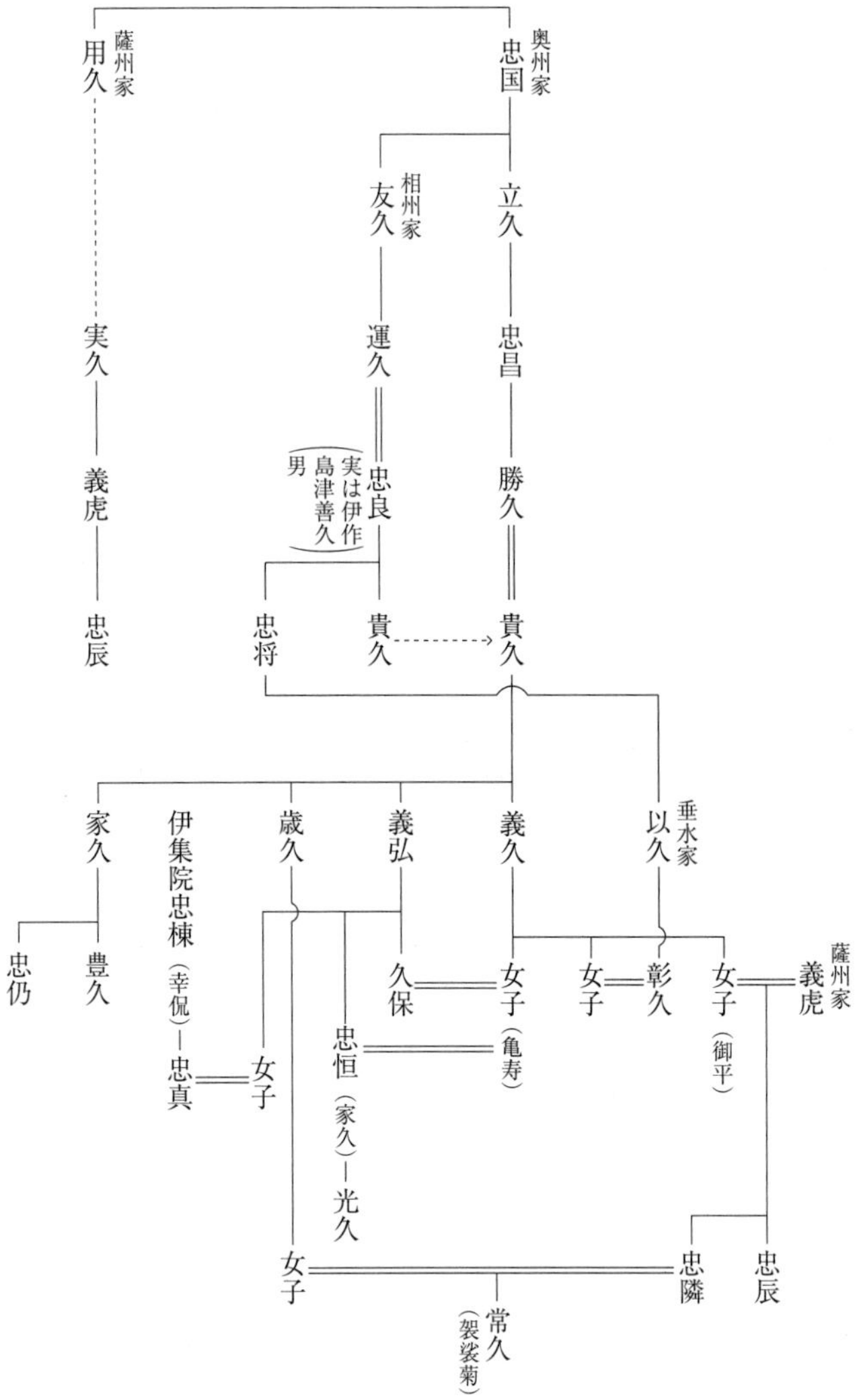
奥州家
忠国
薩州家
用久
立久
相州家
友久
実久
忠昌
運久
義虎
勝久
忠良
（実は伊作島津善久男）
忠辰
貴久
貴久
忠将
垂水家
以久
義久
義弘
歳久
伊集院忠棟
家久
豊久
忠仍
薩州家
義虎
女子
（御平）
彰久
女子
女子
（亀寿）
久保
忠恒
（家久）
光久
（幸侃）
忠真
女子
女子
忠隣
忠辰
常久
（袈裟菊）

佐竹家略系図

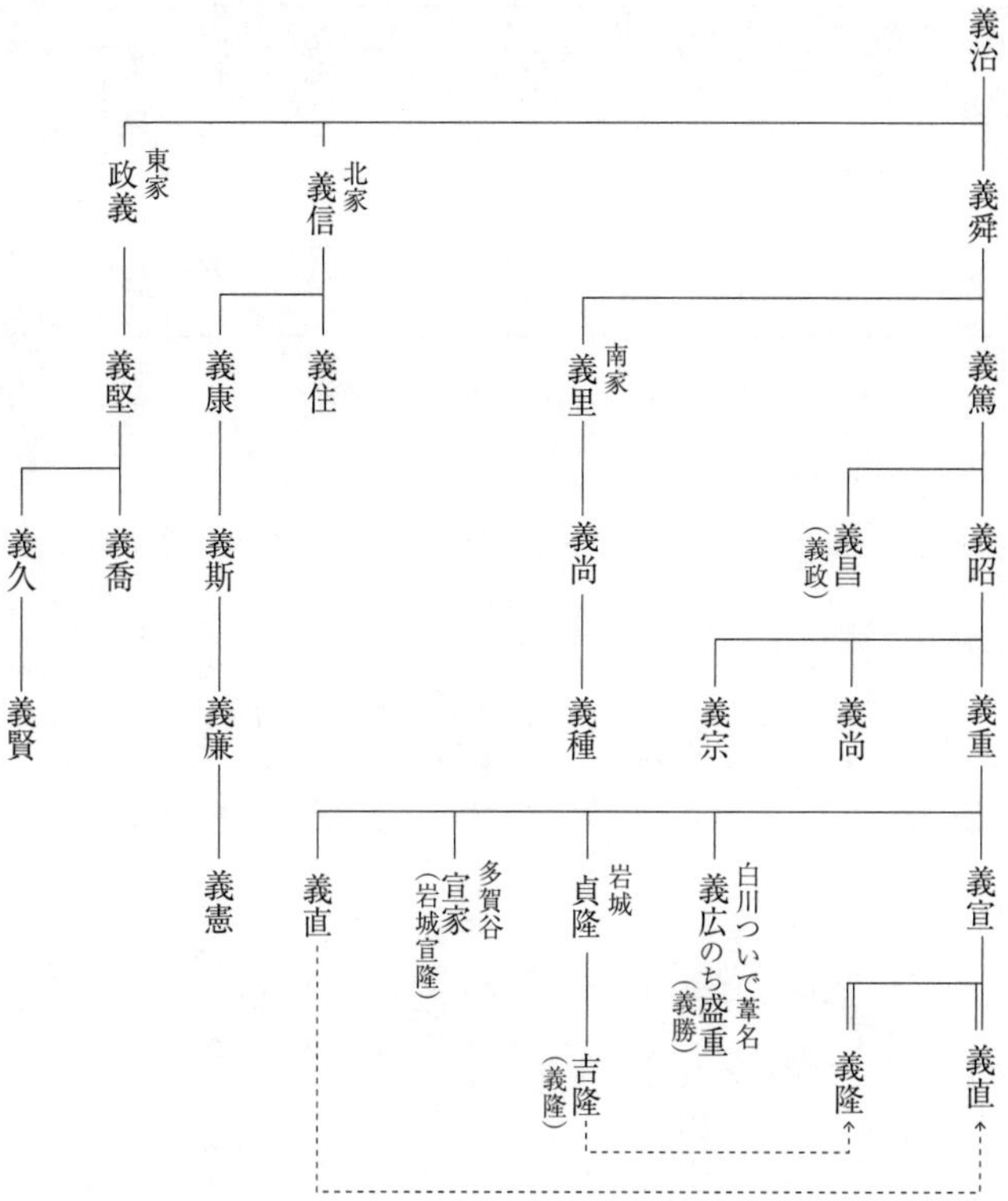
義治
義舜
義篤
義昭
義重
義宣
義直
義隆
義昌（義政）
義尚
義宗
白川ついで葦名 義広のち盛重（義勝）
岩城 貞隆
吉隆（義隆）
多賀谷 宣家（岩城宣隆）
義直
南家 義里
義尚
義種
北家 義信
義住
義康
義斯
義廉
義憲
東家 政義
義堅
義喬
義久
義賢

石田三成関係略年表

年紀	西暦	年齢	月日	記事
永禄　三	一五六〇	1		三成、近江国坂田郡石田で誕生。幼名「佐吉」、父は石田郷の土豪藤左衛門（または十左衛門）正継（為成ともいう）。母は土田氏。
天正一一	一五八三	24	正月23日	秀吉に対して謀反した淡路国の菅平右衛門の鎮圧に関し広田蔵丞に書状を発する。
			2月7日	越後西雲寺に充て木村吉清・増田長盛とともに連署状を発する。
			3月13日	賤ヶ岳の合戦に関わって柳瀬の状況を伝えた近江国浅井郡称名寺に書状を発する。
			6月28日	上杉家の狩野秀治・直江兼続に書状を発する。
				以後、この年の後半には「宇野主水日記」に散見される。居所の特定はできないが、おおむね秀吉に近侍していたと考えられる。
一二	一五八四	25	4月20日	この時期秀吉の陣所（尾張国小牧）にあった。
			7月11日	木村吉清・増田長盛と連署して、直江兼続に充てて書状を発し、証人の上洛を告げる。
			11月27日	これに先だって近江国蒲生郡内の検地に関わっていた可能性が高い。
一三	一五八五	26	3月25日	雑賀攻めの秀吉に従って紀伊国太田の秀吉陣所にあった（宇野主水日記）。
			7月11日	秀吉、従一位・関白に叙任。三成も「諸大夫成」を果たし、従五位下・治部少輔に叙任される。この頃、実名を「三也」から「三成」に改める。
一四	一五八六	27	5月28日	これに先だって、上杉景勝の上洛を迎えるため北陸道を北上。この日、加賀国森本で景勝主従を出迎える。その後、景勝主従とともに入京。

			6月	堺奉行に就任、その在職は天正一六年の末に及ぶ（今井林太郎『石田三成』）。
一五	一五八七	28	3月1日	秀吉、島津氏を討つため大坂を発向。三成もこれに従ったと考えられる。
			4月23日	大谷吉継・安国寺恵瓊と連署状を発して、博多町人の還住をすすめる。また、陣中見舞いをうけた三成は陣中から堺南北惣中に礼を述べ、戦況を報じている。
			5月3日	秀吉、薩摩川内に入り、泰平寺に陣をおく。
			5月8日	島津義久、剃髪して泰平寺に秀吉を訪れて降伏する。これをうけて、三成は鹿児島に入って人質を催促し（新納忠元勲功記・薩藩旧記雑録後編2四一三）、さらに安国寺恵瓊とともに秀吉への敵対を続ける島津家中北郷氏への対応をはかるため、使者として日向国庄内へ赴く。
			5月19日	三成、伊集院忠棟（のちの幸侃）とともに祁答院に派遣される。その後も伊集院忠棟とともに大口行軍の指揮をとる。
			5月24日	三成、大隅国の曽木に至る。この後、筑前国箱崎に凱旋。
			6月25日	細川幽斎とともに上洛のため博多まで北上してきた島津義久を訪ねる（薩藩旧記雑録後編2三五四）。程なく義久をともなって西上。
			7月10日	堺に到着（天正十五年日々記・薩藩旧記雑録後編2四一〇）。
一六	一五八八	29	5月25日	近江国高島郡百姓目安上候付書出条之事を発する。
			8月10日	播磨・摂津国内に設定された島津領のことで義久に指示を与える。
			11月	三成、島津義弘に対して琉球への使者派遣を促す。
一七	一五八九	30	2月末	秀吉、本願寺光佐が抱えた牢人の引き渡しを命じ、増田長盛と石田三成をその奉行とする。

			6月28日	出羽国庄内から武藤義勝が入京。三成、増田長盛とともに接遇にあたる。
			この年	美濃国の検地に従う（今井林太郎『石田三成』）。
一八	一五九〇	31	2月28日	関東平定戦に従うため、京都を発つ。
			4月3日	三成、小田原付近に到着。以後は秀吉の陣所にあったものと判断される。
			5月26日	この頃まで、三成は秀吉の陣所に居たと考えられる。その後、上野国館林城を攻める。
			6月4日	開城させた館林を発って武蔵国忍城へ転戦。忍城は七月一六日に開城する。その後、下野国宇都宮を経て、奥州会津に至る。
			9月	この頃まで、奥州にあって仕置に従う。その後、上方に帰還。
			12月16日	奥州での一揆の勃発によってにわかに奥州へ発向。
一九	一五九一	32	正月10日	三成、相馬に到着。
			2月中旬	この頃には帰京していたようである。
			4月27日	近江国内犬上・坂田郡と美濃国の蔵入地代官を命じられる。この頃、美濃国安八郡神戸を中心とする領知を充行われる。
			7月末	奥州へ発足。この頃には岩城に下着。その後、相馬を経て北上する。10月末以降、三成、京都へ帰還（小林清治『奥羽仕置と豊臣政権』）。
			12月28日	秀吉、関白職を甥の秀次に譲る。
文禄　元（天正二〇）	一五九二	33	2月20日	「唐入り」に従うため大谷吉継とともに京を出陣。
			3月13日	同日付の「陣立書」において、三成は大谷吉継・岡本宗憲・牧村利貞らとともに名護屋駐在の船奉行に任じられる。
			6月6日	三月下旬に名護屋に入った三成は、この日、秀吉の代わりに名護屋から朝鮮へ

				向けて出船。
			7月16日	大谷吉継・増田長盛とともに漢城着。以後、文禄二年四月中旬まで、基本的に漢城にあって在朝鮮の諸将に秀吉の軍令を伝えていく。
二	一五九三	34	4月中旬	謝用梓・徐一貫ら偽り明使節を受け入れることで、日本勢は漢城からの撤退を開始。三成も漢城を離れ、増田長盛・大谷吉継・小西行長とともに日本に向かう明使に同行する。五月一三日には名護屋に到着。
			5月24日	三成、増田長盛・大谷吉継とともには名護屋を発って朝鮮に戻る。
			7月頃	三成、増田長盛・大谷吉継とともに越後国検地を命じられ、寺田忠左衛門尉らを派遣。
			9月10日	島津又一郎久保の死没をうけ、島津家中に対して善後策を指示する。
			9月23日	講和交渉にともなう撤兵計画に従って三成も帰還。この日、名護屋着岸。
三	一五九四	35	3月20日	三成が後見する島津忠恒（のちの家久）が伏見で秀吉に拝謁。
			7月	島津領検地が開始される。三成は七月一六日付で「薩州奉行中」充ての一一ヶ条におよぶ検地掟書案を作成する。
			9月3日	母の葬儀を京都大徳寺三玄院で執行。
			10月	年末にかけて、佐竹領の検地が実施される。
四	一五九五	36	6月19日	佐竹領検地の結果、佐竹領に割り込むかたちで三〇〇〇石の知行を与えられる。同時に設定された一万石の秀吉蔵入地の代官を三成・長盛の両名で勤める。
			6月29日	島津領検地の結果、ここでも三成は旧来の島津領内で六二〇〇石の領知を与えられ、同時に島津領に楔を打ち込む様に設定された秀吉蔵入地の代官に任じられる。
			7月3日	秀次の行状を糺明するため、増田長盛とともに聚楽へ派遣される。

			7月12日	三成、増田長盛と連署で秀頼に忠誠を尽くす旨の起請文を提出。
			7月15日	高野山に追放されていた秀次が切腹する。この後、三成は増田長盛とともに京都所司代に任じられる。またこの頃までに従前、代官支配していた近江国佐和山を領知として与えられていたが、さらに加増をうけることとなる。
			8月後半	大和国内の検地を実施。
			9月9日	家臣に近江国内での知行充行を行う。
(文禄 五) 慶長 元	一五九六	37	正月23日	増田長盛・長束正家・前田玄以らと秀頼に忠誠をちかう起請文を提出。
			3月1日	領内の村々に掟書を下し、三月二五日付で知行充行状を発給する。
			7月13日	畿内地方を大地震が襲い、三成もその復旧にあたる。
			9月1日	秀吉、大坂城に明国使節を迎える。応接の場には三成も臨んでいたと考えられる。その後、朝鮮半島への再派兵が決定。
二	一五九七	38	2月21日	朝鮮半島への再派兵の「陣立」が発せられる。
			4月2日	三成、増田長盛・長束正家・前田玄以らと田方麦年貢の賦課を命じる連署状を発する。
			5月	「源平盛衰記」の書写を神竜院梵舜に依頼する。
			11～12月	三成、増田長盛・長束正家・前田玄以らと豊臣家蔵入地の算用状を作成する。
三	一五九八	39	正月10日	上杉景勝が奥州会津への国替を命じられる。この後、三成も奥州へ向かう。
			2月16日	三成、上杉家老臣直江兼続と連署して、会津領に禁制などを発給する。五月三日には佐和山に帰着する。
			5月	筑前国名嶋の小早川秀秋が越前国北庄へ転封することとなり、三成が旧小早川領国を代官支配することとなる。

			5月29日　三成、京を発して筑前国に下向する。筑前国と北筑後を巡ったのち、七月前半には上方に帰還する。
			8月4日　浅野長政（長吉から改名）充ての「筑前国御蔵入目録」が発給される。同時に三成にも同様の御蔵入目録が発給されたとみてよい。
			8月18日　豊臣秀吉、伏見城で没する。石田三成も臨終の場にあったとみられる。
			9月3日　「大老」と奉行衆連署の起請文に三成も署名。
			10月下旬　朝鮮半島からの撤兵を進めるため、三成が九州下向。この頃には博多へ入る。
			12月24日　三成、島津忠恒らを伴って大坂に到着する。
四	一五九九	40	正月14日　三成と浅野長政が豊臣家蔵入地となった越前府中領大井村の百姓に条規を与える。
			正月19日　前田利家を擁し、他の奉行衆とともに、家康が秀吉の遺命に背いたことを責める。
			2月2日　秀吉の遺命により伏見で剃髪。
			閏3月4日　大坂で反三成派の諸将に襲撃され、伏見へ逃走する。
			閏3月10日　家康の勧告を容れて近江佐和山へ引退する。
五	一六〇〇	41	6月16日　徳川家康が上杉景勝を討つため大坂を出陣。七月一七日付で家康を糾弾する「内府ちがいの条々」が発せられる。
			7月29日　三成、伏見城攻撃に参加。これに先だって、三成は豊臣家の奉行として復権する。
			7月30日　三成、大坂入城。この後、美濃方面に出陣。八月一一日に大垣城に入る。
			9月15日　関ヶ原の合戦。敗北後、近江国伊吹山中に逃走。九月二一日に伊香郡古橋村で捕縛。九月二四日に大津の陣所へ護送。
			10月1日　小西行長・安国寺恵瓊とともに、京都六条河原で処刑。

主要参考文献（原則として第九章で言及したものは割愛している）

著　書

今井林太郎『石田三成』（人物叢書）吉川弘文館　一九六一年
福島正義『佐竹義重』（日本の武将59）人物往来社　一九六六年
今村義孝『蒲生氏郷』（日本の武将52）人物往来社　一九六七年
安良城盛昭『太閤検地と石高制』（ＮＨＫブックス）日本放送出版協会　一九六九年
桜井成広『豊臣秀吉の居城　大阪城編』日本城郭資料館出版会　一九七〇年
桜井成広『豊臣秀吉の居城　聚楽第・伏見城編』日本城郭資料館出版会　一九七一年
桑田忠親『義士石田三成』エルム　一九七四年
桑田忠親『豊臣秀吉研究』角川書店　一九七五年
森山恒雄『豊臣氏九州蔵入地の研究』吉川弘文館　一九八三年
安藤英男編『石田三成のすべて』新人物往来社　一九八五年
藤木久志『豊臣平和令と戦国社会』東京大学出版会　一九八五年
藤木久志『戦国大名の権力構造』吉川弘文館　一九八七年
山本博文『幕藩制の成立と近世の国制』校倉書房　一九九〇年
小林清治『秀吉権力の形成―書札礼・禁制・城郭政策―』東京大学出版会　一九九四年
笠谷和比古『関ヶ原合戦』（講談社選書メチエ）講談社　一九九四年
白川　亨『石田三成の生涯』新人物往来社　一九九五年
中野　等『豊臣政権の対外侵略と太閤検地』校倉書房　一九九六年

渡辺　武『豊臣秀吉を再発掘する』新人物往来社　一九九六年
白川　亨『石田三成とその一族』新人物往来社　一九九七年
朝尾直弘他『堺の歴史　都市自治の源流』角川書店　一九九九年
阿部　猛『太平洋戦争と歴史学』（歴史文化ライブラリー）吉川弘文館　一九九九年
粟野俊之『織豊政権と東国大名』吉川弘文館　二〇〇一年
日本史研究会編『豊臣秀吉と京都　聚楽第・御土居と伏見城』文理閣　二〇〇一年
渡辺信夫『近世東北地域史の研究』（渡辺信夫歴史論集2）清文堂出版　二〇〇二年
伊藤真昭『京都の寺社と豊臣政権』法蔵館　二〇〇三年
小林清治『奥羽仕置と豊臣政権』吉川弘文館　二〇〇三年
小林清治『奥羽仕置の構造―破城・刀狩・検地―』吉川弘文館　二〇〇三年
藤田恒春『豊臣秀次の研究』文献出版　二〇〇三年
青木忠夫『本願寺教団の展開―戦国期から近世へ―』法蔵館　二〇〇三年
朝尾直弘『豊臣・徳川の政治権力』（朝尾直弘著作集4）岩波書店　二〇〇四年
竹貫元勝『古渓宗陳』淡交社　二〇〇六年
太田秀春『朝鮮の役と日朝城郭史の研究』清文堂出版　二〇〇六年
中野　等『秀吉の軍令と大陸侵攻』吉川弘文館　二〇〇六年
城郭談話会『近江佐和山城・彦根城』サンライズ出版　二〇〇七年
白川　亨『石田三成とその子孫』新人物往来社　二〇〇七年
中野　等『文禄・慶長の役』（戦争の日本史16）吉川弘文館　二〇〇八年
光成準治『関ヶ原前夜　西軍大名たちの戦い』（ＮＨＫブックス）日本放送出版協会　二〇〇九年
太田浩司『近江が生んだ知将　石田三成』サンライズ出版　二〇〇九年

白川　亨『真説　石田三成の生涯』新人物往来社　二〇〇九年
鳥津亮二『小西行長』（史料で読む戦国史）八木書店　二〇一〇年
関西大学なにわ大阪研究センター編集『新発見　豊臣期大坂図屏風』清文堂出版　二〇一〇年
狩野博幸『秀吉の御所参内・聚楽第行幸図屏風』青幻舎　二〇一〇年
矢部健太郎『豊臣政権の支配秩序と朝廷』吉川弘文館　二〇一一年
藤井讓治編『織豊期主要人物居所集成』思文閣出版　二〇一一年
白峰　旬『新「関ヶ原合戦」論』（新人物ブックス）新人物往来社　二〇一一年
藤井讓治『天下人の時代』（日本近世の歴史1）吉川弘文館　二〇一一年
藤井讓治『天皇と天下人』（天皇の歴史05）講談社　二〇一一年
山本博文他編『消された秀吉の真実』柏書房　二〇一一年
大塚紀子『鷹匠の技とこころ　鷹狩文化と諏訪流放鷹術』白水社　二〇一一年
三鬼清一郎『織豊期の国家と秩序』青史出版　二〇一二年
三鬼清一郎『豊臣政権の法と朝鮮出兵』青史出版　二〇一二年
竹井英文『織豊政権と東国社会　「惣無事令」論を越えて』吉川弘文館　二〇一二年
中井俊一郎『石田三成からの手紙』サンライズ出版　二〇一二年
池　　亨『東国の戦国争乱と織豊権力』（動乱の東国史7）吉川弘文館　二〇一二年
山本博文他編『偽りの秀吉像を打ち壊す』柏書房　二〇一三年
黒田基樹『小田原合戦と北条氏』（敗者の日本史10）吉川弘文館　二〇一三年
矢部健太郎『関ヶ原合戦と石田三成』（敗者の日本史12）吉川弘文館　二〇一四年
白峰　旬『新解釈　関ヶ原合戦の真実』宮帯出版社　二〇一四年
山本博文他編『豊臣政権の正体』柏書房　二〇一四年

丸島和洋『真田四代と信繁』（平凡社新書）平凡社　二〇一五年
河内将芳『落日の豊臣政権―秀吉の憂鬱、不穏な京都―』（歴史文化ライブラリー）吉川弘文館　二〇一六年
黒田基樹『「豊臣大名」真田一族』洋泉社　二〇一六年
高橋　充編『東北近世の胎動』（東北の中世史5）吉川弘文館　二〇一六年
堀越祐一『豊臣政権の権力構造』吉川弘文館　二〇一六年
跡部　信『豊臣政権の権力構造と朝廷』戎光祥出版　二〇一六年
水野伍貴『秀吉死後の権力闘争と関ヶ原前夜』日本史史料研究会　二〇一六年
堀　新・井上泰至編『秀吉の虚像と実像』笠間書院　二〇一六年

図録・報告書等

『松井文庫所蔵古文書調査報告書』一　八代市立博物館未来の森ミュージアム　一九九六年
『松井文庫所蔵古文書調査報告書』二　八代市立博物館未来の森ミュージアム　一九九七年
『松井文庫所蔵古文書調査報告書』三　八代市立博物館未来の森ミュージアム　一九九八年
『石田三成―秀吉を支えた知の参謀―』長浜市立長浜城歴史博物館　一九九九年
『石田三成　第二章―戦国を疾走した秀吉奉行―』長浜市立長浜城歴史博物館　二〇〇〇年
『古橋村高橋家文書調査報告書』木之本町教育委員会　二〇〇二年
『特別展　五大老　―豊臣政権の運命を託された男たち―』大阪城天守閣　二〇〇三年
『長野県宝　真田家文書』一　松代文化施設等管理事務所　二〇〇四年
『長野県宝　真田家文書』三　松代文化施設等管理事務所　二〇〇六年
『開館五周年記念特別展　上杉景勝』米沢市上杉博物館　二〇〇六年
『特別展　直江兼続』米沢市上杉博物館　二〇〇七年

『木食応其―秀吉から高野山を救った僧―』和歌山県立博物館　二〇〇八年
『石田三成と忍城水攻め』行田市郷土博物館　二〇一一年
東京都江戸東京博物館他編『徳川家康没後四〇〇年記念特別展　大関ヶ原展』二〇一五年
『法令・人事から見た近世政策決定システムの研究』（東京大学史料編纂所研究成果報告二〇一四―七）二〇一五年

学術論文

桑田忠親「豊臣秀吉の狐狩に関する文書」（『歴史地理』六六巻六号）一九三五年
岩沢愿彦「石田三成の近江佐和山領有」（高柳光寿博士頌寿記念会編『戦乱と人物』所収）吉川弘文館　一九六八年
桑田忠親「大西家所蔵狐狩の古文書」（『朱』十二号）一九七一年
加藤秀幸「古文書解説　石田三成書状―その趣好―」（『古文書研究』一〇号）一九七六年
山田哲好「常陸国における太閤検地の実態」（『史料館研究紀要』一〇号）一九七八年
淵田三善・熊谷保孝「北近江で発見された戦国・織豊期の武将の古文書」（『政治経済史学』一九九号）一九八二年
斉藤　司「文禄期「太閤検地」に関する一考察―文禄三年佐竹氏領検地を中心に―」（『関東近世史研究』一九号）一九八五年
中村　質「豊臣家臣団とキリシタン―リスボンの日本屛風文書を中心に―」（『史淵』一二四号、一九八七年、のち「豊臣政権とキリシタン―リスボンの日本屛風文書を中心に―」と改題して同著『近世長崎貿易史の研究』所収（吉川弘文館、一九八八年））
阿部勝則「豊臣五大老・五奉行についての一考察」（『史苑』四九―二）一九八九年
阿部勝則「豊臣政権の権力構造」（『武田氏研究』一〇号）一九九三年
峰岸純夫「戦場の中の文書」（『今日の古文書学』第三巻中世所収）雄山閣　二〇〇〇年
伊藤真昭「石田三成佐和山入城の時期について」（『洛北史学』四号）二〇〇二年

戸谷穂高「豊臣政権の取次―天正年間対西国政策を対象として―」（『戦国史研究』四九号）二〇〇五年
戸谷穂高「天正・文禄期の豊臣政権における浅野長吉」（『遙かなる中世』二一号）二〇〇六年
布谷陽子「関ヶ原合戦と二大老・四奉行」（『史叢』七七号）二〇〇七年
丸島和洋「豊臣大名からみた「取次」―相良氏と石田三成の関係を素材として―」（阿部猛編集『中世政治史の研究』）日本史史料研究会　二〇一〇年
中野　等「豊臣政権の関東・奥羽政策」（『茨城県史研究』九七号）二〇一三年
谷　徹也「秀吉死後の豊臣政権」（『日本史研究』六一七号）二〇一四年
谷　徹也「豊臣政権の算用体制」（『史学雑誌』一二三―一二号）二〇一四年
中野　等「豊臣政権論」（『岩波講座日本歴史』第10巻近世1所収）岩波書店　二〇一四年
中野　等「豊臣政権の関東・奥羽仕置　続論」（『九州文化史研究所紀要』五八号）二〇一五年
河内将芳「宇喜多秀家夫人の「御病」と伏見稲荷社―「狐狩」と「陰陽師狩」をめぐって―」（『朱』五五号）二〇一五年
森脇崇文「文禄四年豪姫「狐憑き」騒動の復元と考察」（『岡山地方史研究』一三八号）二〇一六年
畑山周平「細川幽斎島津領「仕置」の再検討」（『日本歴史』八一五号）二〇一六年

図・表目録

著者略歴
一九五八年、福岡県嘉穂郡に生まれる
一九八五年、九州大学大学院文学研究科博士後期課程中退
柳川古文書館学芸員を経て
現在、九州大学大学院比較社会文化研究院教授

主要著書
『豊臣政権の対外侵略と太閤検地』(校倉書房、一九九六年)
『立花宗茂(人物叢書)』(吉川弘文館、二〇〇一年)
『秀吉の軍令と大陸侵攻』(吉川弘文館、二〇〇六年)
『筑後国主 田中吉政・忠政(柳川の歴史三)』(柳川市、二〇〇七年)
『文禄・慶長の役(戦争の日本史一六)』(吉川弘文館、二〇〇八年)

石田三成伝

二〇一七年(平成二十九)一月十日 第一刷発行
二〇二一年(令和 三)十一月十日 第三刷発行

著 者 中野(なかの) 等(ひとし)
発行者 吉川道郎
発行所 株式会社 吉川弘文館
郵便番号一一三—〇〇三三
東京都文京区本郷七丁目二番八号
電話〇三—三八一三—九一五一〈代表〉
振替口座〇〇一〇〇—五—二四四番
http://www.yoshikawa-k.co.jp/
印刷=藤原印刷株式会社
製本=誠製本株式会社
装幀=黒瀬章夫

ISBN978-4-642-02934-6